DZIENNIK
ROSYJSKI

ANNA POLITKOWSKA

DZIENNIK ROSYJSKI

PRZEDMOWA
Jon Snow

Z JĘZYKA ANGIELSKIEGO PRZEŁOŻYŁ
Robert J. Szmidt

TYTUŁ ORYGINAŁU:
A Russian Diary:
A Journalist's Final Account of Life, Corruption & Death in Putin's Russia

Redaktorka prowadząca: Marta Budnik
Wydawczynie: Agnieszka Fiedorowicz, Katarzyna Masłowska
Redakcja: Bożena Sęk
Korekta: Anna Brzezińska
Projekt okładki: Łukasz Werpachowski
Zdjęcie na okładce: © Sutton Hibbert / Shutterstock.com
DTP: Maciej Grycz

Wydanie I
Białystok 2023
ISBN 978-83-8321-438-2

Grupa Wydawnictwo Kobiece | www.WydawnictwoKobiece.pl

SPIS TREŚCI

Przedmowa 7

CZĘŚĆ I:

Śmierć rosyjskiej demokracji parlamentarnej 15
grudzień 2003 – marzec 2004 roku

CZĘŚĆ II:

Wielka rosyjska depresja polityczna 157
kwiecień–grudzień 2004 roku

CZĘŚĆ III:

Nasze zima i lato rozgoryczenia 295
styczeń–sierpień 2005

Czy odczuwam strach? 465

Glosariusz 469

PRZEDMOWA

Czytając *Dziennik rosyjski* Anny Politkowskiej ze świadomością, jak straszny koniec ją spotkał – została zamordowana na klatce schodowej moskiewskiej kamienicy, w której mieszkała – człowiek nie może wyzbyć się myśli, że oni nigdy by jej tego nie darowali. W najnowszej książce, podobnie jak wielokrotnie wcześniej, Politkowska pisze bowiem o reżimie Władimira Putina, przedstawiając niezwykle bolesne i przytłaczające prawdy, za których ujawnianie raczej prędzej niż później ktoś musiałby ją zabić. Zakrawa więc na cud, że zdołała przeżyć tak długo.

Jeszcze większym cudem jest to, że wśród postsowieckiego zamętu pojawiła się dziennikarka, która niemal w pojedynkę zwracała uwagę świata na skandaliczną tragedię Czeczenii oraz na wiele innych równie nikczemnych czynów, jakich dopuszcza się współczesna Rosja. Zachowania władzy, które ujawniała przez tak długi czas i o których przeczytacie w tej książce, to porażające świadectwo systemowego łamania praw człowieka i demokracji. Oto dziennik, który prowadziła od grudnia 2003 roku, czyli od sfałszowania wyborów parlamentarnych, aż do końca roku 2005, gdy cichły dopiero echa ataku na szkołę w Biesłanie.

Czytając *Dziennik rosyjski*, zastanawiałem się nieraz, po co nam, u licha, ambasady w Rosji. Dlaczego nasi przywódcy tak konsekwentnie ignorują knowania Putina, choć doskonale o nich wiedzą? Czyżby szło o głód gazu? O bogacenie się na skandalicznej wyprzedaży rosyjskich aktywów państwowych i gospodarczych, w których uczestniczyły także nasze instytucje finansowe współtworzące kastę złodziejskich oligarchów? A może chodzi o ślepe pragnienie, by zepchnąć Rosję na boczny tor bez względu na cenę, jaką zapłaci jej społeczeństwo, mianowicie skrajnym zubożeniem?

To społeczeństwo, które Anna Politkowska reprezentowała i z którym nieustannie rozmawiała, pokonując niejednokrotnie ogromne odległości. Podejmowała przy tym niewyobrażalne ryzyko, ale przedstawiana przez nią rzeczywistość naprawdę zapiera dech w piersi. Po eksplozji w moskiewskim metrze w roku 2004, kiedy zginęło trzydziestu dziewięciu ludzi, odwiedziła rodziny niektórych ofiar. Dzięki temu zdołała odkryć, że rubryki „przyczyna śmierci" na aktach zgonu były po prostu przekreślane – „nawet w obliczu śmierci – napisała – państwo rosyjskie nie umie powstrzymać się od kłamania". Nie ma tam oczywiście nawet słowa o terroryzmie.

Styl dziennikarstwa uprawianego przez Annę sprawił, że stała się ostatnią nadzieją dla ludzi krzywdzonych przez państwo. Pewnej nocy grubo po godzinie dwudziestej trzeciej otrzymała rozpaczliwy telefon z Inguszetii.

– Straszne rzeczy się tutaj dzieją! To wojna! – wrzeszczała do słuchawki nieznana jej kobieta. – Pomóż nam! Zrób coś! Leżymy z dziećmi na podłodze!

Początki kariery dziennikarskiej Anny przypadły na schyłek epoki komunizmu. Zahartowała się i dojrzała w roku 1991, gdy ZSRR za rządów prezydenta Borysa Jelcyna został przekształcony w Federację Rosyjską. Doszło wtedy do całej serii wojen domowych, gdy nowe państwa, powstałe z dawnych republik Związku Radzieckiego, próbowały stanąć na własne nogi.

Najpoważniejszym konfliktem była tak zwana pierwsza wojna czeczeńska (1994–1996), podczas której islamscy rebelianci próbowali utworzyć własne niepodległe państwo. Anna była jedną z nielicznych osób, które przyczyniły się do stworzenia podwalin porozumienia pokojowego i wycofania rosyjskich wojsk. Jej zdaniem powstrzymanie dalszego rozlewu krwi było największym osiągnięciem mediów relatywnie wolnej epoki Jelcyna.

Pojawienie się na Kremlu Władimira Putina i doprowadzenie przez niego w roku 1999 do wybuchu drugiej wojny czeczeńskiej podniosło zarówno militarną, jak i dziennikarską stawkę. Putin, bazując na wcześniejszych doświadczeniach z pracy w tajnych służbach, podjął skuteczne działania uniemożliwiające prasie publikację doniesień o brutalnych działaniach Rosji na terytorium Czeczenii, które mogłyby mu zaszkodzić. Anna odwiedziła Czeczenię ponad pięćdziesiąt razy. „Nowaja gazieta", dla której pracowała, należała do wąskiego grona redakcji, które nigdy nie ugięły się pod presją Kremla żądającego stonowania bądź cenzurowania takich relacji.

W roku 2002 Putin wykorzystywał do maksimum „wojnę z terroryzmem" Busha i Blaira, robiąc z niej wygodną przykrywkę dla masowych mordów popełnianych przez jego wojska w Czeczenii. Anna była w tym czasie coraz bardziej izolowana. Donosiła jednak nadal o samosądach, uprowadzeniach, gwałtach, torturach i zniknięciach ludzi, czyli o metodach stosowanych przez walczące w Czeczenii siły rosyjskie. Często była jedynym źródłem tych informacji. Czuła i pisała publicznie, że polityka Putina prowadzi do rozwoju terroryzmu, zamiast go likwidować. W jej relacje wplecione jest głębokie przekonanie, że droga Putina do prezydentury zależała w ogromnym stopniu od rozpętania konfliktu w Czeczenii. Jej zdaniem wiele specyficznych metod tortur, z jakimi zetknęła się w Czeczenii, pochodziło z podręczników KGB i jego następczyni FSB.

Relacje Anny dotyczące reelekcji Putina zadziwiają zarówno jej odwagą, jak i opisywanymi faktami. Sprawa zaginięcia Iwana Rybkina, jednego z głównych rywali Putina, wygląda jak scenariusz kiepskiego thrillera, choć wydarzyło się to naprawdę. Rybkin zniknął z Moskwy, gdzie odurzono go narkotykami, po czym odnalazł się w Londynie. Jak kąśliwie zauważa Anna: „Mamy oto pierwszego w historii prezydenckiego kandydata na uchodźstwie". Nie miała jednak cienia wątpliwości, że całą winę w tej sprawie ponosi obóz polityczny Putina.

Niedługo po wyborach młody prawnik i aktywista Stanisław Markiełow został pobity w moskiewskim metrze przez pięciu młodych mężczyzn. Anna opisała, że krzyczeli do niego: „Wygłosiłeś kilka przemówień za dużo!... Sam sobie jesteś winny!". Był to jednak zaledwie przedsmak okropieństw, które miały dopiero nastąpić. Nie trzeba dodawać, jak relacjonuje Anna, że milicja odmówiła wszczęcia sprawy karnej, nadal więc nie wiemy, kto zaatakował Markiełowa, a tym bardziej kto był zleceniodawcą tego napadu.

We wrześniu 2004 roku Anna padła ofiarą otrucia – ktoś dosypał jej czegoś do herbaty podczas lotu do Rostowa, gdy spieszyła do oblężonej szkoły w Biesłanie. Późniejszy ostracyzm i narastająca ze strony władz presja sprawiły, że jeszcze ostrzej prowadziła kampanię walki o prawa tych, którzy jej zdaniem padali ofiarą polityki Kremla.

W październiku 2002 roku, w trakcie oblężenia teatru na Dubrowce, Anna była czynną mediatorką pomiędzy władzami a porywaczami. To samo zamierzała zrobić w Biesłanie. Tu niektórzy dziennikarze mogą uznać, że przekroczyła zawodowy Rubikon, zmieniając się z obiektywnego reportera w czynnego uczestnika zdarzeń. Problem w tym, że ówczesna Rosja przechodziła postsowiecką ewolucję, jeśli nie rewolucję, a dla Anny owym Rubikonem było poszanowanie praw człowieka. Poczuła więc, że nie ma wyboru i musi się temu przeciwstawić, gdy tylko zrozumiała, że reżim Putina zamierza łamać w Czeczenii prawa człowieka, i to na naprawdę masową skalę.

Anna będzie jednak oceniana na podstawie całości swojej pracy. W tym tej znakomitej książki. Z jej kart, podobnie jak ze wszystkich pozostałych tekstów, bije niestrudzone zaangażowanie w docieranie do prawdy, za które niestety musiała zapłacić najwyższą cenę.

Dla wielu z nas, aspirujących do najwyższych standardów dziennikarstwa, Anna Politkowska pozostanie jasnym światłem przewodnim, miarą uczciwości, odwagi i zaangażowania. Ci, którzy spotkali ją na przestrzeni ostatnich lat, mogą zaświadczyć, że nigdy nie pozwoliła sobie bujać w obłokach, nigdy nie pławiła się w sławie ani nie była celebrytką. Do końca pozostała uczciwa i skromna.

Nie wiemy, kto zabił Annę ani kto za tym czynem stał. Jej morderstwo ograbiło wielu z nas z najpotrzebniejszego źródła informacji i kontaktów. W ostatecznym rozrachunku może się jednak okazać, że pomogło utorować drogę do zdemaskowania mrocznych sił drzemiących w samym sercu współczesnej Rosji.

Muszę wyznać, że kończyłem czytać *Dziennik rosyjski* w poczuciu, że trzymam w ręku książkę, którą powinniśmy zasypywać Rosję jak długa i szeroka, aby wszyscy mogli zapoznać się z jej treścią.

Jon Snow
Luty 2007 roku

NOTA TŁUMACZA
NA JĘZYK ANGIELSKI

Niektóre z wpisów do dziennika Anny zostały opatrzone jej późniejszymi komentarzami, w tekście oddzielonymi wyśrodkowaną gwiazdką. Komentarze w nawiasach okrągłych pochodzą także od niej. Została zamordowana przed zakończeniem prac przy tłumaczeniu, przez co ostateczna redakcja tekstu odbyła się już bez jej udziału i pomocy. Informacje dodawane przez tłumacza umieszczono w nawiasach kwadratowych. Gwiazdka w teście oznacza, że dokładniejsze wyjaśnienie znajdziecie w glosariuszu.

Arch Tait

CZĘŚĆ I

ŚMIERĆ ROSYJSKIEJ DEMOKRACJI PARLAMENTARNEJ

GRUDZIEŃ 2003 – MARZEC 2004

JAK DOSZŁO
DO REELEKCJI PUTINA?

Spis powszechny z października 2002 roku wykazał, że w Rosji mieszka 145,2 miliona ludzi, co czyni z nas siódmy najbardziej zaludniony kraj świata. Z tej liczby prawie 116 milionów ludzi, czyli 79,8 procent populacji, uważa się za etnicznych Rosjan. Uprawnionych do głosowania jest natomiast 109 milionów.

7 GRUDNIA 2003 ROKU

Dzień wyborów parlamentarnych do Dumy, dzień, w którym Putin* rozpoczął kampanię wyborczą na drugą kadencję. Z samego rana objawił się narodowi rosyjskiemu, stając przed komisją wyborczą. Nastrój miał radosny, wydawał się też mocno pobudzony i chyba z lekka zdenerwowany. To raczej niezwykłe w jego wykonaniu: z reguły bywa władczo ponury. Tym razem jednak poinformował wszystkich z szerokim uśmiechem na twarzy, że jego ukochana labradorka oszczeniła się tej nocy.

– Władimir Władimirowicz był taki niespokojny – zaszczebiotała zza pleców męża pani Putinowa. – Spieszymy się do domu – dodała, pragnąc jak najszybciej wrócić do suczki, której nienaganne polityczne wręcz wyczucie czasu zrobiło tak wspaniały prezent partii Jedna Rosja*.

Tego samego dnia w Jessentukach, maleńkim kurorcie na Kaukazie Północnym, pochowano pierwsze trzynaście ofiar ataku terrorystycznego na pociąg podmiejski. Był to poranny skład, zwany uczniowskim, ponieważ jego pasażerami byli głównie młodzi ludzie dojeżdżający do szkół.

Gdy po głosowaniu Putin wyszedł do dziennikarzy, wszyscy oczekiwali, że złoży kondolencje bliskim ofiar. Może nawet posunie się do przeprosin, ponieważ jego rząd zawiódł po raz kolejny i nie ochronił obywateli. Zamiast tego naród usłyszał, jaki jest zadowolony z narodzin nowych szczeniąt.

Zadzwoniła do mnie przyjaciółka.

– Teraz to strzelił sobie w stopę. Rosjanie po czymś takim nigdy nie zagłosują na Jedną Rosję.

Ale koło północy, gdy zaczęły napływać wyniki, początkowo z Dalekiego Wschodu, potem z Syberii, Uralu i tak dalej w kierunku zachodnim, wielu ludzi nie mogło uwierzyć własnym uszom i oczom. Wszyscy moi prodemokratyczni przyjaciele wydzwaniali do siebie wzajemnie, powtarzając:

– To nie może być prawda. Głosowaliśmy na Jawlinskiego*, chociaż...

Niektórzy oddali też głos na Chakamadę*.

Rano skończyło się niedowierzanie. Rosja, nie zważając na kłamstwa i arogancję demokratów, pokornie oddała się w ręce Putina. Większość zagłosowała na widmową partię, której jedynym programem politycznym było wspieranie tego polityka. Jedna Rosja zebrała pod swoim sztandarem wszystkich biurokratów – wszystkich dawnych aparatczyków Komunistycznej Partii Związku Radzieckiego i działaczy Komsomołu zatrudnionych obecnie w miriadach przeróżnych agencji – to oni pospołu wydali ogromne sumy pieniędzy na otumanienie elektoratu.

Raporty, które otrzymaliśmy z różnych regionów, pokazują wyraźnie, jak do tego doszło. Przed jednym z lokali wyborczych w Saratowie darmową wódkę rozdawała pani siedząca pod transparentem „Głosuj na Trietjaka", czyli kandydata Jednej Rosji. Trietjak wygrał. Kandydaci Jednej Rosji – z wyjątkiem tylko paru, którzy przystąpili do partii na krótko przed wyborami – zmietli dawnych deputowanych do Dumy* w całym obwodzie. Kampania wyborcza w Saratowie była naznaczona przemocą. Kandydatów, których nie akceptowała Jedna Rosja, napadali „niezidentyfikowani napastnicy", co bardzo często skutkowało ich rezygnacją z wyścigu do parlamentu. Jednemu z niewielu, którzy mimo to zdecydowali się rywalizować z wybitnym kandydatem Jednej Rosji, dwukrotnie wrzucano przez okno reklamówki zawierające części ciała: znalazł w nich ludzkie uszy i serce. Obwodowa komisja wyborcza stworzyła gorącą linię do przyjmowania zgłoszeń o nieprawidłowościach zaobserwowanych podczas kampanii i samego głosowania, ale 80 procent telefonów dotyczyło prób przekupstwa ze strony lokalnych przedsiębiorstw użyteczności publicznej. Ludzie grozili, że nie pójdą głosować, chyba że ktoś naprawi przeciekające rury albo niedziałające grzejniki. Żądania te odniosły spodziewany skutek. Mieszkańcom rejonów zawodskiego i lenińskiego przywrócono ogrzewanie i bieżącą wodę. W kilku wsiach rejonu atkarskiego po wieloletnim oczekiwaniu podłączono w końcu elektryczność, a nawet telefony. Tak uwodzono ludzi w terenie. W mieście zagłosowało ponad 60 procent elektoratu, na prowincji 53 procent. Więcej nie trzeba, by uznać te wybory za ważne.

Jedna z demokratycznych obserwatorek lokalu wyborczego w Arkadaku zauważyła, że ludzie głosują dwukrotnie, raz w kabinie i potem raz jeszcze, wypełniając kartę do głosowania pod dyktando przewodniczącego lokalnej komisji wyborczej.

Pobiegła więc, by zadzwonić na gorącą linię, ale siłą odciągnięto ją od telefonu za włosy.

Wiaczesław Wołodin, główny działacz Jednej Rosji startujący w Bałakowie, wygrał ogromną przewagą, zdobywając 82,9 procent głosów; to naprawdę zadziwiający sukces jak na pozbawionego charyzmy polityka, którego ludzie znają tylko z chaotycznych wystąpień w telewizji nieodmiennie popierających Putina. Co ciekawe, Wołodin nie miał nawet programu wyborczego, w którym mógłby naobiecywać czegokolwiek miejscowej ludności. W sumie w całym obwodzie saratowskim Jedna Rosja zdobyła 48,2 procent głosów, nie ogłaszając i nie broniąc tez żadnego programu. Komuniści zdobyli 15,7 procent, Liberalni Demokraci* (partia Władimira Żyrinowskiego*) 8,9 procent, a nacjonalistyczna partia Rodina (Ojczyzna) 5,7 procent. Jedynym powodem do wstydu było to, że ponad 10 procent wyborców nie oddało głosu na „żadnego z powyższych". Co dziesiąty wyborca poszedł więc do lokalu wyborczego, wypił darmową wódeczkę, po czym posłał wszystkich polityków do diabła.

Według danych Państwowej Komisji Wyborczej na terytorium Czeczenii* oddano prawie 10 procent głosów więcej, niż było zarejestrowanych wyborców, a mówimy przecież o republice, nad którą pełną kontrolę ma nasze wojsko.

Sankt Petersburg cieszy się opinią najbardziej postępowego i demokratycznie nastawionego miasta w Rosji, ale nawet tam Jedna Rosja zdołała zgromadzić aż 31 procent głosów. Rodina zebrała 14 procent. Sojusz Sił Prawicowych* i Jabłoko* po 9 procent, komuniści 8,5 procent, a LDPR Żyrinowskiego 8 procent. Irina Chakamada, Aleksander Gołow, Igor Artiemjew i Grigorij Tomczin, demokraci i liberałowie szeroko znani w całej Rosji, ponieśli sromotną klęskę.

Dlaczego? Władze państwa zacierają ręce, pogwizdując radośnie i powtarzając, że demokraci są „sami sobie winni", ponieważ utracili więzi z narodem. Te same władze, które uważają obecnie, że lud opowiedział się po ich stronie.

Oto kilka wyjątków z wypracowań uczniów petersburskich szkół na tematy: „Jak moja rodzina postrzega wybory" oraz: „Czy nowo wybrana Duma pomoże prezydentowi w jego pracy?".

Moja rodzina zrezygnowała z głosowania. Nie wierzy już w wybory. Wybory nie pomogą prezydentowi. Wszyscy politycy obiecują, że uczynią życie lepszym, ale niestety... Wolałbym większą prawdomówność...

Te wybory to kpina. Nie ma znaczenia, kogo wybiorą do Dumy, ponieważ i tak niczego to nie zmieni, bo nie wybieramy ludzi, którzy zamierzają poprawić sytuację kraju, tylko tych, którzy chcą się nachapać. Te wybory nikomu nie pomogą – ani prezydentowi, ani zwykłym śmiertelnikom.

Nasz rząd jest po prostu śmieszny. Chciałbym, żeby ludzie nie szaleli tak bardzo na punkcie pieniędzy, żeby nasz rząd wykazał choć odrobinę moralności i żeby jak najmniej oszukiwał ludzi. Rząd ma służyć narodowi. To my go wybieramy, nie on nas. Szczerze mówiąc, nie wiem, dlaczego poproszono nas o pisanie wypracowań na ten temat. To tylko przerwało nam normalne lekcje. Rząd i tak nie przeczyta tego, co napiszemy.

Moja rodzina tak postrzega te wybory, że nie jest nimi kompletnie zainteresowana. Wszystkie akty prawne przyjęte przez Dumę są bez sensu i nie przyniosły niczego dobrego narodowi. Dla kogo więc jest to wszystko, skoro nie dla nas?

Czy te wybory pomogą? To interesujące pytanie. Musimy poczekać, by to sprawdzić. Najprawdopodobniej w niczym nam nie pomogą. Nie jestem politykiem, nie mam wykształcenia potrzebnego, by zostać jednym z nich. Ale jedno wiem: musimy walczyć z korupcją, ponieważ dopóki będziemy mieli gangsterów w instytucjach państwowych naszego kraju, poziom życia nam się nie poprawi. Wiecie, co dzieje się teraz w armii? To niekończąca się fala. Jeśli ludzie w przeszłości mawiali, że wojsko zrobi z chłopaka mężczyznę, to teraz robi z nich kaleki. Ojciec mówi, że nie puści swojego dziecka do takiej armii. „Żeby zrobili z mojego syna kalekę albo gorzej, żeby zginął w jakiejś dziurze gdzieś w Czeczenii, walcząc o cholera wie co, aby ktoś inny mógł przejąć władzę nad tą republiką?" Dopóki ten rząd jest przy władzy, nie widzę żadnych szans na zmianę obecnej sytuacji. I nie podziękuję mu za moje nieszczęśliwe dzieciństwo.

Czyta się te wyimki jak przemyślenia starców, a nie przyszłych obywateli Nowej Rosji. Taki jest prawdziwy koszt politycznego cynizmu – odrzucenie przez młodsze pokolenie.

8 GRUDNIA 2003 ROKU

Rankiem staje się już całkiem jasne, że o ile lewica w mniejszym bądź większym stopniu przetrwała, o tyle liberalna i demokratyczna „prawica" została pokonana. Partia Jabłoko i sam Grigorij Jawlinski nie weszli do Dumy, podobnie jak Sojusz Sił Prawicowych Borysa Niemcowa i Iriny Chakamady oraz wszyscy kandydaci niezależni. W obecnym parlamencie nie ma więc już prawie nikogo, kto byłby w stanie lobbować na rzecz demokratycznych ideałów i przeciwstawić Kremlowi konstruktywną inteligentną opozycję.

Tryumf Jednej Rosji nie jest jednak najgorszy w tej sytuacji. Pod koniec dnia po przeliczeniu niemal wszystkich głosów widać już wyraźnie, że po raz pierwszy od rozpadu ZSRR Rosja szczególnie faworyzowała skrajnych nacjonalistów obiecujących wyborcom, iż „powywieszają" wszystkich „wrogów Ojczyzny".

To oczywiście straszne, ale być może należało się czegoś takiego spodziewać, skoro mamy w kraju prawie 40 procent ludności żyjącej poniżej i tak już niewyobrażalnej granicy ubóstwa. Stało się też jasne, że demokraci nie mieli interesu w nawiązywaniu kontaktów z tą właśnie częścią społeczeństwa. Woleli koncentrować się na rozmowach z bogaczami i rodzącą się dopiero klasą średnią, by bronić własności prywatnej i interesów jej nowych posiadaczy. Biedacy nie mają nieruchomości, więc demokraci ich zignorowali. Nacjonaliści nie popełnili tego błędu.

Nic więc dziwnego, że ta część elektoratu, całkiem zresztą słusznie, odwróciła się od demokratów, podczas gdy nowi właściciele nieruchomości przeskoczyli z pokładów Jabłoka i Sojuszu Sił Prawicowych na łódź Jednej Rosji, gdy tylko zauważyli, że Jawlinski, Niemcow i Chakamada zaczynają tracić wpływy na Kremlu. Bogacze przeszli tam, gdzie przebywała już większość urzędników, bez których nie mógłby się rozwijać rosyjski biznes, w przeważającej większości przeżarty korupcją, a co za tym idzie, zawsze wspierający oficjalne przekupstwo.

Tuż przed wyborami wyżsi funkcjonariusze Jednej Rosji przyznawali otwarcie: „Mamy tyle pieniędzy! Biznes dał nam tak wielkie darowizny, że nie wiemy, co z nimi począć!". Nie przesadzali. To były łapówki, które znaczyły: „Nie zapomnisz o nas po wyborach, prawda?". W skorumpowanym kraju biznes jest jeszcze bardziej pozbawiony skrupułów niż tam, gdzie korupcja została zredukowana choćby do tolerowalnego poziomu i nie jest uważana za czyn społecznie akceptowalny.

Do czego więc są potrzebni Jawlinski albo Sojusz Sił Prawicowych? Dla naszych nowobogackich wolność nie ma nic wspólnego z partiami politycznymi. Wolność to swoboda wyjazdu na wspaniałe wakacje. Im bogatsi się stają, tym częściej mogą dokądś lecieć, i to nie do Antalyi w Turcji, ale na Tahiti albo do Acapulco. Dla zdecydowanej większości wolność to dostęp do luksusu.

Uważają więc, że obecnie wygodniej będzie lobbować na rzecz własnych interesów za pośrednictwem prokremlowskich partii i ugrupowań, z których zdecydowana większość jest niesamowicie skorumpowana. Dla tych partii każdy problem ma swoją cenę; wpłacasz odpowiednią sumę i otrzymujesz taką ustawę, jaka ci pasuje, albo deputowany do Dumy zada właściwe pytanie komuś w Prokuraturze Generalnej. Ludzie zaczynają już otwarcie mówić o „donosach poselskich". Dzisiaj to najskuteczniejszy sposób pozbycia się niechcianej konkurencji.

Korupcja jest także wytłumaczeniem rozwoju szowinistycznej Liberalno-Demokratycznej Partii Rosji Żyrinowskiego. To populistyczna „opozycja", która tak naprawdę nie jest żadną opozycją, ponieważ pomimo skłonności do histerycznych reakcji w wielu sprawach zawsze popiera linię Kremla. Partia ta otrzymuje znaczące darowizny od naszych całkowicie cynicznych i apolitycznych przedsiębiorców średniej wielkości, po czym lobbuje za tymi prywatnymi interesami na Kremlu i w jego przyległościach, takich jak Prokuratura Generalna, Ministerstwo Spraw Wewnętrznych, Federalna Służba Bezpieczeństwa, Ministerstwo Sprawiedliwości, a nawet sądy, za pomocą tak zwanych donosów poselskich.

Z tego właśnie powodu LDPR Żyrinowskiego weszło do Dumy zarówno w poprzednim rozdaniu, jak i teraz – dzisiaj ma godne pozazdroszczenia 38 mandatów.

Partia Rodina to kolejna szowinistyczna organizacja. Kieruje nią Dmitrij Rogozin*, ale stworzyli ją kremlowscy spin doktorzy specjalnie na potrzeby tych wyborów. Jej celem jest odebranie głosów umiarkowanych nacjonalistów bardziej ekstremistycznym narodowym bolszewikom. Ona także poradziła sobie znakomicie, uzyskując 37 mandatów.

Nowa Duma jest zorientowana bardziej na rosyjski tradycjonalizm niż na Zachód. Wszyscy popierani przez Putina kandydaci forsowali taką właśnie linię. Jedna Rosja głosiła na przykład, że naród rosyjski został upokorzony przez Zachód, co było otwarcie antyzachodnią i antykapitalistyczną propagandą. W przedwyborczym praniu mózgów zabrakło jednak miejsca na poruszenie kwestii „ciężkiej pracy", „konkurencyjności" czy „inicjatywy", a jeśli o tym wspominano, to w bardzo pejoratywnym kontekście. Z drugiej strony wiele mówiono o „rdzennych rosyjskich tradycjach".

Elektoratowi oferowano patriotyzm o całej gamie smaków, aby każdy wyborca mógł znaleźć ten, który najbardziej mu pasuje. Rodina skupiała się na jego najbardziej heroicznej odmianie; Jedna Rosja opowiadała się za umiarkowanym patriotyzmem; Liberalno-Demokratyczna Partia Rosji pozostała natomiast przy jawnym szowinizmie. Wszyscy proputinowscy kandydaci urządzali wielkie show, modląc się i żegnając, całując krzyże i dłonie popów za każdym razem, gdy tylko dostrzegali kamery.

Wyglądało to naprawdę śmiesznie, ale beztroscy wyborcy i tak dali się nabrać. Partie proputinowskie uzyskały większość absolutną w Dumie. Utworzona przez Kreml partia Jedna Rosja zgarnęła 212 mandatów, kolejnych 65 „niezależnych" deputowanych jest pod każdym względem prokremlowskich. W rezultacie otrzymaliśmy system półtorapartyjny, składający się z mocnej partii rządzącej oraz z kilku przystawek o podobnej orientacji.

Demokraci wiele mówili o konieczności stworzenia w Rosji systemu wielopartyjnego z prawdziwego zdarzenia. Interesował się tym osobiście sam Jelcyn*, ale teraz wszystkie ich działania zostały zaprzepaszczone. Nowa konfiguracja Dumy wyklucza poważną debatę polityczną.

Niedługo po wyborach Putin posunął się do obwieszczenia narodowi, że parlament nie będzie miejscem debaty, tylko uchwalania prawa. Cieszyło go, że w nowej Dumie zabraknie miejsca na dyskusję.

Komuniści zdobyli 41 mandatów jako partia i kolejnych 12 dla działaczy komunistycznych, którzy startowali w tych wyborach jako kandydaci niezależni. Muszę zatem przyznać, choć przychodzi mi to z wielkim trudem, że komunistyczni deputowani będą najbardziej umiarkowanym i sensownym głosem naszego parlamentu w jego obecnej czwartej już kadencji. Zostali obaleni zaledwie dwanaście lat temu, a pod koniec roku 2003 stali się wielką nadzieją białych rosyjskich demokratów.

W kolejnych miesiącach arytmetyka w Dumie uległa pewnym zmianom, ponieważ deputowani, jak to zwykle bywa, zaczęli migrować z jednej partii do drugiej, niemniej wszystkie akty prawne tworzone przez administrację prezydenta zostały uchwalone przeważającą liczbą głosów. Choć w grudniu 2003 roku Jedna Rosja nie uzyskała większości potrzebnej do zmiany konstytucji (do czego potrzebowałaby 310 głosów), to nie widziała w tym wielkiego problemu. Krótko mówiąc, Kreml „zaprojektował" sobie potrzebną większość konstytucyjną.

Z rozmysłem dobrałam to słowo. Wybory zostały starannie zaprojektowane i przeprowadzone, choć wymagało to licznych naruszeń prawa, czyli mówiąc wprost, ich sfałszowania. Nie mieliśmy jednak najmniejszych szans na zakwestionowanie ich pod jakimkolwiek pozorem, ponieważ biurokraci zdążyli przejąć kontrolę nad całym systemem sprawiedliwości. Nie wydano jednego orzeczenia kwestionującego wyniki wyborów, od Sądu Najwyższego poczynając, po zwykłe sądy miejskie, bez względu na to, jak oczywiste były dowody popełnionych oszustw. To prawne usankcjonowanie Wielkiego Kłamstwa uzasadniono „chęcią uniknięcia destabilizacji kraju".

Zasoby administracyjne państwa zaangażowano w proces wyborczy dokładnie tak, jak robiono za czasów Związku Radzieckiego. Odnosi się to w niemałym stopniu także do wyborów z lat 1996 i 2000, gdy wybrano Jelcyna, mimo że był już chorym zgrzybiałym starcem. Tym razem jednak administracja prezydencka nie miała żadnych zahamowań. Aparat państwa łączył się z partią Jedna Rosja równie entuzjastycznie jak dawniej z Komunistyczną Partią Związku Radzieckiego (KPZR). Putin wskrzesił system sowiecki, czego nie udało się dokonać ani Gorbaczowowi*, ani Jelcynowi. Jego wyjątkowym osiągnięciem było utworzenie Jednej Rosji przy głośnym wtórze urzędników państwowych, którzy z ogromną radością wstępowali do nowego KPZR, tak bardzo tęsknili za Wielkim Bratem, który wyręczał ich wcześniej w myśleniu.

Jak się okazuje, naród rosyjski również zatęsknił za Wielkim Bratem, ponieważ nie usłyszał choćby słowa otuchy ze strony demokratów. Nie było żadnych protestów. Skradzione komunistom hasła wyborcze Jednej Rosji mówiły o bliżej niesprecyzowanych bogatych krwiopijcach, którzy rozkradli majątek narodowy i pozostawili nas w łachmanach. Slogany te okazały się niezwykle nośne wśród ludzi, ponieważ nie głosili ich już komuniści.

Należy jasno powiedzieć, że w roku 2003 większość naszych obywateli z radością powitała uwięzienie szefa koncernu naftowego Jukos Michaiła Chodorkowskiego*. Jak więc widać, politycy zyskali poparcie społeczne, chociaż manipulacja zasobami państwa w celach politycznych jest niewątpliwym nadużyciem. Ta administracja po prostu nie zostawia niczego przypadkowi.

8 GRUDNIA 2003 ROKU

Wczesnym rankiem analitycy sceny politycznej zebrali się w programie *Wolność słowa*, by przedyskutować wyniki wyborów. Byli mocno roztrzęsieni. Igor Bunin mówił o kryzysie rosyjskiego liberalizmu, o tym, jak afera Jukosu wywołała nagle w samym środku kampanii wyborczej falę nastrojów antyoligarchicznych. Wspomniał o nienawiści, która narosła w sercach wielu ludzi, zwłaszcza tych porządnych, którzy nie umieli się przemóc, by poprzeć Żyrinowskiego, a także o tym, że eklektyczna, jak się zdawało, partia Jedna Rosja zdołała zjednoczyć wokół siebie wszystkich wyborców, od najbardziej liberalnych po najbardziej reakcyjnych. Stwierdził nawet, że prezydent zastąpi teraz liberałów w elicie rządzącej.

W tym samym programie Wiaczesław Nikonow, wnuk Mołotowa, dowodził, że młodzi ludzie nie poszli do urn, i w tym upatrywał główny powód porażki demokratów. „Rosjanom bardziej pasują Iwan Groźny i Stalin" – podsumował.

W programach wieczornych dostaliśmy więcej tego typu analiz. Nastroje były minorowe, dało się także wyczuć nadchodzącą burzę. Zaproszeni do studia komentatorzy wyglądali na bardziej skłonnych do szukania schronienia niż do stawania do walki. Gieorgij Satarow, były doradca prezydenta Jelcyna, stwierdził, że o wyniku wyborów zadecydowały „głosy nostalgiczne" oddawane przez tych, którzy tęsknią za czasami Związku Radzieckiego. Na demokratów spadł grad krytyki. Pisarz Wasilij Aksionow narzekał, że liberałowie nie zdołali wykorzystać problemów Jukosu. Miał rację. Demokraci nie zajęli żadnego stanowiska w sprawie aresztowania Chodorkowskiego.

Program *Wolność słowa* niedługo później został zdjęty z anteny przez macierzystą stację NTV, co Putin skomentował następująco: „Komu jest potrzebny talk-show przegranych polityków?". Bez wątpienia chodziło mu o Jawlinskiego, Niemcowa i innych pokonanych liberałów albo demokratów.

Wiaczesław Nikonow zmienił się kilka miesięcy później w zagorzałego apologetę Putina. Podobnych przemian wśród komentatorów sceny politycznej będzie jeszcze wiele.

Jaką drogą przyjdzie nam zatem podążać? Góra rozdzielała nasze wolności, a demokraci biegali na Kreml po gwarancje, że nie zostaną anulowane, i przy okazji akceptowali prawo państwa do regulowania liberalizmu. Tak długo szli na kompromisy, że w końcu nie mieli już z czego ustępować.

W dniu 25 listopada, trzynaście dni przed wyborami, grupa nas, dziennikarzy, rozmawiała przez blisko pięć godzin z Grigorijem Jawlinskim, przewodniczącym partii Jabłoko. Wydawał się pewny siebie i spokojny, może nawet nieco arogancki, ponieważ żywił niezachwiane przekonanie, że dostanie się do Dumy. My z kolei podejrzewaliśmy, że dobił jakiegoś targu z administracją prezydenta; na przykład że załatwił wsparcie Jabłoka oficjalnymi kanałami w zamian za pomijanie najbardziej drażliwych tematów podczas kampanii. Na mnie, jak i na wielu innych, którzy głosowali na Jabłoko, podziałało to niczym przysłowiowy zimny prysznic.

Jawlinski nie miał czasu na takie pierdoły, jak choćby zawarcie przez Jabłoko porozumienia z demokratycznym Sojuszem Sił Prawicowych.

– Uważam, że Sojusz Sił Prawicowych odegrał niebagatelną rolę w rozpętaniu wojny czeczeńskiej. Była to jedyna partia, którą można określić mianem demokratycznej i przychylnej społeczeństwu obywatelskiemu, ale właśnie ona postanowiła mówić o odrodzeniu armii rosyjskiej w Czeczenii, utrzymując jednocześnie, że każdy, kto uważa inaczej, jest zdrajcą wbijającym naszemu wojsku nóż w plecy.

– Z kim więc jeszcze Jabłoko mogłoby się porozumieć przeciwko wojnie w Czeczenii?

– Teraz? Nie wiem. Jeśli Sojusz Sił Prawicowych przyzna, że tkwił w błędzie, możemy rozważyć jakąś formę zwarcia szeregów. Problem jednak w tym, że choć Niemcow udaje dzisiaj gołąbka pokoju, a Czubajs* mówi o ideałach liberalizmu, to proszę wybaczyć, ale nie jestem przygotowany na dyskutowanie podobnej możliwości. Nie wiem, z kim jeszcze moglibyśmy się zjednoczyć.

– Ale nie Sojusz Sił Prawicowych rozpętał tę wojnę?

– Nie. Zrobił to Putin, ale oni wsparli go jako kandydata na prezydenta i zapewne przypadkiem legitymizowali jako najlepszego przywódcę na czas wojny w oczach inteligencji oraz całej klasy średniej.

– Idzie pan zatem na noże z Sojuszem Sił Prawicowych. Nie chce pan bratać się z tym ugrupowaniem, chociaż zawarł pan szereg kompromisów z prezydentem i jego administracją, aby w jakimś stopniu aparat państwa wsparł waszą kampanię. Jak rozumiem, a krążyły liczne plotki na ten temat, kwestia wojny w Czeczenii była jednym z takich zgniłych kompromisów. Zgodził się pan nie robić zbyt wiele hałasu w tej sprawie, a w zamian zapewniono panu jakiś procent głosów, aby dostał się pan do Dumy.

– Proszę nie polegać na plotkach. To może być bardzo mylące. Ja na przykład słyszałem plotki dotyczące waszej redakcji. Żadnej innej gazecie nie wolno pisać o Czeczenii, ale was jakoś za to nie zamykają. Plotki głoszą więc, że dają wam tyle swobody, aby mogli później machać waszą gazetą w Strasburgu, pokazując Zachodowi, jaką mamy wolność prasy. „Patrzcie tylko, co w «Nowej gazietie» piszą o Czeczenii!". Ale ja nigdy, nawet przez chwilę nie wierzyłem, że to prawda...

– Ja także nie mówię, że wierzę, dlatego proszę o jasną odpowiedź.

– Nigdy nie zawarłem podobnej umowy ani nie poszedłem na taki kompromis. To nie wchodziło w rachubę.

– Ale prowadził pan rozmowy z administracją prezydenta?

– Nie, nigdy. To oni mówili o dawaniu nam pieniędzy, wtedy, we wrześniu 1999 roku.

– Skąd miały pochodzić te pieniądze?

– Nie doszliśmy do omawiania podobnych szczegółów, ponieważ stwierdziłem, że to niedopuszczalne. Powiedziałem, że nie jestem wrogiem Putina, bo przecież dopiero co go poznałem, ale twierdzenie, że poprę na ślepo wszystko, co będzie robił za pół roku, to jednak ogromna przesada. Wyjaśniono mi więc: „W takim razie nie dojdziemy do porozumienia". Później, po wyborach, gdy przywódcy partii zostali zaproszeni na Kreml, gdzie usadzano ich w kolejności zgodnej z odsetkiem otrzymanego poparcia, jeden z najwyższych urzędników państwowych powiedział mi tak: „A mógł pan siedzieć tutaj...", na co odparłem: „Cóż, jest, jak jest". W tamtym momencie niczego mi już nie oferowano.

– Kiedy rozmawiał pan ostatni raz z Putinem?

– Jedenastego lipca, o sprawie Chodorkowskiego i o przeszukaniach w Jukosie.

– Na pańską prośbę?

– Tak. Zebrano na Kremlu całą Radę Państwa oraz przywódców wszystkich partii politycznych, aby przedyskutować program gospodarczy i tak dalej. Spotkanie zakończyło się o wpół do dziesiątej wieczorem, wtedy powiedziałem Putinowi, że chciałbym omówić bardzo ważne sprawy. Wpół do jedenastej spotkaliśmy się u niego w domu. Rozmawialiśmy o różnych problemach, ale głównym tematem był Chodorkowski.

– Zdawał pan sobie sprawę, że Chodorkowski zostanie uwięziony?

– Tego nie mogłem wiedzieć z wyprzedzeniem, aczkolwiek odniosłem wrażenie, że oni podchodzą do jego sprawy z pełną powagą. Dotarło do mnie, że może wydarzyć się coś niedobrego, gdy londyński „Financial Times" opublikował pod gigantycznym nagłówkiem sążnisty artykuł okraszony zdjęciami Chodorkowskiego, Michaiła Fridmana* i Romana Abramowicza, czego zazwyczaj się nie robi. Napisano w nim, że ci oligarchowie transferują swoje majątki na Zachód i szykują się do sprzedania wszystkiego tutaj, w kraju. Były tam też cytaty z Fridmana, który powiedział, że nie da się u nas stworzyć nowoczesnych biznesów, że choć oni byli znakomitymi menedżerami, to nie mogli zakładać sensownych firm przez cały ten bałagan i wszechobecną korupcję.

– Czy pogodził się pan już z faktem, że Putin zostanie wybrany na drugą kadencję?

– On i tak zostanie wybrany, nawet jeśli się z tym nie pogodzę.

– Jak realistycznie ocenia pan swoje szanse?

– Skąd mam wiedzieć? Nasze własne sondaże wykazują, że mamy od ośmiu do dziewięciu procent poparcia, ale mówimy o wyborach, w których głosy są dodawane to tu, to tam, co nazywamy „demokracją sterowaną". Ludzie po prostu się poddają.

– Odnoszę wrażenie, że i pan się poddał. Było nie było, Gruzini* odrzucili wyniki ustawionych wyborów i znaleźli pozaparlamentarne sposoby do zmiany sytuacji. Może i pan powinien zrobić to samo? Może my wszyscy powinniśmy? Jest pan gotowy na stosowanie metod pozaparlamentarnych?

– Nie. Nie zamierzam iść tą drogą, ponieważ wiem, że w Rosji skończyłoby się to rozlewem krwi, tyle że nie mojej.

– A co z komunistami? Myśli pan, że wyjdą na ulice?

– Wszyscy są dzisiaj karmieni informacjami, że dostaną po dwanaście, trzynaście procent głosów. To powoli staje się powszechnie wiadome. Nie wykluczam rzecz jasna, że będzie inaczej, ponieważ Putinowi udało się wszystkich oszwabić. Jedna Rosja z pewnością nie wyjdzie na ulice, ponieważ dostała trzydzieści pięć zamiast trzydziestu ośmiu procent, a prócz niej nie mamy już dużych partii. One po prostu nie istnieją. Po 1996 roku stworzenie opozycji w Rosji stało się praktycznie niemożliwe. Po pierwsze, nie mamy niezależnych sądów. A opozycja musi mieć dostęp do niezawisłych sędziów. Po drugie, brakuje nam niezależnych mediów o ogólnokrajowym zasięgu. Mówię rzecz jasna o telewizji, głównie o kanałach Pierwszym i Drugim. Po trzecie, nie ma niezależnych źródeł finansowania partii politycznych. Bez tych trzech fundamentów nie widzę szans na stworzenie realnej opozycji. W Rosji nie ma obecnie demokracji, ponieważ demokracja bez opozycji nie istnieje. A opozycję rozbito kompletnie, gdy Jelcyn pokonał komunistów w roku 1996, na co my wszyscy pozwoliliśmy. Dzisiaj nie ma szans na to, by w jakimkolwiek mieście Rosji zgromadzić stutysięczną demonstrację. Obecny reżim nie tylko brutalnie miażdży opozycję jak wcześniej, w epoce totalitaryzmu. On po prostu niszczy podstawy demokracji. Dzisiaj wszelkie instytucje cywilne i publiczne są przekształcane w taki sposób, by służyć wyłącznie władzom państwa. Jeśli ktoś się temu sprzeciwia, jest po prostu usuwany. Jeśli nie chce się usunąć z własnej woli, cóż, lepiej, żeby na siebie uważał. Dziewięćdziesiąt pięć procent problemów rozwiązujemy obecnie metodami adaptacji bądź wymuszenia. Jeśli nie podoba nam się Związek Dziennikarzy, tworzymy Mediasojuz. Jeśli nie lubimy obecnego właściciela NTV, stworzymy sobie własne NTV z innym właścicielem. Doskonale wiem, co by się stało, gdyby oni zaczęli przejawiać niezdrowe zainteresowanie waszą gazetą. Podkupywaliby waszych dziennikarzy, doprowadziliby do wewnętrznych sporów, potem nawet do buntów. Może nie poszłoby im to łatwo i szybko, ponieważ macie świetny zgrany zespół, ale stopniowo, używając pieniędzy i innych metod, zapraszając ludzi do wyższych kręgów władzy, dokręcając śruby, rozdając uściski dłoni, doprowadziliby z czasem do tego, że wszystko zaczęłoby się rozpadać. Tak właśnie postąpili z NTV. Gleb Pawłowski oświadczył otwarcie, że zamordowano dyskurs publiczny. Tak wygląda prawda. Władze celowo łączą w pary nas wszystkich, aby każdy miał z kim rywalizować. Rodina musi walczyć z komunistami; Sojusz Sił Prawicowych z Jabłokiem; Partia Ludowa z Jedną Rosją.

– Czego się zatem obawiają, skoro wszystkim tak świetnie zarządzają?

– Zmian. Władze państwa działają we własnym interesie. Nie chcą stracić władzy. To stawia je w bardzo niekomfortowej sytuacji, o czym doskonale wiedzą.

Jawlinski nie dostał się do Dumy.

Czy w epoce Putina widzieliśmy kryzys rosyjskiej demokracji parlamentarnej? Nie, byliśmy świadkami jej śmierci. Po pierwsze, jak celnie zauważa Lilija Szewcowa, nasza najwybitniejsza komentatorka polityczna, doszło do połączenia władzy ustawodawczej i wykonawczej, co oznacza powrót do korzeni systemu komunistycznego. W efekcie Duma pełni obecnie rolę czysto dekoracyjną, jest forum, na którym podstemplowuje się wszystkie decyzje Putina.

Po drugie – właśnie z tego powodu możemy mówić o końcu, nie tylko kryzysie – naród rosyjski dał na to wszystko przyzwolenie. Nikt się nie sprzeciwił. Nie było demonstracji, masowych protestów, aktów obywatelskiego nieposłuszeństwa. Elektorat odłożył tę kwestię ad acta i zgodził się żyć nie tylko bez Jawlinskiego, ale i bez demokracji. Zgodził się, by traktowano go jak idiotę. Oficjalne sondaże pokazywały, że 12 procent Rosjan uważa, iż kandydaci Jednej Rosji wygrali przedwyborcze debaty telewizyjne. I to mimo że kategorycznie odmawiali udziału w jakiejkolwiek debacie. Nie mieli do powiedzenia nic poza tym, że przemawiają za nich czyny. Jak zauważył Aksionow: „Większość elektoratu stwierdziła: zostawmy rzeczy takimi, jakie są".

Innymi słowy, wróćmy do czasów ZSRR – lekko tylko podretuszowanego, wypolerowanego, zmodernizowanego, ale nadal starego dobrego Związku Radzieckiego, okraszonego obecnie biurokratycznym kapitalizmem, gdzie urzędnik państwowy może zostać oligarchą, znacznie bogatszym od jakiegokolwiek przedsiębiorcy czy kapitalisty.

Konsekwencją tego powrotu do czasów ZSRR jest pewna wygrana Putina w marcu 2004 roku. To już przesądzone. Administracja prezydenta przystała na to, straciwszy do reszty poczucie wstydu. W następnych miesiącach dzielących nas od 14 marca 2004 roku, kiedy rzeczywiście wybrano ponownie Putina, system kontroli i równowagi państwa zniknął, a jedynym ograniczeniem pozostało już tylko sumienie prezydenta. Niestety, charakter tego człowieka i jego dokonania w poprzednim zawodzie sprawiają, że to za mało.

9 GRUDNIA 2003 ROKU

Dzisiaj o godzinie 10.53 terrorystka samobójczyni wysadziła się przed hotelem Nacyonal w Moskwie, po drugiej stronie placu naprzeciw siedziby Dumy, jakieś 145 metrów od Kremla. „Gdzie jest ta Duma?" – pytała przechodniów, zanim doszło do eksplozji. Głowa chińskiego turysty, który stał akurat obok niej, spoczywała na bruku jeszcze przez dłuższy czas z dala od reszty ciała. Ludzie wrzeszczeli, wzywali pomocy, ale choć milicji w tym rejonie miasta nie brakuje, żaden mundurowy nie zbliżył się do miejsca eksplozji przez kolejne dwadzieścia minut, ewidentnie obawiając się kolejnego zamachu. Karetki pojawiły się przed hotelem dopiero pół godziny po zdarzeniu, chwilę później milicja zamknęła ulicę.

10 GRUDNIA 2003 ROKU

Nie ma zbyt wielu komentarzy na temat zamachu terrorystycznego, nikt też nic nie mówi o jego przyczynie.

Rada Federacji, izba wyższa naszego parlamentu, ogłosiła datę reelekcji Putina, który natychmiast wrzucił najwyższy bieg, wykorzystując każdą nadarzającą się rocznicę i inne pomniejsze okazje, by pokazać krajowi i całemu światu, że jest czołowym rosyjskim ekspertem od wszystkiego, co się akurat świętuje. W Dniu Hodowców Bydła okazał się najznamienitszym spośród wszystkich hodowców; w Dniu Budowniczych został naszym czołowym murarzem. Wygląda to wprawdzie mocno dziwnie, ale czyż Stalin nie robił tego samego?

Dzisiaj na szczęście mamy Międzynarodowy Dzień Praw Człowieka. Putin wezwał więc na Kreml czołowych orędowników tej sprawy (wybranych oczywiście przez niego), aby wzięli udział w posiedzeniu Prezydenckiej Komisji Praw Człowieka. Spotkanie rozpoczęło się o godzinie 18, a przewodniczyła mu Ełła Pamfiłowa*, demokratka z czasów Jelcyna.

Pediatra doktor Leonid Roszal przez minutę wyznawał, jak bardzo kocha prezydenta; Ludmiła Aleksiejewa z Moskiewskiej Grupy Helsińskiej przez pięć minut mówiła o niewłaściwym wykorzystaniu zasobów państwa podczas wyborów (czemu Putin nie zaprzeczył); Ida Kuklina z Ligi Komitetów Matek Żołnierzy Rosji przez trzy minuty opowiadała o wykorzystywaniu poborowych do niewolniczej pracy i innych okropnościach, jakich doświadczają dzisiaj w armii; Walerij Abramkin z Centrum Reform Wymiaru Sprawiedliwości przez pięć minut referował, co się dzieje w aresztach (jego wypowiedź spodobała się prezydentowi bardziej od pozostałych); Ełła Pamfiłowa rozprawiała długo o niewesołych kontaktach obrońców praw człowieka z organami ścigania; Swietłana Gannuszkina ze Stowarzyszenia „Memoriał" otrzymała trzy minuty na omówienie kwestii nowej ustawy o nadawaniu obywatelstwa; Tamara Morszczakowa, doradzająca Sądowi Konstytucyjnemu, miała siedem minut na przedstawienie propozycji rozwiązań pozwalających na pociągnięcie władz państwowych do odpowiedzialności; Aleksiej Simonow przemawiał przez trzy minuty na temat wolności słowa i trudnej sytuacji dziennikarzy, a Siergiej Borisow i Aleksandr Auzan ze Stowarzyszenia Konsumentów opowiedzieli o potrzebie stworzenia mechanizmów ochronnych dla małych firm.

Naprzeciw prelegentów siedzieli: szef i zastępca szefa administracji prezydenta; prokurator generalny Federacji Rosyjskiej, Władimir Ustinow; minister spraw zagranicznych Borys Gryzłow; minister sprawiedliwości Jurij Czajka; minister prasy; przewodniczący trzech sądów: Konstytucyjnego, Najwyższego i Arbitrażu Gospodarczego. Na początku był także obecny dyrektor FSB Nikołaj Patruszew, ale dość szybko opuścił salę.

Wszyscy mówcy besztali kolejno prokuratora generalnego Ustinowa. W przerwach pomiędzy atakami obrywał także od Putina besztającego go za niesprawiedliwe rozwiązania prawne. Tamara Morszczakowa dodawała komentarze prawne do każdej wypowiedzi, wskazując na przykład potrzebę obecności pracownika socjalnego podczas przesłuchań nieletnich w sądach. To standardowa praktyka w wielu krajach, ale Kremlowi wydała się czymś zupełnie nowatorskim. Ustinow kontrował, twierdząc, że byłoby to sprzeczne z rosyjskim prawem, ale Morszczakowa usadziła go z marszu, wskazując, że przepisy, na które się powoływał, po prostu nie istnieją. Oznaczało to, że prokurator generalny albo nie zna prawa, co jest oczywiście nie do pomyślenia, albo celowo wprowadza w błąd zebranych aktywistów.

W obecności Putina to także wydawało się nie do pomyślenia, zaczęto więc domniemywać, że chodzi o pierwszą z tych możliwości, co by znaczyło, że na stanowisku prokuratora generalnego mamy kogoś, kto absolutnie nie powinien go piastować.

– Z nimi można się dogadać tylko wtedy, gdy mówi się o czymś, co ich osobiście dotknęło – wyjaśniła mi Swietłana Gannuszkina. – W trakcie rozmowy telefonicznej prezydenta z Bushem podeszłam do Wiktora Iwanowa, zastępcy szefa administracji prezydenckiej i zarazem przewodniczącego grupy roboczej do spraw ustawodawstwa migracyjnego. Nieoczekiwanie dla nas obojga zgodziliśmy się, że mamy równie negatywne odczucia co do przymusu czasowego zameldowania. Jego żona odstała właśnie w kolejce pięć godzin, by zameldować u siebie przyjaciół, którzy przyjechali do Moskwy. Bardzo ją to rozwścieczyło, a jego skłoniło do zastanowienia, czyby nie należało znieść tego obowiązku.

Obiecał, że się tym zajmie. I tak generał FSB zaproponował stworzenie wspólnej grupy roboczej z udziałem Gannuszkiny, która zajęłaby się zreformowaniem tych przepisów.

– Sporządź listę osób, które się na tym znają. Popracujemy nad tym razem – oznajmił.

Inny przykład wyższości osobistego doświadczenia nad biurokratyczną inercją dotyczył orędownika praw więźniów Walerija Abramkina, który opowiedział prezydentowi straszną historię o dwóch skazanych niesłusznie dziewczynkach. Zarówno sąd, jak i władze więzienne przeoczyły, że były one nieletnie. Błąd naprawiono dopiero po wywiezieniu ich do kolonii karnej, po czym natychmiast zostały zwolnione. Putin niespodziewanie zareagował bardzo ostro. W jego oczach pojawił się nawet ludzki błysk. Jak się wkrótce okazało, w jego rodzinie miał miejsce podobny przypadek, także dotyczący dwóch nieletnich dziewczyn, które ucierpiały z powodu nieprzestrzegania prawa i wymagały obecnie wsparcia ze strony żony prezydenta. Wiele wskazuje więc na to, że przedstawiciele administracji prezydenckiej potrzebują osobistych doświadczeń, by zrozumieć, z czym borykają się ofiary systemu niesprawiedliwości.

– Można odnieść wrażenie, że w pewnych sprawach prezydent ma bardzo słabe rozeznanie. I nic z tym nie robi – podsumowała Swietłana Gannuszkina.

Putin słuchał przez większość czasu tego, co mówiono, ale gdy się odzywał, przemawiający mogli odnieść wrażenie, że staje po ich stronie. Wydawać się mogło, że sam jest jednym z obrońców praw człowieka. Teraz, gdy demokraci zostali uciszeni, to on będzie zastępował nam Jabłoko i Sojusz Sił Prawicowych. Na naszych oczach ziściły się przewidywania komentatorów politycznych z nocy po wyborach parlamentarnych.

Był to prawdopodobnie główny cel spotkania Putina z obrońcami praw człowieka. Chciał pokazać, że podziela ich obawy. Trzeba mu też przyznać, że jest doskonałym imitatorem. Kiedy trzeba, jest jednym z nas, a kiedy bardziej mu to pasuje, zostaje naszym wrogiem. Jest w tym udawaniu kogoś innego tak dobry, że wielu z nas nadal daje się na to nabierać. Zgromadzenie obrońców praw człowieka także dało się omamić wizji Putina będącego jednym z nich i choć fakty świadczyły o czymś wręcz przeciwnym, działacze otworzyli przed nim swoje serca.

W pewnej chwili ktoś naprawdę wymamrotał, że Putin rozumie nas lepiej niż szefowie resortów siłowych. Zadowolony prezydent natychmiast wypalił w odpowiedzi:

– To dlatego, że w głębi duszy jestem demokratą.

Nie muszę dodawać, że po tej wypowiedzi radość zgromadzonych rosła tylko i rosła. Potem doktor Roszal zapytał, czy prezydent mógłby dodać „kilka słów”.

– Władimirze Władimirowiczu – powiedział – bardzo pana lubię.

To samo mówił na początku zebrania. Władimir Władimirowicz spuścił znów skromnie wzrok.

– Ale tego Chodorkowskiego to nie lubię – dodał pan doktor.

W tym momencie Władimir Władimirowicz zesztywniał. Jeden Bóg tylko wiedział, dokąd zmierza pediatra. A biedak w gruncie rzeczy dryfował prosto na rafę.

– Chociaż pana lubię, a Chodorkowskiego nie, to jednak nie jestem przygotowany na jego aresztowanie. To przecież nie jest morderca. Gdzież mógłby uciec?

Widać było, że prezydent zaciska zęby, pozostali dygnitarze także gryźli się w języki. Potem nikt już nie wspomniał słowem o Chodorkowskim, jakby Putin był umierającym ojcem, a aresztowany oligarcha jego synem marnotrawnym. Obrońcy praw człowieka nie kontynuowali ataku, jak można było się spodziewać, tylko podkulili pod siebie ogony. Niebo pociemniało i po wpadce z Jukosem raptem jedna osoba poruszyła temat, który administracja prezydenta uważa za niewygodny i zazwyczaj prosi, by nie przywoływać go podczas takich zgromadzeń, ponieważ mogłoby się to źle skończyć dla pytającego. Swietłana Gannuszkina mimo to poruszyła kwestię Czeczenii.

Kończąc krótkie przemówienie dotyczące problemów migracyjnych, które zostały wyjaśnione przez administrację, Gannuszkina stwierdziła, że nie spodziewa się, by prezydent sam zaczął mówić o Czeczenii, dlatego chce mu wręczyć wydaną niedawno przez Stowarzyszenie „Memoriał" książkę pod tytułem *Czeczenia, tu mieszkają ludzie. Kronika przemocy*.

Tego nikt się nie spodziewał. Pilnujący nas funkcjonariusze nie zdążyli zareagować. Putin przyjął książkę i ku naszemu zaskoczeniu okazał nią zainteresowanie. Kartkował ją do końca spotkania, czyli mniej więcej do wpół do jedenastej. Na koniec sam zaczął mówić o Czeczenii.

– Po pierwsze – wspomina Gannuszkina – był przekonany, że dopuszczalne jest deptanie praw człowieka w trakcie prowadzenia kampanii przeciw terroryzmowi, zachodzą bowiem przesłanki pozwalające na nieprzestrzeganie prawa, okoliczności, w których to prawo można zlekceważyć. Po drugie, przeglądając książkę, powiedział tak: „To jest źle napisane. Gdybyście pisali tak, żeby ludzie was zrozumieli, to wsparliby was i moglibyście wywierać realny wpływ na rząd, ale interesujące was problemy przedstawiacie beznadziejnie".

Nie miał na myśli Czeczenii, co oczywiste, tylko porażkę Jabłoka i Sojuszu Sił Prawicowych.

– Putin ma rację – uważa Gannuszkina, która od dawna należy do Jabłoka i pracowała w Dumie jako asystentka deputowanych tej partii. – Nie umieliśmy wytłumaczyć ludziom, że nie popieramy jednej czy drugiej strony, ględziliśmy jedynie, że stoimy na straży prawa.

Po tej wymianie zdań dyskusja zeszła samoistnie na Irak. Obrońcy praw człowieka twierdzili, że tych dwóch wojen nie da się porównywać: Czeczeni w przeciwieństwie do Irakijczyków są przecież obywatelami Rosji. Putin ripostował, przekonując, że Rosja pozostawiła po sobie lepsze wrażenie niż USA, ponieważ wnieśliśmy o wiele więcej oskarżeń przeciw żołnierzom popełniającym zbrodnie wojenne w Czeczenii, niż Stany Zjednoczone wytoczyły własnym zbrodniarzom wojennym z Iraku.

– Ponad sześćset spraw – uściślił prokurator generalny.

Obrońcy praw człowieka nie puścili mu tego płazem:

– W ilu z nich doprowadzono do skazania oskarżonych?

Pytanie zawisło w powietrzu, ale odpowiedź nie padła.

Ludmiła Aleksiejewa, przewodnicząca Moskiewskiej Grupy Helsińskiej i nieoficjalna nestorka rosyjskich obrońców praw człowieka, kobieta, którą władze traktowały jak ikonę uosabiającą wszystkie środowiska kremlowskich obrońców praw człowieka, zaproponowała zwołanie okrągłego stołu z udziałem tych samych osób, które były na spotkaniu, nie wyłączając prezydenta.

– Musimy się nad tym zastanowić – mruknął Putin podczas pożegnania, co znaczyło ni mniej, ni więcej: Nie ma takiej opcji.

Jak nietrudno się domyślić, do dyskusji o Czeczenii z udziałem Putina i obrońców praw człowieka nie doszło, ale po grudniowym spotkaniu pewna część działaczy, a wraz z nimi paru demokratów postanowili zmienić zapatrywania, po czym opuścili pokonanych Jawlinskiego i Niemcowa, przechodząc na stronę odnowionego demokratycznie Putina, który miał ich bez trudu zastąpić.

Podobnie było w przypadku wielu znanych dziennikarzy. Kompromitowali się w biały dzień, na naszych oczach. Patrzyliśmy na Władimira Sołowiowa, popularnego ongiś prezentera telewizyjnego i radiowego, jednego z najodważniejszych, najlepiej poinformowanych i najbardziej zdemokratyzowanych reporterów, który jeszcze nie tak dawno demaskował niegodziwości popełniane przez rządzących, na przykład w związku z atakiem chemicznym w teatrze na Dubrowce [gdy Czeczeni wzięli jako zakładników 912 widzów spektaklu Nord-Ost], po czym nagle i niespodziewanie ogłosił, że popiera żarliwie Putina i państwo rosyjskie.

Wykonał tę woltę, ponieważ dopuszczono go bliżej Kremla i posmarowano mu jak trzeba. Można powiedzieć, że to wystarczyło, by doznał przemiany. Jest to nieustający problem Rosji: im bliżej Kremla stoisz, tym rzadziej się sprzeciwiasz i w ogóle stajesz się jakby łagodniejszy. A Kreml doskonale o tym wie. Ilu znamy już takich, którzy dali się podobnie stłamsić? Najpierw zostali ostrożnie przytuleni do piersi rządzących. W Rosji najlepszą metodą ujarzmiania najbardziej niepokornych dusz nie są bowiem pieniądze, tylko zbliżenie się do władzy choćby na odległość wyciągniętej ręki. Najwięksi buntownicy miękną niemal natychmiast. Widzieliśmy to w przypadku Sołowiowa, doktora Roszala, a dzisiaj nawet stronnicy Sacharowa* i Jeleny Bonner* zaczynają rozprawiać o charyzmie Putina, twierdząc, że dał im poczuć nadzieję.

Nie po raz pierwszy rzecz jasna w naszej najnowszej historii widzimy bratanie się reżimu i obrońców praw człowieka, reżimu i demokratów. Po raz pierwszy jednak jest to tak dewastujące dla byłych dysydentów. Jaka nadzieja pozostaje narodowi rosyjskiemu, skoro jedna część opozycji została zbombardowana, a drugą, czyli prawie wszystko, co ocalało, odłożono sobie na później?

11 GRUDNIA 2003 ROKU

Od samego rana mamy więcej tego samego, kolejna reputacja zmiażdżona w uściskach Kremla. Andriej Makariewicz był undergroundowym muzykiem rockowym w okresie sowieckim, dysydentem walczącym z KGB*, człowiekiem, który śpiewał z pasją: „Nie gnij karku przed zmieniającym się światem, przyjdzie dzień, gdy on pokłoni się tobie!". Był to hymn pierwszych lat demokracji Jelcyna. Dzisiaj wręczono mu Order Zasług dla Ojczyzny, uroczystość transmitowano na żywo na państwowym Kanale Pierwszym.

Makariewicz wspierał Jedną Rosję, występował nawet na jej wiecach przedwyborczych. Naprawdę ugiął kark przed Putinem i jego partią. Wmawiał ludziom, jakim to dobrym facetem jest Władimir Władimirowicz, i patrzcie no tylko, już odbiera państwowe honory, on, były dysydent, który nie wstydzi się przystąpienia do partii kremlowskiej.

Putin wydał dzisiaj przyjęcie dla przywódców partii zasiadających w Dumie, ponieważ jest to ostatnie posiedzenie parlamentu trzeciej kadencji. Mówił na nim o pozytywnych zmianach zachodzących w stosunkach między poszczególnymi organami władzy państwowej. Jawlinski uśmiechał się krzywo, gdy padały te słowa. Niedługo później po drugiej stronie placu, naprzeciwko Kremla, odbyła się ostatnia sesja ustępującego parlamentu. Prawie wszyscy na niej byli. Jedna Rosja tryumfowała i nie zamierzała tego ukrywać. Dlaczego miałaby to robić? Każdego dnia przyłączają się do niej nowo wybrani deputowani innych ugrupowań pragnący zbliżenia z Putinem. Jedna Rosja rozdyma się niczym balon pompowany ogrzanym powietrzem.

Jawlinski trzymał się z boku, jak zwykle stał samotnie. Był ponury i małomówny. Z czego tu się cieszyć? Destrukcja rosyjskiego parlamentu stała się faktem dokonanym dokładnie w dziesiątą rocznicę powstania pierwszej Dumy, jeszcze za prezydentury Jelcyna. Jutro, 12 grudnia, także będziemy mieli dziesiątą rocznicę, tym razem nowej rosyjskiej, także „jelcynowskiej" konstytucji.

Niemcow starał się udzielić tylu wywiadów, ile mógł, póki dziennikarze przejawiali nim jakieś zainteresowanie. Wyjaśniał:

– Sojusz Sił Prawicowych i Jabłoko dokonują czegoś, co przed 7 grudnia wydawało się mrzonką: zamierzamy się zjednoczyć.

Ludzie nie za bardzo mu wierzą. Wszyscy prodemokratyczni wyborcy modlili się o takie zjednoczenie, ale przed 7 grudnia, gdy miałoby to jakiś wpływ na wynik wyborów, tyle że wtedy obie partie nie były tym zainteresowane.

Giennadij Sielezniow, przewodniczący Dumy, wygłosił mowę pożegnalną, której nikt nie słuchał. On już wie, że jego dni minęły bezpowrotnie, ponieważ w przyszłej Dumie nie parlament będzie wybierał nowego przewodniczącego, tylko zostanie on mianowany przez Kreml. Wszyscy też wiedzą już, kto nim zostanie: Borys Gryzłow, przyjaciel Putina i jeden z jego najwierniejszych popleczników, przewodniczący Jednej Rosji i zarazem minister spraw wewnętrznych. To bez wątpienia historyczny moment. Żegnając Dumę trzeciej kadencji, żegnamy pewną epokę polityczną. Putin zaraz chwyci za kark nasz wiecznie skłócony parlament.

Wyniki wyborów nie skłoniły Kremla do zapomnienia o kwestiach finansowych. Atak na Jukos trwa, nasi biznesmeni ostrzą już sobie zęby na to, co zostało z tego koncernu, ponieważ wszystkie opcje leżą jeszcze na stole. Jakucki sąd arbitrażowy wydał wyrok na korzyść Surgutnieftiegazu, firmy, która w marcu 2002 roku przegrała z Sachanieftiegazem, dawną częścią Jukosu, na aukcji praw do wydobycia ropy i gazu. Werdykt ten pozbawia Jukos dostępu do złóż tałakańskich liczących nie mniej niż 120 milionów ton ropy i około 60 miliardów metrów sześciennych gazu, a jego rywalowi przyznaje koncesję na bezterminową ich eksploatację.

Centrobank informuje o kolejnym rekordzie w gromadzeniu rezerw złota i walut obcych. Do 5 grudnia ich wartość wynosi już 70,6 miliarda dolarów. Ale czy jest to sukces? Jednym z głównych powodów wyzbywania się walut przez inne firmy jest przecież sprawa Jukosu, w której władze państwa twierdzą, że koncern ukrywał dochody w walutach, zamierzając uchylać się od płacenia podatków. Pozostali biznesmeni wolą nie kusić losu i szybko wymieniają zyskane waluty na ruble. Zadyma z Jukosem nie wyrządziła państwu żadnej szkody, dlatego Rosja może bez problemu spłacać dług zagraniczny. Naród zaś tryumfuje, nie mając pojęcia, o co tu naprawdę chodzi.

Dzisiaj mija również dziewiąta rocznica rozpoczęcia ostatniej wojny przeciw Czeczenii. W dniu 11 grudnia 1994 roku pierwsze czołgi wjechały do Groznego, po czym pokazano nam żołnierzy i oficerów, którzy w nich żywcem spłonęli. Na żadnym

z rządowych kanałów nie ma o nich jednej wzmianki. Tę rocznicę skutecznie usunięto z rosyjskiego kalendarza.

Wyjątkowa jednomyślność wszystkich stacji telewizyjnych
nie może być przypadkiem, moim zdaniem to efekt konkretnych
zaleceń administracji prezydenta, co z kolei świadczy dobitnie
o jednym: w trakcie kampanii prezydenckiej Putina nie padnie
nawet słowo na temat Czeczenii. W taki właśnie sposób to działa: ponieważ prezydent nie ma pojęcia, co zrobić z Czeczenią,
wykreśla ją z porządku dziennego.

Wieczorem odbyła się debata telewizyjna pomiędzy Waleriją
Nowodworską, demokratką do szpiku kości, i Władimirem Żyrinowskim. Ona mówiła o potwornej nieodpowiedzialności, jaką
jest wojna czeczeńska, o krwi i ludobójstwie. Żyrinowski odpowiadał histerycznymi wrzaskami: „Wynocha z tego kraju! Nigdy
im się nie poddamy!". Podczas głosowania na koniec programu
Żyrinowski otrzymał czterdzieści tysięcy głosów, a Nowodworska tylko szesnaście tysięcy.

12 GRUDNIA 2003 ROKU

Dzień Konstytucji. Święto. Moskwę zalewają potoki milicji i funkcjonariuszy w cywilu. Wszędzie widać psy węszące za materiałami wybuchowymi. Prezydent wydał na Kremlu huczne przyjęcie
dla obu elit, politycznej i oligarchicznej, wygłosił na nim przemówienie na temat praw człowieka, opierając je na tezie, że
tryumfują one w Rosji. Był tam też Jelcyn, wyglądający teraz
lepiej i młodziej, choć problemy psychiczne nadal wypisane ma
na twarzy. Zaproszono go, ponieważ konstytucję uchwalono za
jego prezydentury. Zazwyczaj nie gości na Kremlu u Putina.

Sondaż ujawnił, że tylko dwa procent Rosjan ma ogólne poję-
cie o zapisach konstytucji. Za to 45 procent respondentów uważało, że jej najważniejszym zapisem jest artykuł o „prawie do

pracy", a tylko sześć procent wymieniło wolność słowa wśród spraw, które mają w ich życiu fundamentalne znaczenie.

18 GRUDNIA 2003 ROKU

Telefon do telewizji. Wielka okazja do spotkania Putina z ludem. Ogłoszono, że otrzymano ponad milion pytań. Wirtualny dialog prezydenta z narodem poprowadzili jego ulubieni prezenterzy telewizyjni, Siergiej Brilew z kanału Rossija i Jekaterina Andriejewa z Kanału Pierwszego.

Andriejewa do Putina: Pojawia się pan po raz trzeci na naszej bezpośredniej linii. Podobnie jak ja. Czy jest pan zdenerwowany?

Putin: Nie. Nie obiecuj tego, czego nie możesz dotrzymać, i nie kłam, a nie będziesz miał powodów do obaw.

Brilew (rechoczący z radości): Tak właśnie wygląda nasza praca...

Putin: Wszystkie osiągnięcia Rosji to efekt czyjejś ciężkiej pracy. Natrafiliśmy wprawdzie na szereg przeciwności i niepowodzeń, ale Rosja pokazała, że jest krajem, który mocno stoi na nogach i szybko się rozwija. Mam tu ze sobą kilka statystyk. W roku 2002 zanotowaliśmy wzrost gospodarczy na poziomie 4,3 procent. Prognozy na ten rok mówią o pięciu procentach, ale jestem przekonany, że osiągniemy 6,6 procent, a nawet 6,9. Zmniejszają się też obciążenia z powodu obsługi zadłużenia zagranicznego. Spłaciliśmy właśnie 17 miliardów dolarów, a gospodarka nawet tego nie zauważyła. W roku 2000 mieliśmy rezerwy złota i walut obcych wyceniane na 11 miliardów dolarów. W 2003 ich wartość wzrosła do 20 miliardów, a dzisiaj sięgają już nawet 70 miliardów. To nie są wydumane liczby. W grę wchodzi naprawdę wiele czynników. Jeśli będziemy kontynuowali obecną politykę gospodarczą, skończy się problem z niewymienialnością naszej waluty. Z drugiej strony w roku 2003 mieliśmy 37 milionów obywateli, których dochody nie osiągały minimum socjalnego. W trzecim kwartale liczba ta spadła do 31 milionów, ale to nadal upokarzająco wysoki poziom. Dzisiaj minimum socjalne wynosi przecież 2120 rubli [220 zł] na miesiąc. To naprawdę niewiele, a 31 milionów ludzi nie zarabia nawet tyle.

Pytanie z Komsomolska nad Amurem w Kraju Chabarowskim: Jesteśmy trzecim co do wielkości miastem rosyjskiego Dalekiego Wschodu, ogromnym ośrodkiem przemysłowym, miastem młodych ludzi, które niestety leży bardzo daleko od Moskwy. Nazywam się Kirił Borodulin. Pracuję w amurskiej stoczni. Obecnie wykonujemy jedynie zamówienia eksportowe. Kiedy zobaczymy ponownie zamówienia od rosyjskiego przemysłu obronnego? Chcemy być potrzebni Rosji.

(Pytania nie sprawiają wrażenia zadawanych spontanicznie, a odpowiedzi z pewnością były wcześniej przygotowane. Putin odczytuje liczby z notatek, chociaż pytania padają „na żywo". Wygląda więc na to, że udziela odpowiedzi tylko na te pytania, które mu pasują).

Putin: To, że pan pracuje przy zamówieniach na eksport, jest bardzo pozytywne. Toczymy właśnie walkę o inne rynki zbrojeniowe, a Rosja nie wypada na nich wcale tak źle. Przygotowaliśmy już program produkcji i zakupu uzbrojenia aż do roku 2010 i będzie on w pełni sfinansowany. Są oczywiście problemy; zawsze chciałoby się przeznaczyć więcej środków na nasze siły zbrojne. O priorytetach zamówień decyduje jednak Ministerstwo Obrony, które, proszę sobie wyobrazić, umieściło nowe samoloty dopiero na ósmym miejscu swojej listy zakupów priorytetowych, mimo że obecne wojny toczą się głównie przy użyciu lotnictwa. Może być pan jednak pewien, że i wasze usługi będą kiedyś potrzebne.

Katia Ustimienko, studentka: Głosowałam po raz pierwszy. Czego możemy się spodziewać po nowo wybranej Dumie?

Putin: Żaden cywilizowany kraj nie może istnieć bez instytucji ustawodawczych. Od naszej Dumy naprawdę wiele zależy. Oczekujemy od niej wydajnej systematycznej pracy.

Aleksandr Nikołajewicz: Mieszkam w Tule, w domu, w którym mieszkał przede mną mój ojciec. Jego fundamenty już popękały. To strefa wydobycia. Dlaczego państwo tak wiele mówi, ale nie rozwiązuje problemów z rozpadającymi się domami?

Putin: Byłem kiedyś w Tule. Zaskoczył mnie tragiczny stan tamtejszych lokali mieszkalnych. Są na to sposoby i środki. Jakie? Jeszcze kilka lat temu państwo nie przeznaczało prawie nic na naprawy szkód górniczych. Po raz pierwszy udostępniliśmy takie fundusze w roku 2003, a było to 1,3 miliarda rubli [135 milionów zł] pochodzących z budżetu federalnego. Identyczną kwotę przeznaczono także z budżetów lokalnych. Dobrym rozwiązaniem w tej sytuacji byłoby stworzenie systemu tanich kredytów hipotecznych. Gdyby je wprowadzono, mógłby pan z nich skorzystać. Ile pan zarabia miesięcznie? Pracuje pan w bardzo bogatym regionie kraju.

Aleksandr Nikołajewicz: Dwanaście tysięcy rubli [ok. 1250 zł].

Putin: Miałby pan zdolność kredytową. Musimy tylko wprowadzić kilka regulacji prawnych.

Jurij Sidorow, Kuzbas: Praca górnika jest niebezpieczna. Dlaczego emerytury górnicze zostały zrównane ze zwykłymi? Co to w ogóle za emerytury?

Putin: Średnia pensja górnika to dzisiaj 12 tysięcy rubli, natomiast średnia krajowa wynosi tylko 5 700 rubli [ok. 600 złotych].

Logika reformy emerytalnej polega na tym, że obecnie wy-
sokość emerytury powiązana jest bezpośrednio z wysokością
płaconych wcześniej składek. Pańska emerytura będzie się
więc różnić od średniej krajowej, i to na pańską korzyść. Będzie wyższa od średniej. Zmiana została już wprowadzona.
Narodowy Fundusz Emerytalny otwiera właśnie na terenie
całego kraju całą sieć punktów konsultacyjnych, także w za-
kładach pracy. Może pan pójść do jednego z nich i porozmawiać tam o szczegółach.

Walentina Aleksiejewna z Krasnodaru: Nie ogłosił pan jeszcze, czy
zamierza pan startować w wyborach prezydenckich. Jakie
ma pan plany?

Putin: Tak, stanę do tych wyborów. W najbliższej przyszłości
zostanie to oficjalnie ogłoszone.

Aleksiej Wiktorowicz, stocznia remontowa, obwód murmański: Od
sierpnia nie otrzymujemy wynagrodzeń ani ekwiwalentów
za urlopy. Kiedy ta sprawa zostanie rozwiązana?

Putin: Ze strony budżetowej wszystko zostało już uregulowane.
Opóźnienia w wypłacie wynagrodzeń nie mogą przekraczać
dwóch dni. Natomiast w przypadku przemysłu ciężkiego
mamy kilka wyjątków. Część przedsiębiorstw państwowych
przekwalifikowano na jednostki budżetowe. Wiele z nich jest
obecnie w opłakanym stanie, tak technicznym, jak i finanso-
wym. W innych przypadkach pełną odpowiedzialność za podobne opóźnienia ponoszą nowi właściciele i zarządy.

Brilew: Jak pan się czuje, widząc swoje portrety w każdym biurze i urzędzie?

Putin: Prezydent jest swego rodzaju symbolem państwowym,
nie ma w tym więc nic strasznego. Ważne tylko, by zachować
umiar. Niepokój zaczyna się rodzić, gdy o tym zapominamy.

*Sierżant Siergiej Siergiejewicz, rosyjska baza wojskowa Kant w Kirgi-
stanie*:* Amerykanom udało się schwytać Saddama Husajna,

ale w Iraku za chwilę będzie drugi Wietnam. Wszyscy stamtąd pouciekają. Chaos dotknie wszystkich.

Putin: Siergieju Siergiejewiczu, przegrana Amerykanów w walce z międzynarodowym terroryzmem nie leży w naszym narodowym interesie. Jeśli chodzi o Irak, to zupełnie inna sprawa. Pod rządami Saddama Husajna nie było tam żadnych międzynarodowych terrorystów. Delikatnie mówiąc, ta inwazja nie powinna być uznana za legalną, dopóki nie zostanie oficjalnie usankcjonowana przez ONZ. Jak pan zapewne wie, wszystkie imperia, bez względu na epokę, miały złudzenia dotyczące ich nietykalności, poczucia wielkości i nieomylności. To zawsze sprawiało im olbrzymie problemy. Mam nadzieję, że nie przydarzy się to także naszym amerykańskim partnerom.

Witalij Potapow, elektryk, Borowicze, obwód nowogrodzki: Przed wyborami parlamentarnymi pańska suczka miała młode. Jak się mają szczenięta?

Putin: Bardzo dobrze. Są bardzo ruchliwe, choć jeszcze nie otworzyły oczu. Jeśli chodzi o ich przyszłość, to powiem tylko, że otrzymaliśmy wiele próśb od osób, które chciałyby je adoptować. Ja, dzieci i żona musimy się nad nimi zastanowić. Musimy zyskać pewność, że szczenięta trafią do naprawdę dobrych domów. Musimy wiedzieć, komu je oddajemy.

Kabardyjczyk z Nalczyku: Pracuję w rosyjskim teatrze. Abchazowie [pochodzący ze spornej części Gruzji] są spokrewnieni z Kabardyjczykami [którzy są obywatelami Rosji]. Może powinniśmy przyjąć Abchazję do Federacji Rosyjskiej*, by zapobiec wybuchowi kolejnej wojny?

Putin: To bardzo kłopotliwe pytanie dla nas wszystkich w Rosji, a zwłaszcza dla obywateli z południa kraju. Utrzymanie integralności terytorium państwa jest ostatnio jednym z naszych głównych problemów i zarazem priorytetów. W zasadzie mogę powiedzieć, że udało nam się zrealizować to zadanie. A skoro sami kierujemy się takimi zasadami, nie możemy odmówić ich stosowania wobec naszych sąsiadów. Należymy do Organizacji Narodów Zjednoczonych i w pełni wywiązujemy się z naszych międzynarodowych zobowiązań. W przypadku rodziny ludów zamieszkujących kaukaskie pogórze mamy jednak do czynienia z więzami, które sięgają niekiedy kilku wieków. Los tych ludzi nie jest nam obojętny. Po rozpadzie ZSRR wybuchło wiele konfliktów, na przykład w Osetii Południowej, Karabachu, Abchazji. Błędem byłoby jednak zakładanie, że Rosja zdoła załatwić wszystkie te spory. Dlatego mówię: porozumcie się sami pomiędzy sobą, a Rosja zostanie uczciwym gwarantem zawartych przez was umów. Przyglądamy się z uwagą problemom Abchazji, ale szanujemy także integralność terytorialną Gruzji.

Achmad Sazajew, Bałkar, pisarz: Podżeganie do waśni na tle etnicznym jest prawnie zabronione, ale w trakcie kampanii niektóre partie szły do wyborów pod hasłem „Rosja dla Rosjan". Dlaczego pozwolono tym partiom na szerzenie podobnych treści w programach telewizyjnych?

Putin: Każdy, kto woła: „Rosja dla Rosjan", jest albo idiotą, albo awanturnikiem. Rosja to kraj wielonarodowy. Czego oni chcą, podziału albo nawet rozpadu Rosji? Najprawdopodobniej mamy tu do czynienia z szukającymi taniego poklasku naciągaczami, którzy próbują nam wmówić, jacy to są radykalni. Jeśli chodzi o ostatnią kampanię wyborczą, to nie widziałem podobnych treści w naszej telewizji. Jeśli trafię na podobne materiały, natychmiast skontaktuję się z prokuratorem generalnym. Wspólnie podejmiemy stosowne działania.

Natalja Kotienkowa, Krasnojarsk: Czy nie czas zakończyć prywatyzację i rozpocząć renacjonalizację?

Putin: To nie jest nowy problem, dlatego mam już wyrobione zdanie na ten temat. Kiedy nasz kraj rozpoczynał prywatyzację, zakładano, że nowi właściciele przedsiębiorstw będą bardziej skuteczni w działaniu niż państwo, co skądinąd jest słusznym założeniem. Rozwinięte gospodarki mają ugruntowany system administracji. Otrzymując konkretne dochody, na przykład pod postacią podatków, które wpłacają właściciele prywatnych przedsiębiorstw, państwo może rozwiązywać problemy społeczne wszystkich obywateli. I tu tkwi problem. Brakowało nam aparatu administracyjnego, więc niezbędne środki nie wpływały do Skarbu Państwa jak należy. Jestem zatem przekonany, że musimy teraz wzmocnić instytucje państwa i prawodawstwo, a także usprawnić administrację, a nie zatrzymywać proces prywatyzacji.

Dmitrij Jegorow, 25 lat: Ja słucham hard rocka, a jaki gatunek muzyki pan lubi?

Putin: Muzykę klasyczną i rosyjską muzykę big-bandową z wokalem.

Aleksiej z obwodu swierdłowskiego: Czy jest pan surowy w wychowywaniu swoich córek?

Putin: Niestety, a może stety, nie jestem. Moje dziewczynki dorastały w duchu pełnej niezależności, mając poczucie własnej wartości. Myślę, że to wyszło im na dobre.

Irina Możajska, nauczycielka: W ostatnich trzech latach w Staropolju doszło do dwunastu zamachów terrorystycznych. W Jessentukach zginęło niedawno czterdzieści pięć osób. Jak można powstrzymać to szaleństwo?

Putin: Jakie jest źródło tego problemu? W tym wypadku to nie tylko Czeczenia. Żyją na tym świecie ludzie, którzy uważają, że mają prawo wpływać na poglądy wyznawców islamu. Uważają, że mają prawo przejąć kontrolę nad terytoriami gęsto zamieszkanymi przez muzułmanów. To bardzo ważna kwestia dla naszego kraju. Nazywamy takich ludzi „między-narodowymi terrorystami". To oni, wykorzystując rozpad ZSRR, doprowadzili do tego, co dzieje się obecnie w Cze-czenii, choć tak naprawdę mają zupełnie inne cele. Oni nie chcą niepodległości Czeczenii, tylko zagarnięcia wszystkich terytoriów zamieszkanych przez większość muzułmańską. Bałkanizacja Rosji, gdyby do niej doszło, byłaby czymś po-twornym. Musimy z tym walczyć. Zagrożenie pochodzi z za-granicy. Islamskie ugrupowania islamistyczne z Dagestanu składają się w 50 procentach z obcokrajowców. Jedyny spo-sób, by je pokonać, to nie ulegać naciskom i nie panikować. Musimy działać zdecydowanie i systematycznie, nasze orga-ny ścigania powinny reagować sprawniej.

Anatolij Nikitin, obwód murmański: Odnosimy wrażenie, że biura spraw wewnętrznych i drogówka uważają, że ich działalność polega głównie na zarabianiu na nas. Czy jest pan w pełni poinformowany, co się dzieje w tych służbach?

Putin: W bieżącym roku stwierdzono ponad 19 tysięcy rozma-itych nieprawidłowości w agencjach podlegających Minister-stwu Spraw Wewnętrznych, w tym w 2600 przypadkach, jak się okazało, doszło do jawnego naruszenia obowiązującego prawa. Wielu urzędników postawiono w stan oskarżenia. Służby bezpieczeństwa będą nadal wzmacniane. I na koniec odpowiem wprost na drugie pytanie: tak, wiem dokładnie, jaka sytuacja panuje w naszych służbach.

Siergiej Tatarienko: Czy państwo planuje powstrzymać migrację Chińczyków na nasz Daleki Wschód?

Putin: Nie tyle będziemy ją powstrzymywać, ile regulować. Mu-simy wiedzieć, gdzie, ilu i jakiego rodzaju migrantów po-trzebujemy, a także pracować nad sposobami pozyskiwania potrzebnej nam siły roboczej. Poziom korupcji w tej sferze jest jednak wciąż bardzo wysoki.

Lidija Iwanowna, Chimki, obwód moskiewski: Czy powstanie mechanizm walki z korupcją w sądach i prokuraturach? Albo w instytucjach wykonawczych państwa?

Putin: Poza ostrzejszym podejściem do tego tematu musimy wprowadzić fundamentalne zmiany. Potrzebne jest rozpoczęcie prawdziwej reformy administracyjnej. Im mniej damy urzędnikom możliwości ingerowania w podejmowane decyzje, tym lepiej. Wymiar sprawiedliwości powinien być niezależny, ale i przejrzysty, no i odpowiadać przed społeczeństwem. Sędziowie mają już własne systemy regulacji. Mam nadzieję, że wkrótce zaczną one działać.

Iwetta, studentka pedagogiki w Niżnym Nowogrodzie: Ludzie mówią, że jest pan politycznym uczniem Anatolija Sobczaka, jednego z założycieli ruchu demokratycznego. Jaki jest pana stosunek do kwestii przegranej sił prawicowych?

Putin: Sobczak był moim wykładowcą na uniwersytecie. Klęska sił prawicowych nie sprawiła mi satysfakcji. W naszym parlamencie powinny być reprezentowane wszystkie liczące się siły polityczne. Ich brak będzie poważną stratą, ale prawicowcy sami są temu winni. Podczas kampanii wyborczej popełnili błędy zarówno taktyczne, jak i strategiczne. Zyskali dostęp do zasobów administracyjnych – Czubajs zarządza przecież całym rosyjskim sektorem elektroenergetycznym – mieli więc wszystko, czego trzeba, ale nie rozumieli, czego ludzie oczekują od partii politycznej. Zabrakło też wspólnej woli określenia kierunku, w którym wszyscy powinni razem zmierzać. Mam jednak nadzieję, że ta porażka nie sprawi, iż znikną na dobre z mapy politycznej Rosji. Im także pomożemy. Będziemy rozmawiać z Sojuszem Sił Prawicowych i z Jabłokiem, spróbujemy wykorzystać ich zasoby ludzkie.

Władimir Bykowski, Czuwaszja: Czy pozwala pan sobie na okazywanie emocji?

Putin: Niestety tak.

Dobrosława Djaczkowa, emerytka, Wyborg: Pomagam w ośrodku „Nadzieja" dla osób starszych i niepełnosprawnych, rozmawiam też dużo z tymi, którzy tam przychodzą. Wielu z nich ma krewnych i przyjaciół w krajach nadbałtyckich. Dlaczego Rosja nie podejmuje aktywnych działań i nie broni zamieszkującej je ludności rosyjskiej?

Putin: W ostatnich latach nasze Ministerstwo Spraw Zagranicznych poświęcało temu problemowi coraz więcej uwagi. Mamy naprawdę dużo powodów do niepokoju. Nie możemy powiedzieć, że ci obywatele cieszą się w swoich krajach pełnią praw i swobód. Staramy się im pomagać, zarówno drogą dyplomatyczną, jak i poprzez wytaczane na różnych szczeblach sprawy sądowe, ale uważamy także, że pewne zachodnioeuropejskie standardy, które możemy zauważyć w wielu innych punktach zapalnych, powinny dotyczyć także krajów nadbałtyckich. Jeśli Organizacja Bezpieczeństwa i Współpracy w Europie oraz Wspólnota Europejska wierzą, że na południu Macedonii jest miejsce dla mniejszości albańskiej, dlaczego nie zastosują tej samej zasady w Rydze, gdzie niemal 25 procent ludności ma rosyjskie korzenie? Dlaczego istnieją różne standardy? Ale podchodzimy do tej sprawy z niezwykłą ostrożnością, aby nie wyrządzać więcej szkody niż pożytku naszym rodakom.

Anna Nowikowa, nauczycielka akademicka: Ludzie, którzy rozprowadzają narkotyki, powinni być skazywani na dożywocie!

Putin: Zaproponowałem daleko idące zmiany zmierzające do znacznego zaostrzenia kar za takie przestępstwa. Uchwaliła je Duma III kadencji, zyskały też rekomendację Rady Federacji, a tydzień temu podpisałem dokumenty wcielające je w życie. Myślę, że już niebawem nastąpi znacząca poprawa.

Teraz Putin sam odczytuje pytanie, które wybrał spośród nadesłanych e-maili: „Jaki jest pański stosunek do wydłużenia kadencji prezydenta?".

Putin: Jestem temu przeciwny.

Zaraz po zakończeniu tej rozmowy z ludem prezydent wyraził następującą opinię:

– System naszego państwa nie został jeszcze w pełni ugruntowany. W Rosji wszystko wciąż się rozwija. Dlatego bezpośrednie kontakty z obywatelami są niezwykle przydatne.

A takimi słowami podsumował całe wydarzenie, co w pewnym stopniu może tłumaczyć, dlaczego wziął w nim udział:

– Umacnianie demokracji w Rosji ma znaczenie praktyczne. Mamy obecnie do czynienia z sytuacją, która pozwoli nam na stworzenie unikatowego systemu wielopartyjnego z potężnym prawicowym centrum, socjaldemokracją na lewicy i sojusznikami po obu stronach sceny politycznej. Będą tam także przedstawiciele marginalnych ugrupowań. To obecnie bardzo realne.

Dziwne stwierdzenie, które zupełnie nie odzwierciedla rzeczywistości. Jeśli spojrzymy na to spotkanie z przedwyborczego punktu widzenia, to głównymi założeniami platformy Putina od 18 grudnia wydaje się walka z ubóstwem, obrona konstytucji, stworzenie systemu wielopartyjnego, walka z korupcją, walka z terroryzmem i rozwój kredytów hipotecznych. Jak myślicie, ile z tych punktów zdoła zrealizować nasz wirtualny prezydent?

20 GRUDNIA 2003 ROKU

Dzisiaj mamy Dzień Tajnego Policjanta. CzeKa–OGPU–NKWD–KGB–FSB są z nami od 86 lat. To temat przewodni każdego wydania wiadomości. Obrzydliwe. Ton tych doniesień jest bardzo beznamiętny, jakby te krwawe służby nie miały na koncie milionów ludzkich istnień. Czego innego możemy się spodziewać po kraju, którego przywódca otwarcie przyznaje, że piastując stanowisko prezydenta, pozostaje w „aktywnej rezerwie Firmy"?

Mamy w końcu ostateczne podsumowanie wyniku wyborów parlamentarnych: Jedna Rosja 37,55 procent (120 mandatów); Komunistyczna Partia Federacji Rosyjskiej 12,6 procent głosów (40 mandatów); Liberalno-Demokratyczna Partia Rosji 11,45 procent głosów (36 mandatów); Rodina zdobyła 29 mandatów. W trzech okręgach wyborczych, to znaczy w obwodach swierdłowskim i uljanowskim oraz w Sankt Petersburgu, 14 marca odbędą się wybory uzupełniające, ponieważ wygrał w nich kandydat „żaden z powyższych". Od jutra partie polityczne mogą zgłaszać swoich kandydatów na prezydenta.

Deputowani stoją już w kolejce do Jednej Rosji. Szczególnie bolesna jest dezercja Pawła Kraszeninnikowa, który startował jako kandydat niezależny, ale wcześniej znany był szerokiemu elektoratowi z liberalnych poglądów i co może ważniejsze, należał do Sojuszu Sił Prawicowych. Nasza Duma zaczyna być jednopartyjnym spektaklem.

21 GRUDNIA 2003 ROKU

Jawlinski odmówił kandydowania na prezydenta z ramienia Jabłoka. Zadeklarował także, że wkrótce zostanie utworzona „duża partia demokratyczna", ale wygłosił te słowa z tak ponurą miną, że zniechęcił do tego pomysłu wszystkich, którzy na niego głosowali. Oto najlepszy dowód, jeśli ktoś go jeszcze potrzebował, że musimy mieć nowe twarze i nowych przywódców. Ci, których mamy dzisiaj, nie są w stanie stworzyć sensownej opozycji demokratycznej.

Chakamada także zapowiedziała, że Sojusz Sił Prawicowych nie wystawi własnego kandydata. Jej wyjaśnienie było bardziej przekonujące: „Po tym, jak głosowali ludzie, widać wyraźnie, że nie chcą, abyśmy rządzili krajem". Komuniści również twierdzą, że nie interesuje ich udział w tych wyborach.

Bojkot wyborów prezydenckich przez lewicową i prawicową opozycję: czy to jedyny sposób na odgrywanie jakiejkolwiek politycznej roli w tym kraju po grudniowych wyborach?

22 GRUDNIA 2003 ROKU

Putin złożył dzisiaj do Centralnej Komisji Wyborczej wnioski aktywistów, którzy zamierzają zbierać podpisy wspierające jego kandydaturę. Sondaż opinii publicznej zlecony przez Kreml pokazuje, że 72 procent wyborców oddałoby głos na Putina, gdyby wybory odbyły się dzisiaj.

Kto może z nim konkurować? Na razie jedyną alternatywą dla Putina wydaje się Herman Sterligow, przedsiębiorca pogrzebowy i producent trumien. Nie ma za sobą żadnej partii, za to posiada mnóstwo pieniędzy i „rosyjskie ideały". Jest zwykłym outsiderem. Drugim potencjalnym konkurentem jest Władimir Żyrinowski, który oświadczył ostatnio, że Liberalno-Demokratyczna Partia Rosji wystawi własnego kandydata. On także jest outsiderem, choć robi wszystko, by zostać pupilem Kremla. Putin wygląda śmiesznie w tym towarzystwie. Niewykluczone więc, że administracja prezydencka weźmie się do roboty i zorganizuje w ciągu najbliższych tygodni przynajmniej kilku bardziej sensownych kandydatów, których nasz wódz będzie mógł pokonać.

Nikt tak naprawdę nie wierzy, że Chodorkowski zostanie uznany za winnego. Większość ludzi uważa, że to kolejna ustawka Kremla, która się skończy, gdy tylko Putin zostanie wybrany na kolejną kadencję. Już wkrótce, 30 grudnia, kończy się okres, przez który mogą przetrzymywać Chodorkowskiego w areszcie tymczasowym, ale w sądzie w Basmannych trwa rozprawa, która pozwoli przedłużyć jego zatrzymanie.

Wieczorem stało się jasne, że Prokuratura Generalna wystąpiła z wnioskiem o przedłużenie aresztu tymczasowego do 25 marca. Zgadza się, Chodorkowski będzie obserwował reelekcję Putina zza więziennych krat. Przywieziono go do sądu dopiero około szesnastej. Rozprawę rozpoczęto o osiemnastej, gdy większość sędziów, pracowników, świadków, woźnych i oskarżonych w innych sprawach udała się już do domu, a bramy sądu zostały zamknięte na głucho.

Czego oni tak strasznie się boją? Czy Chodorkowski rzeczywiście jest najniebezpieczniejszym człowiekiem w Rosji? Nawet terrorystów nie traktujemy tak ostro, a jemu przedstawiono jedynie siedem zarzutów o malwersacje finansowe. O dwudziestej drugiej odwieziono go do więzienia Matrosskaja Tiszyna. Wniosek prokuratora generalnego został uwzględniony.

Oto niektóre wyniki wyborów gubernatorów z ostatniej niedzieli: w obwodzie twerskim dziewięć procent wyborców oddało głos na pana „żadnego z powyższych". W obwodzie kirowskim było ich dziesięć procent.

Ci, którzy oddają głosy „przeciw", są dzisiaj w Rosji jedynymi prawdziwymi demokratami. Spełnili swój obywatelski obowiązek, przystępując do głosowania, ale są to w przeważającej większości ludzie czujący ogromną awersję do wszystkich tych, którzy dzisiaj nami rządzą.

23 GRUDNIA 2003 ROKU

W Moskwie dochodzi do mordów rytualnych. W ciągu ostatnich 24 godzin znaleziono już drugą obciętą głowę, tym razem w rejonie goljanowskim we wschodniej części miasta. Leżała w kuble na śmieci przy ulicy Ałtajskiej. Wczoraj wieczorem ktoś zapakował inną głowę w plastikową torbę i zostawił ją na stole na podwórzu kamienicy przy ulicy Krasnodarskiej 3. Obie ofiary to mężczyźni zamordowani dobę przed makabrycznymi odkryciami. Okoliczności obu zbrodni są niemal identyczne: zabici pochodzili z Kaukazu, mieli od 30 do 40 lat i czarne włosy. Ich tożsamość pozostaje nieznana. Miejsca, w których podrzucono głowy, dzieli odległość niespełna kilometra.

Tak wyglądają skutki rasistowskiej propagandy, którą uprawiano w przededniu wyborów parlamentarnych. Nasi obywatele są bardzo podatni na faszystowską propagandę i naprawdę szybko na nią reagują. W Moskwie Rodina, czyli partia Dmitrija Rogozina, zdobyła na początku tego miesiąca 15 procent głosów.

Sojusz Sił Prawicowych i Jabłoko ujawniły w końcu swój nowy projekt, którym ma być twór o nazwie Zjednoczona Rada Demokratyczna, międzypartyjne ciało, do którego oba ugrupowania desygnują po sześciu członków. W chwili ogłoszenia nawet robiący to partyjni dygnitarze nie wyglądali na przekonanych. Nic więc dziwnego, że opinia publiczna nie wyraziła najmniejszego zainteresowania pomysłem Jawlinskiego, Niemcowa i pozostałych luminarzy z Jabłoka.

Putin zorganizował spotkanie z elitą biznesmenów, a raczej zwołano kolejne spotkanie Zarządu Izby Przemysłowo-Handlowej, w którym uczestniczył prezydent.

Putin przedkłada Izbę ponad RZPP, czyli Rosyjski Związek Przemysłowców i Przedsiębiorców, który jest czymś na kształt związku zawodowego naszych oligarchów. Właśnie Anatolij Czubajs z RZPP wypowiedział się w obronie Chodorkowskiego zaraz po jego aresztowaniu. Nie hamował się, oświadczając publicznie, że doszło do „eskalacji działań władz i organów ścigania wobec rosyjskiego biznesu".

Ostrzegł, że zaufanie środowiska biznesowego do rządu zostało podważone. „Rosyjski biznes nie ufa już obecnemu systemowi egzekwowania prawa ani tym, którzy nim kierują". Było to oczywiste oskarżenie rzucone przez związek zawodowy oligarchów, wskazujące, że siły dowodzone przez Putina destabilizują kraj. Czubajs wezwał też Putina, by „zajął jasne i jednoznaczne stanowisko". Były to bezprecedensowo ostre słowa biznesmenów do rządzących.

Putin odpowiedział im publicznie, sugerując, by „przestali histeryzować", a rządowi poradził, by „nie dał się wciągnąć w podobne dyskusje". Zignorował powody skargi oligarchów i wyraził pełne zaufanie do organów ścigania. W styczniu, gdy Borys Gryzłow został przewodniczącym Dumy, Putin powołał Raszyda Nurgalijewa, jednego z najbardziej odrażających bossów milicji, na nowego Ministra Spraw Wewnętrznych. Może była to odpowiedź na pojawiające się tu i ówdzie szepty o rzekomej słabości Putina jako przywódcy albo próba demonstracji siły reżimu.

Spotkanie prezydenta z przedstawicielami Izby Przemysłowo-Handlowej przebiegło w znacznie spokojniejszej atmosferze. Jego zdaniem Izba należy do zupełnie innej ligi niż RZPP. Jej przewodniczący, przebiegły sowiecki lis Jewgienij Primakow, w swoim przemówieniu pięciokrotnie zacytował Putina, każdorazowo poprzedzając jego słowa wtrąceniem: „jak słusznie zauważył Władimir Władimirowicz...". Zapewnił też prezydenta, „że oligarchowie i najważniejsi przedsiębiorcy to dwie różne kasty... Słowo oligarcha brzmi pejoratywnie. No bo kim w końcu jest ten oligarcha? Ktoś, kto wzbogacił się podstępnymi manipulacjami, na przykład podatkowymi, ktoś, kto wspólnie z kolegami po fachu podejmuje się prymitywnych prób ingerowania w politykę, korumpując urzędników państwowych, partie i deputowanych..."

i tak dalej. Przemówienie Primakowa było jednym wielkim pokazem sowieckiej służalczości, ale Putinowi bardzo się podobało. Potem przyszedł czas na pytania. Zapytano więc, co zrozumiałe, czy ktoś dokona przeglądu wyników prywatyzacji. Wszyscy obecni myśleli bowiem bez przerwy o Jukosie, choć żaden z nich nie należał do związku zawodowego oligarchów.

Słysząc to, Putin nie zdzierżył i wydarł się jak nadzorca niewolników albo strażnik więzienny:

– Nie będziemy dokonywać żadnej rewizji prywatyzacji! Zasady tego procesu może i były skomplikowane albo zagmatwane, ale wszystko odbyło się zgodnie z prawem! Było to absolutnie wykonalne zadanie, a ci, co chcieli, wzięli w nim udział! Jeśli pięć albo dziesięć osób nie połapało się w tym wszystkim, to jeszcze nie znaczy, że nikt niczego nie zrozumiał! Ci, którzy zrozumieli, mogą teraz spać spokojnie, nawet jeśli nie wzbogacili się aż tak bardzo! Ale ludzi łamiących prawo nie możemy traktować na równi z tymi, którzy go przestrzegają.

„Spać spokojnie" to znany rosyjski eufemizm oznaczający również spoczywanie w grobie.

Po wybuchu Putina dalsze obrady toczyły się sprawnie. Przedsiębiorcy składali prezydentowi raporty i podejmowali „socjalistyczne zobowiązania" w realizacji wyznaczonych celów, jak to bywało za czasów ZSRR. Primakow wrócił do robienia tego, czego nie robiono od czasów Gorbaczowa, czyli do wylizywania butów przywódcy kraju, przysięgając jednocześnie, że nikt nie może kochać prezydenta bardziej niż on.

(W grudniu 2003 roku ludziom już to nie pasowało. Wielu było zniesmaczonych zachowaniem Primakowa. Z czasem stało się jednak jasne, że jest on jednym z pierwszych, którzy zrozumieli, skąd dzisiaj wiatr wieje. Niewiele czasu trzeba było, by wszyscy, którzy wygłaszają przemówienia w obecności Putina, cytowali go bardzo obficie – zupełnie jak w czasach Breżniewa – i nie zadawali mu niewygodnych pytań).

Walerija Nowodworska, liderka partii o nazwie Sojusz Demokratyczny, otrzymała w Sankt Petersburgu Nagrodę Galiny Starowojtowej za „wkład w obronę praw człowieka i umacnianie demokracji w Rosji". Nagroda została tak nazwana na cześć Galiny Starowojtowej, kiedyś przewodniczącej partii Demokratyczna Rosja, którą przy wejściu do domu zamordował zbir powiązany z GRU, Głównym Zarządem Wywiadowczym. Na ceremonii wręczenia Nowodworska powiedziała: „Nie stoimy w opozycji, tylko konfrontujemy się z obecnym reżimem. Nie weźmiemy udziału w nadchodzących wyborach. Zbojkotujemy je, choć wiemy, że niczego to nie zmieni".

Opozycja w Rosji to przede wszystkim słowa, ale Nowodworska używa ich z wyjątkową precyzją i jako pierwsza stawiła czoło naszemu państwu. Moskiewski sąd miejski podwyższył o dwie kopiejki [ułamek grosza] odszkodowanie przyznane wdowie po ofierze Nord-Ost (w teatrze na Dubrowce), niejakiej Alle Alakinie, której mąż biznesmen zginął podczas akcji uwalniania zakładników 26 października 2002 roku.

24 GRUDNIA 2003 ROKU

Pierwsze spotkanie Zjednoczonej Rady Demokratycznej Jabłoka i Sojuszu Sił Prawicowych, którego głównym tematem są perspektywy wspólnego politycznego przetrwania. Z porządku dziennego usunięto punkt o wystawieniu wspólnego kandydata reprezentującego zjednoczony front demokracji. Wyjątek z rozmowy z Grigorijem Jawlinskim:

– Dlaczego Jabłoko odmawia udziału w wyborach prezydenckich?

– Dlatego, że nasze wybory przestały być choćby częściowo demokratyczne.

– Skoro tak, dlaczego wzięliście udział w wyborach parlamentarnych?

– Właśnie wątpliwe wyniki tychże wyborów pokazały jasno, że tak dalej nie może być. Ostatnie wybory wyeliminowały finansowanie ze strony niezależnego biznesu. Dzisiaj żaden przedsiębiorca nie wpłaci grosza na partię polityczną, jeśli nie zaaprobuje tego Kreml.

– Jak widzi pan przyszłość Jabłoka?

– Będzie taka sama jak całej reszty Rosji. Niewykluczone, że Kreml założy własną czysto dekoracyjną partyjkę pseudodemokratyczną albo będzie nas zwalczał do samego końca. Nie przypuszczam, by zostawiono nas w spokoju i pozwolono nam przygotować się do następnych wyborów.

– Jednopartyjna Duma? Przecież partia komunistyczna nadal w niej jest.

– Z formalnego punktu widzenia jest. Problem w tym, że jeśli weźmie pani pięciu ludzi z pozostałych ugrupowań, posadzi ich pani w jakimś odosobnionym pomieszczeniu i zapyta: „Co powinniśmy zrobić z Czeczenią? Czy powinniśmy reformować armię? Co trzeba zrobić ze służbą zdrowia i oświatą? Jakie powinny być nasze relacje z Europą i Ameryką?", to otrzyma pani identyczne odpowiedzi. Mamy pseudowielopartyjny parlament, pseudowolne i pseudouczciwe wybory, pseudoniezależne sądownictwo i środki masowego przekazu. Cały ten układ to potiomkinowska fasada, fikcja.

– Długo to potrwa pana zdaniem?

– Zmiany zachodzą naprawdę szybko, ale myli się ten, kto uważa, że to potrwa długo, chociaż i mnie, i pani ten czas może się dłużyć.

Interesuję się opiniami Jawlinskiego już tylko z czystego przyzwyczajenia. Inni dziennikarze przestali zwracać na niego uwagę.

Zwycięska Jedna Rosja zwołała w Moskwie konferencję. Borys Gryzłow, nowo wybrany przewodniczący Dumy, oświadczył na niej:

– Zagłosowało na nas ponad 37 procent obywateli Rosji, ponad 22 miliony ludzi. Zdobyliśmy większość w Dumie, w związku z czym ciąży na nas ogromna odpowiedzialność, której nie zamierzam unikać. Złożyłem rezygnację na ręce prezydenta Putina, a on poczynił stosowne przygotowania, by przenieść mnie do Dumy. Pozwólcie zatem, że wyrażę osobiste podziękowania prezydentowi Władimirowi Władimirowiczowi Putinowi. Zwyciężyliśmy, podążając wytyczoną przez niego drogą. Nasz kandydat w nadchodzących wyborach prezydenckich jest już znany: to prezydent Władimir Władimirowicz Putin. Naszym obowiązkiem jest dopilnować, aby wygrał je zdecydowanie.

Po konferencji odbyło się pierwsze spotkanie klubu parlamentarnego Jednej Rosji. Gryzłow opowiedział nam, jaka jego zdaniem powinna być polityczna rola Dumy. Debaty polityczne to tylko zbyteczna paplanina, którą należy zdecydowanie wykluczyć. Zdaniem Gryzłowa Duma bez debat politycznych będzie wielkim krokiem naprzód.

Centralna Komisja Wyborcza zarejestrowała grupę lobbystów zgłaszających kandydaturę Putina. Od dzisiaj mogą prowadzić kampanię oficjalnie, jakby nie robili tego do tej pory.

26 GRUDNIA 2003 ROKU

Piętnasta konwencja noszącej mylącą nazwę Liberalno-Demokratycznej Partii Rosji rozpoczyna się w Moskwie pod hasłem

„Rosjanie są zmęczeni czekaniem!". Żyrinowski nie będzie kandydował na prezydenta.

– Zgłosimy kogoś zupełnie nieznanego, ale ja osobiście poprowadzę naszą partię do wyborów prezydenckich – oświadczył.

Na tej samej konwencji nominację otrzymał trener zapaśników Oleg Małyszkin, który jest nie tylko ochroniarzem Żyrinowskiego, ale i kompletnym imbecylem. W pierwszym wywiadzie telewizyjnym, którego udzielił po konwencji, miał spore problemy z przypomnieniem sobie tytułu ulubionej książki.

Putinowi nie tylko brakuje poważnych konkurentów, z którymi mógłby wygrać. Całe te wybory organizuje się na wielkiej intelektualnej pustyni. Nie ma w nich krzty logiki, sensu, iskry geniuszu, poważnego myślenia. Kandydaci nie przedstawili żadnych programów, nie można sobie też wyobrazić, by mogli poprowadzić rozsądną debatę polityczną.

Co zatem możemy zrobić? Społeczeństwa demokratyczne stworzyły kampanie i procedury wyborcze częściowo po to, by naród miał choćby ograniczony wpływ na decydowanie o własnym losie i mógł udzielać kandydatom rad i instrukcji.

Nam natomiast kazano po prostu milczeć. Mamy kandydata „Nie, ja wiem najlepiej, czego wam wszystkim trzeba, nie chcę więc żadnych światłych rad". Nie ma też nikogo, kto mógłby okiełznać jego ignorancję. Rosja została upokorzona.

27 GRUDNIA 2003 ROKU

Centralna Komisja Wyborcza odrzuciła kandydaturę Sterligowa, znanego producenta trumien. Jego miejsce zajął z ochotą Wiktor Anpiłow, klaun z Robotniczej Rosji. Zamienił stryjek siekierkę na kijek.

28 GRUDNIA 2003 ROKU

W końcu znaleziono Putinowi godnego przeciwnika: to Siergiej Mironow*, przewodniczący Rady Federacji, którego kandydaturę zgłosiła Rosyjska Partia Życia (kolejne kanapowe ugrupowanie utworzone przez zastępcę szefa Kancelarii Prezydenta Władisława Surkowa*). Mironow natychmiast ogłosił: „Popieram Putina".

Rozpoczął się zjazd Komunistycznej Partii FR. Komuniści wyznaczyli na kandydata Nikołaja Charitonowa, gadatliwego dziwaka, który był kiedyś funkcjonariuszem KGB. Po prostu cudownie!

Iwan Rybkin także ogłosił, że zamierza kandydować. To z kolei twór Borysa Bieriezowskiego*, głównego przeciwnika Putina przebywającego obecnie na wygnaniu za granicą. Rybkin był kiedyś przewodniczącym Dumy i szefem Rady Bezpieczeństwa Narodowego. Kim jest dzisiaj? Czas pokaże.

Tymczasem w Moskwie panuje zastój. Bogaci mają wszystko gdzieś: przebywają obecnie za granicą, na wczasach. Moskwa jest bardzo bogata. Wszystkie restauracje, nawet najdroższe, są zatłoczone albo zarezerwowane na imprezy firmowe. Stoły zastawiono frykasami, których nie wyobraża sobie cała reszta Rosji. Jednego wieczoru wydaje się na nie tysiące dolarów. Czy to ostatnie podrygi nowej polityki ekonomicznej XXI wieku?

29 GRUDNIA 2003 ROKU

Pierwsze posiedzenie nowej Dumy. Putin zapowiedział, że „parlament musi pamiętać, iż jego władza pochodzi od ludu. Naszym pierwszym i najważniejszym obowiązkiem jest więc skoncentrowanie się na potrzebie polepszenia bytu obywateli... Odciągnięcie Dumy od bezproduktywnego awanturnictwa i zaprzęgnięcie

jej ponownie do efektywnej pracy wymaga ogromnego zachodu... Najważniejsze to dokonać przełomów na każdym froncie...
Mamy wszelkie prawo twierdzić, że obecne czasy służą umac-
nianiu demokracji parlamentarnej w Rosji... Z debatowania nie
ma pożytku...".

Był tam także obecny Władysław Surkow z Kancelarii Prezydenta. To spin doktor, któremu Jedna Rosja zawdzięcza zdobycie
konstytucyjnej większości w Dumie, twórca partii politycznych,
człowiek śliski i niebezpieczny.

Władimir Ryżkow*, niezależny kandydat na prezydenta
z Kraju Ałtajskiego, ogłosił, że zamierza zakwestionować w sądzie obecny skład Dumy. „Elektorat nie dał Jednej Rosji większości konstytucyjnej" – powiedział.

Naprawdę? I co zamierza pan z tym zrobić? Żyjemy w czasach, w których władze państwa wyzbyły się ostatniej krztyny
wstydu.

Siergiej Szojgu, minister sytuacji nadzwyczajnych i wiodący
działacz Jednej Rosji, przy czym z pewnością także najgłupszy
z nich wszystkich, zaproponował niespodziewanie, by „Jedna
Rosja stała się partią ponoszącą pełną odpowiedzialność za wykonywanie prezydenckich decyzji".

Irina Chakamada może w końcu kandydować na prezydenta.
Wszyscy demokraci i liberałowie potępili ją z góry, twierdząc,
że Kancelaria Prezydenta poszła z nią na układ, by Putin miał
choć jednego inteligentnego przeciwnika do pokonania. Kolejnym kandydatem jest Wiktor Gieraszczenko, były prezes Centrobanku, obecnie deputowany partii Rodina.

30 GRUDNIA 2003 ROKU

Irina Chakamada potwierdziła, że będzie kandydować w tych
wyborach. Zastanawiała się nad decyzją przez 24 godziny, po

tym jak propozycja ta padła z ust grupy lobbystów. Czy zostali wysłani przez Kreml?

Do 28 stycznia Irina musi zgromadzić dwa miliony podpisów. Wiktor Gieraszczenko nie musi tego robić, ponieważ Rodina jest partią, która zasiada w Dumie. Rodina została wymyślona przez Władisława Surkowa, a finansują ją przeróżni oligarchowie. Siergiej Głazjew, także z Rodiny, będzie startował jako kandydat niezależny.

Putin potrzebował rywali i otrzymał ich w noworocznym prezencie. Wszyscy nowi kandydaci twierdzą jednym głosem, że startują nie po to, by wygrać, tylko by wziąć udział w tych wyborach.

31 GRUDNIA 2003 ROKU

Smutne pożegnanie 2003 roku. Wybory do Dumy okazały się wielkim zwycięstwem absolutyzmu Putina, ale jak długo można budować imperium? W każdym dochodzi w końcu do fali represji, co prowadzi w ostatecznym rozrachunku do stagnacji, i ku temu właśnie zmierzamy. Obywatele mają już po dziurki w nosie przeprowadzanych na nich politycznych i ekonomicznych eksperymentów. Bardzo by chcieli żyć lepiej, ale nie zamierzają o to walczyć. Oczekują, że góra da im wszystko, a jeśli z owej góry spadną na nich represje, poddadzą im się z rezygnacją. Po internecie krąży taki żart: „W Rosji zapada wieczór, karły rzucają ogromne cienie".

Widzowie programu *Wolność słowa* stacji NTV głosują, komu przyznać tytuł Rosjanin Roku. Wśród nominowanych są: Władisław Surkow (za doprowadzenie do miażdżącego zwycięstwa Jednej Rosji); akademik Witalij Ginzburg (laureat Nagrody Nobla z fizyki za prace dotyczące splątania kwantowego); Andriej Zwiagincew, reżyser filmowy z Nowosybirska (jego film zatytułowany *Powrót* otrzymał Złotego Lwa na Festiwalu Filmów w Wenecji); Gieorgij Jarcew (trener reprezentacji narodowej w piłce nożnej w zwycięskim meczu z Walią); i Michaił Chodorkowski (za stworzenie najbardziej przejrzystej firmy w Rosji, dzięki czemu został najbogatszym człowiekiem w kraju i skończył w więzieniu).

Widzowie wybrali Ginzburga, Surkow był ostatni.

Na koniec programu prezenter Sawik Szuster ogłosił wyniki sondażu zleconego przez pracownię badania opinii publicznej Romir. Ginzburg i tym razem okazał się bezkonkurencyjny, a Surkow ostatni. To pokazuje, jak ogromna przepaść dzieli model rzeczywistości kreowanej na Kremlu od tego, jak ta rzeczywistość wygląda naprawdę.

Zupełnie inaczej wygląda wirtualny świat widziany z perspektywy oficjalnych stacji telewizyjnych. *Wriemia*, główny program informacyjny kraju, również przeprowadził sondaż popularności w roku 2003. Na pierwszym miejscu był Putin, na drugim Szojgu, a trzecie zajął Gryzłow. No proszę!

Teraz, gdy zbliża się moment, w którym o północy zagrają kremlowskie kuranty, czas na krótkie podsumowanie mijającego roku. Dlaczego tak wielu z nas emigruje? W ciągu tego roku liczba Rosjan ubiegających się o możliwość zamieszkania na Zachodzie wzrosła o 56 procent. Według biura Wysokiego Komisarza Narodów Zjednoczonych do spraw Uchodźców Rosja wyprzedziła pod tym względem wszystkie pozostałe kraje świata.

4 STYCZNIA 2004 ROKU

Na zjeździe Partii Życia potwierdzono, że jej kandydatem na prezydenta będzie Siergiej Mironow, który powtórzył, że żywi nadzieję, iż wygra Putin.

Mironow jest jednym z wielu rekwizytów ustawianych na scenie wyborczej, by Putin miał z kim wygrać. Niepozostawianie niczego przypadkowi jest jedną z głównych cech tej kampanii. Czego oni się tak bardzo boją?

W czeczeńskiej wiosce Bierkat-Jurt rosyjscy żołnierze uprowadzili Chasana Czałajewa, który pracował dla czeczeńskiej milicji. Miejsce jego pobytu nie jest znane.

5 STYCZNIA 2004 ROKU

Putin zwołał spotkanie swojego gabinetu. „Musimy wyjaśnić deputowanym do Dumy, jakie są oczekiwania rządu" – podkreślił wielokrotnie. Nie miał dobrego nastroju. Rewolucja róż* zatryumfowała w Gruzji, a Saakaszwili* odtrąbił właśnie zwycięstwo. Częściowe wyniki sugerują, że mógł zdobyć nawet 85,5 procent głosów. To zimny prysznic wylany na głowy pozostałych przywódców Wspólnoty Niezależnych Państw*. Ludzie zasiadający przy stole Putina doskonale zdają sobie z tego sprawę. Jak widać, są jednak wyraźne granice trzymania ludzi pod butem. Jeśli naród zechce zmian, nic go przed tym nie powstrzyma. Czy tego się obawiają?

6 STYCZNIA 2004 ROKU

Ostatni dzień składania dokumentów przez kandydatów na prezydenta. Charitonow, Małyszkin, Gieraszczenko i Mironow zostali zgłoszeni przez partie zasiadające w Dumie. Obecnie mamy też sześciu niezależnych kandydatów (Putin, Chakamada, Głazjew, Rybkin, Aksientjew i Bryncałow). Chakamada ma jednak problemy ze swoimi prawicowymi kolegami. Ani Sojusz Sił Prawicowych, ani Jabłoko nie spieszą się z poparciem ani z pomocą w zbieraniu podpisów. To czyni ją kimś w rodzaju wyrzutka, co samo w sobie może być katalizatorem i sprawić, że Rosjanie na nią zagłosują. Lubimy pariasów, ale lubimy także zwycięzców. Ludzie podziwiają Putina za to, jak sprytnie oszukuje wszystkich pozostałych. Znajdujący się pośrodku stawki zawsze przegrywają.

Mamy noc poprzedzającą prawosławne Boże Narodzenie, czas, w którym ludzie obdarowują się prezentami i spełniają dobre uczynki (choć nie robią tego publicznie). Putin poleciał helikopterem do Suzdalu. Ma wybory do wygrania, jego życie publiczne jest więc teraz własnością publiczną. W Suzdalu pozwiedzał zabytkowe cerkwie, powsłuchiwał się w pienia mnichów w nowicjacie w którymś klasztorze, pozując oczywiście na początku bożonarodzeniowej mszy przed wszechobecnymi kamerami telewizyjnymi i co oczywiste, przed dziennikarzami ściśniętymi w ostatnich ławach. Ujęcia są aranżowane w taki sposób, by pokazywać Putina stojącego samotnie na tle małomiasteczkowych dzieci albo kobiet w tradycyjnych chustach. W polu widzenia nie ma ani jednego ochroniarza. Przeżegnał się właśnie. Dzięki Bogu, jest jednak postęp na tym świecie, obecny prezydent umie się przeżegnać jak należy.

Inną nową rosyjską tradycją jest to, że ludzie zajmujący najwyższe i najniższe miejsca w naszym społeczeństwie równie dobrze mogliby zamieszkiwać inne planety. Pokazanie Putina na tle zwykłych ludzi podczas Bożego Narodzenia nie oznacza, że cokolwiek się w tym układzie zmieni. Wyruszam na spotkanie z najmniej uprzywilejowanymi spośród nas, tam gdzie nikt z naszych elit nigdy nie postawi stopy: oto Psychiatryczno-Neurologiczny Dom Dziecka numer 25 na przedmieściach Moskwy.

Przedmieścia Moskwy różnią się od jej centrum, które ostatnimi czasy stało się nieprawdopodobnie bogate. Na obrzeżach jest głodno i chłodno. Tutaj nie ma beneficjentów obdarowywanych prezentami i zabawkami, książkami i pampersami. Tutaj nie ma nawet Bożego Narodzenia.

– Chodźmy zobaczyć się z dziećmi – proponuje mądra Lidija Slewak, dyrektorka sierocińca dla najmłodszych dzieci, tonem sugerującym, że da mi to odpowiedź na wszystkie pytania. Daniłka wygląda jak gromnica w wielkich dłoniach jego dorosłej opiekunki. Masz wrażenie, że jest tutaj z tobą, choćby dlatego, że wyciąga rączki, jakby chciał cię objąć, ale zarazem sprawia wrażenie wycofanego, samotnego, nieobecnego. Świat go ominął, pozostawił samemu sobie. Maleńkie plecki ma wyprężone jak jogin. Kępka rudych włosów na jego główce przypomina płomyk wieńczący świecę. Poskręcane kosmyki poruszają się i migoczą przy każdym nawet najlżejszym powiewie wiatru wpadającego przez uchylone drzwi z korytarza. Jest bożonarodzeniowym cudem, aniołkiem.

Pytanie tylko: do kogo ten aniołek należy? Nikt nie może go adoptować z powodu naszego idiotycznego prawa. Urzędowy status Daniły to problem, którego nie da się rozwiązać. Jego biologiczna matka nie zrzekła się oficjalnie praw macierzyńskich, zanim zniknęła. A im szybciej zostanie adoptowany, tym większe będzie miał szanse na normalne życie, na wyzdrowienie i zapomnienie o wszystkim, co mu się przydarzyło. Państwo ma jednak ważniejsze sprawy, którymi musi się obecnie przejmować.

W sierocińcu jest ciepło i czysto jak w każdym dobrym żłobku. Tablica nad drzwiami mówi nam, że Danilę i pozostałe jedenaścioro dzieci z tej grupy nazwano Szpaczkami. Ich opiekunki to niezwykle miłe, ale też zapracowane, potwornie zmęczone kobiety. Wszystko tutaj wygląda świetnie z jednym tylko szczegółem: żadne z tych dzieci nie płacze. Albo milczą, albo wyją. Nie usłyszysz tu śmiechu. Piętnastomiesięczny Daniła milknie, gdy przestaje zgrzytać ząbkami, i przygląda się tylko uważnie odwiedzającym to miejsce nieznajomym. Nie patrzy jednak na ciebie tak, jak można by się spodziewać po piętnastomiesięcznym dzieciątku. Nie, on spogląda ci prosto w oczy jak przesłuchujący cię śledczy z FSB. To dziecko już odczuwa katastrofalne braki w odczuwaniu ludzkiej czułości.

W tę ostatnią noc przed Bożym Narodzeniem do sierocińca przy ulicy Jeleckiej dotarł właśnie świąteczny prezent. Nazywa się Dmitrij Dmitrijewicz i cierpi na ciężką niewydolność wątroby i nerek. Urodził się w grudniu 2002 roku, a już w maju 2003 matka pozostawiła go w sieni bloku mieszkalnego, po prostu o nim „zapomniała". Może wyda się to zdumiewające, ale milicja zdołała ją namierzyć, po czym napisała stosowne oświadczenie: „Wnioskuję o zrzeczenie się praw rodzicielskich". Dmitrij Dmitrijewicz trafił do sierocińca prosto ze szpitala. Połowę krótkiego życia spędził na oddziale intensywnej terapii, a teraz nie ma włosów na tyle głowy. Wytarły się, ponieważ cały czas musiał leżeć na pleckach. Nowy chłopak w grupie siedzi teraz w chodziku i bada czujnym wzrokiem nieznane mu nowe otoczenie. Leżą przed nim grzechotki i zabawki, ale Dmitrij Dmitrijewicz wydaje się bardziej zainteresowany ludźmi. Mierzy wzrokiem konsultantkę. Chciałby się jej lepiej przyjrzeć, ale nie umie jeszcze operować nóżkami, które po tak długim przykuciu do łóżka nie pracują zbyt sprawnie, nic więc dziwnego, że nie udaje mu się odwrócić twarzą do Lidiji Konstantinowny. Ona z kolei nie reaguje. Chce, by dziecko nauczyło się samo zdobywać to, czego pragnie.

– Chodź do mnie, Dmitriju Dmitrijewiczu – zachęca. – Chwytaj życie! Walcz o swoje!

I Dmitrij Dmitrijewicz walczy bez niczyjej pomocy, kilka minut później zwycięża i obraca się do Lidiji Konstantinowny.

– Na czym twoim zdaniem polega praca tutaj? – pytam. – To dzieło godne Matki Teresy czy raczej kogoś, kto sprząta brudy po naszym społeczeństwie? A może po prostu jest ci bardzo żal tych dzieci?

– Te dzieciaki nie potrzebują niczyjego użalania – zapewnia Lidija. – To najważniejsza lekcja, jaką tutaj przyswoiłam. One potrzebują pomocy. Pomagamy im przeżyć. Dzięki naszej pracy zyskują później szanse na znalezienie przybranych rodziców. Ani ja, ani nikt inny z personelu nie nazwie przy nich tego miejsca sierocińcem. Mówimy, że to żłobek, aby w późniejszym życiu, gdy zostaną już adoptowane, nie miały wspomnień, że przebywały kiedyś w sierocińcu.

– Zatem twoja praca polega na tym, by dzieci oddane pod twoją opiekę mogły być kiedyś adoptowane?

– Tak, oczywiście. To najważniejsze, co mogę dla nich zrobić.

– Co myślisz o adopcjach przez obcokrajowców? Nasi patriotyczni politycy żądają, by skończyć z taką możliwością.

– Uważam, że adopcja przez obcokrajowców to bardzo dobre rozwiązanie. Słyszałam wiele mrożących krew w żyłach opowieści o rodzinach zastępczych tutaj, w Rosji, tylko nie mówi się o nich na głos. Teraz akurat czynimy starania o odebranie rosyjskim rodzicom zastępczym jednego z naszych wychowanków. Wkrótce powinien do nas wrócić. Kolejny problem polega na tym, że rosyjscy rodzice zastępczy nie dostają nigdy dzieci z tej samej rodziny. Obcokrajowcy bardzo chętnie biorą rodzeństwa, ponieważ to oznacza, że bracia i siostry nie zostaną rozdzieleni. To bardzo ważne. Wysłaliśmy sześcioro takich dzieci do pewnej rodziny w Ameryce. Nataszę, najmłodszą z tego rodzeństwa, przyniesiono do nas zawiniętą w kawałek tapety. Czteroletni brat ją tak upakował, żeby nie zmarzła, ponieważ nie znalazł w domu niczego, co by się do tego nadawało. I co w tym złego, że cała szóstka znajduje się teraz w Stanach Zjednoczonych? Czuję ogromne szczęście, gdy patrzę na zdjęcia, które nam stamtąd wysyłają. Nikt by nie uwierzył, w jakim stanie je do nas przywieziono. Tylko my to pamiętamy. W ubiegłym roku piętnaścioro z dwadzieściorga sześciorga naszych adoptowanych dzieciaków trafiło do rodzin zastępczych w innych krajach, głównie w USA i Hiszpanii. Mieliśmy w tym trzy pary, brata i siostrę. Rosjanie by ich nie wzięli.

– Nie chcą czy nie stać ich na to?

– Nie chcą. Poza tym jest taka zasada, że bogaci Rosjanie w ogóle nie adoptują dzieci.

Na jakich ludzi te dzieci powyrastają w kraju takim jak nasz? Fala bezinteresownych darowizn ustała w roku 2002, kiedy administracja prezydenta Putina zniosła ulgi podatkowe dla organizacji charytatywnych. Do roku 2002 dzieci przebywające w rosyjskich sierocińcach były zasypywane prezentami na każdy Nowy Rok. Teraz bogacze niczego już im nie ofiarowują. Tylko emeryci przynoszą od czasu do czasu stare postrzępione szaliki.

Bank Światowy ma specjalny program „Szansa na pracę", który umożliwia dzieciom znajdującym się w trudnej sytuacji zdobycie kwalifikacji zawodowych i nauczenie się dobrego fachu. Gdyby ktokolwiek robił to u nas, zaraz stałby się podejrzany. „Co on może z tego mieć?" – zastanawialiby się wszyscy sąsiedzi.

Tylko inne sieroty mogą okazać współczucie. Nadia opuściła sierociniec, gdy stała się zbyt stara, aby w nim przebywać. Przeniesiono ją do lokalu zastępczego wyznaczonego przez miasto, jak nakazuje prawo. Przyjęła do siebie z ochotą jeszcze czworo innych osieroconych dzieci. Kompletnie nieprzygotowane do życia powymieniały przydzielone im pokoje na telefony komórkowe i tak znalazły się na ulicy.

Teraz Nadia stara się je wykarmić, choć sama jest bez grosza przy duszy. Żadne z nich nie umie znaleźć pracy. Tak wygląda prawdziwa charytatywność. Nadia nie widzi sensu w proszeniu o pomoc banków ani innych bogatych instytucji. Nie wpuszczono by jej za punkt kontrolny przy wejściu.

Tymczasem nasi nowobogaccy szusują w Boże Narodzenie na nartach w Courchevel na przykład. Więcej niż dwa tysiące

Rosjan, z których każdy zarabia po pół miliona rubli miesięcznie [jakieś pięćdziesiąt tysięcy złotych], wybiera się w Alpy Szwajcarskie na tak zwany *saison russe*. Oferowane tam menu zawiera ostrygi przyrządzane na osiem sposobów, w karcie win znajdziesz butelki kosztujące tysiąc pięćset euro, możesz też być pewien, że w orszakach, które towarzyszą naszym nowobogackim, nie brakuje urzędników państwowych, naszych prawdziwych oligarchów, tych, którzy umożliwiają osiąganie niebotycznych dochodów rzeczonym dwóm tysiącom wybrańców. W świątecznych dziennikach telewizyjnych są oczywiście relacje z Courchevel, ale nie usłyszycie w nich słowa o tym, że tak wielkich fortun można się dorobić ciężką pracą. Sporo jest mowy o sukcesach, o chwilach, gdy wszystko trafia na swoje miejsce, o ognistym ptaku szczęścia schwytanym za ogon, o zaufaniu do władz państwa. A najszybszą i najłatwiejszą drogą do Courchevel jest dobroczynność urzędników zwana inaczej korupcją. To współczesna wersja bajki o Głupim Iwanie, który po prostu nie mógł być biedny bez względu na to, jak bardzo oszukiwali go bracia. Morał z tego płynie taki: wystarczy płacić Kremlowi, a bogactwa i władza same do ciebie przyjdą.

8 STYCZNIA 2004 ROKU

Ochroniarz Żyrinowskiego został zarejestrowany przez Centralną Komisję Wyborczą jako pierwszy kandydat na prezydenta Rosji w tym roku. Hip, hip, hurra! Żyrinowski ma pełną władzę nad Małyszkinem.

W Kraju Krasnojarskim płaci się ludziom w chorych cielakach. Rządzący tymi okolicami potentat, niejaki Władimir Potanin, jest bliskim Putinowi oligarchą, w sumie można nawet powiedzieć, że to jego przedstawiciel na te strony. Od trzech lat z okładem w należącym do niego gospodarstwie mlecznym w Ustjugu nie dano nikomu wypłaty w gotówce. Zamiast tego chłopi otrzymują cielęta. Cały park maszynowy tej firmy został wyprzedany, by zaspokoić żądania wierzycieli. Weterynarza też zwolniono już dawno, więc nie ma tam nikogo, kto mógłby się opiekować chorymi cielętami.

9 STYCZNIA 2004 ROKU

W końcu coś wydarzyło się po raz pierwszy. Wychowankowie Międzynarodowego Domu Dziecka w Iwanowie podjęli strajk głodowy. Sierociniec ten założono w roku 1933, by zapewnić byt dzieciom, których rodzice trafili do więzień w krajach rządzonych przez „faszystowskie albo reakcyjne reżimy".

Dzieci się domagają, by Międzynarodowy Dom Dziecka pozostawiono w spokoju, nie dzieląc go i nie prywatyzując poprzez wyprzedanie budynków. (Akcja zakończyła się sukcesem).

10 STYCZNIA 2004 ROKU

W czeczeńskiej wiosce Awtury niezidentyfikowani żołnierze porwali z własnego domu znanego obrońcę praw człowieka Asłana Dawletukajewa. Porywacze podjechali trzema transporterami opancerzonymi i dwoma opancerzonymi UAZ-ami.

13 STYCZNIA 2004 ROKU

Dzisiaj jest Dzień Prasy Rosyjskiej. W oczekiwaniu na to święto pracownia Romir zadała respondentom pytanie: „Jakim instytucjom społecznym ufasz najbardziej?". Okazuje się, że 9 procent ufa mediom, 1 procent ufa partiom politycznym, 50 procent ufa Putinowi, 28 procent nie ufa nikomu, a 14 procent darzy zaufaniem Cerkiew prawosławną. Rząd i armia cieszą się dziewięcioprocentowym poparciem. Lokalne samorządy i związki zawodowe mają po 3 procent zaufania, a agencje organów ścigania 5 procent. Pytani mogli, rzecz jasna, wskazać więcej niż jedną instytucję. Niektórzy to zrobili, jak widać.

Ludzie, którzy ucierpieli z powodu ataków terrorystycznych, napisali list otwarty do kandydatów na prezydenta. Oto jego treść:

Wybory prezydenckie to czas, w którym należy przyjrzeć się przeszłości i rozliczyć ustępujące władze z ich dokonań. W Rosji jest naprawdę niewielu ludzi, którzy ucierpieli bardziej niż my. Traciliśmy bliskich, gdy w roku 1999 wysadzano bloki mieszkalne i gdy w roku 2002, kiedy terroryści zajęli teatr na Dubrowce. Wzywamy, by dochodzenia w tych sprawach zostały włączone do programów wyborczych. [...]

Chcemy wiedzieć, co każdy z was zrobi, jeśli zostanie wybrany. Czy zorganizujecie prawdziwe niezależne i bezstronne śledztwa, czy też będziecie kontynuowali niechlubną tradycję przemilczania śmierci naszych bliskich? Na próżno staramy się uzyskać od władz państwowych wiarygodne wyjaśnienia. Obecny prezydent Federacji Rosyjskiej miał obowiązek odpowiedzieć na te pytania nie tylko z racji zajmowanego stanowiska, ale także ze względu na własne sumienie. Śmierć naszych bliskich była przecież ściśle powiązana z jego karierą polityczną i podejmowanymi przez niego decyzjami. Wysadzenie bloków mieszkalnych skłoniło Rosjan do poparcia jego twardej polityki względem Czeczenii podczas ostatnich wyborów, on także wydał osobiście rozkaz użycia gazu podczas akcji odbijania zakładników w teatrze na Dubrowce.

Sygnatariusze dodali pod tym tekstem listę pytań do kandydatów, tych samych, które wcześniej wysłali Putinowi i na które nie otrzymali odpowiedzi.

Odnośnie do wysadzenia bloków mieszkalnych:

1. Dlaczego władze utrudniały śledztwo w sprawie wydarzeń w Riazaniu, gdzie na gorącym uczynku złapano agentów FSB, którzy przygotowywali się do wysadzenia kolejnego budynku mieszkalnego?
2. Jakim cudem przewodniczący Dumy wydał oświadczenie o wysadzeniu bloku mieszkalnego w Wołgodońsku na trzy dni przed tym zdarzeniem?
3. Dlaczego nie przeprowadzono śledztwa w sprawie wykrycia heksogenu (materiału wybuchowego) w workach z napisem „Cukier", które znaleziono na terenie riazańskiej bazy wojskowej jesienią 1999 roku?
4. Dlaczego po naciskach ze strony FSB zamknięto dochodzenie w sprawie transferu heksogenu z magazynów wojskowych do fikcyjnych firm, co robiono za pośrednictwem Instytutu Naukowo-Badawczego Roskonwierswzrywcentr?
5. Dlaczego prawnik Michaił Triepaszkin został aresztowany po ustaleniu tożsamości agenta FSB, który przy ulicy Gurianowa wynajął lokal, gdzie podłożono bombę?

Odnośnie do oblężenia teatru na Dubrowce [zakładnikami zostali widzowie musicalu *Nord-Ost*]:

1. Dlaczego podjęto decyzję o ataku gazowym w chwili, gdy pojawiła się realna szansa na wynegocjowanie uwolnienia zakładników?
2. Czy to, że władze zdecydowały się na użycie wolno działającego gazu, który nie eliminował zagrożenia detonacji podłożonych ładunków wybuchowych, świadczy o tym, że wiedziano, iż bomby te były atrapami?

3. Dlaczego zabito wszystkich terrorystów, nie wyłączając tych, którzy byli nieprzytomni, choć można ich było aresztować i przesłuchać na potrzeby dochodzenia?
4. Dlaczego władze ukryły, że Ch. Terkibajew, który zginął w wypadku samochodowym po tym, jak ujawniono jego nazwisko, był agentem FSB należącym do oddziału, który zajął teatr na Dubrowce?
5. Dlaczego podczas planowania ataku nie zadbano o to, by zorganizować na miejscu akcji punkty pomocy medycznej dla uwalnianych zakładników, choć przez to właśnie zaniedbanie 130 osób straciło życie?

Na list odpowiedzieli jedynie Irina Chakamada i Iwan Rybkin. Chakamada wspierała ofiary *Nord-Ost* od samego początku. W sumie wydaje się najnormalniejszą osobą spośród wszystkich kandydatów. Wszystko, co do tej pory powiedziała, było warte wysłuchania. Stwierdziła na przykład, że za rządów Putina kraj nie może się rozwijać. Oto treść jej odpowiedzi:

Nie mam wystarczających informacji na temat eksplozji w Moskwie i Wołgodońsku, dlatego skupię się na pytaniach dotyczących Dubrowki.

Decyzję o przeprowadzeniu szturmu podjęto trzeciego dnia oblężenia. Ja byłam w tym budynku pierwszego dnia, moja wiedza ogranicza się więc do tego, co się tam działo wtedy. Odniosłam wrażenie, że już tamtego dnia można było uwolnić zakładników drogą negocjacji. Uważam także, że celem szturmu był pokaz siły, a ratowanie ludzkiego życia nie miało zbyt wysokiego priorytetu w czasie prowadzenia tej akcji.

Pozostaje jednak dla mnie zagadką, jak udało się zabić wszystkich terrorystów, którzy znajdowali się w trakcie szturmu w różnych częściach kompleksu, w tym także na widowni, i jak to się stało, że gaz zabił ich wszystkich, choć w kilku przypadkach zakładnicy, obok których terroryści siedzieli, w przeważającej większości zdołali przeżyć. Obawiam się, że zostali zlikwidowani, ponieważ żywi mogliby zeznawać przed sądem i powiedzieć, że zakładników dałoby się uwolnić pokojowo. Podkreślam, że jest to moje podejrzenie, ponieważ jak w każdej sprawie, tak i w tej, istnieje coś takiego jak domniemanie niewinności.

W Sojuszu Sił Prawicowych zorganizowaliśmy własne śledztwo i doszliśmy do wniosku, że nie myślano o próbach ratowania zakładników. Nikt niczego nie zaplanował, w związku z czym na miejscu akcji panował kompletny chaos. Za najważniejszy uznano wojskowy aspekt operacji, a do opieki nad cywilami nie wyznaczono nikogo.

Ze swojej strony mogę dodać, że po tragedii na Dubrowce pan Putin wprowadził w błąd cały świat. Odpowiadając na pytanie dziennikarza „The Washington Post", stwierdził: „Ci ludzie nie zginęli z powodu zastosowania gazu, ponieważ jest on całkowicie nieszkodliwy. Tak, nieszkodliwy, można więc powiedzieć, że żaden z zakładników nie został pokrzywdzony [z powodu zagazowania]". W czasie gdy prezydent Putin i kohorty jego wyznawców drżeli na Kremlu z obawy nie tyle o życie swoich obywateli, ile o to, że utracą władzę, wiele osób wykazało się odwagą i próbowało ratować zakładników, dobrowolnie udając się do teatru i próbując wynegocjować cokolwiek, choćby uwolnienie dzieci. Dziękuję Bogu za to, że dał mnie, matce dwojga pociech, tyle sił, iż poszłam tam i negocjowałam z terrorystami.

W przeszłości niewiele mówiłam o tym, co widziałam w teatrze na Dubrowce, a w szczególności o tym, jak prezydent i jego otoczenie zareagowali na moje próby ratowania ludzkiego życia. Błędnie sądziłam, że prezydent Putin pomoże ustalić całą prawdę i przeprosi za wydanie rozkazu użycia śmiercionośnego gazu. Putin milczy i nie udziela odpowiedzi osobom, które straciły tam swoich bliskich. Prezydent dokonał wyboru i postanowił ukryć prawdę. Ja także dokonuję wyboru i postanawiam wyznać całą prawdę. Na podstawie negocjacji z terrorystami, które prowadziłam w teatrze na Dubrowce 23 października 2002 roku, i tego, co wydarzyło się później, doszłam do wniosku, że terroryści nie zamierzali wysadzać kompleksu teatralnego, a nasze władze nie wykazywały żadnego zainteresowania możliwością uratowania wszystkich zakładników.

Najważniejsze wydarzenia miały miejsce po moim powrocie z negocjacji. Aleksandr Wołoszyn, szef Kancelarii Prezydenta, groził mi i zakazał dalszego wtrącania się w tę sprawę.

Zastanawiając się nad tym wszystkim, doszłam do nieuniknionego wniosku, że ten właśnie akt terroru przyczynił się wydatnie do wzmocnienia antyczeczeńskiej histerii, a co za tym idzie, do przedłużenia wojny w Czeczenii i utrzymania wysokich notowań prezydenta. Jestem też przekonana, że działania Putina zmierzające do ukrycia prawdy są przestępstwem wymierzonym przeciw naszemu państwu. Zobowiązuję się więc, że jeśli zostanę wybrana na stanowisko prezydenta, obywatele Rosji poznają całą prawdę o wysadzeniu bloków mieszkalnych, tragedii w teatrze na Dubrowce i o wielu innych zbrodniach popełnionych przez obecne władze. Ostatnimi czasy wielu znajomych próbowało odwieść mnie od udziału w wyborach prezydenckich. Publicznie oświadczam, że postępując wbrew tym radom, dopuszczam się niemalże zdrady interesów demokratów, którzy nawołują do bojkotu wyborów, a prywatnie ostrzegają mnie, że mogę zostać zabita, jeśli będę mówić prawdę. Nie boję się tego terrorystycznego reżimu. Apeluję też do wszystkich, by nie dali się zastraszyć. Nasze dzieci muszą dorastać jako wolni ludzie.

Iwan Rybkin także odpisał:

Zarówno wysadzenie bloków mieszkalnych, jak i wydarzenia w teatrze na Dubrowce są konsekwencjami tak zwanej „operacji antyterrorystycznej", a ściślej mówiąc, drugiej wojny czeczeńskiej, którą prowadzimy na Kaukazie Północnym. Szczyt tej fali wyniósł prezydenta Putina na Kreml tylko dlatego, że jako kandydat obiecywał nam przywrócenie pokoju. Okazało się, że przerasta to jego możliwości. Ludzie giną wszędzie w zamachach terrorystycznych. Wojna trwa, za co winę ponoszą Putin i jego najbliższe otoczenie. Po dziś dzień okoliczności wielu tych tragedii pozostają niejasne i niewyjaśnione.

Sprawa wysadzenia bloków mieszkalnych:

Uważam, że za tę zbrodnię odpowiedzialne są nasze służby specjalne. Jeśli nawet przyjmiemy do wiadomości ich tłumaczenia, że [agenci FSB nakryci w Riazaniu na podkładaniu materiałów wybuchowych] przeprowadzali „ćwiczenia", to mamy do czynienia ze zignorowaniem wszystkich oficjalnych zasad i zaleceń dotyczących podobnych sytuacji.

Skąd Sielezniow, przewodniczący Dumy, wiedział? To nie tylko dziwne, ale i przerażające. Po wygłoszeniu tego oświadczenia powinien zostać objęty postępowaniem karnym i ujawnić, skąd miał takie informacje, abyśmy mogli sprawdzić, kto naprawdę zlecił to okropieństwo i kto naprawdę go dokonał...

Z doświadczeń zdobywanych w trakcie wojny czeczeńskiej służby specjalne korzystają obecnie na terytorium całej Federacji Rosyjskiej. Ich bezczelność nie ma końca, ponieważ uważają, że cel uświęca środki. To bardzo niebezpieczne podejście.

Sprawa teatru na Dubrowce:

Zachowanie władz państwowych wskazuje jednoznacznie, że zdecydowano się na szturm w momencie, gdy stało się jasne, że mamy spore szanse na wynegocjowanie uwolnienia zakładników. Wszyscy w Moskwie i całej Rosji mówią, że rozkaz szturmu wydano, by ukryć prawdę o tym, co tam się wydarzyło.

Czy rząd wiedział? Odpowiedź na to pytanie jest dla mnie szczególnie nieprzyjemna, ponieważ podczas wydarzeń w Budionnowsku na bardzo tajnym spotkaniu nasze siły bezpieczeństwa zaprzeczyły każdemu słowu rządzących. Dowiedziałem się między innymi, że tego gazu i innych środków chemicznych nie można użyć w autobusie z zakładnikami, ponieważ terroryści mieliby czas na zdetonowanie materiałów wybuchowych. Tracąc powoli przytomność, mogliby także strzelać na oślep. Użycie tego gazu świadczy więc niezbicie, że rząd wiedział, iż nie dojdzie do żadnych wybuchów.

Nieprzytomni terroryści zostali wystrzelani, mieliby bowiem wiele interesujących rzeczy do opowiedzenia podczas niezależnego śledztwa. Cała Rosja pyta: dlaczego strzelano do nieprzytomnych ludzi? Identyfikowano ich, podchodzono i strzelano w głowę. Władze nie zdołały skutecznie ukryć obecności w tej grupie [wtyczki FSB] Tierkibajewa, przez co i on musiał zginąć. Wiem doskonale, jak wściekli byli ludzie, kiedy się dowiedzieli, że Tierkibajew jest uwiarygodniany przez Kancelarię Prezydenta. On sam się przechwalał, że zdołał przekonać dowódcę terrorystów Barajewa do zmiany celu ataku z Dumy na teatr na Dubrowce.

Natomiast brak pomocy medycznej dla tych, którzy ucierpieli podczas szturmu, to czyste barbarzyństwo obciążające sumienia osób odpowiedzialnych za ostatnią fazę operacji. Słuszny gniew z powodu braku fachowej pomocy medycznej dla ofiar próbuje się przekierować na mera Moskwy, ale nie on jest odpowiedzialny za walkę z terroryzmem. To zadanie FSB.

Lawina medali i gwiazdek, która spadła na piersi i epolety członków sił bezpieczeństwa, którzy powinni raczej zostać ukarani za wpuszczenie do miasta oddziału Barajewa, nie przynosi chwały ani odznaczonym, ani tym, którzy ich tak nagrodzili. Raz jeszcze powtórzę: trzeba nam niezależnego śledztwa w tej sprawie.

Nie należę do grona ludzi, którzy wierzą, że nadejdzie czas otwarcia archiwów i odkrycia prawdy. Ten dzień nigdy nie nadejdzie. Potrzebujemy więc tego śledztwa dzisiaj, aby podobne okrucieństwa nie powtórzyły się już nigdy więcej, aby nasi obywatele nie musieli tak potwornie cierpieć.

Tymczasem w wyniku licznych dezercji Jedna Rosja uzyskała w Dumie większość pozwalającą na zmianę konstytucji. Dzisiaj dołączył do tego grona Giennadij Rajkow, zwiększając liczbę parlamentarnych stronników Putina do 301.

Apatia jest coraz bardziej powszechna i wyczuwalna: ludzie są pewni, że nie mogą oczekiwać niczego dobrego. O wyborach prezydenckich mówi się w telewizji, ale poza nią nie usłyszysz o tym nawet słowa. Wszyscy już wiedzą, czym to się skończy. Nie ma debat, nie ma emocji.

W Moskwie tego wieczora najbardziej znani rosyjscy obrońcy praw człowieka świętują Stary (prawosławny) Nowy Rok. Zebrali się w Centrum imienia Andrieja Sacharowa, próbując stworzyć szeroki Front Demokratyczny czy też Klub Demokratyczny (jak sugeruje Władimir Ryżkow), ale robią to poza tradycyjnymi demokratycznymi strukturami Sojuszu Sił Prawicowych i Jabłoka.

Najbardziej rzeczowe propozycje wysunął Jewgienij Jasin:

– Jeśli chcemy jak najszerszego zjednoczenia, musimy mieć bardzo prosty program. Trzeba w nim zawrzeć jak najmniej żądań, aby dołączyło do nas jak najwięcej chętnych. Naszym jedynym celem powinna być obrona zdobyczy rosyjskiej demokracji poprzez stawienie czoła autorytarnemu reżimowi państwa policyjnego.

Pod koniec burzliwej dyskusji do Centrum Sacharowa docierają wieści z więzienia. Prawniczka Karina Moskalenko przyjechała tam prosto z Matrosskiej Tiszyny, gdzie spotkała się ze swoim klientem Michaiłem Chodorkowskim. Przekazała życzenia od niego wszystkim orędownikom praw człowieka, po czym poinformowała, że „jedynym ideałem, który dzisiaj go zachwyca, jest ideał obrony praw człowieka. Jeśli wyjdzie z więzienia, gotów będzie resztę życia poświęcić pracy na rzecz dobra społecznego".

Oligarsze zdołano wpoić ideę sprawiedliwości społecznej. Aktywiści klaskali jak dzieci na przyjęciu bożonarodzeniowym.

14 STYCZNIA 2004 ROKU

Sąd dla moskiewskiego rejonu basmannego siedzi w kieszeni Kremla, jak zwykle zresztą, i nadal doskonali sztukę sprawiedliwości wybiórczej: nie liczy się w niej prawo, tylko jednostka, wobec której ma być zastosowane. Jeśli dana osoba jest wroga Putinowi, sędziowie robią się bardzo skrupulatni; jeśli jest jego ulubieńcem, nie kłopoczą się jakimiś tam drobiazgami ani nawet nie wymagają stawiania się na rozprawach.

Dzisiaj sędzia Stanisław Wozniesienski rozważał pozew Nadieżdy Buszmanowej z obwodu riazańskiego, matki Aleksandra Slesarienki, żołnierza zabitego podczas drugiej wojny czeczeńskiej. Aleksandr walczył w armawirskim oddziale operacji specjalnych Ministerstwa Spraw Wewnętrznych. We wrześniu 1999 roku, na samym początku drugiej wojny czeczeńskiej, jego oddział został włączony do specjalnej grupy operacyjnej dowodzonej przez Wiktora Kazancewa, ówczesnego dowódcę Północnokaukaskiego Okręgu Wojskowego. Kazancew popełnił błąd, w wyniku którego śmierć poniosło wielu żołnierzy, w tym Aleksandr. Oto jak to tego doszło.

Wszystko zaczęło się 5 września, pierwszego dnia wojny, gdy Putin wydał dekret o rozpoczęciu „operacji antyterrorystycznej". W dagestańskich wsiach doszło do szeregu potyczek. Około godziny 17 bojownicy zajęli wieś Nowołakskoje przy granicy z Czeczenią, a przebywający tam lipiecki oddział operacji specjalnych milicji zaszył się na miejscowym posterunku. Krótko mówiąc, Rosjanie potrzebowali ratunku. Nocą 5 września do akcji wkroczyło 120 żołnierzy z 15. oddziału specnazu. Wśród nich był także Aleksandr Slesarienko. Jego jednostka dotarła 6 września do bazy Mozdok w Osetii Północnej. Nazajutrz, 7 września, została przerzucona do dagestańskiej wsi Batasz-Jurt, a 8 września w okolice miejscowości Nowołakskoje. W tym momencie żołnierze z oddziału armawirskiego trafili pod rozkazy Kazancewa, który dowodził operacją oczyszczania dagestańskich rejonów nowołakskiego i chasawiurtowskiego i przejmował pod swoje rozkazy wszystkie stacjonujące tam jednostki.

Kazancew 8 września rozkazał swojemu zastępcy, dowodzącemu siłami MSW generałowi majorowi Nikołajowi Czerkaszence, by przedstawił plan zajęcia sąsiednich wzgórz. Nazajutrz, 9 września, Kazancew zatwierdził przedstawione mu plany, a o godzinie 21.30 major Jurij Jaszyn, dowódca oddziału armawirskiego, otrzymał rozkaz zaatakowania, zajęcia i utrzymania wzgórz do chwili przybycia posiłków, aby nie można było ostrzeliwać z nich miejscowości Nowołakskoje.

Chłopcy z Armawiru zrobili, co im kazano: wjechali pełnym gazem głusi i nadzy, jak mawiają u nas w wojsku, czyli bez zabezpieczonej łączności, używając tylko krótkofalówek na baterie, oczywiście rozładowane, bo na ich doładowanie nie dano im czasu. Nikt nie wyliczył, ile amunicji mogą potrzebować, ponieważ nie powiedziano im, jak długo będą utrzymywać pozycje. Spisano ich na straty, nie należeli bowiem do regularnych oddziałów Kazancewa.

Wojna na Kaukazie wygląda naprawdę dziwnie. Wszystkie oddziały federalne niby walczą po tej samej stronie, ale rzeczywistość nie jest aż tak różowa. Żołnierze podlegający MSW mają na pieńku z FSB, a wojska MSW są skłócone nie tylko z własnym resortem, ale i z armią. Kiedy oficerowie mówią: „Straty były, lecz nie po naszej stronie", mają zazwyczaj na myśli poległych milicjantów albo żołnierzy innych formacji. Właśnie z tego powodu od lat toczone są boje, kto właściwie powinien kierować połączonym dowództwem sił na Kaukazie Północnym. Jeśli u steru stoi ktoś z armii, to nie ma mowy, by pozostałe siły otrzymały wystarczającą ilość amunicji albo sprawne środki łączności.

Tak właśnie było i przy tej okazji. Kazancew, człowiek armii, dowodził siłami składającymi się z ludzi służących w innych formacjach. Do godziny pierwszej w nocy 10 września 94 żołnierzy armwirskich zajęło wskazane wzgórza, nie ponosząc żadnych strat. O szóstej rano generał major Czerkaszenko otrzymał poufny raport od majora Jaszyna, po czym przekazał go Kazancewowi, który opuścił bazę, upewniwszy się, że wzgórza zostały odpowiednio zabezpieczone. Nie było go na miejscu do 8.40, ale już o 6.20 oddział Jaszyna został niespodziewanie zaatakowany. O 7.30 czeczeńscy bojownicy zaczęli okrążać żołnierzy specnazu. Jaszyn prosił przez radio o pomoc, lecz Czerkaszenko z powodu nieobecności przełożonego nie mógł nic zrobić. Wiedział przy tym, że inna jednostka wojsk MSW, dowodzona przez generała majora Grigorija Tierientjewa, próbowała przebić się na pozycje Jaszyna, została jednak zmuszona do odwrotu. Podczas tej akcji zginęło 14 żołnierzy, wielu odniosło rany. Na zboczu wzgórza zostało pięć płonących transporterów opancerzonych.

Poza oddziałem Tierientjewa nikt inny nie mógł przyjść Jaszynowi z pomocą, ponieważ pozostałe jednostki należały do Ministerstwa Obrony, a dowodzący nimi Kazancew spał. O godzinie 8.30 Jaszyn wywrzeszczał w rozmowie z Czerkaszenką, że jego ludziom kończy się amunicja, dlatego prosi o zezwolenie na opuszczenie zajmowanych pozycji. Czerkaszenko wyraził zgodę. O 8.40 na stanowisko dowodzenia wparował wciąż zaspany Kazancew. Nie umiał zrozumieć, dlaczego Jaszyn się wycofuje. Kazał mu za wszelką cenę utrzymać pozycje. W tym momencie utracono jednak wszelki kontakt z majorem. Wyczerpały się ostatnie baterie w krótkofalówkach jego oddziału. Od tej chwili Jaszyn był kompletnie „głuchy" i zdany na własne siły. W tej sytuacji mógł zrobić tylko jedno – podzielił ludzi na dwa mniejsze pododdziały, sam objął dowodzenie pierwszym, a drugi powierzył pieczy podpułkownika Gaduszkina, po czym około godziny 11, zebrawszy wszystkie siły, obaj rozpoczęli zorganizowany odwrót w dół zbocza. To była jedyna nadzieja oddziału na przetrwanie. Znajdujący się na stanowisku dowodzenia Kazancew obserwował to wszystko na własne oczy. Moment później wydał rozkaz zbombardowania zbocza. Dlaczego to zrobił? Dlatego, że realizował plan i zdążył już przesłać „górze" informację, do której godziny bojownicy zajmujący wzgórze zostaną wyeliminowani.

O godzinie 15 nad głowami żołnierzy Jaszyna pojawiły się dwa samoloty szturmowe SU-25, które przeprowadziły atak na pozycje zajmowane przez żołnierzy Ministerstwa Spraw Wewnętrznych. Wyznaczeniem celów na bezpośredni rozkaz Kazancewa zajął się dowódca 4 Armii Lotniczej i Sił Obrony Przeciwlotniczej, generał porucznik Walerij Gorbienko. Gdy rozpoczęło się bombardowanie, obaj ci bohaterowie, Gorbienko i Kazancew, oglądali przebieg ataku z wysuniętego punktu obserwacyjnego, dzięki czemu zobaczyli na własne oczy, że żołnierze Jaszyna wystrzelili flary, aby wskazać lotnikom miejsca, których nie powinni bombardować.

Dlaczego 10 września armawirski oddział specnazu został tak okrutnie ukarany? Dlatego, że go wystawiono. Ludzi tych poświęcono, by ratować Kazancewa i jego idiotyczny plan. Zaproszono ich tam, by zginęli jak bohaterowie, zamiast pozwolić im się wycofać, ponieważ mogli stać się potencjalnymi świadkami w tej sprawie, ale biedacy nie do końca rozumieli, o co w tym wszystkim może chodzić. Tak właśnie wyglądają metody działania ludzi, którzy mają dbać o nasze bezpieczeństwo – metody stosowane później wielokrotnie zarówno w Czeczenii, jak i w reszcie kraju. Oblężenie teatru na Dubrowce jest najlepszym tego przykładem. To metoda działania sankcjonowana za każdym razem przez samego Putina. Jeśli zdołasz przeżyć, zostaniesz oczerniony i ukarany.

W naszym potwornie wypaczonym systemie sądowniczym Prokuratura Wojskowa Północnokaukaskiego Okręgu Wojskowego podlega bezpośrednio dowódcy tegoż okręgu, czyli Kazancewowi, który jednoosobowo decyduje o przydziałach, kwaterunku, awansach i innych przywilejach. A właśnie ona miała prowadzić sprawę narażenia na śmierć żołnierzy z oddziału armawirskiego. Sąd oczyścił więc Kazancewa ze wszystkich zarzutów. Co więcej, przedstawił go jako bohatera otoczonego samymi tchórzami. Oto wyimek z akt rozprawy:

> W rzeczywistości odwrót żołnierzy MSW był bezładny. Sytuacja stawała się krytyczna. Kazancew podjął decyzję, by przejść do wysuniętego sektora. Osobiście powstrzymywał wycofujące się pododdziały MSW, które uciekały w popłochu, osobiście też wyznaczał im nowe zadania, zlecając ocalałym żołnierzom MSW okrążenie bojowników.

Kazancew to bohater armii, a żołnierze Ministerstwa Spraw Wewnętrznych to tchórze. Taki był wyrok sądu.

Żołnierze uciekali, nie da się temu zaprzeczyć, lecz ze śmiertelnej pułapki, w którą zostali zwabieni. Robili, co mogli, by przetrwać bombardowanie, które przeprowadzono na ich pozycje z rozkazu imbecyla. Przenosili rannych, prosząc o pomoc w zabraniu ciał poległych towarzyszy broni. A Kazancew przyglądał się temu wszystkiemu z niezmąconym spokojem.

W ostatecznym rozrachunku efektem ataku dwóch SU-25 z godziny 15 było 8 ofiar śmiertelnych, a 23 żołnierzy odniosło rany. Tylko jeden armawirczyk poległ w bezpośredniej walce z czeczeńskimi bojownikami.

Ogólne straty poniesione przez wojska MSW w trakcie operacji Kazancewa prowadzonej 9 i 10 września to „ponad 80 ludzi", jak wynika z akt sprawy. Nie ma żadnych dokładniejszych danych na ten temat. Zwłoki żołnierzy skazanego na zagładę oddziału majora Jaszyna ściągano na tyły przez kilka kolejnych dni. Ciało Aleksandra Slesarienki przekazano rodzinie w Riazaniu dwa tygodnie po feralnych wydarzeniach w zaspawanej trumnie. Podobne trumny trafiły na wiele innych cmentarzy w całej Rosji, a państwo zafundowało poległym najtańsze nagrobki, co było kolejną obrazą dla ludzi, którzy pod nimi spoczęli.

Przezwyciężywszy żal, matka Aleksandra złożyła pozew w Basmannym Sądzie Rejonowym, któremu podlegają sprawy dotyczące Ministerstwa Obrony. Sędzia Wozniesienski zdecydował, że Skarb Państwa winien wypłacić jej odszkodowanie w wysokości 250 tysięcy rubli [ok. 26 tysięcy zł]. Nie muszę nadmieniać, że pieniądze te nie pochodziły z kieszeni Kazancewa, który zdążył już stać się ulubieńcem Putina, a nawet jego osobistym przedstawicielem na Kaukazie Północnym. Na generała spadła lawina medali, orderów i tytułów nadawanych przez prezydenta, otrzymywał je za aktywny udział w tak zwanej akcji antyterrorystycznej, czyli za doprowadzenie Czeczenii do stanu, w jakim – przynajmniej zdaniem Putina – powinna się znajdować.

Sędzia Wozniesienski to młody człowiek, dynamiczny i nowoczesny, który nie reaguje wrzaskiem na każdą wzmiankę o ingerencji władz państwowych w prace wymiaru sprawiedliwości. On doskonale wie, o czym mowa. Znam go dobrze. Jest znakomicie wykształcony, wtrąca w swoje wypowiedzi łacińskie wyrażenia, ujawniając niespotykany wśród rosyjskich sędziów poziom erudycji. Ale nawet on nie zagłębiał się zbytnio w szczegóły śmierci szeregowego Slesarienki ani nie próbował ściągnąć na salę rozpraw „bohatera Rosji", generała Wiktora Kazancewa.

Tak więc podatnicy po raz kolejny bez narzekania zapłacili z własnej kiesy kolejny rachunek za rozpętanie drugiej wojny czeczeńskiej i idiotyzmy wyczyniane podczas niej przez naszych generałów, tak samo jak fundować będą wszystkie kolejne eskapady armii na Kaukaz Północny.

Jak długo to jeszcze potrwa? Tragedia drugiej wojny czeczeńskiej stała się początkiem wielu wspaniałych oficerskich karier zaangażowanych w nią towarzyszy broni obecnego prezydenta. Im więcej przelanej krwi, tym wyżej się wznoszą. Kto więc bierze za to wszystko odpowiedzialność? Nie ma najmniejszego znaczenia, jak wielu ludzi Kazancew pośle na śmierć; nie ma również znaczenia, jak często padnie pijany jak bela w ramiona innych ludzi, nie wyłączając z tego grona znanych dziennikarzy. Zawsze wyjdzie obronną ręką z najgorszej nawet opresji. Okazując tak wielkie oddanie prezydentowi, może liczyć na wielką pobłażliwość, amnestię zawczasu za wszystkie życiowe niepowodzenia. Kompetencje i profesjonalizm nie mają dla Kremla żadnego znaczenia. System stworzony przez Putina preferuje ludzi skorumpowanych tak wśród pracowników cywilnych, jak i personelu wojskowego.

– Nigdy nie pogodzę się z tym, że mój Sasza zginął dla zaspokojenia ambicji jakiegoś generała – wyznaje mi matka Aleksandra. – Nigdy.

15 STYCZNIA 2004 ROKU

W Moskwie mamy spore zamieszanie z powodu nowego podręcznika do historii. Członkowie Jednej Rosji żądają, aby Putin domagał się uwzględnienia w nim „dumy z takich wydarzeń", jak wojna rosyjsko-fińska czy kolektywizacja rolnictwa przeprowadzana przez Stalina. Nalegają, by nasze dzieci po raz kolejny poznawały przebieg drugiej wojny światowej widzianej oczami sowieckich politruków i uczyły się o pozytywnej roli Stalina. Putin się na to zgodzi. *Homo sovieticus* dyszy nam w karki. Tymczasem zabroniono publikacji innego podręcznika za umieszczenie w nim komentarza akademika Janowa, że Rosji grozi przekształcenie w narodowosocjalistyczne państwo dysponujące bronią atomową.

Przedstawiciele rodzin ofiar z teatru na Dubrowce spotkali się w gmachu Prokuratury Generalnej z Władimirem Kalczukiem, śledczym, który zajmuje się sprawą wzięcia zakładników. Poproszono mnie, bym wzięła udział w tym spotkaniu, ponieważ zdaniem rodzin to może zmniejszyć prawdopodobieństwo mataczenia albo nawet obrażenia ich przez prokuratora. Kalczuk często posuwa się do obrażania krewnych ofiar, jeśli przy rozmowie nie ma postronnych osób, i co ciekawe, nigdy nie został pociągnięty do odpowiedzialności za takie wyskoki. Putin osobiście rozkazał mu sfałszowanie wyników dochodzenia, aby wyciszyć wszystkie plotki dotyczące użycia gazu.

– Karty na stół! – wrzeszczy Kalczuk, sygnalizując rozpoczęcie spotkania. – Stowarzyszenie Nord-Ost? Co to ma być? Kto uznał waszą organizację?

– Czy możemy porozmawiać jak cywilizowani ludzie? – pyta Tatiana Karpowa. Jest matką Aleksandra Karpowa, jednego z zabitych zakładników, i jednocześnie przewodniczącą Stowarzyszenia Nord-Ost. – Ilu terrorystów zostało zabitych? Ilu zdołało uciec?

– Dostępne dane mówią, że wszyscy terroryści, którzy przebywali na terenie teatru, zostali zabici, ale w tych okolicznościach nie możemy być tego stuprocentowo pewni.

– Dlaczego zabito wszystkich bojowników?

– Dlatego, że tak, i już. O takich szczegółach decydują siły specjalne. Ci żołnierze ryzykowali własne życie, wchodząc do teatru, nie do mnie należy mówienie im, kogo mają zabić, a kogo nie. Mam jednak swoją opinię jako człowiek i mam ją także jako prawnik.

– Czy uważa pan, że opublikowane niedawno nagranie ukazujące rozwalanie terrorystów nie sugeruje, iż któryś z zakładników mógł zginąć podobnie?

(Tatiana odnosi się do nagrania z poranka 26 października 2002 roku pokazującego moment tuż po wkroczeniu specnazu. Widać na nim, jak niezidentyfikowana kobieta w mundurze mierzy z pistoletu i w domyśle strzela do niezidentyfikowanego mężczyzny, który ma ręce związane za plecami).

– Nikt nikogo nie „rozwala" na tym nagraniu. Dziennikarze uznali po prostu, że ktoś został później zabity. Przeanalizowaliśmy dokładnie ten materiał. Widać na nim moment przenoszenia ciała z jednego miejsca w drugie, a kobieta wskazuje pistoletem, gdzie je położyć. Wiemy też, czyje to było ciało.

– Czyje?

– Gdybym wam powiedział, stwierdzilibyście, że to wszystko kłamstwa.

– Czy to było ciało Włascha?

(Giennadij Włach był moskwianinem, który z własnej nieprzymuszonej woli wszedł do budynku teatru, by szukać tam syna).

– Tak, jego. Badania to wykażą.

Kalczuk wie doskonale, że nagranie obejrzeli uważnie zarówno syn Włascha, jak i jego była żona, po czym kategorycznie oświadczyli, że nie Giennadija zwłoki przenoszono. Nic nie pasowało: ani budowa ciała, ani włosy, ani ubranie.

– Czy przyznaje pan, że po szturmie na widowni doszło do plądrowania ofiar?

– Dajcież spokój... Oczywiście, że nie.

– My tylko chcemy się dowiedzieć, jak zginęli nasi krewni. Czy zamierza pan postawić zarzuty urzędnikom, którzy nie zapewnili wsparcia medycznego po szturmie?

– Już dawno byście się zamknęli, gdyby wypłacono wam po milionie dolarów, jak robią na Zachodzie. Pojęczelibyście trochę, a potem zamknęlibyście gęby.

Władimir Kurbatow, ojciec trzynastoletniej artystki z zespołu wystawiającego musical *Nord-Ost*, która także zginęła tamtego dnia:

– Ja bym się nie zamknął. Nadal poszukiwałbym prawdy o tym, jak i kiedy zginęła moja córka. A tego nikt nie wie.

Ludmiła Trunowa, prawniczka obecna na spotkaniu:

– Jakim cudem ciało Grigorija Burbana, jednego z zakładników, którzy zostali zabici podczas szturmu, znalazło się na Prospekcie Lenina?

– Kto tak powiedział? Ja o niczym takim nie wiem.

Tatiana Karpowa:

– Dlaczego skremowano ciało Giennadija Własza, jakby był jednym z terrorystów?

– Nie pani interes. Dlaczego nie pyta mnie pani o swojego męża?

– Pytanie w sprawie Terkibajewa...

– Terkibajewa tam nie było. Politkowska nam nie pomaga. – (Opisałam w „Nowej gaziecie", jaką rolę odegrał w tej sprawie oficer FSB nazwiskiem Terkibajew). – Odmówiła nam informacji na jego temat. Powtarzała tylko w kółko, że nie wie wszystkiego.

– Czy postawiliście komukolwiek zarzuty w związku z tą sprawą?

– Nie.

Kalczuk jest typowym funkcjonariuszem organów ścigania i służb bezpieczeństwa z nowej ery Putina. Takich jak on zachęca się, by traktowali innych z góry.

Tymczasem w Madaganie spora liczba poborowych zachorowała w drodze do macierzystych jednostek. Putin zareagował natychmiast, twierdząc, że „takie traktowanie ludzi jest nie-dopuszczalne". Poborowych przetrzymano na płycie lotniska przez kilka godzin w lekkim tylko odzieniu, przez co ponad 80 trafiło do szpitali z podejrzeniem zapalenia płuc. Jeden z nich, moskwianin Wołodia Bieriozin, zmarł 3 grudnia z wyziębienia. Bieriozin był silnym zdrowym chłopakiem, którego wybrano do służby w pułku prezydenckim. Jego ojciec, jak wszyscy pozosta-li rodzice, zażądał od Putina wyjaśnień, dlaczego doszło do tak wielkich zaniedbań.

Mamy już 15 stycznia, Wołodia Bieriozin został pochowany dziewięć dni temu, ale w Rosji nic się nie zmieniło, choć Putin wyraził gniew. Żołnierze nadal są pyłem na buciorach dowo-dzących nimi oficerów. Tak to u nas wygląda, a prezydent, sam będący ucieleśnieniem stereotypów, akceptuje taki stan rzeczy. Jego gniew to przedwyborcze zagranie i nic więcej.

16 STYCZNIA 2004 ROKU

Na ciele Asłana Dawletukajewa, którego uprowadzono z jego domu 10 stycznia, znaleziono liczne ślady tortur. Strzelono mu także w tył głowy. Ciało zostało porzucone na przedmieściach Gudermesu. Asłan był bardzo znanym czeczeńskim obrońcą praw człowieka. [Pomimo licznych interwencji instytucji mię-dzynarodowych śledztwo w sprawie tego morderstwa utknęło w martwym punkcie].

Chwała naszemu Carowi! Śledztwo w sprawie wyziębio-nych żołnierzy trwa. Nieludzkie traktowanie miało miejsce na lotnisku wojskowym w Czkałowskim w obwodzie moskiew-skim. Pogoda była daleka od ideału, ale rekrutów i tak upchnię-to w dawnym magazynie broni, gdzie spędzili ponad dobę, śpiąc na gołym betonie albo na skrzyniach. Nie dostali też nic do jedzenia ani na lotnisku, ani podczas późniejszej podróży

Przewożono ich upakowanych jak kłody drewna i zmarzniętych na kość samolotem transportowym, na którego pokładzie temperatura spadała momentami do minus 30 stopni Celsjusza. Po dotarciu do Nowosybirska zmuszono ich do wyjścia na płytę lotniska, gdzie stali przez dwie godziny na kąsającym mrozie, w temperaturze rzędu minus 19 stopni. Na lotnisku w Komsomolsku nad Amurem spędzili kolejne cztery godziny w temperaturze sięgającej minus 25 stopni, nadal tylko w lekkich ubraniach. Nic więc dziwnego, że w Pietropawłowsku Kamczackim okazało się, iż przeważająca część z nich jest poważnie chora, ale eskortujący poborowych oficerowie całkowicie zignorowali ten problem. W koszarach, w których zostali zakwaterowani, nie było wiele lepiej, temperatura wynosiła bowiem nie więcej niż 12 stopni Celsjusza. Do tego czasu niemal setka poborowych była już poważnie chora. Na miejscu nie było jednak szpitala, w którym mogliby być leczeni. Lekarze wojskowi dysponowali tylko antybiotykami, które utraciły przydatność do spożycia w połowie lat 90., nie posiadali także odpowiednich strzykawek jednorazowych i igieł, aby je aplikować. Z tego powodu sanitariusze rozdali wszystkim wyłącznie syrop na kaszel.

Nadzorujący sprawę poborowych naczelnik Prokuratury Wojskowej obwieścił, że zamierza w niedługim czasie przesłuchać generała pułkownika Wasilija Smirnowa, szefa Centrum Logistyki Ministerstwa Obrony. To tak niesamowite wydarzenie, że nie sposób oprzeć się wrażeniu, iż pozwolenie musiało zostać wydane na samej górze. Już przesłuchano w tej sprawie 22 innych generałów. Wyobraźcie to sobie: generalicja musiała po raz pierwszy w życiu ustosunkować się do szkód, jakie ponieśli jacyś tam poborowi. Jak cudownie widzieć prezydenta zachowującego się jak czołowy rosyjski czempion walki o prawa człowieka, pytanie tylko, czy będzie nosił tę samą maskę także po wyborach.

Nasza demokracja nadal chyli się ku upadkowi. W Rosji nic już nie zależy od woli narodu: o wszystkim decyduje dziś Putin. Nastąpiła jeszcze większa centralizacja władzy i ubezwłasnowolnienie urzędów. Putin wskrzesza odwieczny stereotyp: „Poczekajmy, aż nasz pan wróci. On wszystkim powie, co i jak powinno być". Trzeba jednak przyznać, że my, Rosjanie, lubimy, gdy tak się sprawy mają, co oznacza, że Putin już wkrótce zrzuci maskę obrońcy praw człowieka. Nie będzie jej potrzebował.

Gdzie się podziali wszyscy ci demokraci? Aleksandr Żukow, były demokrata, a obecnie członek Jednej Rosji, uważa, że „dobrze jest, kiedy w parlamencie mamy jedną silną partię rządzącą. Elektorat otrzyma bowiem jasny przekaz, kto za wszystko odpowiada. W Dumie poprzednich trzech kadencji nie było czegoś takiego. Jasne też jest, że Jedna Rosja zamierza zachęcić rynki, stawiając na obniżenie obciążeń podatkowych, rozwój drobnego i średniego biznesu, redukcję roli państwa, reformowanie naturalnych monopoli, przywrócenie rosyjskich produktów na rynki światowe i reformy społeczne w sektorach, które do tej pory były zaniedbywane. Nie ma zatem powodów, by przejmować się stanem tej Dumy. Demokratyczne procedury są w niej znacznie bardziej widoczne niż podczas minionych kadencji".

(Niedługo później Żukow został desygnowany na stanowisko wicepremiera).

17 STYCZNIA 2004 ROKU

Rozłamy polityczne i dezercje trwają. Partia Odrodzenia Rosji, kolejne z kanapowych ugrupowań, któremu przewodzi Giennadij Sieleznow, zdecydowała się poprzeć Putina w nadchodzących wyborach, porzucając jednoczesnie kandydaturę Siergieja Mironowa, byłego przewodniczącego Rady Federacji i lidera Rosyjskiej Partii Życia, z którą tworzyła koalicję w trakcie wyborów parlamentarnych. Decyzję podjęto po wnikliwym przeanalizowaniu wyników wyborczych partii. Oba ugrupowania uzyskały poparcie na poziomie zaledwie 1,88 procent.

Telewizja pokazuje powtarzającego w kółko Putina: „Nie potrzebujemy skłóconej Dumy". Członkowie Jednej Rosji zapewniają, że przejęcie przez nich parlamentu jest „bardziej uczciwe" w stosunku do wyborców. Widać coraz wyraźniej, że wewnątrz Jednej Rosji panuje iście wojskowa dyscyplina. Żaden poseł nie może udzielić dziennikarzom wywiadu ani głosować zgodnie z sumieniem. Partia ma teraz 310 deputowanych, a kolejni chętni wciąż do niej dołączają, składając przysięgi wierności.

Kampania przed wyborami prezydenckimi robi się naprawdę dziwna. Tym razem nie ma potrzeby sięgania po podstępnych spin doktorów. Wszyscy i tak wolą Putina, nawet ci, którzy startują przeciw niemu. Idiota ochroniarz Małyszkin także to otwarcie przyznaje. W telewizji pokazano program o jego matce, która mieszka w obwodzie rostowskim w domu bez wody bieżącej. Ona także zagłosuje na Putina, ponieważ „jest z niego bardzo zadowolona". Zdziwiony Mironow zapytał nawet: „Dlaczego my wszyscy stajemy do tych wyborów? Powinniśmy raczej stać ramię w ramię z Nim".

Siergiej Głazjew, kolejny z pseudokandydatów, zadeklarował narodowi: „Lubię Putina. Było nie było mamy wiele wspólnego. Nie podoba mi się natomiast sposób, w jaki realizowane są podejmowane przez niego decyzje".

Niemożność wyłonienia przez demokratów i liberałów wspólnego kandydata wygląda mi coraz bardziej na polityczne samobójstwo.

W Groznym w biały dzień rosyjscy żołnierze uprowadzili Chalida Edielchajewa, czterdziestosiedmioletniego taksówkarza. Zgarnięto go z szosy prowadzącej do wsi Pietropawłowska. Miejsce jego obecnego pobytu nie jest znane.

18 STYCZNIA 2004 ROKU

Centralna Komisja Wyborcza zaczyna otrzymywać podpisy zbierane przez zwolenników kandydatów bezpartyjnych, ale czy został wśród nich ktoś, kto naprawdę wystartuje przeciw Putinowi? Chyba tylko Irina Chakamada.

W partii komunistycznej trwa konflikt pomiędzy przywódcami, Ziuganowem i Siemiginem, nie mają więc czasu i sił na polityczny bój z Putinem. Rogozin z Rodiny oświadczył właśnie, że popiera Putina. Głazjew wciąż się waha.

Termin składania podpisów upływa 28 stycznia, a do wyborów pozostaje jeszcze 55 dni.

19 STYCZNIA 2004 ROKU

Komitet 2008, organizacja walcząca o uczciwe wybory i uważająca, że będą one możliwe, ale dopiero w 2008 roku, wystosowała manifest, w którym stwierdziła, że mieszkanie w obecnej Rosji napawa ludzi „wstrętem". Jakbyśmy sami tego nie wiedzieli! Przewodniczącym Komitetu [i zarazem byłym szachowym mistrzem świata] jest Garri Kasparow. To człowiek inteligentny i samodzielny, co dobrze prognozuje.

20 STYCZNIA 2004 ROKU

Nocą zamaskowani strzelcy w białych żyguli bez numerów rejestracyjnych – co jest znakiem rozpoznawczym sił Kadyrowa – uprowadzili z własnego domu we wsi Kotar-Jurt Miłanę Kodzojewą. Miłana jest wdową po bojowniku ruchu oporu. Ma dwoje małych dzieci. Miejsce jej pobytu nie jest znane.

21 STYCZNIA 2004 ROKU

Irina Chakamada wystąpiła z publicznym apelem do rosyj-
skich elit biznesowych o wsparcie finansowe jej kampanii.
Leonid Niewzlin, przyjaciel Chodorkowskiego, był na tak.
Czubajs odmówił.

Ci, którzy przeżyli oblężenie Leningradu, zaczynają otrzymywać medale i premie finansowe z okazji sześćdziesiątej rocznicy przerwania oblężenia. Wypłaty wynoszą od 450 do 900 rubli
[od 45 do 90 zł]. Ludzie w Sankt Petersburgu są tak biedni, że
stoją w kolejkach po kilka dni, aby pobrać te pieniądze. Do skorzy-
stania z zapomogi kwalifikowało się około trzystu tysięcy ludzi,
ale tylko piętnaście tysięcy ją otrzymało. Ocalałym nie podobają
się medale, których jedną stronę zdobi napis: „Mieszkaniec oblę-
żonego Leningradu", a drugą: „Za obronę Leningradu". Twierdzę
Pietropawłowską odwzorowano na nich z niewyobrażalnej perspektywy, a na jej blankach pojawiły się zapory przeciwczołgowe,
których na pewno tam nie było. Wszystko to podlane jest typowo
sowieckim sosem. Polub albo wyrzuć, decyzja należy do ciebie.

24 STYCZNIA 2004 ROKU

W Groznym poruszające się wojskowym UAZ-em niezidentyfikowane osoby w mundurach polowych uprowadziły z przystanku
autobusowego przy Hipodromie niejakiego Turpała Baltiebijewa,
lat 23. Miejsce jego obecnego pobytu jest nieznane.

27 STYCZNIA 2004 ROKU

Putin przebywa w Sankt Petersburgu. Jego kampania wyborcza
wykorzystuje 60. rocznicę zakończenia oblężenia Leningradu.
Poleciał do Kirowska na legendarny przyczółek newski, przy

którym 18 stycznia 1943 roku udało się przerwać okrążenie. Podczas oblężenia starszy brat Putina zmarł śmiercią głodową. Jego matka cudem przeżyła. Życie postradało 200–400 tysięcy żołnierzy, próbując dokonać skutecznego wyłomu. Dokładnej liczby nie znamy nawet dzisiaj, podobnie jak nazwisk poległych, ponieważ większość była ochotnikami, ludźmi mieszkającymi w Leningradzie, którzy zginęli, zanim zdążono wpisać ich do wojskowych rejestrów. Przyczółek jest długi na półtora kilometra i szeroki na kilkaset metrów. Nawet dzisiaj nie rosną tam drzewa. Putin składa bukiet ciemnoczerwonych róż pod pomnikiem.

Z okazji przyjazdu Putina odbyło się posiedzenie Prezydium Rady Państwa. To czysto dekoracyjne, choć wysoce ceremonialne ciało stworzone przez prezydenta, aby uszczęśliwić gubernatorów wszystkich rosyjskich prowincji.

Dzisiejsza sesja jest poświęcona problemom emerytów, których mamy w Rosji prawie trzydzieści milionów. Dwudziestu z nich zagoniono na spotkanie z Putinem, stawili się w znoszonych garniturach i poszarpanych swetrach. Wszyscy pochodzą z obwodu leningradzkiego i opowiadają o przerażająco niskim standardzie życia. Putin wysłuchuje ich, nikomu nie przerywając, po czym mówi: „Najważniejsze dla nas jest znalezienie dobrego sposobu na zapewnienie ludziom godnego życia na starość. To najważniejsze zadanie państwa”. Słowa „najważniejsze zadanie” słyszymy z jego ust nieustannie, ale w zależności od tego, kto jest ich odbiorcą, najważniejsze może być dobro rolników albo naprawa służby zdrowia. To znajoma mimikra agenta KGB, choć wielu ludzi nadal tego nie zauważa. Tym razem Putin obiecał podwojenie wysokości waloryzacji rent i emerytur w roku 2004. Oznacza to, że ludzie dostaną miesięcznie 240 rubli więcej [ok. 20 zł], czyli mniej więcej tyle, ile kosztuje pół kilograma mięsa dobrej jakości.

Chakamada opublikowała swój manifest wyborczy:

W ciągu minionych czterech lat władze państwowe zdławiły każdą formę opozycji politycznej i zniszczyły niezależne mass media. Partia rządząca w Dumie nie ma programu ani żadnych idei. Jeśli w ciągu najbliższych czterech lat, do roku 2008, ci, którzy wspierają demokrację nie zostaną usłyszani, Rosja stoczy się nieodwołalnie w autorytaryzm.

Wyzywam Putina na debatę, ponieważ chcę od niego usłyszeć, jaką Rosję zamierza zbudować.

Zebrałam cztery miliony podpisów pod swoją kandydaturą. Jestem gotowa zostać korkiem wystrzelonym z butelki, która zawiera w sobie dżinna woli narodu rosyjskiego.

Dobry skuteczny tekst, ale Putin nie reaguje na takie oświadczenia nawet uniesieniem powieki, jakby nigdy nie zostały wygłoszone. Nasze społeczeństwo jest chore. Większość z nas cierpi z powodu paternalizmu i właśnie dlatego Putinowi wszystko uchodzi na sucho, właśnie dlatego przytrafił się Rosji.

28 STYCZNIA 2004 ROKU

O godzinie 18.00 Centralna Komisja Wyborcza przestała przyjmować listy osób wspierających poszczególnych kandydatów. Putin, Mironow i Rybkin dostarczyli podpisy wcześniej. Chakamada złożyła swoje około godziny 15. Przedsiębiorca Anzori Aksientjew przesłał listownie informację o rezygnacji z kandydowania.

Takie mamy alternatywy: Chakamada to okcydentalizm, Charitonow – komunizm, Małyszkin – polityczny ekstremizm i chuligaństwo, a Głazjew – wiara w status nowego supermocarstwa.

29 STYCZNIA 2004 ROKU

Władimir Potanin nadal próbuje pozycjonować siebie jako „dobrego oligarchę", czyli kogoś nieporównywalnie lepszego od Chodorkowskiego. Proponuje zreformowanie związku zawodowego oligarchów: „Biznes to konstruktywna siła. Potrzebujemy nowego rozsądnego dialogu z władzami państwa. Biznes powinien brać pod uwagę potrzeby społeczeństwa, powinien wyjaśniać, kim jesteśmy". Wspomina także o moderowaniu ambicji poszczególnych oligarchów i twierdzi, że wielki biznes potrzebuje reprezentacji w gremiach kierujących krajem.

Ogólnokrajowa telewizja daje mu najlepszy czas antenowy na wygłoszenie tych tez. Wszyscy uznają to za potwierdzenie, iż został namaszczony przez Putina.

2 LUTEGO 2004 ROKU

Putin w telewizji obniża cenę chleba, stosując starą sowiecką metodę zakazu eksportowania zbóż. Dlaczego w ogóle eksportowaliśmy to zboże, skoro kraj głoduje? Nie ma komu zadać tego pytania, ponieważ opozycji odcięto dostęp do mediów. Putin usłyszał pogłoski, że na przestrzeni ostatnich kilku miesięcy w wielu obwodach cena chleba uległa podwojeniu i natychmiast zażądał, aby powstrzymano wymykające się spod kontroli podwyżki.

W tej samej telewizji obiecuje także, że przyjrzy się uważnie kwestii dzieci okaleczonych podczas drugiej wojny światowej. Zurabow [minister zdrowia i opieki społecznej] melduje mu, że jest pewien, iż niezbędne ustawy zostaną szybko uchwalone w Dumie, jakby ta Duma nie miała ustalonego od dawna harmonogramu prac nad aktami prawnymi. Jedyne, co się dzisiaj liczy, to wspieranie kampanii prezydenckiej Putina, która zdaje się polegać na nieustannym rozdawnictwie pieniędzy.

W tym samym czasie Zurabow przedstawia Putinowi raport dotyczący emerytur kapłanów. Pan prezydent jest bardzo zainteresowany losem podstarzałych popów! Zurabow przypomina mu, że przed upadkiem ZSRR kler nie miał prawa do żadnych świadczeń społecznych.

W miejsce prawdziwych rzeczowych debat otrzymujemy kolejny odcinek politycznej telenoweli, jaką jest od pewnego czasu partia Rodina: Rogozin wykłóca się wściekle z Głazjewem, zamiast dyskutować merytorycznie o przyszłości naszego kraju. Rogozin obrzuca Głazjewa wyzwiskami, Głazjew odpowiada mu, plotąc jeszcze większe bzdury, żaden z nich nie zająknie się jednak na temat tego, co Putin może zaoferować Rosji podczas drugiej kadencji. Prawie żaden z jego kontrkandydatów nie ma o tym bladego pojęcia.

W Moskwie mało brakowało, a Jelena Triegubowa padłaby ofiarą niewielkiej bomby, którą ktoś podłożył obok jej bloku mieszkalnego. Czy to tylko zwykły akt chuligaństwa? Jelena wydała ostatnio antyputinowską w wymowie książkę: *Opowieści kremlowskiego kopacza*. Była jedną z dziennikarek akredytowanych przy Kremlu, po czym doznała nagle olśnienia i opisała życie wewnętrznego kręgu, przedstawiając je w bardzo niekorzystnym świetle.

[Niedługo później Triegubowa wyemigruje z Rosji].

3 LUTEGO 2004 ROKU

Około godziny 17.00 we Władykaukazie doszło do aktów terroru. Wysadzono samochód osobowy, obok którego przejeżdżała ciężarówka wypełniona kadetami. Zginęła jedna kobieta, dziesięć osób odniosło rany. Jeden z kadetów jest w stanie krytycznym.

4 LUTEGO 2004 ROKU

W Groznym niezidentyfikowani zamaskowani mężczyźni w mundurach polowych uprowadzili Sacitę Kamajewą, lat 23, zabrano ją z domu przy ulicy Awiacjonnej. Miejsce jej pobytu nie jest znane.

Tymczasem w Moskwie utworzono podobno sztab wyborczy Putina, jest on jednak na razie równie wirtualny jak sam Putin. Adres tego ciała: plac Czerwony numer 5, ale nikogo tam nie wpuszczają. Putin wyznaczył na szefa kampanii Dmitrija Kozaka, zastępcę szefa Kancelarii Prezydenta zajmującego się do tej pory reformami wymiaru sprawiedliwości i administracji. Kozak cieszy się opinią najbardziej rozgarniętego urzędnika w całej kancelarii, oczywiście zaraz po Putinie. Podobnie jak prezydent ukończył wydział prawa na Uniwersytecie Leningradzkim. Pracował później w prokuraturze i w petersburskim ratuszu. W latach 1989–1999 był wicegubernatorem Sankt Petersburga. Innymi słowy, to człowiek z tak zwanej „brygady Putina".

Liga Komitetów Matek Żołnierzy Rosji zamierza powołać do życia własną partię polityczną. W Rosji partie się rodzą tylko z trzech powodów: ponieważ ktoś ma za dużo pieniędzy; ponieważ ktoś nie ma nic lepszego do roboty; ponieważ kogoś udało się doprowadzić do desperacji. Partia Matek Żołnierzy to efekt wyborów parlamentarnych z 7 grudnia – powstała na politycznych pustkowiach Rosji po zagładzie wszystkich liczących się sił demokratycznych.

– Dojrzałyśmy do tego, by założyć własną partię – oświadcza Walentina Mielnikowa, przewodnicząca komitetu organizacyjnego. – Rozmawiałyśmy na ten temat od bardzo długiego czasu, tyle że wcześniej mogłyśmy liczyć na wsparcie Sojuszu Sił Prawicowych i Jabłoka dla naszej kampanii reformowania sił zbrojnych, pomocy żołnierzom, zniesienia obowiązkowego poboru i tym podobnych inicjatyw legislacyjnych. Jawlinski i Niemcow wspomagali nas przy wielu okazjach, ale teraz wszystko legło w ruinie. Stanęłyśmy w obliczu politycznej Hiroszimy, choć nadal pozostało wiele problemów do rozwiązania. Nie mamy już nikogo, na kim możemy polegać, nikogo, z kim mogłybyśmy wiązać nadzieje. Wszystkie istniejące obecnie partie są emanacjami Kremla. Można nawet podejrzewać, że deputowani do Dumy udają się każdego ranka na plac Czerwony, by odbierać instrukcje w Mauzoleum Lenina, po czym wracają do pracy i robią, co im kazano. Właśnie dlatego zdecydowałyśmy się założyć własną partię.

Partia Matek Żołnierzy jest więc ugrupowaniem zrodzonym z desperacji, z całkowitej politycznej bezradności, która czytelnie podsumowuje cztery ponure lata rządów Putina. To prosta inicjatywa oddolna powstała w czasach, gdy wszystko jest sterowane z Kremla, utworzono ją oczywiście bez najmniejszego wsparcia ze strony tak zwanych „zasobów administracyjnych", którymi zarządza Władysław Surkow, wszechobecny polityczny magik wrogi temu pomysłowi.

Decyzja o powstaniu nowej partii została podjęta w bardzo prosty sposób: po wyborach do Dumy kobiety z Miassu, Niżnego Nowogrodu, Soczi i Niżnego Tagiłu zaczęły wydzwaniać do moskiewskiego biura Komitetu Matek Żołnierzy Rosji. Właśnie komitety z wymienionych miast były główną siłą sprawczą odpowiedzialną za powstanie nowej partii politycznej.

Żal patrzeć na niedobitków z Sojuszu Sił Prawicowych i Jabłoka, ale upadkowi tych ugrupowań towarzyszy pojawienie się publicznych inicjatyw ludzi głęboko zaangażowanych, o ogromnym potencjale dysydenckim. Putin chce wszystkich powycinać, lecz jego zacięta walka z opozycją przynosi także pozytywne efekty. Nadchodzi czas nowych inicjatyw. Zdemolowanie sceny politycznej ośmieliło tych, którzy nie chcą żyć dawnymi sowieckimi stereotypami i zamierzają z nimi walczyć. Chcąc przetrwać na terytorium opanowanym przez wroga i mając świadomość, że nikt inny nie będzie za ciebie walczył, musisz zebrać całą determinację, na jaką cię stać, i wziąć los we własne ręce. W języku używanym przez matki naszych żołnierzy oznacza to walkę o życie poborowych w starciu z systemem rekrutacyjnym armii, który pochłania ich, przeżuwa i wyniszcza do szczętu.

Kroplą, która przelała czarę goryczy, była współpraca Idy Kukliny z Putinem. Ida pracowała od dziesięciu lat w moskiewskim komitecie, a niedawno została członkinią Prezydenckiej Komisji Praw Człowieka. Włożyła naprawdę wiele wysiłku w wywalczenie podwyżek uposażenia dla poborowych, którzy po zakończeniu służby zostali uznani za inwalidów pierwszej grupy (obecnie otrzymują renty w wysokości 1400 rubli [140 zł] miesięcznie). Inwalidzi pierwszej grupy to osoby po amputacjach kończyn albo przykute do łóżka czy też wózka inwalidzkiego z powodu urazów kręgosłupa. Na jednym z posiedzeń komisji Ida Kuklina wręczyła Putinowi petycję w ich sprawie. Prezydent napisał całkiem pozytywną, choć niezbyt konkretną rekomendację: „Kwestia przedstawiona w sposób właściwy. Putin" – po czym przekazał pismo dalej, do rządu, a dokładniej mówiąc, do wydziału odpowiadającego za renty.

Galina Kariełowa, wicepremier do spraw opieki społecznej, odpowiedziała w cierpkim tonie, że doszłoby do buntu pozostałych niepełnosprawnych obywateli, gdyby podjęto próby podniesienia świadczeń dla poborowych okaleczonych w trakcie służby i zrównania ich z poziomem rent przyznawanych kombatantom z okresu drugiej wojny światowej, wojny w Afganistanie i innych konfliktów lokalnych. To zdaniem Kariełowej byłoby bardzo nieetyczne.

Ida udała się więc po raz drugi do Putina, ponownie uzyskując pozytywną reakcję, którą urzędnicy odrzucili jak poprzednio. Działo się tak trzy razy z rzędu. Właśnie w tym momencie matki żołnierzy uznały, że jedynym wyjściem będzie dołączenie do ścisłego grona prawodawców. Ich celem jest wprowadzenie własnych deputowanych do Dumy w wyborach, które odbędą się w roku 2007.

– Kto będzie liderem pani nowej partii? Zaprosi pani jakiegoś doświadczonego polityka?

– Będzie nim ktoś od nas – odpowiada z emfazą Walentina Mielnikowa.

Rozmawiając z matkami żołnierzy o przyszłości, słyszymy o nowych okrucieństwach w armii. Aleksandr Sobakajew został brutalnie przesłuchany (czytaj: był torturowany) w Dywizji Operacji Specjalnych imienia Dzierżyńskiego wojsk Ministerstwa Spraw Wewnętrznych. Bliscy usłyszeli po raz ostatni jego radosny głos przez telefon późnym wieczorem 3 stycznia. Aleksandr, człowiek niespełna dwudziestoletni, służył w wojsku już drugi rok, dochrapał się nawet stopnia kaprala i funkcji opiekuna psa w batalionie saperów. Zadzwonił do domu, by poinformować krewnych, że u niego wszystko w porządku. Powspominali wspólnie dzień, gdy odprawiano go do woja, potem pożartowali, że niedługo trzeba będzie równie hucznie świętować jego powrót. Tej samej nocy, a raczej rankiem 4 stycznia, jeśli wierzyć dokumentom dołączonym do zaplombowanej ocynkowanej trumny, Aleksandr powiesił się na własnym pasku, a śledczy nie stwierdzili przy tej okazji „żadnych podejrzanych okoliczności". W dniu 11 stycznia jego ciało przewieziono do położonej pośród malowniczych lasów rodzinnej wsi Wiełwo--Baza jakieś 290 kilometrów od Permu. Towarzyszący trumnie żołnierze z oddziału Aleksandra wyjaśnili rodzicom, że „było to samobójstwo". W papierach brakowało jednak raportu z autopsji. Rodzice nie uwierzyli w te zapewnienia i zażądali otwarcia trumny. Gdy to zrobiono, pierwszymi, którzy cofnęli się z przerażeniem, byli koledzy Aleksandra. Nie dość, że na całym ciele widać było siniaki i rany po brzytwie, to oba nadgarstki miał tak głęboko poprzecinane, że widać było wyraźnie mięśnie i ścięgna. Rodzice wezwali lekarza z pobliskiego szpitala, po czym w obecności miejscowego milicjanta, kamerzysty oraz zawodowego fotografa i oficerów z rejonowego komisariatu wojskowego dokonano szczegółowych oględzin zwłok, ewidencjonując rany zadane Aleksandrowi jeszcze za życia.

Rodzice odmówili pochowania syna, domagając się śledztwa. Matka została w domu, ale ojciec udał się prosto do Moskwy, do dowództwa Dywizji Operacji Specjalnych imienia Dzierżyńskiego i do stołecznych gazet. Dzięki jego staraniom zbrodnia wyszła na jaw.

Putin nie zareagował przy tej okazji. Szczerze powiedziawszy, gdyby musiał reagować na każde okrucieństwo popełnione w armii, miałby co robić od rana do wieczora każdego dnia, nie wyłączając niedzieli, przez co elektorat mógłby zacząć się w końcu zastanawiać, dlaczego podobne zbrodnie są w armii na porządku dziennym i dlaczego Naczelny Wódz, czytaj: Putin, nic z tym wcześniej nie zrobił.

Nic więc dziwnego, że nie próbowano znaleźć zabójców Aleksandra. Prokuratura wojskowa zrobiła co w jej mocy, by prawda pozostała nieodkryta. Aleksandrowi powiodło się gorzej niż Wołodii Bieriozinowi, za którego śmierć z powodu wyziębienia i głodu kilku oficerów odpowie przed sądem tylko dlatego, że kampania wyborcza Putina dopiero się rozpoczynała i on jako pierwszy mógł zająć się tą sprawą.

Śmierci Aleksandra nikt nie musi badać. Choć rodzice się upierali, że nie pochowają syna, dopóki niezależne śledztwo nie ujawni prawdy o tym incydencie, ich żądania zostały odrzucone. Rodzinie po niedługim czasie skończyły się pieniądze na przechowywanie zwłok w kostnicy rejonowej w Kudymkarze, Aleksandr został więc w końcu pochowany, oczywiście jako samobójca. Ilu jeszcze naszych synów zostanie poświęconych, zanim uda nam się zmontować wielką kampanię informacyjną, która doprowadzi do głębokich reform w armii? To pytanie, które od dawna nie daje nam spokoju.

Czy zauważamy zmianę nastrojów społecznych, jakieś zaczątki społeczeństwa obywatelskiego, które zaczyna wyłaniać się cichcem z rosyjskich kuchni w ten sam sposób, jak ma to miejsce po czystkach w Czeczenii, gdy ludzie bardzo cicho i bardzo ostrożnie wychodzą z zacisza swoich piwnic i innych kryjówek?

Na razie niczego takiego chyba nie zauważamy, choć wielu z nas zaczyna zdawać sobie sprawę z tego, co ludzie w Czeczenii zrozumieli, gdy poddano ich rygorom „operacji antyterrorystycznej": dociera do nich, że jeśli chcą przeżyć, muszą polegać wyłącznie na sobie, ponieważ nikt inny nie kiwnie w ich sprawie palcem.

Szalejący biurokraci wymykają się spod kontroli jeszcze bardziej teraz, gdy zatryumfowała ich partia Jedna Rosja, a inicjatyw publicznych jest wciąż zbyt mało. W miarę zbliżania się terminu wyborów prezydenckich dzienniki telewizyjne coraz bardziej przypominają laurki wychwalające dokonania Putina. Przez większość czasu antenowego widzimy różnych biurokratów referujących coś prezydentowi, oczywiście przed kamerami, czego nie okrasza choćby słowo rzetelnego niezależnego komentarza. Dzisiaj Siergiej Ignatjew, prezes Centrobanku, poinformował Putina o nieprawdopodobnym wzroście rezerw złota i walut.

Duma IV kadencji uchwala przedstawiane przez lobbystów ustawy w sposób jeszcze bardziej rażący, niż robiono to w poprzedniej kadencji, ale nieodmiennie szermując politycznymi hasłami o poprawianiu bytu całego narodu. Ostatnio padła propozycja znacznej obniżki podatku VAT dla pośredników w obrocie nieruchomościami. To po prostu śmieszne, ponieważ agenci nieruchomości to w Rosji sami milionerzy. Nikt nie porusza jednak tej sprawy w mediach, chociaż dużo się o tym szepce i plotkuje. Dziennikarze stosują rygorystyczną autocenzurę. Nie proponują takich tematów swoim macierzystym stacjom i gazetom, ponieważ są z góry przekonani, że szefowie i tak je odrzucą.

Zakończył się VIII Światowy Zjazd Ludu Rosji. Reklamowano go jako największe wydarzenie lutego i prawdę powiedziawszy, kojarzył się mocno ze zjazdem Jednej Rosji, na którym także pojawiła się cała rządowa wierchuszka. Co zabawne jednak, nikt nie pamięta, kiedy odbył się VII Światowy Zjazd.

Na ósmym po prawicy patriarchy Rosyjskiego Kościoła Prawosławnego zasiadł prezydencki oligarcha, bankier Siergiej Pugaczow. To jeden z tych bogaczy, którzy zastąpili oligarchów Jelcyna, a rząd posunął się nawet do stwierdzenia, że to „rosyjski prawosławny bankier". Na wniosek Pugaczowa Zjazd przyjął dziwaczny „dekalog bankiera" zwany także kodeksem zasad moralnych dla biznesmenów.

Kodeks ten porusza tak ważne kwestie, jak bieda i bogactwo, nacjonalizacja, unikanie podatków, reklamowanie się i zyski. Jedno z jego przykazań głosi: „Bogactwo nie jest celem samym w sobie. Powinno służyć poprawie jakości życia tak jednostki, jak i ogółu". Inne przestrzega: „Przywłaszczanie mienia, brak poszanowania dla własności publicznej, niepłacenie uczciwej pensji pracownikowi za jego pracę lub oszukiwanie wspólników przynosi szkody tak jednostce, jak i całemu społeczeństwu". Co więcej, unikanie płacenia podatków i niespłacanie długów jest „okradaniem sierot, osób w podeszłym wieku, kalek i innych ludzi niezdolnych się bronić".

„Przekazywanie części dochodu z podatków na zaspokojenie potrzeb społeczeństwa nie może być traktowane jako uciążliwy i spełniany niechętnie, a czasem w ogóle niespełniany obowiązek, ponieważ jest to sprawa honoru, za którą społeczeństwo winno być wdzięczne". O biednych: „Biedny człowiek ma obowiązek zachowywać się godnie, wykonywać należycie powierzone mu prace, doskonalić swoje umiejętności zawodowe, aby podnieść się ze stanu ubóstwa". I jeszcze: „Czczenie bożka bogactwa jest nie do pogodzenia z prawością moralną".

W kodeksie znajdziemy wiele aluzji do Chodorkowskiego, Bieriezowskiego i Gusinskiego. „Należy oddzielić władzę polityczną od gospodarczej. Zaangażowanie biznesu w politykę i jego wpływ na opinię publiczną muszą być zawsze przejrzyste i szczere. Wszelka pomoc materialna udzielana przez biznesmenów partiom politycznym, organizacjom użytku publicznego i mediom musi być jawna i w pełni monitorowana. Wszystkie skryte działania tego rodzaju powinny być publicznie piętnowane jako niemoralne".

Skoro tak, to cała kampania wyborcza Jednej Rosji była niemoralna, podobnie jak to, że oligarcha Putina został senatorem.

Wszystko to ma na celu utrwalenie przekonania, że bycie biznesmenem siedzącym w kieszeni Putina jest słuszne i honorowe, ale jeśli tylko spróbujesz wybić się na niezależność, zostaniesz natychmiast zniszczony. Kodeks jawnie uderza w Jukos. Choć jego stosowanie w naszym życiu ma być jak najbardziej dobrowolne, to pewnie jak wszystko inne „dobrowolne" we współczesnej Rosji prędzej czy później stanie się obowiązkowe. Nie musisz wstępować do Jednej Rosji, ale jeśli tego nie zrobisz, twoja urzędnicza kariera szybko się skończy. Metropolita Cyryl typowany na następcę szybko podupadającego na zdrowiu patriarchy poprowadził sesję, podczas której dyskutowano zapisy kodeksu. Powiedział też całkiem otwarcie: „Pójdziemy do wszystkich i poprosimy, by go podpisali. Jeśli ktoś odmówi, postaramy się, by jego nazwisko było znane wszystkim". To jest kapłan, co się zowie!

Spójrzmy zatem, kto nam prawi o tej moralności. Ta sama Rosyjska Cerkiew Prawosławna, która błogosławi wojnę w Czeczenii, handel bronią i bratobójcze walki na Kaukazie Północnym. Przyjęcie kodeksu zasad moralnych dla biznesmenów to najzwyklejsza próba mieszania się Cerkwi w politykę zarówno wewnętrzną, jak i zagraniczną, choć tak naprawdę sama wymaga głębokiej reformy. Stagnacja, w którą popadła, jest jedynym powodem podejmowania tak desperackich i dziwacznych działań.

Wiktor Wekselberg, jeden z oligarchów, który podpadł Putinowi i jak powiadają na mieście, czeka w kolejce do więzienia, ogłosił niespodziewanie, że zamierza odkupić kolekcję jajek Fabergégo, które należały kiedyś do rodziny naszego ostatniego cara Mikołaja II. Nie ma cienia wątpliwości, że tym gestem próbuje wykupić się z problemów, demonstrując jednoznacznie, iż stoi po stronie Rosji, co Kancelaria Prezydenta rozszyfruje niewątpliwie jako „po stronie Władimira Władimirowicza".

Wekselberg twierdzi: „Zwrot tych skarbów Rosji jest dla mnie czymś bardzo osobistym. Chcę, aby moja rodzina, mój syn i córka inaczej pojmowali swoje miejsce w życiu. Chciałbym, aby wielki biznes uczestniczył aktywnie w robotach publicznych. Nie szukam korzyści, nikomu niczego nie udowadniam ani niczego nie wybielam".

Ten oligarcha chyba za bardzo się naprotestował, jak sądzę.

5 LUTEGO 2004 ROKU

W Czeremchowie w obwodzie irkuckim 17 robotników z miejscowego przedsiębiorstwa gospodarki komunalnej rozpoczęło strajk głodowy. Żądają natychmiastowej wypłaty pensji, których nie otrzymują już od sześciu miesięcy. Łączny dług sięgnął kwoty dwóch milionów rubli [209 tysięcy zł]. Robotnicy poszli za przykładem kolegów z innego przedsiębiorstwa, którzy musieli głodować tylko trzy dni, by wywalczyć swoje.

W Moskwie odbyło się spotkanie Otwartego Forum, wzięli w nim udział komentatorzy polityczni, może nie ci najbardziej znani, ale także szanowani ludzie, którzy pełnili wcześniej funkcje doradców podczas wszystkich ważniejszych kampanii wyborczych, zarówno regionalnych, jak i ogólnokrajowych. Wszyscy oni doszli do porozumienia w jednej kwestii: w ciągu czterech lat rządów Putina modernizacja kraju została zepchnięta na plan dalszy celem wzmocnienia władzy pewnej jednostki. Ci, którzy są z nią powiązani, to już nie partia ani klasa polityczna, tylko ludzie „dotrzymujący kroku Putinowi". Komentatorzy zgodzili się także, że odgórnie zarządzana demokracja nie działa.

6 LUTEGO 2004 ROKU

O godzinie 8.32 trzy miesiące po zamachu samobójczym przed hotelem Nacyonal doszło do kolejnego wybuchu, tym razem w moskiewskim metrze między stacjami Pawieleckaja i Awtozawodskaja linii Zamoskworieckaja. W momencie eksplozji, która nastąpiła przy przednich drzwiach drugiego wagonu, zatłoczony skład – były to godziny szczytu – jechał w kierunku centrum miasta. Ładunek został umieszczony piętnaście centymetrów nad podłogą, ukryto go w torbie. Po wybuchu pociąg przejechał siłą rozpędu jeszcze ponad 300 metrów, po czym wybuchł w nim gwałtowny pożar. Na miejscu zginęło 30 osób, kolejne 9 zmarło później w wyniku rozległych poparzeń. Rany odniosło 140 pasażerów. Na miejscu zdarzenia śledczy znaleźli mnóstwo maleńkich, niedających się zidentyfikować ludzkich szczątków. Tunelem uciekło ponad 700 ocalałych pasażerów, którzy musieli radzić sobie sami, ponieważ nikt nie zorganizował dla nich pomocy.

Na ulicach panuje chaos i strach, wyją syreny radiowozów i karetek, miliony ludzi zostały sterroryzowane.

O 10.44, dwie godziny po eksplozji, wdrożono plan pościgowy Wulkan-5, by schwytać winnych tego ataku. Kogo oni chcą łapać? Jeśli zamachowiec miał wspólników, dawno zdążyli już uciec. O 12.12 milicja zaczyna szukać mężczyzny w wieku 30–35 lat o „kaukaskim wyglądzie". Wiele mówiący opis, nie powiem. O 13.30 Walerij Szancew, pełniący obowiązki mera Moskwy na czas pobytu Łużkowa w USA, ogłasza, że rodziny ofiar otrzymają po 100 tysięcy rubli rekompensaty [ok. 10,5 tysiąca zł]. Ranni dostaną połowę tej kwoty.

Terroryści wyposażeni w materiały wybuchowe mogą poruszać się bez przeszkód po Moskwie, i to mimo nadzwyczajnych uprawnień, jakie przyznano FSB i milicji, a ludzie nadal popierają Putina. Nikt nie sugeruje zmiany polityki wobec Czeczenii pomimo dziesięciu samobójczych zamachów terrorystycznych, do których doszło tylko na przestrzeni minionego roku. Plac Czerwony jest niemal zawsze zamknięty dla zwiedzających. Palestynizacja Czeczenii wydaje się czymś oczywistym. Godzinę po zamachu oświadczenie wydaje Ruch Przeciw Nielegalnej Imigracji, organizacja stworzona przez nasze resorty siłowe. Jego lider Aleksandr Biełow mówi:

Po pierwsze żądamy, aby Czeczeni nie mogli opuszczać terytorium Czeczenii. W Stanach Zjednoczonych i Kanadzie utworzono specjalne rezerwaty dla niewygodnych obywateli. Jeśli jakaś grupa, dajmy na to etniczna, nie chce żyć jak cywilizowani ludzie, to pozwala im się żyć po swojemu, ale tylko w wyznaczonych do tego miejscach. Nazwijcie to, jak chcecie: rezerwatami albo obszarami wydzielonymi. Musimy się jakoś bronić. Nie możemy dłużej udawać, że Czeczeni, z których zdecydowana większość ma jakieś powiązania z bojownikami ruchu oporu, są takimi samymi obywatelami jak Czukcze,

Buriaci, Karelowie czy rodowici Rosjanie. Dla nich to kontynuacja wojny. Biorą na nas odwet. Czeczeńska diaspora w Rosji, łącznie z czeczeńskimi biznesmenami, to siedlisko terroryzmu. Mówię tylko to, co myśli dzisiaj 80 procent Rosjan.

Ma rację. Tak właśnie myśli zdecydowana większość społeczeństwa. Zmierzamy prostą drogą do faszyzmu.

Tylko nieliczni przedstawiciele władz starają się nadal myśleć. Generał Borys Gromow, gubernator obwodu moskiewskiego i Bohater Związku Radzieckiego z czasów wojny w Afganistanie, mówi tak: „Gdy usłyszałem o eksplozji w metrze, natychmiast pomyślałem, że to wszystko zaczęło się w Afganistanie. Decyzja władz ZSRR o wysłaniu naszych oddziałów do Afganistanu była ekstremalnie nieodpowiedzialna, podobnie jak późniejsza decyzja obecnych władz o wysłaniu wojsk do Czeczenii. Dzisiaj odczuwamy skutki tamtych decyzji. Mówią nam, że teraz wezmą się za bandytów, ale tak naprawdę znów ucierpi niewinna ludność cywilna. I ten stan jeszcze długo się nie zmieni".

Na kanałach państwowej telewizji trąbią w kółko, że terroryzm jest chorobą trawiącą liberalną demokrację: jeśli chcesz demokracji, musisz spodziewać się aktów terroryzmu. Jakimś cudem przeoczono, że Putin jest u władzy już od czterech lat.

Putin pomimo zamachu nie przerwał rozmów z przebywającym akurat w Moskwie prezydentem Azerbejdżanu Ilhamem Alijewem. Wspomniał jedynie w przelocie: „Nie zdziwiłbym się, gdyby wykorzystano ten fakt w kampanii wyborczej, aby wywrzeć naciski na obecną głowę państwa. Dostrzegam zadziwiającą zbieżność pomiędzy tym zamachem a przedstawioną nam właśnie zagraniczną propozycją pokojową. Nasza odmowa prowadzenia negocjacji z jakimikolwiek terrorystami…".

Jakich negocjacji? Terroryści samobójcy nie negocjują, tylko wysadzają się w powietrze. Putin był wystraszony, strzelał oczami na boki, zachowywał się jak spanikowany człowiek, który nie ma pojęcia, co powinien w tej sytuacji zrobić.

W najbliższych dniach zakończy się sprawdzanie list poparcia dla niezależnych kandydatów na prezydenta: Iwana Rybkina, byłego szefa Rady Bezpieczeństwa Federacji Rosyjskiej; Siergieja Głazjewa, lidera partii Rodina; Iriny Chakamady. Ostatnie posunięcia władz sugerują, że osobą, która budzi największe obawy Kremla, jest Rybkin, choć w sondażach poparcie ma praktycznie zerowe. Przewodniczący Centralnej Komisji Wyborczej oświadczył jeszcze przed rozpoczęciem sprawdzania list, że już wstępna kontrola dokumentów dostarczonych przez sztab Rybkina pozwoliła ustalić, iż znajduje się na nich co najmniej 26 procent nieważnych podpisów. Dokładnie 26 procent, nie 27 ani 24,9, ponieważ prawo mówi wyraźnie, że wykrycie ponad 25 procent nieważnych podpisów pozwala komisji odmówić rejestracji kandydata. Ludzie kpią z tej sytuacji, mówiąc: „I tak dobrze, że nie znaleźli 25,1 procent".

Gdzie jest właściwie ta kampania wyborcza? Jak dotąd nigdzie jej nie widać. Przyszli kandydaci nie spieszą się ze startem, większość z nich nie zamierza przecież wygrać. Nikogo to jednak nie martwi, ani kandydatów, ani ich zwolenników. Dzięki temu Kandydat numer 1 nie musi walczyć, wykłócać się i wygrywać. Irina Chakamada jest przekonana, że Kremlowi udało się wmówić wszystkim, iż nie są w stanie niczego zmienić. „Nie ma otwartej walki. Nikt nie wierzy, że to mu w czymś pomoże" – powtarza.

Spór wewnętrzny w Rodinie trwa. Komunistom także nie zależy na wygraniu wyborów. Dmitrij Rogozin, który jest jednocześnie wiceprzewodniczącym Dumy, zapowiedział nawet, że w tych wyborach nie poprze Głazjewa, współprzewodniczącego własnej partii, tylko odda głos na Putina. To samo w sobie wydaje się mocno dziwne. Czy ci ludzie zastanawiają się czasem, co pomyślą ich zwolennicy? Obaj sprawiają takie wrażenie, jakby to, co roją sobie wyborcy, nie miało dzisiaj najmniejszego znaczenia, ponieważ nikt niczego nie będzie z nimi konsultował. Rogozin nawołuje nawet, by z powodu ataków terrorystycznych odwołać wybory prezydenckie i ogłosić stan wyjątkowy.

7 LUTEGO 2004 ROKU

W Moskwie otwarto pięć nowych centrów krwiodawstwa. Ofiary eksplozji, które przebywają nadal w szpitalach, potrzebują bowiem wiele krwi, i to każdej grupy. A gdzie są wykrywacze materiałów wybuchowych, które miano zainstalować w metrze? Gdzie są dodatkowe patrole? My, Rosjanie, jesteśmy z natury nieodpowiedzialni, wszędzie widzimy wymierzone w nas spiski. Nigdy nie zawracamy sobie głowy przepchnięciem jakiejś sprawy do końca, mając nadzieję, że jakoś to będzie. Milicja sprawdza dokumenty w metrze, ale terroryści z pewnością zadbali, by mieć mocne papiery.

Milicja schwytała jakiegoś głodującego Tadżyka, który nie umiał znaleźć pracy w swoim kraju i przyjechał tutaj, by kopać rowy w zmarzniętej ziemi, ponieważ nam, rodowitym Rosjanom, nie chce się tego robić. Zarekwirowali mu ostatnie 100 rubli i puścili go wolno. Gdzie są organa bezpieczeństwa odpowiedzialne za to, że ten atak doszedł do skutku? Gdzie byli ich funkcjonariusze w chwili ataku? Do Moskwy ściągnięto tysiące na wpół zagłodzonych poborowych z jednostek Ministerstwa Spraw Wewnętrznych, aby od tej pory chronili miasto. I dobrze. Ktoś im przynajmniej wypłaci żołd i będą mieli co jeść. Nie mówiąc o tym, że w końcu mogą opuszczać koszary.

Tyle że tego rodzaju nieporadne „środki zaradcze" na pewno się nie sprawdzą. Wszystko wróci do normy, gdy tylko ludzie zaczną zapominać o koszmarze. Pisarz i dziennikarz Aleksandr Kabakow tak to komentuje: „Żyjemy tylko dlatego, że tym, którzy organizują podobne zamachy, nadal brakuje chętnych do ich wykonywania. Ale to, dlaczego organizatorzy tych zamachów nadal żyją, to już zupełnie inna sprawa". Putin nie wywala jakoś z roboty Patruszewa, dyrektora FSB. To jego bliski przyjaciel. Ile jeszcze udanych aktów terroru trzeba, by nasz prezydent zrozumiał, że jego kumpel nie nadaje się do tej roboty?

Centrum Obrony Praw Człowieka „Memoriał" wystosowało następujące oświadczenie:

Opłakujemy tych, którzy zginęli, głęboko współczujemy rannym. Nie znajdujemy usprawiedliwienia dla ludzi, którzy zaplanowali i wykonali ten zbrodniczy atak. Prezydent oraz organy ścigania twierdzą z pełnym przekonaniem, że jest to dzieło Czeczenów, chociaż nie zobaczyliśmy jeszcze dowodów potwierdzających tę tezę. Jeśli domniemania okażą się prawdziwe, możemy uznać, że tej tragedii należało się spodziewać. Niechęć władz państwowych do podjęcia kroków celem rzeczywistego, a nie pozorowanego rozwiązania problemu wzmacnia jedynie pozycję ekstremistów. To ludzie, którzy nie stawiają sobie żadnych sensownych celów politycznych, dlatego nie sposób dojść z nimi do porozumienia albo kompromisu. W ostatnich latach obrońcy praw człowieka, podobnie jak wiele znanych osobistości, także z kręgów politycznych, ostrzegali wielokrotnie, że brutalne działania sił federalnych w Czeczenii stanowią zagrożenie dla każdego mieszkańca Rosji. Od dłuższego już czasu setki tysięcy ludzi żyją w strefie nieustannego zagrożenia. Są wypierani, wyrzucani poza nawias cywilizowanego życia. Tysiące upokorzonych ludzi, których bliscy zostali zabici, uprowadzeni, okaleczeni fizycznie bądź psychicznie, stanowią niewyczerpane źródło wykonawców rozkazów dla cynicznych i pozbawionych sumienia przywódców ugrupowań terrorystycznych. To spośród nich rekrutuje się większość tak zwanych zamachowców samobójców i tych, którzy popełniają inne akty terroru. Pokój i bezpieczeństwo obywateli Rosji można osiągnąć tylko poprzez radykalną zmianę polityki.

Iwan Rybkin zniknął. W końcu mamy choć cień emocji w tych wyborach; po jednym z kandydatów nie pozostał nawet ślad. Jego żona odchodzi od zmysłów. W dniu 2 lutego Iwan Rybkin bardzo ostro skrytykował Putina, co zdaniem żony mogło być powodem późniejszego zniknięcia. Ksenija Ponomariowa, koordynatorka sztabu wyborczego Rybkina, ostrzegła 5 lutego przed próbami wymierzonych w niego „masowych sabotaży". Do kwatery sztabu spływają od tygodnia raporty z wielu obwodów mówiące o bezprawnym zatrzymywaniu bądź przesłuchiwaniu zwolenników kandydata na prezydenta. Milicja puka do mieszkań ludzi zbierających podpisy na listach poparcia, przesłuchuje ich i spisuje zeznania. Pyta między innymi o to, dlaczego dana osoba popiera Rybkina. W Kabardo-Bałkarii studentom zbierającym podpisy grożono, że zostaną o tym powiadomione ich uczelnie, aby podjęto na nich decyzje, czy takich ludzi warto dalej kształcić.

9 LUTEGO 2004 ROKU

Nie ustalono jeszcze, jakiego rodzaju bomba została użyta w moskiewskim metrze ani jaki był skład materiału wybuchowego wykorzystanego do jej budowy. Putin tak samo jak po *Nord–Ost* powtarza, że nikt w Rosji nie odpowiada za ten atak. Wszystko zostało zaplanowane za granicą.

Ogłoszono dzień żałoby po tych, którzy zginęli w zamachu, ale stacje telewizyjne w ogóle się tym nie przejmują. Głośna muzyka pop i wesołe reklamy wprawiają widzów w zakłopotanie. Sto pięć osób przebywa nadal w szpitalach. Chowamy dzisiaj kolejne dwie ofiary. Jedną z nich jest Aleksandr Iszunkin, dwudziestopięcioletni porucznik sił zbrojnych urodzony w obwodzie kałuskim, tym samym, w którym zostanie pochowany. Ukończył studia na Uniwersytecie Technicznym im. Baumana, po czym poszedł do wojska w stopniu oficera. W dniu 6 lutego wracał do domu z Naro-Fominska, gdzie stacjonuje jego jednostka. Przyjechał do Moskwy po części zamienne do samochodu, skorzystał też z okazji, by odwiedzić kilkoro znajomych ze studiów. Tamtego ranka wsiadł do składu metra, by udać się na Dworzec Kijowski, przesiadkę miał na stacji Pawielecka-ja. Gdy nie wrócił na czas do domu, matka założyła, że musiał spóźnić się na pociąg – tuż przed zejściem do metra zadzwonił do niej, by powiedzieć, iż będzie w domu około jedenastej. Jego wuj Michaił zidentyfikował ciało w kostnicy. Nie mógł uwierzyć własnym oczom. Siedem lat wcześniej ojciec Aleksandra także został zabity, od tamtej pory chłopak przejął, i to z powodzeniem, obowiązki głowy rodziny. Matka mówi przez łzy: „Jakby ktoś mi duszę wyrwał. Obiecywał, że doczekam urodzin wnuków". Państwo nie umiało się powstrzymać od oszustwa nawet przy wystawianiu aktu zgonu, rubryka „przyczyna śmierci" została po prostu przekreślona. Ani słowa o terroryzmie.

Drugą z pochowanych dzisiaj ofiar jest Wania Aładjin, siedemnastoletni moskwiczanin. Kondukt żałobny, w którym idą jego najbliżsi i koledzy ze szkoły, ciągnie się przez pół cmentarza. Był bardzo żywym, wesołym i przyjaznym chłopcem, przyjaciele nazywali go „Wania huragan". Trzy dni wcześniej został kurierem, a 6 lutego jechał metrem do pracy. Dziesięć dni później świętowałby swoje osiemnaste urodziny.

Rybkina nadal nie ma. Giennadij Gudkow, wiceprzewodniczący Komisji Bezpieczeństwa Dumy i emerytowany pułkownik KGB, daje nam do zrozumienia, że nic mu się nie stało. Dobrze, ale gdzie, u licha, przebywa? Czy państwo nie ma obowiązku dbać o bezpieczeństwo kandydatów na prezydenta? Żona Rybkina, Albina Nikołajewna, twierdzi, że jej mąż został uprowadzony. Presnienska prokuratura rejonowa wszczyna niespodziewanie dochodzenie z artykułu 105, czyli morderstwa z premedytacją, ale służby specjalne nadal upierają się przy twierdzeniu, że mają pełne podstawy, by domniemywać, iż Rybkin żyje. Godzinę później prokurator rejonowy zmienia zdanie, oczywiście po interwencji Prokuratury Generalnej. Co tu się wyrabia?

Komentatorzy polityczni są zgodni, że chodzi o stworzenie pozorów rywalizacji, aby te wybory nie okazały się kompletną farsą, ponieważ głównymi przeciwnikami Putina są teraz producent trumien i ochroniarz. Zero ryzyka, rzecz jasna, za to jaki wielki obciach. Nic dziwnego, że koniec końców rejestruje się wszystkich kandydatów jak leci i uznaje się nawet, że tylko 21 procent podpisów zebranych przez sztab Rybkina nie spełnia wymogów. Jedyny problem jest taki, że Rybkin zniknął.

Pomysł zbojkotowania wyborów, lansowany przez liberałów i demokratów, spełza na niczym. Za słabo się starali.

10 LUTEGO 2004 ROKU

W Moskwie pochowano kolejnych trzynaście ofiar wybuchu w metrze. Dwadzieścia dziewięć osób nadal pozostaje w stanie krytycznym. Liczba ofiar śmiertelnych wzrosła do czterdziestu, jeden z rannych zmarł w ciągu minionej doby. Rybkin w końcu się odnalazł. Bardzo dziwna sprawa. W południe przerwał ciszę radiową i ogłosił, że przebywa w Kijowie. Wyjaśnił, że pojechał tam na urlop z paroma znajomymi. Człowiek ma przecież prawo do prywatnego życia! Ksenija Ponomariowa natychmiast zrezygnowała z funkcji szefa jego sztabu wyborczego. Żona kandydata pozostaje w szoku i odmawia rozmowy z odnalezionym mężem. Późnym wieczorem Rybkin przylatuje z Kijowa do Moskwy kompletnie wyczerpany, ani trochę niepodobny do człowieka spędzającego miło czas na urlopie. Mówi, że był to dla niego czas trudniejszy od negocjacji z Czeczenami. Nosi spore damskie okulary przeciwsłoneczne, a eskortuje go wielki jak góra ochroniarz.

– Kto pana przetrzymywał? – pytano, ale nie odpowiedział.

Odmówił także rozmowy z przedstawicielami prokuratury, którzy prowadzili akcję poszukiwawczą. Jego żona w czasie, gdy przebywał na pokładzie samolotu, udzieliła agencji Interfax wywiadu – stwierdziła w nim, że „żal jej kraju, w którym tacy ludzie są u władzy". Chodziło jej oczywiście o męża.

Chwilę później zaczęto przebąkiwać, że Rybkin może zrezygnować z kandydowania.

W Moskwie miała premierę nowa książka Grigorija Jawlinskiego zatytułowana *Peryferyjny kapitalizm* (w Rosji). Wydano ją oczywiście po rosyjsku, choć za zachodnie pieniądze. Traktuje o „autorytarnym modelu modernizacji", który sam autor uważa za nieopłacalny. W związku z premierą książki Jawlinski nie ma czasu i sił na walkę z Putinem.

W Sankt Petersburgu skinheadzi zadźgali nożem dziewięcioletnią Churszedę Sułtanową, zrobili to na dziedzińcu kamienicy, w której mieszkała jej rodzina. Ojciec dziewczynki, trzydziestopięcioletni Jusuf Sułtanow, Tadżyk, od wielu lat pracuje w tym mieście. Tego wieczoru, gdy wracał z dziećmi z lodowiska w parku Jusupowskim, zauważył idącą za nimi grupkę młodzieży. Na ciemnym dziedzińcu kamienicy, w której mieszkali, śledzący ich skini zaatakowali. Churszeda została dźgnięta nożem jedenastokrotnie i zmarła na miejscu. Jedenastoletni siostrzeniec Jusufa, Ałabir, zdołał uciec, ukrył się w ciemnościach pod zaparkowanym opodal samochodem. Opowiedział później, że skinheadzi dźgali Churszedę, dopóki nie zyskali pewności, że nie żyje. Krzyczeli przy tym: „Rosja dla Rosjan!".

Sułtanowowie nie są nielegalnymi imigrantami. Zostali oficjalnie zameldowani jako mieszkańcy Petersburga, ale faszystów nie interesują przecież takie szczegóły jak dowody osobiste. Przedstawiciele najwyższych władz państwowych ponoszą osobistą odpowiedzialność za podobne tragedie, ponieważ otwarcie nawołują do rozprawiania się z imigrantami i ludźmi przyjeżdżającymi do nas do pracy. Niedługo później milicja zatrzymała piętnastu podejrzanych, ale wszystkich zwolniono. Wielu z nich okazało się dziećmi ludzi zatrudnionych w organach ścigania Sankt Petersburga. Dzisiaj około dwudziestu tysięcy mieszkających w tym mieście młodych ludzi należy do nieoficjalnych faszyzujących bądź rasistowskich organizacji. Tamtejsi skinheadzi są także najaktywniejsi w kraju i nieustannie atakują Azerów, Chińczyków i Afrykanów. Żaden z nich nie został do tej pory ukarany, ponieważ nasze organa ścigania same są przesiąknięte rasizmem. Wystarczy wyłączyć magnetofon, by milicjanci zaczęli zagadywać, jak to dobrze rozumieją skinheadów, bo ci czarni to... i tak dalej, i tak dalej. Faszyzm jest dzisiaj w modzie.

11 LUTEGO 2004 ROKU

Telenowela pod tytułem *Kandydat Rybkin* trwa. Rybkin wygłasza kolejne oświadczenia, jedno dziwniejsze od drugiego, na przykład takie: „W trakcie tych kilku dni doświadczyłem okropieństw drugiej wojny czeczeńskiej". Nikt mu oczywiście nie wierzy. Żartownisie pytają: „Czy istnieje prawo człowieka pozwalające na spędzenie prywatnie dwóch dni w Kijowie?".

Wcześniej Rybkin cieszył się opinią człowieka rzeczowego, w którego życiu nie było miejsca na żadne wyskoki, był też wysoce odpowiedzialny, nie pił zbyt wiele, przez co uważano go za nudziarza. „Dwa dni w Kijowie" są więc bardzo nietypowe dla kogoś takiego. Co więc naprawdę wydarzyło się w Ukrainie*? I czy aby na pewno tam? Rybkin twierdził wcześniej, że po swoim zniknięciu spędził pewien czas w obwodzie moskiewskim w ośrodku Kancelarii Prezydenta, tak zwanej Leśnej Ostoi. Stamtąd go wywieziono, a gdy doszedł do siebie, przebywał już w Kijowie. Potem dodał, że ci, którzy go pilnowali, kazali mu zadzwonić do Moskwy i wyjaśnić żartobliwym tonem, że ma prawo do prywatnego życia.

O co tutaj może chodzić? Jakie były motywy sprawców? W sprawie Rybkina nie przeprowadzono żadnego dochodzenia, pozwólcie zatem, że wyrażę kilka własnych sugestii:

Jak doskonale wiemy, Putin odmawia udziału w jakiejkolwiek debacie, uzasadniając swoją decyzję tym, że opinia publiczna wie już podobno, na kogo chce głosować. To oczywiście wygodna wymówka. Putin nie umie rozmawiać jak równy z równym, zwłaszcza gdy poruszane są niewygodne dla niego tematy. Widać to szczególnie podczas jego podróży zagranicznych, kiedy

Kancelaria Prezydenta nie może zakneblować niewygodnych dziennikarzy – zaczynają naciskać i wtedy prezydent natychmiast traci kontrolę nad sobą. Putin preferuje więc monologi, którymi odpowiada na przygotowane wcześniej pytania.

Dopuściliśmy do tego, że nasz polityczny firmament skonfigurowano w taki sposób, iż mamy obecnie tylko jednego luminarza. Jest nieomylny i cieszy się niebotycznym poparciem, wydaje się więc niewrażliwy na wszystko i wszystkich prócz siebie i własnej bardzo mrocznej przeszłości.

A tu nagle przed 5 lutego z tłumu kandydatów dopuszczonych do startu przez Kreml wyrywa się jakiś tam Rybkin i zaczyna sugerować, iż ma materiały kompromitujące luminarza i jego świetlaną przeszłość, co oznacza ni mniej, ni więcej, że przynajmniej część z nich może zostać ujawniona w trakcie kampanii. Co więcej, Rybkin ma czelność twierdzić, że Putin to oligarcha, co wydaje się całkowicie pozbawione sensu, ponieważ w tej kampanii luminarz dwoi się i troi, by pokazać, jak źli są oligarchowie, których nie sposób nazwać „swojakami".

Rybkin zaczyna więc poważnie niepokoić Kandydata numer 1. Co więcej, nad Rybkinem majaczy cień Borysa Bieriezowskiego. A ten drań mógł naprawdę zdobyć jakieś kompromitujące materiały.

Na tydzień przed uprowadzeniem Rybkin przypominał odpaloną rakietę uzbrojoną w głowicę wypełnioną materiałami, które mogą poważnie zaszkodzić Kremlowi.

Co można było zrobić w tej sprawie? W takich przypadkach sprawdzają się znakomicie środki psychotropowe, które są obecnie tak wyrafinowane, że człowiek nie umie się po nich powstrzymać i ujawnia wszystko, co wie. Głównym źródłem informacji jest w tym przypadku oczywiście sam Rybkin; nie najbliższe otoczenie, nie sztab, tylko jego mózg. Dlatego go wyłączyli, gdy wszystkiego się dowiedzieli. Istnieje przy tym wysokie prawdopodobieństwo, że sam Rybkin nie pamięta, co mówił przez te dwa dni, i co ważniejsze, komu to wszystko wygadał.

Pozostaje jeszcze kwestia Leśnej Ostoi, odosobnionego miejsca, do którego nie mają wstępu osoby postronne, oraz Kijowa, gdzie Rybkin tak rażąco się skompromitował zaraz po odnalezieniu, w czym pomogło mu oburzenie żony, tak wielkie, że zgodziła się udzielić wywiadu oficjalnej agencji informacyjnej.

Przyjrzyjmy się zatem konkretnym szczegółom tej operacji. To, że Rybkin przebywał w Leśnej Ostoi, jest dowodem, że Kancelaria Prezydenta była wtajemniczona w jego porwanie, podobnie jak FSB. Kancelarię Prezydenta od dawna traktujemy jako strukturę ściśle powiązaną ze służbami specjalnymi. Te dwa urzędy współrządzą obecnie Rosją i nie tylko „idą sobie na rękę", ale wręcz działają jak jeden podmiot. Nie zapominajmy, że Gudkow mówił wprost, iż Rybkina widziano w Leśnej Ostoi, co znaczy, że wydobył tę informację od swoich dawnych kontaktów albo ktoś mu ją udostępnił. Ujawnienie tego faktu przez Gudkowa umożliwiło zarządcy pensjonatu zaprzeczenie, że nikt taki tam nie przebywa.

Święta prawda, ponieważ Rybkina już tam nie było. Aranżowano właśnie jego powrót przez Kijów. Ważnym szczegółem jest tutaj przeszmuglowanie kandydata na prezydenta z Rosji na terytorium Ukrainy (nie ma żadnych informacji celnych ani paszportowych mówiących o tym, że przekroczył legalnie granicę). Technicznie to nawet całkiem proste: granica jest nieszczelna, wszyscy doskonale wiemy, że przejeżdżają przez nią, i to często, Ukraińcy chcący pracować u nas na czarno, głównie samochodami, zwłaszcza gdy podróżujący chcą uniknąć niekomfortowych spotkań z celnikami i wiążących się z tym łapówek.

Ciekawostką w sprawie Rybkina nie jest jednak to, jak został przeszmuglowany przez granicę, tylko sam fakt, że wywieziono go z pensjonatu należącego do Kancelarii obecnie urzędującego prezydenta Federacji Rosyjskiej do apartamentów VIP w Kijowie, kontrolowanych przez obecnego prezydenta Ukrainy. Leonid Kuczma* jest blisko powiązany z Kancelarią Putina, ponieważ jest jego cichym wspólnikiem. To znaczy, że pomaga nam w popełnianiu wielu politycznych zbrodni, w zamian my odwdzięczamy mu się bardzo podobnie, jeśli tylko poprosi. To jeden z głównych powodów chęci zacieśniania więzów w ramach tak zwanej Wspólnoty Niepodległych Państw, oczywiście bez zamykania granic, aby dawni koledzy z sowieckiego KGB mieli jak najmniej problemów podczas wykonywania misji specjalnych zarówno tutaj, jak i tam.

Przejdźmy teraz do personaliów. Kto mógł wydać rozkaz wydobycia z Rybkina informacji, gdy kandydat na prezydenta zaczął się wykazywać niezależnym myśleniem? *Cui bono?* Naszego luminarza, rzecz jasna.

Nie muszę chyba dodawać, że nie mówimy tutaj o wydawaniu bezpośrednich rozkazów. Wystarczy bowiem, że któryś z naszych spasionych kotów uniesie tylko brew, okazując dostojne niezadowolenie, by poddani natychmiast pospieszyli z pomocą i spełnili jego życzenie. W naszej politycznej Krainie Czarów taki gest dorobił się nawet oficjalnej nazwy: nazywamy go „efektem Paszy Graczewa", a dotyczy czasów, gdy nasz były minister obrony miał już dość ujawniania jego najmroczniejszych sekretów, które na światło dzienne wywlekał dziennikarz nazwiskiem Dmitrij Chołodow. Powiadają, że poirytowany minister dał kolegom w mundurach do zrozumienia, iż Chołodow bardzo go wkurza, po czym rzeczony dziennikarz został rozerwany na strzępy.

Nie ulega wątpliwości, że i w tym przypadku mieliśmy do czynienia z efektem Graczewa. Rybkin, dzięki Bogu, nie został zamordowany, ale tylko dlatego, że ingerencja anioła śmierci w kampanię wyborczą zaszkodziłby bardziej interesom Kandydata numer 1.

Z takimi właśnie gangsterskimi metodami działania, łącznie z podawaniem ofiarom środków psychotropowych, mamy obecnie do czynienia, ponieważ jeden z kandydatów – tak się składa, że jest nim obecnie urzędujący prezydent – nie może występować w debatach przedwyborczych, gdyż nie umie dyskutować i panicznie boi się wszelkiej opozycji, a co może ważniejsze, zdążył już uwierzyć we własne posłannictwo. Nie jesteśmy aż tak głupi, by uwierzyć, że Rybkin uciekał w ten sposób przed własną żoną.

Wiele wskazuje na to, że Rybkin miał stosunkowo niewiele materiałów kompromitujących obecnego prezydenta. Z tego właśnie powodu telenowela dobiegła końca. Wszyscy o niej zapomnieli, łącznie z Putinem. Końcowym rezultatem tej sprawy, ważnym zwłaszcza z punktu widzenia pozbawionego alternatywy społeczeństwa, jest to, że Rybkinowi nie udało się publicznie skonfrontować z reżimem.

Przez cały styczeń w Czeczenii dochodziło do uprowadzeń ludzi, których ciała odnajdowano po jakimś czasie. Liczba porwanych zaczyna dorównywać liczbie ofiar zamachu w moskiewskim metrze. W Czeczenii wszyscy toczą wojnę ze wszystkimi. Wszędzie pełno uzbrojonych ludzi, to tak zwane „czeczeńskie siły bezpieczeństwa". Najczęściej widzianym wyrazem twarzy jest tam przygnębienie. Mamy do czynienia z ogromną liczbą na wpół obłąkanych dorosłych ludzi. Do szkół chodzą dzieci, które tylko wyglądem przypominają swoich rówieśników z Rosji. Ulicami obok nich przetaczają się arogancko transportery opancerzone, a siedzący w nich żołnierze kierują broń w stronę chodników nieodmiennie z tą samą czytelną pogardą. Ci, na których spoglądają z góry, podnoszą głowy, by posłać im spojrzenie, w którym próżno szukać przebaczenia. Nocami wybuchają strzelaniny, dokonuje się „zmiękczania" przeciwnika częstymi ostrzałami artyleryjskimi albo nalotami, u stóp wzgórz toczone są regularne bitwy. Rankiem wszędzie widać nowe kratery po wybuchach. Tak wygląda wojna w sytuacji patowej. Chcemy to zakończyć czy przestało nam już na tym zależeć?

W trakcie całej kampanii prezydenckiej nie odbyła się żadna większa demonstracja przeciw wojnie w Czeczenii. Niewiarygodna cierpliwość naszego narodu pozwala na kontynuowanie koszmaru, jakim są rządy Putina. Nie ma innego wytłumaczenia.

Dlaczego nikt nie wystąpił przed szereg, by „wziąć odpowiedzialność" za wybuch w metrze? Są na to dwa możliwe wytłumaczenia.

Albo za zamachem stały nasze służby specjalne i nieistotne, kim się tym razem posłużyły – za taką możliwością przemawia brak stawiania jakichkolwiek żądań przez terrorystów i ich niechęć, by wziąć na siebie odpowiedzialność za ten czyn.

Albo jest to dzieło pojedynczego terrorysty, akt osobistej zemsty za zabitych krewnych, za zdeptanie honoru i zniszczenie ojczyzny. To równie wstydliwe i przygnębiające wyjaśnienie jak poprzednie, o udziale służb specjalnych.

12 LUTEGO 2004 ROKU

Putin podnosi o 250 procent uposażenie ludzi „pracujących w strefie prowadzenia operacji antyterrorystycznej". Może to doprowadzi w końcu do zmniejszenia skali rabunków w Czeczenii.

Rybkin nadal się miota. Poleciał do Londynu, by skonsultować się z Bieriezowskim. Wydaje się zdeterminowany, by zakończyć polityczną implozję dokonującą się na oczach całego społeczeństwa. Dlaczego w Rosji tak łatwo można zneutralizować demokratyczną opozycję? To chyba kwestia samej opozycji. Nie ma większego znaczenia, że druga strona jest bardzo silna, choć i to odgrywa pewną rolę. Znacznie ważniejsze jest to, że opozycji brakuje determinacji do wyrażania zdecydowanego sprzeciwu. Bieriezowski jest zwykłym hazardzistą, nie wojownikiem, a tym, którzy stanęli z nim w jednym szeregu, także daleko do tego miana. Niemcow rozgrywa po prostu te swoje gierki, a Jawlinski zawsze wygląda na bardzo obrażonego.

Aleksandr Litwinienko w Londynie i Oleg Kaługin w Waszyngtonie, byli agenci KGB/FSB, którym przyznano azyl polityczny na Zachodzie, sugerują jednym głosem, że Rybkinowi zaaplikowano substancję psychotropową o nazwie SP117, której używają sekcje kontrwywiadu FSB i jednostki zwalczające terroryzm, choć tylko w wyjątkowych przypadkach i na „najważniejszych celach". SP117 to serum prawdy, które działa na określone części mózgu, odbierając człowiekowi pełną kontrolę nad własnym umysłem. Ten, na kim je zastosowano, powie wszystko, co wie. Zdaniem Litwinienki „jeśli ktoś jest pod wpływem SP117, możesz zrobić z nim, co ci się podoba, a on nie będzie w stanie ani zapamiętać tego, co się stało, ani spójnie wyjaśnić, gdzie był, kogo spotkał lub co powiedział. SP117 składa się z dwóch substancji: oszałamiającej i antidotum. Najpierw podaje się pierwszą. Wystarczą dwie krople wlane do dowolnego napoju, by cel już po kwadransie całkowicie utracił kontrolę nad sobą, co może trwać nawet do kilku godzin. Efekt ten można przedłużać, podając kolejne, mniejsze już dawki środka oszałamiającego. Po wydobyciu pożądanych informacji ofierze podaje się antidotum, dwie tabletki rozpuszczone w wodzie, kawie albo herbacie. Po dziesięciu minutach skutki oszołomienia mijają, ale ofiara kompletnie nic nie pamięta. Ma też poczucie rozbicia. Jeśli środek był podawany przez kilka dni, cel może panikować na skutek utraty wspomnień z tak długiego czasu, ponieważ nie będzie umiał zrozumieć, co mu się przytrafiło".

Oświadczenia Litwinienki i Kaługina nie ocalą politycznej kariery Rybkina. Putin wygrał tę rundę walki z Bieriezowskim, obecnie swoim największym wrogiem, a w latach 90. XX wieku jeszcze większym kumplem.

Oficjalna kampania wyborcza rozpoczyna się dzisiaj, dzień po skutecznym wyeliminowaniu Rybkina z wyścigu wyborczego i po jego deklaracji, że nie weźmie udziału w żadnej debacie. Każdy z kandydatów otrzyma nawet do czterech i pół godziny bezpłatnego czasu antenowego na największych kanałach państwowej telewizji, ale jest jeden warunek: muszą to być wyłącznie wystąpienia na żywo. Jedyna osoba z tego grona, która dysponowała materiałami kompromitującymi Putina, zrzekła się dobrowolnie prawa do wystąpienia w telewizji. Na to właśnie liczył Kreml.

O godzinie 14.00 Putin spotyka się na Uniwersytecie Moskiewskim z trzystoma swoimi doradcami i zwolennikami. Przedstawia im, czego dokonał podczas pierwszej kadencji. Zaproszono na to wydarzenie wielu reporterów, zarówno z prasy, jak i z telewizji, ale przed transmisją i po niej główne państwowe stacje telewizyjne podkreślają: „Putin występuje jako osoba prywatna". Prezydent odmawia udziału w debatach telewizyjnych, a to jego wystąpienie jest mdłe jak przemówienia pierwszych sekretarzy na dorocznych zjazdach KPZR. Publika w auli uniwersyteckiej budzi się dopiero po wygłoszeniu ostatnich słów i nagradza Kandydata numer 1 owacjami.

Tak więc w trakcie tej jednej transmisji nasz kandydat na prezydenta wygadał się za kwotę dziewięciu milionów rubli [935 tysięcy zł], ponieważ tyle mniej więcej wart był ten czas antenowy. Oficjalny cennik reklam wyborczych kanału Rossija mówi, że emisja trzydziestosekundowego spotu kosztuje od 90 do nawet 166 tysięcy rubli. Czy Putin za to zapłacił? Jeśli nie, jest to rażące nadużycie zasobów państwa celem uzyskania przewagi wyborczej, a co za tym idzie, naruszenie prawa wyborczego.

Spotkanie relacjonowało 600 dziennikarzy. Zgromadzono ich o godzinie 9.30 w centrum prasowym Ministerstwa Spraw Zagranicznych, a akcja akredytacyjna trwała aż do południa. Przed wejściem do autobusów wszyscy zostali dokładnie przeszukani. Członek sztabu wyborczego prezydenta, wyglądający na marionetkę FSB, którą niewątpliwie był, napominał nas na każdym kroku: „Powtarzam raz jeszcze, nikt nie zadaje żadnych pytań! Czy wszyscy mnie słyszeli?". Dziennikarzy zawieziono na spotkanie 23 zielonymi autobusami eskortowanymi przez milicję. Tak w Rosji przewozi się dzieci na obozy pionierskie. Po spotkaniu dziennikarze zostali zagonieni do tych samych pojazdów i odwiezieni do gmachu ministerstwa. Żadnego wyłamywania się z szeregu! Czy to było prywatne spotkanie człowieka z przyjaciółmi, podczas którego poszukiwano sposobu na zapewnienie naszemu krajowi lepszej przyszłości?

Olga Zastrożnaja, pełniąca funkcję jednego z sekretarzy Centralnej Komisji Wyborczej, stwierdziła dzisiaj, że transmisja przemówienia była „bezpośrednim naruszeniem zasad prowadzenia kampanii wyborczych, ponieważ wystąpienie było bezsprzecznie częścią kampanii politycznej, a nie informacyjnej". Aleksandr Iwanczenko, dyrektor Niezależnego Instytutu Wyborczego i były sekretarz Centralnej Komisji Wyborczej, skomentował to dość jednoznacznie: „Kampania Putina odbiega od cywilizowanych standardów wyborczych. Dochodzi w niej bowiem do delegitymizacji procedur wyborczych. Wybory prezydenckie powinny zostać unieważnione, ale Centralna Komisja Wyborcza, jak widać, jest dzisiaj ubezwłasnowolniona".

Nie zauważam żadnej reakcji na te słowa. Gleb Pawłowski, absolutny cynik, dyrektor Fundacji Skutecznej Polityki i jeden z głównych spin doktorów Kremla, oświadczył nawet publicznie: „Wyborców nie obchodzi, ile dodatkowych minut czasu antenowego mogą otrzymać poszczególni kandydaci".

Telewizja kontynuuje pranie mózgów, puszczając przesadnie optymistyczne audycje. Dzisiaj premier Kasjanow poinformował, że produkcja rolna wzrosła w tym roku o półtora procent, po czym dodał, że za Putina spełniane są wszystkie warunki potrzebne do pomyślnego rozwoju tego sektora gospodarki. „Jesteśmy gotowi do odzyskania znaczącej pozycji na światowych rynkach zbożowych" – zapewnia nas Kasjanow.

Mało prawdopodobne, że to fantazjowanie go uratuje. Wkrótce zostanie usunięty ze stanowiska. Putin czuje się niekomfortowo w towarzystwie polityków z epoki Jelcyna, ponieważ przypominają mu o czasach, w których był czyjąś marionetką, a także o tym, w jakich okolicznościach został namaszczony na następcę Jelcyna.

W trakcie kampanii wyborczej słyszymy często, że jesteśmy światowymi liderami prawie we wszystkim, od sprzedaży broni przez eksport zbóż po eksplorację kosmosu. Na razie nie ogłoszono jedynie, że zostaliśmy producentem najlepszych samochodów. Najwyższej rangi urzędnicy nie zapomnieli, jak widać, przykrych doświadczeń wiążących się z prowadzeniem naszych rodzimych ład.

13 LUTEGO 2004 ROKU

Czy Duma ma jakiś wpływ na cokolwiek? Putin zapragnął, by jeszcze przed wyborami prezydenckimi dokonano wyboru rzecznika praw obywatelskich, którym miał zostać Władimir Łukin, znany liberał i były członek Jabłoka. Jedna Rosja zwarła więc szeregi i chociaż Rodina zapowiedziała bojkot tego głosowania, zdołano przepchnąć jego kandydaturę. Dość powiedzieć, że Łukin startował w tych wyborach jako jedyny kandydat, ponieważ resztę wykluczono wcześniej z głosowania. Mimo to wydaje się wniebowzięty. „Naprawdę nie mogę się doczekać pracy na tym stanowisku" – twierdzi. A co z tymi, których praw ma bronić?

(Łukin okaże się przeciętnym rzecznikiem nieprzejawiającym własnych inicjatyw, ulegającym wpływom Kremla i nigdy niewykraczającym poza granice tego, na co mu pozwalano. Taka na przykład Czeczenia nigdy nie należała do jego priorytetów).

W Katarze wysadzono w powietrze Zelimchana Jandarbijewa, byłego wiceprezydenta Czeczenii oraz kolegę prezydentów Dudajewa i Maschadowa*. Z tego, co wiemy, bombę podłożono pod jego jeepem. Jandarbijew opuścił Czeczenię na początku drugiej wojny czeczeńskiej. Zamach jest bezsprzecznie dziełem rosyjskiego kontrwywiadu – albo GRU, albo FSB. Najprawdopodobniej tego drugiego.

Iwan Rybkin oświadcza, że nie wraca z Londynu. Oto pierwszy w naszej historii kandydat na prezydenta, który z własnej woli rezygnuje z udziału w ostatnim etapie wyścigu. Dzisiaj nikt nie ma już cienia wątpliwości, że został odurzony przez moskiewski reżim.

Do naszej redakcji zadzwonił „życzliwy" nam funkcjonariusz wywiadu, który ostrzegł: „Przekażcie do Londynu, a wiemy doskonale, że możecie to zrobić, że jeśli Rybkin zdecyduje się przedstawić w debacie telewizyjnej jakiekolwiek materiały obciążające Putina, to w Moskwie dojdzie do kolejnego aktu terroru. Prezydent będzie musiał odwrócić uwagę opinii publicznej".

Przekazaliśmy tę wiadomość dalej, ale Rybkin zdążył już dać sobie spokój z wyborami. Boi się o własne życie.

Liberalni wyborcy zdają się mocno podzieleni. Chakamada zwołuje wiec swoich zwolenników w Moskwie, jadę tam zatem z nimi. Wiele osób mówi mi: „Jeśli nie przepchniemy Chakamady, pozostanie nam już tylko głosowanie przeciw nim wszystkim albo zbojkotowanie wyborów".

Rogozin i Głazjew kontynuują niebezpieczną grę na emocjach tych, którzy mają zaburzone poczucie przynależności narodowej.

14 LUTEGO 2004 ROKU

Nowa tragedia w Moskwie. Zawalił się dach aquaparku w Jasieniewie. Stało się to wieczorem, gdy trwała w najlepsze walentynkowa zabawa. Na baseny spadło 70 procent kopuły wielkości stadionu do piłki nożnej. Oficjalnie w aquaparku bawiło się 426 osób, ale tak naprawdę było ich tam prawie tysiąc. Wnętrze budynku wypełniała para. Ludzie w strojach kąpielowych wybiegali prosto na mróz. W najbardziej zniszczonym rejonie znajdowały się: restauracja, kręgielnia, łaźnie, sauny, sale do ćwiczeń oraz strefa rodzinna z podgrzewanym brodzikiem dla dzieci. Natychmiast znaleziono 26 ciał, ale wiele ofiar zostało rozczłonkowanych. Władze twierdzą, że nie był to akt terroru.

Urzędy utrudniają życie nowo powstałej Partii Matek Żołnierzy. Ministerstwo Sprawiedliwości, które odpowiada za rejestrację nowych ugrupowań, twierdzi, że nie wpłynęły żadne dokumenty w tej sprawie, matki natomiast się upierają, że nie tylko je złożyły, ale mają także potwierdzenie tego, i to na piśmie. Biurokraci zastawiają na nieszczęsne kobiety kolejne pułapki, licząc, że zmuszą je do popełnienia błędu i złamania któregoś z mętnych przepisów o zakładaniu partii politycznych, aby – prościej mówiąc – pozbyć się problemu. Na razie jednak Matki zrobiły wszystko jak należy, upewniając się po dwa razy na każdym kroku.

Jewgienij Sidorienko, rzecznik Ministerstwa Sprawiedliwości, oświadczył: „Nie jestem pewien, czy możemy zarejestrować taką partię. Ugrupowania polityczne nie mogą ograniczać członkostwa do wybranych grup społecznych. Co będzie, jeśli do tej partii zechce wstąpić osoba niebędąca matką żołnierza? Na przykład ojciec żołnierza?".

Facet jest chyba wróżbitą. Ojcowie żołnierzy chcą wstępować do tej partii. Na naszej politycznej Saharze Partia Matek Żołnierzy wydaje się czymś tak atrakcyjnym, że wielu mężczyzn wstępuje do niej pomimo mylącej nazwy, ale nikt nie ma zamiaru ich usuwać albo wykluczać. Do Matek dzwonią nawet oficerowie w czynnej służbie, pytając, czy i dla nich znajdzie się tam miejsce, gdy struktury partii zostaną ustalone i zatwierdzone. To honorowi oficerowie, niegodzący się z ideą armii, która jest niczym więcej jak tylko machiną rujnującą życie młodych mężczyzn. Partia Matek Żołnierzy zaczyna mieć realne szanse na dokonanie zmian w naszej armii i rozliczenie sił zbrojnych przed społeczeństwem.

15 LUTEGO 2004 ROKU

Sułtanowowie, rodzina małej Churszedy, która została zamordowana przez skinheadów w Sankt Petersburgu, wyjechali już z Rosji i osiedlili się na powrót w Tadżykistanie. Zabrali ze sobą trumienkę ze zwłokami córeczki.

FSB przejmuje śledztwo w sprawie wybuchu w metrze. Natychmiast też zażądała dodatkowych uprawnień, twierdząc, że sytuacja przypomina wydarzenia z 11 września w Stanach Zjednoczonych.

Nasza wojna Południa z Północą trwa. Nikt nie ma cienia wątpliwości, że był to ostatni akt terroru, wierzymy także jak jeden mąż, że stali za nim Czeczeni. Dlatego spora część ludzi robi tym z nich, którzy zamieszkali u nas, istne piekło. Aż 70 procent Rosjan opowiada się za wyrzuceniem wszystkich przedstawicieli narodów Kaukazu. Ale gdzie? Kaukaz to przecież także część Rosji.

Dzisiaj mija 15 rocznica wycofania wojsk z Afganistanu. Postrzega się ją jako moment zakończenia tamtej wojny, choć tak naprawdę zasialiśmy wtedy pierwsze ziarna terroryzmu, który teraz nam zagraża. Zupełnie jak Amerykanie z ich Bin Ladenem: został tym, kim jest dzisiaj, ponieważ wojna w Afganistanie była tym, czym była.

16 LUTEGO 2004 ROKU

Utworzono kolejne punkty honorowego krwiodawstwa dla ofiar katastrofy w aquaparku. Zaczynamy rozumieć, co należy robić w podobnych sytuacjach. Akcjonariusze Jukosu twierdzą, że są gotowi wykupić Chodorkowskiego z rąk państwa. Leonid Niewzlin (prawa ręka Chodorkowskiego w Jukosie), który jakiś czas temu zbiegł do Izraela, oświadcza, że on i pozostali akcjonariusze koncernu są gotowi zrzec się swoich udziałów w zamian za wypuszczenie na wolność ich szefa oraz Płatona Lebiediewa [prezesa rady nadzorczej banku Menatep, który jest także głównym udziałowcem Jukosu, odsiadującego w kolonii karnej siedmioletni wyrok za rzekome unikanie płacenia podatków].

Sam Niewzlin oferuje 8 procent akcji Grupy Menatep. Twierdzi także, że Michaił Brudno (7 procent) i Władimir Dubow (7 procent) są gotowi zrobić to samo.

Chodorkowski wyraża oburzenie tym pomysłem i oświadcza, że nie chce być przez nikogo wykupywany. Stanowczo odmawia wychylenia tej czary goryczy.

17 LUTEGO 2004 ROKU

Telewizja NTV odmawia udostępnienia czasu antenowego na kampanię wyborczą „innych" kandydatów na prezydenta. Powołuje się przy tym na wyniki sondaży, które pokazują zbyt niskie zainteresowanie takimi programami. Może i mamy kandydatów, na jakich zasługujemy, ale powinniśmy im chociaż pozwolić coś powiedzieć. Nie ulega wątpliwości, że decyzję podjęto w stacji pod wpływem nacisków Kremla.

Komitet poparcia Chakamady spotyka się w drogim moskiewskim Klubie Berlin na Pietrowce. Kandydatka oświadcza: „Idę to tych wyborów jak na szafot tylko w jednym celu: by pokazać władzom państwowym, że w Rosji są jeszcze normalni ludzie, którzy dobrze wiedzą, co się dzieje". I dobrze. Irina próbuje udowodnić, że są jeszcze w Rosji tacy, którzy nie drżą ze strachu, ponieważ to oznaczałoby bezwarunkowe zwycięstwo Putina.

Jedna Rosja także zwołuje zebranie wspierającej Putina „demokratycznej inteligencji", którego przeciwnicy, jak stwierdzono na owym spotkaniu, bez przerwy obrzucają błotem. W obronie prezydenta stają między innymi: weteranka sceny piosenkarskiej Łarisa Dolina, reżyser teatralny i filmowy Mark Zacharow, aktor Nikołaj Karaczencew i dyrektorka cyrku Natalija Durowa. Wszyscy oni otrzymali wcześniej listy, w których zostali poproszeni o „obronę honoru i godności Prezydenta", co oczywiście uczynili należycie, odpowiadając ochoczo na wezwanie. W trakcie spotkania obwieszczono także, że Jedna Rosja ma już 740 tysięcy członków i ponad dwa miliony zarejestrowanych „zwolenników" – nie wyjaśniono dokładniej, co to oznacza. Jedna Rosja podkreśla także, że jej celem jako partii politycznej jest wspieranie prezydenta. Nie polityki, nie ideałów, nie programu reform, tylko jednego człowieka.

Centralna Komisja Wyborcza informuje z radością, że wybory w dniu 14 marca będzie nadzorować ponad 200 zagranicznych obserwatorów. W sumie oczekuje się, że będzie ich ponad 400.

Duma dokłada się do żałosnych prób walki z terroryzmem. Uprawnienia tajnych policji i agencji wywiadu zostaną poszerzone. Parlament przyjmie także poprawki do Kodeksu karnego, aby podwyższyć kary dla zamachowców samobójców. Od tej chwili będzie im groziło dożywocie! Wydaje się wysoce nieprawdopodobne, by nawet taki wymiar kary zniechęcił osoby, które zdecydowały wcześniej, że z hukiem pożegnają się z życiem. Duma IV kadencji okazała się godnym mózgiem dzisiejszej twardogłowej rosyjskiej biurokracji.

Duma idzie na rękę agencjom wywiadu, ponieważ tak sobie życzy Putin. Nie wspomniano natomiast ani słowem o dodatkowych trzech miliardach rubli [313 milionów zł] otrzymanych przez te agencje na walkę z terroryzmem zaraz po wydarzeniach w teatrze na Dubrowce. Na co te pieniądze poszły i dlaczego nie zauważamy spadku aktywności terrorystów? Duma IV kadencji udzieliła legislacyjnego błogosławieństwa czysto wirtualnej walce z terrorem. Nikt nie zakwestionował skuteczności naszych służb, podobnie jak problemu Czeczenii, który legł u jej podstaw.

19 LUTEGO 2004 ROKU

Siergiej Mironow występuje po raz pierwszy w debacie telewizyjnej. Wszyscy natychmiast rzucają mu się do gardła, jakby był samym Putinem, ale Mironow nie zamierza być chłopcem do bicia.

– To oczywiste, że jesteś Putinem! – twierdzi Chakamada. – Dlaczego Gryzłow został awansowany, skoro po tych wszystkich atakach terrorystycznych powinien zostać zdymisjonowany?

– Nie reprezentuję kandydata Putina! – odpowiada Mironow.

– Proszę zatem odpowiedzieć jako trzecia osoba w hierarchii naszego państwa – kontynuuje Chakamada.

Mironow wybiera milczenie. Takie właśnie debaty mamy. Nikt nie traktuje ich serio. A telewizje transmitują je wcześnie rano.

Centralna Komisja Wyborcza zabroniła Rybkinowi zdalnego udziału w debatach przedwyborczych. Chciał rozmawiać z Londynu. Nie ma mowy, by pozwolono mu na szarganie opinii Putina w naszej telewizji.

21 LUTEGO 2004 ROKU

W Woroneżu Amar Antoniu Lima, lat 24, student pierwszego roku Akademii Medycznej, zmarł po siedemnastokrotnym ugodzeniu nożem. Pochodził z Gwinei Bissau. Na przestrzeni ostatnich lat to już siódme zabójstwo zagranicznego studenta w tym mieście. Zabójcami są skinheadzi.

Hasło, pod którym Żyrinowski szedł do wyborów parlamentarnych, głoszące: „Jesteśmy dla biednych! Jesteśmy dla Rosjan!", teraz zostało przejęte przez Jedną Rosję oraz osobiście przez Gwaranta Konstytucji. No i przez skinheadów.

22 LUTEGO 2004 ROKU

Pojawiają się coraz częstsze głosy, że wszyscy kandydaci z wyjątkiem Małyszkina, Mironowa (i Putina) mogą wycofać się z wyborów jednocześnie. Głazjew już to zrobił, Rybkin poważnie to rozważa, tak samo jak Chakamada. Prasa proputinowska utrzymuje, że jest to sposób na polityczne zachowanie twarzy, ponieważ wszyscy oni mają szansę na zdobycie tylko śladowych ilości głosów 14 marca.

Prawdziwym powodem jest zwykła frustracja spowodowana uchylaniem się Putina od jakiejkolwiek debaty, co czyni z wyborów farsę. Jak mówi Chakamada: „W tej kampanii rządzi bezprawie i nieuczciwość".

24 LUTEGO 2004 ROKU

Putin 19 dni przed wyborami rozgonił cały swój rząd na żywo w telewizji. Zgodnie z zapisami konstytucji prezydent elekt powinien wyznaczyć nowy gabinet zaraz po wyborach, tym samym kończąc misję poprzedniego rządu. Przyczyn rozgonienia nie ujawniono. Rządu o nic nie obwiniano, choć znalazłoby się kilka dobrych powodów, a jedyne wyjaśnienie jest takie, że Putin „chce iść do wyborów z otwartą przyłbicą, by lud wiedział, z kim będzie pracował po reelekcji".

Wywaleni z rządu ministrowie opowiadają w telewizji, jaką ogromną radość poczuli w głębi duszy, gdy tylko usłyszeli, że zostali wywaleni na bruk. Kreml zademonstrował dzisiaj całemu elektoratowi, że nasze wybory to kompletna fikcja, a rząd ma w tym kraju funkcje czysto dekoracyjne. Spin doktorzy w każdym momencie mogą dojść do wniosku, że można go wymienić.

Jakie znaczenie ma w takim układzie, czy Putin mianuje nowym premierem Kasjanowa albo to, kto zasiądzie w nowym rządzie? Nie ma żadnego. Wszystko w tym kraju zależy od Kancelarii Prezydenta. Rozwiązanie rządu przypomina w pewnym sensie operację specjalną. Ono także zostało przeprowadzone w całkowitej tajemnicy. Nie było żadnych przecieków. Wyglądało jak przeprowadzenie ataku militarnego na wyznaczony cel, a nie zdymisjonowanie Rady Ministrów. Większość byłych już jej członków dowiedziała się o wyrzuceniu z pracy, oglądając poranne dzienniki telewizyjne.

Zdymisjonowanie całego rządu w taki sposób świadczy o powstaniu w Rosji oligarchii politycznej. Przy niej nasi tradycyjni oligarchowie biznesowi, którzy do tej pory wiedli prym, to nic nieznacząca drobnica.

Telewizja rządowa wyjaśnia, że „prezydent zastępuje nieefektywnych ministrów już teraz, aby Rosjanie wiedzieli, kto będzie urzędował po 14 marca". Jakby było już po wyborach. Pierwsza kadencja Putina wygasa właśnie dzisiaj. To zarazem koniec epoki Jelcyna, po której spośród głównych nominatów został już tylko Kasjanow. Putin może rządzić podczas drugiej kadencji, odciąwszy się całkowicie od jelcynowskich korzeni.

Jelena Bonner zwraca się do wszystkich kandydatów w liście otwartym nadesłanym z odległej Ameryki:

Po raz kolejny wzywam kandydatów na prezydenta: Irinę Chakamadę, Nikołaja Charitonowa i Iwana Rybkina, do jednoczesnego wycofania się z tych wyborów. Każde z Was, kandydując, starało się przybliżyć wyborcom własny program i zademonstrować przy okazji rosyjskiemu społeczeństwu i światowej opinii publicznej nieuczciwość tych wyborów. Zostawcie kandydata numer 1, Putina, sam na sam z jego marionetkami, wezwijcie wspierających was ludzi i całą resztę elektoratu do bojkotowania tych wyborów. Jeśli nie podoba się wam słowo bojkot, możecie zaapelować do ludzi, by wybrali pozostanie w domu. Wymyślony przez Kreml procent oddanych głosów przestanie mieć znaczenie, ponieważ władza będzie znała prawdziwe wyniki wyborów.

Jeszcze ważniejsze jest to, że każdy, kto celowo nie zagłosuje, nabierze szacunku do siebie, ponieważ powstrzyma się od udziału w sponsorowanym przez państwo kłamstwie. A co jeszcze ważniejsze, odmowa udziału w tej farsie ujawni wasz cel, ten, który będą dzielili przez najbliższe cztery lata wszyscy znani politycy lewicy i prawicy oraz ich polityczne zaplecze. Jest nim walka o przywrócenie Rosji instytucji prawdziwych wyborów w miejsce nędznej imitacji, którą narzuca się obecnie naszemu krajowi. Później, w latach 2007 i 2008, jeśli uda nam się wspólnie powstrzymać fałszerstwa wyborcze, staniecie się na powrót godnymi politycznymi przeciwnikami, którzy rywalizują o głosy wyborców. Dzisiaj strategicznie i moralnie ma znaczenie jedynie odmowa startu w wyborach i wezwanie waszych elektoratów do pozostania w domach.

Na apel pani Bonner nie ma żadnej reakcji. Nikt go nie komentuje, gromy nie sypią się z jasnego nieba. Nic, kompletnie nic.

26 LUTEGO 2004 ROKU

Zaczyna się podśmiewanie z Putina, nawet w naszej telewizji. Dzisiaj Wódz jest w Chabarowsku, wygląda przy tym tak pompatycznie i wyniośle jak król z bajki. Rano otwiera autostradę z Chabarowska do Czyty. Potem rozmawia z kilkoma weteranami wojennymi, którzy proszą go o więcej pieniędzy, więc podwyższa im dodatki do emerytur. Spędza też chwilę z młodymi hokeistami na ich nowym lodowisku. Wiktor Fiodorow, naczelny dowódca Floty Pacyfiku, wyraża zaniepokojenie możliwością redukcji naszych sił zbrojnych, Putin zapewnia go więc, że akurat ta flota nie zostanie okrojona, ponieważ nasza „pacyficzna pięść musi pozostać silna". Prezydent obiecuje też wsparcie dla bazy okrętów podwodnych na Kamczatce. (Powinien pojechać tam osobiście i na własne oczy zobaczyć, jakie warunki panują w kwaterach oficerskich w Pietropawłowsku Kamczackim). Chwilę później pełniący obowiązki ministra transportu Wadim Morozow prosi Putina o 4,5 miliarda rubli [prawie pół miliarda zł] na budowę trasy łączącej Kolej Transsyberyjską z Koleją

Bajkalsko-Amurską i otrzymuje je od prezydenta. Biznesmen i zarazem gubernator Kraju Nadmorskiego Siergiej Darkin prosi o trzy miliardy rubli [300 milionów zł] na nowe statki. Prezydent Jakucji Wiaczesław Sztyrow prosi o fundusze na ropociąg i gazociąg z Irkucka na Daleki Wschód. Putin obiecuje i to załatwić. Nadal nie mamy cienia informacji, kto może zostać nowym premierem. Plotki znów zaczynają krążyć po mieście.

Niektórzy twierdzą, że premierem zostanie sam Putin, inni sądzą, że będzie nim Gryzłow, a może nawet Kudrin.

Wieczorem NTV nadaje program zatytułowany: *Do granic!* Dzisiaj pojedynkują się Władimir Ryżkow, nasz niezależny głos w Dumie, i Ludmiła Narusowa, wdowa po Anatoliju Sobczaku, nauczycielu akademickim i szefie Putina. Pytanie dnia brzmi: Dlaczego Putin zdymisjonował rząd? Ryżkow dowcipkuje, bywa ironiczny, ale się nie wyzłośliwia. Kpi z Putina, lecz przyjaźnie, co najwyżej protekcjonalnie. Podczas programu widzowie głosują, który z występujących w nim gości bardziej im odpowiada. Narusowa się upiera, że prezydent ma zawsze rację, ale poza tym niewiele więcej umie powiedzieć. To bardzo typowe dla zwolenników Putina. Ryżkow wygrał to starcie bardzo spektakularnie, oddano na niego 71 tysięcy głosów, Narusowa zebrała 19 tysięcy za obronę Putina. Narusowa twierdząca, że Putin idzie do wyborów z najczystszymi intencjami, została więc sromotnie pobita.

27 LUTEGO 2004 ROKU

Marynarze przebywający na morzu zaczęli już głosować, podobnie jak piloci dalekich linii, podróżnicy przebywający na przeróżnych ekspedycjach i ci, którzy mieszkają w odległych, niedostępnych regionach kraju. Chociaż wyniki zostaną ogłoszone dopiero 14 marca, największych fałszerstw można dokonywać na tym właśnie etapie głosowania. Tak jest najłatwiej.

29 LUTEGO 2004 ROKU

W ciągu weekendu wiele słyszeliśmy o tym, że prezydent konsultuje się z najważniejszymi osobistościami Jednej Rosji w sprawie tego, kto powinien zostać następnym premierem. Większość ludzi uważa, że to kolejne zagranie piarowe z jego strony i nikt niczego z nikim nie konsultował.

W Moskwie odbyły się „esemesowe wybory prezydenckie". Putin zdobył 64 procent głosów, na Chakamadę zagłosowało 18 procent respondentów, na Głazjewa 5 procent.

2 MARCA 2004 ROKU

Na wszystkich kanałach telewizji pokazują Putina rozmawiającego z aktorem i reżyserem Jurijem Sołominem. Rozmowa dotyczy 250. rocznicy rozporządzenia carycy Katarzyny Wielkiej, którym powołano do życia rosyjskie teatry. Będziemy ją obchodzić już w 2006 roku. Putin nie przestaje pytać, jak powinniśmy uczcić tę okazję, twierdzi, że interesuje się tą sprawą od dłuższego czasu.

Nowym premierem Federacji Rosyjskiej zostanie Michaił Fradkow*. Nikt nie wie, kim jest ten człowiek. Wygląda na to, że mamy do czynienia z dawnym sowieckim aparatczykiem z Ministerstwa Handlu Zagranicznego, który pracował w licznych ambasadach. W nieco późniejszym okresie zajmował przeróżne stanowiska w ministerstwach postsowieckiej Rosji, załapał się także do policji skarbowej w najgorszym dla niej okresie. Fradkow, ściągany pospiesznie z Brukseli, twierdzi, że nie ma pojęcia, kim jest „techniczny premier". To znaczy nie wie, na jakie stanowisko wyznaczy go Putin. Tak bezmyślny premier to coś nowego, nawet jak na nasze standardy.

5 MARCA 2004 ROKU

Wszystko zostaje sprowadzone do absurdu. Desygnowanie Fradkowa na premiera przez naszą Dumę Państwową powinno trafić do *Księgi rekordów Guinnessa*: 352 deputowanych głosowało na człowieka, który po zapytaniu o przyszłe plany zdołał jedynie wybełkotać: „Dopiero co wyszedłem z cienia".

Fradkow przebywał do tej pory w cieniu, ponieważ jest szpiegiem. I tak dorobiliśmy się premiera trzeciej świeżości. Jest nawet łysy. Już sam jego wygląd mówi, że mamy do czynienia z jakąś polityczną efemerydą. Został wybrany, by Putin i tylko Putin miał w tym kraju jakiś autorytet. Nic się nie zmieni. Putin nadal będzie o wszystkim decydował.

Na czym więc polega ta nowa polityka? Odpowiedź brzmi: na niczym. Fradkow będzie skromnym wykonawcą zawsze gotowym do realizacji zadań stawianych przed nim przez partię. Ni mniej, ni więcej.

Rybkin wycofuje swoją kandydaturę, nie uzasadniając tej decyzji nawet jednym słowem. Nadal sprawia wrażenie człowieka nie do końca normalnego.

Chakamada jedzie do Niżnego Nowogrodu, Permu i Sankt Petersburga. Okazuje przy tym publicznie, jak bardzo jest poirytowana i wyczerpana. Jeśli nie jest to tylko wydumana poza, nie powinna pokazywać się ludziom w takim stanie. Charitonow zagląda do Tuły. Małyszkin trafia aż do Kraju Ałtajskiego, ale nadal ma problem z wydukaniem pełnego zdania. Mironow odwiedza Irkuck, on z kolei nie umie powiedzieć niczego bez wcześniejszego zerknięcia w notatki.

Główne przesłanie komentarzy telewizyjnych, które dotyczą kandydatów, jest następujące: to oburzające, że ośmielają się konkurować z głównym aktorem tego spektaklu. W narodzie postępuje stopniowy zanik organów odpowiedzialnych za demokratyczne postrzeganie rzeczywistości. Propaganda głosi wszem wobec, że w czasach Związku Radzieckiego ludzie głosowali na jednego kandydata i wszystko było dobrze. W trakcie następnych wyborów najprawdopodobniej skończą się dyskusje na ten temat. Będziemy mieli jednego oficjalnie nominowanego kandydata opozycji, co społeczeństwo przyjmie z całkowitym spokojem. Kraj pogrąża się w stanie zbiorowej nieświadomości, w totalnej bezrozumności nawet.

8 MARCA 2004 ROKU

Międzynarodowy Dzień Kobiet. Zgodnie ze starą kremlowską tradycją Putin otacza się reprezentantkami pracujących kobiet. Wśród nich musi być obowiązkowo traktorzystka, ktoś ze świata nauki, aktorka i nauczycielka. Słowa płynące prosto z serca, kieliszki szampana, kamery telewizyjne.

To ostatni moment, by kandydaci mogli się wycofać z wyścigu wyborczego. Nikt tego jednak nie robi, więc na arkuszu wyborczym znajdziemy sześć nazwisk: Małyszkin, Putin, Mironow, Chakamada, Głazjew i Charitonow. Telewizja poświęca wiele czasu antenowego na pokazanie wcześniej głosujących hodowców reniferów i tych, którzy trwają na posterunkach poza granicami kraju.

9 MARCA 2004 ROKU

Od dzisiaj zabronione jest prowadzenie dalszej kampanii i publikacja sondaży przedwyborczych, ale problem w tym, że wszyscy kandydaci dali sobie spokój z kampanią już wcześniej, gdy wybierano Fradkowa. To po prostu nie ma sensu.

10 MARCA 2004 ROKU

Telewizja pokazuje Putina, który pyta czołowych sportowców, czego im trzeba do wygranej podczas letnich igrzysk olimpijskich. Potrzebują więcej pieniędzy. Putin im je obiecuje.

11 MARCA 2004 ROKU

Mija 50. rocznica ogłoszonej przez Chruszczowa kampanii na rzecz zagospodarowania dziewiczych terenów Syberii i Kazachstanu. Putin przyjmuje w swojej rezydencji wybitne osobistości i pyta, jakie są ich największe potrzeby. Wszyscy chcą więcej pieniędzy. Putin obiecuje, że je dostaną. Formowanie „nowego" rządu nie wygląda obiecująco. Wcześniej mówiono o zmniejszeniu liczby biurokratów na najwyższych szczeblach władzy, ale w rzeczywistości ich liczba po raz kolejny wzrośnie. Wszyscy rzekomo pozwalniani ministrowie wracają na stanowiska wiceministrów połączonych resortów, co oznacza, że będziemy mieli jednego nowego biurokratę nad dwoma starymi. W sumie z 42 starych ministerstw zrobiły się teraz 24 nowe. Rząd mamy ten sam, ale już bez Kasjanowa. Oligarchiczny rząd, kontrolowany przez innych oligarchów, bliskich już nie Ministerstwu Finansów i Ministerstwu Mienia Prywatnego, tylko Putinowi. Putin zostaje politycznym oligarchą. W dawnych czasach obwołano by go imperatorem.

12, 13 MARCA 2004 ROKU

Cisza i apatia. Nikomu nie chce się nawet słuchać bełkotu płynącego z ekranów telewizorów. Miejmy to już za sobą.

14 MARCA 2004 ROKU

No i został wybrany. Frekwencja była bardzo wysoka zgodnie z oczekiwaniami Kancelarii Prezydenta. Borys Gryzłow, przewodniczący Dumy Państwowej, wychodząc z lokalu wyborczego, przemawia do czekających na niego dziennikarzy: „Wprawdzie mamy dzisiaj ciszę wyborczą, ale powiem wam w zaufaniu, że głosowałem na osobę, która przez ostatnie cztery lata zapewniała stabilny rozwój gospodarczy Rosji. Głosowałem na politykę tak przejrzystą jak dzisiejsze powietrze".

Tego wieczora Aleksandr Wiszniakow, przewodniczący Centralnej Komisji Wyborczej, informuje naród, że podczas głosowania odnotowany został jeden przypadek naruszenia prawa wyborczego: „W Niżnym Tagile z autobusu stojącego przed jednym z lokali wyborczych sprzedawano głosującym wódkę".

Główny Zarząd Zdrowia w Woroneżu wydał zarządzenie numer 114, zgodnie z którym w dniu głosowania żaden szpital nie powinien przyjmować pacjentów, którzy nie udowodnią, że zagłosowali, choćby korespondencyjnie. Podobnie postąpiono w Rostowie nad Donem. Na oddziale chorób zakaźnych szpitala miejskiego informowano matki przychodzące z wizytą do dzieci, że będą mogły zobaczyć swoje pociechy, ale dopiero po oddaniu głosu.

W Baszkortostanie* prezydent Rachimow* załatwił Putinowi 92 procent głosów; w Dagestanie było to 94 procent, w Kabardo–Bałkarii 96; w Inguszetii 98. Czy oni zrobili sobie jakieś zawody w tej kategorii? Rosja wybiera prezydenta po raz czwarty w całej postsowieckiej historii. W roku 1991 został nim Jelcyn. W 1996 ponownie Jelcyn. W 2000 Putin; w 2004 ponownie Putin. I tak powtarza się u nas odwieczny cykl od przypływu nadziei do całkowitej obojętności wobec Kandydata numer 1.

15 MARCA 2004 ROKU

Znamy już oficjalne wyniki wyborów: Putin zdobywa 71,22 procent głosów. Zwycięstwo! (Choć może okazać się pyrrusowe). Chakamada zdobyła 13,85 procent; Charitonow 13,74. Głazjew 4,11; Małyszkin 2,23; Mironow 0,75. Ten ostatni nie wniósł do wyborów nic prócz okazywania psiej wręcz służalczości wobec Putina. Wyniki świetnie to odzwierciedlają. Koncepcja rządzenia krajem tymi samymi metodami, jakie stosowano podczas prowadzenia „operacji specjalnej", w zasadzie się sprawdziła. *L'État, c'est Putin.*

CZĘŚĆ II

WIELKA ROSYJSKA DEPRESJA POLITYCZNA

KWIECIEŃ – GRUDZIEŃ 2004

OD REELEKCJI PUTINA PO UKRAIŃSKĄ REWOLUCJĘ

Po reelekcji Putina w naszych miastach i wsiach zaczęło wiać potworną nudą, tak okropną i paskudną jak za Związku Radzieckiego. Nawet ci, którzy aktywnie wspierali przegranych, wydają się obecnie niezdolni do wyrażania gniewu. Wygląda na to, że ludzie po prostu dali sobie spokój, jakby chcieli powiedzieć: „A kogo obchodzi, co się teraz dzieje?!". Rosja zapada w polityczno-społeczną hibernację, w nowy okres stagnacji, której głębię można ocenić po tym, że nie zdołała jej zakłócić nawet tragedia w Biesłanie, kataklizm iście biblijny.

6 KWIETNIA 2004 ROKU

W stolicy Inguszetii, Nazraniu, prezydent Murat Ziazikow* został wysadzony w powietrze razem ze swoim pięknym mercedesem, ale jakimś cudem przeżył. Jest jednym z popleczników Putina, dwa lata temu „wybranym" w nader oryginalny sposób. Na teren republiki wtargnęli mianowicie agenci FSB, nie próbując nawet ukrywać, że działają na bezpośredni rozkaz Putina, któremu niezwykle zależało na tym, by władza w Inguszetii należała do kogoś, kogo może kontrolować, mimo że wybory w tej republice są zazwyczaj demokratyczne i powszechne. Inguszetia graniczy z Czeczenią.

Jasne jest jak słońce, że wybór generała FSB Ziazikowa nie odbył się na uczciwych zasadach, ale nie dało się tego oprotestować legalnie. Żaden sąd w republice nie wytoczy sprawy Ziazikowowi, tak samo jak sądy w Moskwie nie przyjmą pozwu przeciw Putinowi, a jak powszechnie wiadomo, gdzie nie da się upuścić pary, tam prędzej czy później dojdzie do eksplozji.

Ziazikow przeżył wyłącznie dzięki swojemu opancerzonemu mercedesowi. Nazwał ten atak zamachem na naród Inguszetii. Nikt go oczywiście nie żałował, ludzi bardziej interesowały prawdziwe przyczyny tego aktu terroru. Jednym z możliwych wyjaśnień może być niebywała korupcja, która rozkwitła pod rządami Ziazikowa i jego kuzyna, a zarazem szefa prezydenckiej ochrony, Rusłanbiego Ziazikowa. W ciągu zimy poprzedzającej zamach Rusłanbi był ostrzegany, i to wielokrotnie, także przez członków własnej rodziny, że powinien poskromić żądze. To samo mówiono prezydentowi. Kiedy się okazało, że słowa nie odnoszą skutku, w marcu w samym centrum Nazrania spłonął nowiutki jeep Rusłanbiego, dosłownie tuż pod jego nosem. Sprawę zniszczenia samochodu szefa ochrony prezydenta oczywiście szybko wyciszono. Ani Murat, ani tym bardziej Rusłanbi nie robili z tego afery. Wyjaśnienie, że było to ostrzeżenie wysłane pod adresem ich obu, jest traktowane w Nazraniu znacznie poważniej niż twierdzenia, że doszło do próby zamachu.

Drugie wyjaśnienie wiąże się z serią niedawnych uprowadzeń, do których dochodziło ostatnio na terytorium Inguszetii. Za rządów Ziazikowa zaczęto tam robić to samo, co Rosjanie wyprawiali w sąsiedniej Czeczenii. Ofiary zatrzymywali „niezidentyfikowani zamaskowani mężczyźni w mundurach polowych", po czym nieoznakowanymi samochodami wywożono je w nieznane miejsce. Do tej pory na liście sporządzonej przez krewnych zaginionych znalazło się czterdzieści nazwisk. Ziazikow kategorycznie zaprzecza państwowemu bezprawiu na tak wielką skalę, ale to on właśnie zlecił usuwanie każdej informacji dotyczącej takich porwań. Na terytorium republiki nie można ich zgłaszać, a prokuratury i miejscowe MSW rozmawiają z rodzinami wyłącznie nieoficjalnymi kanałami.

Rodziny, co zrozumiałe, prowadzą własne dochodzenia, co zachęca je także do brania spraw we własne ręce, podobnie jak jest to praktykowane w Czeczenii. Gdzie nie ma sprawiedliwości, rodzą się samosądy. Ludzie po prostu tracą cierpliwość.

Na zewnątrz stoi kolejka ludzi w podeszłym wieku. To ojcowie i matki zaginionych w Inguszetii. Mówią mi, że ludzi zabija się tutaj masowo, jak nie przymierzając drób. Niezidentyfikowane oddziały wojsk federalnych przemierzają ulice dzień i noc. Magomed Jandijew, emeryt z Karabułaku, stracił syna Timura. Chłopak był znanym programistą komputerowym, co wiązało się z niemałą zapewne popularnością wśród młodych ludzi. Uprowadzono go wczesnym wieczorem. Timur wyszedł z biura 16 marca około godziny 17, chwilę później zamaskowani mężczyźni w mundurach polowych wepchnęli go do białej łady nivy bez tablic rejestracyjnych i szybko odjechali. Niwę osłaniała gazela także pozbawiona tablic rejestracyjnych. Porywacze przedostali się bez przeszkód na terytorium Czeczenii, przejeżdżając przez posterunek graniczny Kaukaz, główny wojskowy punkt kontrolny w tym rejonie. Tam właśnie okazali dokumenty, z których wynikało, że pracują dla Regionalnego Dowództwa Operacyjnego Działań Antyterrorystycznych. Tyle dowiedzieli się krewni Jandijewa. Organy ścigania nic w tej sprawie nie zrobiły.

– Byłem już wszędzie – wyznaje z płaczem Magomed Jandijew. Jest załamany tym, co przytrafiło się jego synowi. – Pytałem wszystkich, prokuratorów, w MSW, w FSB. Błagałem, by powiedzieli mi, dlaczego został uprowadzony. Powinienem wiedzieć bez względu na to, co zrobił. Niczego mi nie powiedziano. A mam tak wiele pytań. Czy ci zamaskowani ludzie są ważniejsi od naszych inguskich organów ścigania? Kim oni są? W naszym MSW pracuje ponad sześć tysięcy ludzi. To bardzo dużo jak na republikę zamieszkaną przez niespełna trzysta tysięcy obywateli. Czy te sześć tysięcy funkcjonariuszy naprawdę nie umie i nie może strzec całego terytorium naszej republiki? A może to oni pozwalają niezidentyfikowanym ludziom na porywanie obywateli? Jestem oburzony, że prezydent Ziazikow nie mówi publicznie o tym problemie. A skoro nic nie mówi, to pewnie wie, gdzie są uprowadzeni, i kryje porywaczy. Dranie rozpętali wojnę przeciw własnemu narodowi. Czeczenia stała się bazą służącą do ponownego wprowadzania stalinizmu, i to w skali całej Rosji. My, Ingusze, jesteśmy następni po Czeczenach, ponieważ mieszkamy najbliżej. Nienawidzę Putina i tego jego pomiotu Ziazikowa.

Magomed Jandijew wychodzi, jego miejsce zajmują Cyjesz Chazbijewa i jej syn Isłam. W dniu 2 marca niezidentyfikowani żołnierze zastrzelili na jej oczach dwudziestoczteroletnią córkę Madinę. Tego dnia wyjechały razem z Nazrania, by odwiedzić babcię mieszkającą we wsi Gamurzijewo.

– Do zdarzenia doszło tuż przed Gamurzijewem – łka przy mnie Cyjesz. – Samochody jadące przed nami zaczęły hamować, potem całkowicie zablokowały szosę. Musiałyśmy się zatrzymać. Zobaczyłyśmy, że zamaskowani żołnierze wyciągają z samochodu przed nami młodego mężczyznę. Rzucili go na ziemię i zastrzelili na miejscu, choć nie stawiał oporu. Zaczęłam krzyczeć, co chyba oczywiste. Wrzeszczałam: „Co wy robicie?!". W odpowiedzi ostrzelali także nasz samochód. Trafili córkę w tętnicę szyjną. Nie zdążyła nawet wyjść na zewnątrz. Mąż został poważnie ranny, kule trafiły go w ramię i nogę.

Przeżył, choć doktorzy nie umieli poskładać strzaskanej kości. Teraz tak bardzo boję się innych ludzi, że prawie nie wychodzę z domu. Władze nie złożyły nam nawet zwykłych kondolencji. O strzelaninie nie wspomniano też słowem w gazetach i telewizji. Z tego, co pokazuje telewizja, można by wywnioskować, że żyjemy w jakimś raju. Nie rozumiem, dlaczego moja Madina musiała umrzeć. Kto jest odpowiedzialny za jej zastrzelenie?

Nieco później znajduję Idrisa Arczakowa, śledczego zajmującego się sprawą zamordowania całkowicie niewinnej dziewczyny. Idris niewiele ma do powiedzenia:

– Musi pani zrozumieć... Nie chcę stracić pracy...

W Inguszetii strach paraliżuje każdego, od prostego rolnika po najgroźniejszego prokuratora, jest jak smok, który spoziera na nich wszystkich z góry. Rozmawiam z Idrisem, jakbyśmy odbywali jakieś tajne spotkanie, siedząc w pożyczonym samochodzie, oczywiście z pracującym silnikiem.

Oto krótkie podsumowanie wypowiedzi śledczego Arczakowa, w którym widać więcej tchórzostwa i strachu niż chęci wykonywania obowiązków przypisanych do jego stanowiska: „Madinę zastrzelił któryś ze szwadronów śmierci, które regularnie zapuszczają się na terytorium Inguszetii. Tamtego dnia, 2 marca, brały udział w likwidacji dowódcy polowego Achmeda Basnukajewa.

– Dlaczego musieli strzelać do wszystkich wokół, skoro ich celem był Basnukajew, który należał do raczej umiarkowanego odłamu czeczeńskiego ruchu oporu? – pytam. – Nie opierał się podczas aresztowania, choć mógł otworzyć ogień do napastników i zbiec. Mieszkał w Inguszetii od dość dawna, nie ukrywając się bynajmniej, a ostatnimi czasy na prośbę promoskiewskich władz Czeczenii był nawet zaangażowany w próby mediacji pomiędzy Groznym a niektórymi dowódcami polowymi w sprawie dobrowolnego złożenia przez nich broni.

– To było oczywiście niepotrzebne, ale oni nie zwracają uwagi, co im mówimy. Federalni robią, co im się żywnie podoba. Sama pani wie, że tacy ludzie boją się własnego cienia. Łatwiej im więc kogoś zabić, niż pomyśleć i zrozumieć sytuację.

– Co zamierza pan zrobić teraz, skoro wie pan już, że za tę zbrodnię odpowiadają wojska federalne?

– Nic. Będę milczał jak wszyscy. Odkąd Putin wygrał, on tu rządzi, co oznacza, że mamy robić swoje, nie podnosząc wzroku. Sprawa zabójstwa Madiny pójdzie do umorzenia. Jej rodzice popłaczą jakiś czas, potem się uspokoją. To prości ludzie. Nie zaczną wypisywać petycji do Prokuratury Generalnej. A jeśli nawet do tego dojdzie, to góra co najwyżej podziękuje mi, że nie wnikałem głębiej w tę sprawę.

Postawa Arczakowa jest bardzo typowa dla obecnych czasów.

Chazbijewowie odchodzą, a ich miejsce w moim pokoju zajmują Mucolgowowie. Gdybym miała szukać analogii dla tej sytuacji, znalazłabym ją tylko w Czeczenii: tylko tutaj i tam ustawiają się do mnie kolejki porównywalne z tymi, jakie widzieliśmy przed sklepami spożywczymi w czasach Związku Radzieckiego. Są to krewni ofiar samosądów albo, jak to określa prokuratura, „akcji niezbędnych do zwalczania terroryzmu". Bliscy wszystkich tych, którzy „zaginęli" lub zostali wywleczeni z domu i zamordowani przez „niezidentyfikowanych zamaskowanych ludzi w mundurach polowych". Rodziny nie mają najmniejszych szans na znalezienie winnych tych zbrodni i śladów po zaginionych. Nie zostaną oni także odnalezieni w żadnej z państwowych instytucji, czy to w areszcie, czy więzieniu.

Adam Mucolgow jest ojcem dwudziestodziewięcioletniego nauczyciela Baszira z miasta Karabułak. Jego syna wepchnięto do białej łady przed własnym domem w pełni dnia. Dwaj pozostali synowie Adama również prowadzą niezależne dochodzenie.

(Z czasem uda im się ustalić, że sprawcami porwania byli agenci inguskiego Biura FSB dowodzonego przez generała Siergieja Koriakowa, bliskiego przyjaciela prezydenta Ziazikowa. Generał Koriakow był w tę sprawę osobiście zaangażowany. Bracia uzyskali dowody, że pierwszej nocy po uprowadzeniu Baszir był przetrzymywany w gmachu biura FSB w Nazraniu – a właściwie w sąsiadującym z Nazraniem Magasie, gdzie przeniesiono stolicę – na tyłach pałacu prezydenckiego. Rano został przewieziony samochodem FSB do głównej bazy sił federalnych w czeczeńskiej Chankale, ale to wszystko, czego zdołali się dowiedzieć. Ich informatorem był jeden z byłych funkcjonariuszy FSB. Ci, którzy widzieli Baszira Mucolgowa w Chankale, poinformowali Adama, że jego syn był w strasznym stanie, wcześniej bowiem poddano go brutalnym torturom).

Adam Mucolgow przekazuje mi listę czterdziestu nazwisk – ludzi uprowadzonych w ostatnich miesiącach. To oczywiście nieoficjalny spis, sporządzony przez bliskich ofiar. Prokuratura odmówiła przyjęcia tego dokumentu. Ludzie ci nie mają więc innego wyjścia, jak zrzeszyć się i podjąć wspólnie wysiłki zmierzające do wyjaśnienia sprawy. Lista, która pod koniec lutego była znacznie krótsza, została tuż przed reelekcją Putina przekazana Raszidowi Ozdojewowi, starszemu asystentowi prokuratora Inguszetii. Do zadań Raszida należało monitorowanie legalności działań miejscowego Biura FSB. W tamtym czasie on także badał sprawę uprowadzeń i również doszedł do wniosku, że odbywały się za wiedzą i zgodą organów ścigania republiki. Raszid przekazał raport w tej sprawie Prokuratorowi Generalnemu Federacji Rosyjskiej, Władimirowi Ustinowowi, udowadniając nielegalne działania generała Koriakowa i Biura FSB.

W dniu 11 marca około godziny 18 Raszid Ozdojew był widziany po raz ostatni, gdy wsiadał do swojego samochodu na parkingu przy pałacu prezydenckim w Nazraniu. Dwadzieścia cztery godziny później znaleziono należącą do niego ładę – stała na dziedzińcu siedziby inguskiego Biura FSB nakryta płachtą brezentu. Samego Raszida widziano też później w Chankale, jak dowiedziała się jego rodzina, oczywiście pobitego i torturowanego. Obecnie bliscy wiedzą jedynie, że już go tam nie ma.

– Każdego dnia niewiedzy grzebię po raz kolejny mojego syna – mówi zniżonym głosem Borys Ozdojew, ojciec Raszida, mocno pochylając głowę.

To bardzo znany w Inguszetii sędzia, obecnie w stanie spoczynku. Nie jest już młodym człowiekiem.

– Czy syn mówił panu, co zawiera raport przekazany prokuratorowi generalnemu?

– Tak. Opisał w nim przypadki stosowania samosądów i wskazał osoby, które ponoszą za to winę. Powiedziałem mu wtedy: „Nie rób tego. To straszna instytucja. Dlaczego chcesz ponosić tak wielkie ryzyko?". On mi na to: „Jeśli chcesz, rzucę tę robotę, ale na razie jestem prokuratorem, który odpowiada za monitorowanie poczynań Biura FSB. Jeśli instytucja, którą kontroluję, uwikłała się w morderstwa i porwania, to jestem jedynym człowiekiem w republice, który ma prawo i obowiązek przywołać ją do porządku. Jeśli nie skorzystam z tego prawa teraz, Wszechmocny nigdy mi nie wybaczy". Długo dyskutowaliśmy na ten temat, po czym Raszid zaczął się zastanawiać: „Co mogą mi zrobić? Podłożyć mi narkotyki, broń? To im się nie uda: chroni mnie przecież prokuratorski immunitet. Wszyscy wiedzą, że nie biorę łapówek". Nie wziął tylko pod uwagę tego, że sam może zostać uprowadzony. Po jego zniknięciu poszedłem do prezydenta Ziazikowa i ja, starzec, znany sędzia, musiałem czekać w sekretariacie półtorej godziny. Chciał, żebym tam czekał, po czym za pośrednictwem sekretarki przekazał mi, że nie ma nic do powiedzenia w tej sprawie. Jestem pewien, że to oznacza, iż wie, kto stoi za porwaniem Raszida.

W końcu głowy rodów, których członkowie zostali uprowadzeni, zwołały zebranie, na którym zażądały, aby Ziazikow wyjawił, gdzie są ich dzieci i kto stoi za ich porwaniem. Tyle że prezydent był akurat w drodze do Soczi, gdzie miał się spotkać z Putinem, aby zdać mu raport z postępów swoich działań w Inguszetii i oznajmić z niekłamaną dumą, że „98 procent naszych wyborców głosowało na pana, Władimirze Władimirowiczu".

Bezpośrednim skutkiem zrzucenia na spadochronie generała FSB, który wcześniej pracował dla sowieckiego KGB, a teraz został prezydentem, było stosowane na szeroką skalę i sankcjonowane przez władze państwa bezprawie. Ziazikow nie jest wiarygodniejszym gwarantem prawa niż Putin, co nawiasem mówiąc, zawiodło nadzieje wielu zmęczonych chaosem mieszkańców Inguszetii. Zamiast uporządkować sprawy, Ziazikow oddalił kraj jeszcze bardziej od demokracji, nie tylko strącając go w odmęty autokracji, ale także oddając w objęcia państwowego terroru i średniowiecznego barbarzyństwa.

Udaję się do moich kolegów, inguskich dziennikarzy, by zapytać, jak działa system cenzury mediów tutaj, z dala od moskiewskiej administracji Putina. Na przykład dlaczego w mediach republiki nie uświadczysz słowa na temat samosądów, skoro udawanie, że problem nie istnieje, tylko pogarsza sprawę?

Dyskusja na ten temat nie należy do najłatwiejszych. Po pierwsze, nikt nie pozwoli, by nagrać jego wypowiedź. Po drugie, możemy rozmawiać wyłącznie w samochodzie, z dala od wścibskich oczu i uszu, zupełnie jak za czasów Związku Radzieckiego. Osoba, którą udaje mi się namówić na rozmowę, cierpi na ostrą depresję, co w takich okolicznościach nie należy do rzadkości. To zastępca redaktora naczelnego jednej z dwóch największych gazet ukazujących się w Inguszetii.

– Dlaczego podejmujemy tak daleko idące środki ostrożności? – pytam.

– Jeśli się dowiedzą, że zacząłem mówić, nie znajdę tutaj pracy nawet jako kierowca ciągnika – odpowiada siwowłosy niegłupi przecież mężczyzna, zawodowy dziennikarz.

– Co by się stało, gdyby napisał pan o uprowadzeniach, korupcji i „98 procentach poparcia" dla Putina? O masowym dorzucaniu głosów podczas grudniowych wyborów parlamentarnych?

– Zostałbym zwolniony za napisanie czegoś takiego, ponieważ wszystkie teksty trafiają najpierw do cenzorów. Artykułów o takiej treści po prostu się nie publikuje, a ich autorzy nie znaleźliby w przyszłości pracy w zawodzie. Moich krewnych także by pozwalniano, chociaż nie mają nic wspólnego z dziennikarstwem.

Kolega opowiedział mi o mechanizmach cenzury, które pozwalają utrzymać mit o „stabilizacji Inguszetii". Każdy artykuł na etapie składu jest czytany przez prezydenckiego rzecznika prasowego Issę Mierżojewa. Takie panują tutaj zasady. Usuwa on z tekstów wszystko, co uzna za potencjalnie groźne, każde słowo, które jego zdaniem może „zagrozić procesowi stabilizacji". Każda negatywna informacja jest cenzurowana, jeśli odnosi się choćby pośrednio do osób sprawujących aktualnie władzę. Nie możesz opublikować artykułu o korupcji, jeśli w tle przewija się ktoś z rodziny Ziazikowa. Jeśli chodzi o wojnę w Czeczenii, dozwolone są wyłącznie teksty opisujące likwidowanie bojowników ruchu oporu i „dobrowolne akcje przesiedlania uchodźców". Szwadrony śmierci to całkowite tabu, podobnie jak każdy samosąd.

Dokładnie te same zasady dotyczą radia i telewizji. Mierżojew osobiście sprawdza ich programy, oczywiście pod kątem politycznym. Musi z góry zatwierdzić każdy temat poruszany na antenie.

Dlaczego? – moglibyście zapytać. Ludzie boją się tu głośniej odetchnąć, żyją w nieustannym strachu i rozpaczy. Kto by chciał tutaj powtórki czeczeńskiego scenariusza? Nikt w Inguszetii, nie chce tego nawet sam Ziazikow, człowiek, który w niczym nie przypomina swojego kompetentnego poprzednika Rusłana Auszewa. Jeśli dojdzie do kolejnego kryzysu, on go z pewnością nie zażegna. Problem jednak w tym, że kolejny kryzys na miarę Czeczenii może być Moskwie na rękę, a Ziazikow jest od niej całkowicie zależny. Na stanowisko prezydenta został wyniesiony dzięki machinacjom Kremla, który postawił mu dwa warunki, o czym wszyscy tutaj wiedzą: po pierwsze, ma nie protestować, jeśli „operacja antyterrorystyczna" zostanie rozszerzona także na jego republikę, i dbać przy tym o pełną lojalność tutejszej społeczności. Po drugie, ma się nie upominać o przyłączenie do republiki terenów Osetii Północnej i rejonu prigorodnego.

Ziazikow wywiązuje się z postawionych przed nim zadań równie dobrze jak jego oprychy. Gdyby pozwolono mediom odzwierciedlać prawdę, wkrótce stałoby się jasne, że lud Inguszetii pragnie prawdziwej linii demarkacyjnej na granicy z Czeczenią i przyłączenia rejonu prigorodnego, który oderwał od republiki Stalin w roku 1944, gdy kazał deportować całą tamtejszą ludność inguskiego pochodzenia aż do Kazachstanu.

– Właśnie dlatego wywierają na nas taką presję – mówi dziennikarz. – Żądają, aby wszystko wyglądało tak, jakby wszyscy w Inguszetii byli zadowoleni z polityki Kremla i z tego, co wyprawia Ziazikow.

– Mógłbyś się sprzeciwić Mierżojewowi?

– Do tej pory nie zdecydował się na to żaden z redaktorów naczelnych.

– Kto mógłby to zrobić?

– Nikt. Im można się sprzeciwiać tylko wtedy, gdy przebywasz poza granicami Inguszetii, a jeszcze lepiej gdy wyemigrujesz z Rosji.

– Jak opisałbyś to, co dzieje się dzisiaj w Inguszetii?

– Powrót do sowieckich metod łącznie z dużym rozlewem krwi.

Stabilizacja po sowiecku była równie wielkim osiągnięciem – nie pozwalano wspominać słowem o trumnach z ciałami żołnierzy, którzy polegli w Afganistanie; dysydentów zamykano w obozach pracy i szpitalach psychiatrycznych; 99,9 procent społeczeństwa głosowało na „tak" w każdej sprawie; partyjni bonzowie obawiali się jedynie komisji dyscyplinarnej własnej partii; doskonale wytresowani twórcy realizowali politycznie poprawne filmy o tym, jak cały naród bezgranicznie wierzy w przyszłość, a Zachód oferował Breżniewowi finansowe wsparcie, ponieważ nie chciał, by wszystko posypało się jak domek z kart. Tak wyglądała nasza rzeczywistość pod maską stabilizacji. Dzisiaj, w kwietniu 2004 roku, wróciliśmy na pole startowe. Rzeczywistość jest tak przedstawiana, aby postronny widz odniósł wrażenie, że zarówno w Inguszetii, jak i całej Rosji panuje idealna stabilizacja. Zachód znów rzuca nam koło ratunkowe. Wiemy już wszystko o wiecznym nawracaniu.

Zastanawiam się często, dlaczego my, Rosjanie, jesteśmy tak bardzo przerażeni już na samo wspomnienie groźby represji. Jeśli w ogóle protestujemy, to wyłącznie poprzez anonimowe wysadzenie w powietrze prezydenckiego mercedesa, a nie w otwarty cywilizowany sposób, poprzez opozycję w parlamencie czy żądanie, by unieważnić sfałszowane wybory.

To może być po prostu kwestia tradycji. Rosyjską tradycją jest nieumiejętność zaplanowania i oceny ciężkiej, acz czytelnej pracy systemowej opozycji. Jeśli mamy coś zrobić, efekty muszą być widoczne natychmiast, tu i teraz. Ponieważ taki plan nie ma i nie będzie miał szans powodzenia, życie nam się po prostu nie układa.

Zastanawiam się także, dlaczego Ziazikow, podobnie jak Putin (w końcu Ziazikow to jego klon), nie umie niczego zrobić w porządny, ludzki, demokratyczny sposób. Dlaczego obaj muszą kłamać jak najęci, by utrzymywać się u władzy? Dlaczego muszą kręcić, wspierać skorumpowanych urzędników, unikać spotkań ze swoim narodem, bać się go nawet i nienawidzić? Moim zdaniem problem polega na tym, że panowie prezydenci nie zostali odpowiednio przygotowani do objęcia władzy. Wyznaczono ich na te stanowiska na sowiecką modłę, niejako przypadkiem. Partia wydała rozkaz, a gorliwi aktywiści Komsomołu natychmiast odkrzyknęli: „Tak jest, towarzyszu komisarzu!".

Z samego początku sprawowanie urzędu prezydenta musiało im się strasznie podobać, ale po inauguracji i tych wszystkich pompatycznych uroczystościach, gdy pokazy sztucznych ogni dobiegły końca, stanęli przed rutynowymi zadaniami należącymi do prezydentów: zarządzaniem gospodarką kraju, utrzymywaniem ciśnienia wody w rurach i dróg w odpowiednim stanie, radzeniem sobie z terrorystami, wojnami i złodziejami na wysokich stanowiskach. Wtedy właśnie dotarło do nich, że nie mogą zrobić nic – może tylko groźnie marszczyć brwi, udawać Talleyranda, uporczywie milczeć i za wszystkie swoje porażki obwiniać wrogów, którzy czają się za każdym rogiem.

W Inguszetii Ziazikow kopiuje działania swojego wielkiego szefa z Moskwy pod niemal każdym względem, zwłaszcza w pewnej podstawowej kwestii. Nie liczy się rozwiązywanie kolejnych problemów, tylko kontrolowanie tego, co pokazują środki masowego przekazu; nie rzeczywistość, tylko wykreowana wirtualna wizja; cenzura jest najlepszym sposobem na uniknięcie trudnych tematów. Minusem takiego rozwiązania jest to, że wszechobecna cenzura i nieustająca dwulicowość doprowadzają z czasem do uwiądu faktycznej opozycji, z którą przydałoby się codziennie debatować. Gdzie są głosy sprzeciwu, gdzie się podziali wszyscy ci, którzy mogą krytykować twoje pomysły i zaproponować alternatywne rozwiązania? Nie możesz ich wysłuchać, ponieważ ich po prostu nie ma. Ani w Moskwie, ani tym bardziej w Inguszetii.

Przez długi czas jedynym liczącym się przeciwnikiem Ziazikowa w republice byli Musa Ozdojew i grupka związanych z nim ludzi. Musa należał wcześniej do ludzi Ziazikowa, jakiś czas temu był nawet jego najbardziej zaufanym doradcą. Opozycjonista Musa Ozdojew próbował kwestionować wyniki wyborów do Dumy. W sądzie przedstawiał protokoły z lokali wyborczych, w których dopisywano głosy, pokazywał dziwaczne spisy wyborców, na których osoby o różnych nazwiskach legitymowały się tym samym dokumentem, albo dowody, że jedna osoba głosowała kilkakrotnie, używając tego samego nazwiska, ale różnych dokumentów. Oto kilka przykładów pokazujących, w jaki sposób opozycja została rozgromiona w grudniowych wyborach, i wyjaśniających, jakim cudem Jedna Rosja, partia Putina, odniosła tutaj tak miażdżące zwycięstwo.

Obwód wyborczy numer 68 we wsi Barsuki na przedmieściach Nazrania, miejsce, skąd pochodzi Murat Ziazikow. Tutaj mieszkają jego krewni, tutaj także na najwyższym wzniesieniu budowany jest „zamek z sałaty", jak miejscowi nazywają nową siedzibę prezydenta. To okazały paskudny gmach w feudalnym stylu, aczkolwiek muszę przyznać, że kolor zielony doskonale pasuje do tego architektonicznego koszmaru. Gospodarz już niebawem wprowadzi się do swoich nowych włości. Nie powinno więc nikogo dziwić, że podczas wyborów hołdowano w tej wsi najgorszym kaukaskim tradycjom – głosowanie w okolicznych lokalach wyborczych nadzorowali krewni Ziazikowa, jego wasale, budowniczowie zamku, ich dostawcy i podwładni.

Studiuję listy wyborców, które zostały oficjalnie podstemplowane i podpisane we wszystkich wymaganych miejscach. Dzięki nim mogę się dowiedzieć, komu 7 grudnia w obwodzie wyborczym numer 68 wydano karty do głosowania. Szybko odkrywam, że trzy różne osoby zostały zarejestrowane, posłużywszy się dowodem osobistym numer 26 01010683. Są to: Timur Chamzatowicz Bałchajew zamieszkały przy ulicy Ałchan-Czurtskiej 15; Tamerłan Magomedowicz Dzortow zamieszkały przy ulicy Ziazikowa (ale innego); Biesłan Bagaudinowicz Gałgojew z ulicy Kortojewa 5.

I raz jeszcze ten sam dowód osobisty o numerze 26 01032665, najwidoczniej należący do aż czworga mieszkańców wsi Barsuki, trzech mężczyzn i jednej kobiety. Troje z nich mieszka przy ulicy Jużnej 13.

Są tutaj dziesiątki przykładów podwójnego, potrójnego, a nawet poczwórnego głosowania przy użyciu tego samego dokumentu. Chwilę później natrafiam na kolumnę identycznych podpisów w pięciu, sześciu albo dziesięciu kolejnych rubrykach, jeden pod drugim, rzekomo potwierdzających tożsamość różnych osób.

Porównując listy wyborcze ze wsi Barsuki z 7 grudnia i z 14 marca, gdy wybierano Putina, odkrywamy, że ten sam obywatel ma dwa różne dowody osobiste. Na liście wyborczej z 7 grudnia dowód osobisty numer 26 02098850 należy do Achmeda Tagirowicza Ażygowa z przysiółka Tibi-Chi (część Barsuków), ale już 14 marca ten sam człowiek głosował, używając dowodu osobistego numer 26 03356564. Kim jest ten cały Ażygow? Czy on w ogóle istnieje? Nie sposób znaleźć go w Tibi-Chi, maleńkiej osadzie, gdzie wszyscy wszystkich znają do trzeciego pokolenia wstecz. Nikt tutaj nie słyszał o kimś takim.

Podobnych Ażygowów jest wielu, ponieważ komisje wyborcze nie ustawały w bezwstydnych wysiłkach, by zapewnić właściwy wynik głosowania. Skutek ich działań nie budzi jednak uśmiechu politowania: takie fałszerstwa prowadzą do upadku nie tylko rosyjskiej demokracji, ale także do zgnojenia naszego społeczeństwa. W Inguszetii Musa Ozdojew oprotestował fałszerstwa, tutaj w każdym mieście i wiosce można znaleźć kogoś jemu podobnego, a nawet dwóch. Ludzie uważają ich zazwyczaj za głupców. Mądrzejsi poklepują ich przyjaźnie po ramieniu i mówią:

– Śmiało, idź, próbuj. Popatrzymy i sprawdzimy, co z tego wyjdzie.

Jeśli wsiowy głupek ubije przypadkiem smoka, miliony będą grzać się w jego chwale i dzielić owocami zwycięstwa. To stary i godny ubolewania sowiecki zwyczaj: samemu nic nie rób, leż spokojnie w mule na dnie rzeki i czekaj, aż spłynie na ciebie nowe cudowne życie.

Wróćmy jednak do kwestii fałszerstw. Dlaczego były konieczne?

Odpowiedź jest prosta: ponieważ tych, którzy 14 marca faktycznie głosowali na Putina albo 7 grudnia na Jedną Rosję, było zbyt mało. Zachód natychmiast uznał wyniki tych wyborów, nie bacząc na takie drobiazgi jak to, że odsetek głosujących został znacznie zawyżony. Inguskie „98 procent na Putina" pokazuje wyraźnie, jak tamtejszy prezydent desperacko zabiega o względy Kremla.

I to by było na tyle. Właśnie dlatego wspólnicy Ziazikowa łamali głosującym nogi, wykręcali ręce członkom komisji wyborczych, grozili, wyzywali, torturowali i wciągali w ten kłamliwy spisek. A ludzie godzili się na to wszystko.

Większość członków komisji wyborczych, z którymi zdołałam porozmawiać, mówiło wprost, że się boją. Mają przecież rodziny, dzieci, które można porwać. Łatwiej do spisu wyborców dodać martwe dusze, niż stracić kogoś spośród najbliższych. I niech ktoś jeszcze spróbuje powiedzieć, że pod Putinem nie wracamy do czasów Stalina. Odzywa się pamięć dziedziczna, przypominająca ludziom, co powinni robić, jeśli chcą przetrwać. Nie opieraj się, płyń z prądem.

Cały ten system z kradnącymi sędziami, z wybieranymi dzięki oszustwom wyborczym prezydentami, którzy mają gdzieś potrzeby obywateli, może działa tylko wtedy, gdy nikt nie zaprotestuje. To jest ta osławiona tajna broń Kremla i najbardziej uderzająca cecha dzisiejszego życia w Rosji. Oto sekret geniuszu spin doktora Surkowa: apatia zakorzeniona w niemal powszechnym wśród ludzi przekonaniu, że władze państwa i tak zrobią swoje, ustawiając wszystko, łącznie z mechanizmami wyborczymi, korzystnie dla siebie. To błędne koło. Ludzie reagują tylko wtedy, gdy problem dotyka ich osobiście: stary sędzia Borys Ozdojew, gdy uprowadzono jego syna Raszida, albo rodzina Mucolgowów. Co robili wcześniej? Uważali, że nie ma czym się przejmować, dopóki sami są bezpieczni. Wyszliśmy z socjalizmu skażeni straszliwym egocentryzmem.

Tak właśnie wygląda tło próby zamachu na Ziazikowa.

7 KWIETNIA 2004 ROKU

Dzisiaj Igor Sutjagin, ekspert wojskowy i naukowiec z Instytutu Stanów Zjednoczonych i Kanady Rosyjskiej Akademii Nauk, autor setek artykułów naukowych dotyczących broni strategicznej i rozbrojenia, został skazany na 15 lat pozbawienia wolności za „zdradę ojczyzny". Putin osobiście kierował jego sprawą w czasach, gdy był jeszcze dyrektorem FSB.

Sutjagina aresztowano w październiku 1999 roku. Oskarżono go o przekazywanie tajnych informacji obcemu wywiadowi. W rzeczywistości praca Sutjagina polegała na analizowaniu publicznie dostępnych, nieutajnionych w żaden sposób informacji i wyciąganiu z nich właściwych wniosków. Ten człowiek nie miał nawet dostępu do tajemnic wagi państwowej. FSB wykazała więc na jego przykładzie, że wykorzystując ogólnie dostępne informacje, można dojść do ściśle tajnych wniosków. Oskarżono go i skazano podczas sfabrykowanego procesu, aby dać wszystkim przykład, czego nie należy w tym kraju robić.

„Dawanie przykładu" staje się coraz powszechniejsze w naszych sądach, podobnie jak demonstrowanie lojalności wobec Kremla. Ponieważ inicjator sprawy Sutjagina zasiada obecnie na Kremlu, piastując stanowisko prezydenta naszego kraju, oskarżony musiał zostać uznany za winnego. Co więcej, sprawę Sutjagina wykorzystano do wpojenia opinii publicznej pojęcia „uzasadnionych represji", mówiącego, że władze wiedzą najlepiej, kim jest nasz wróg, i w związku z tym mają pełne prawo prześladować konkretne osoby, nawet jeżeli nie udowodni im się popełnienia przestępstwa.

Metoda okazała się niezwykle skuteczna. Społeczeństwo zaakceptowało ideę uzasadnionych represji. Niewielu ruszyło z odsieczą Sutjaginowi – jedynie paru obrońców praw człowieka. Jakiś czas temu opinia publiczna żądała uwolnienia innego „szpiega", oficera marynarki wojennej Grigorija Pasko, który odpowiedział na te apele z miejsca odosobnienia, zapewniając, jak nam powiedziano, że nie życzy sobie żadnego ułaskawienia. Dzisiaj jednak, po zapadnięciu wyroku w ostatnim typowo stalinowskim pokazowym procesie, FSB wygrała w końcu bitwę o własną przyszłość.

Sprawa Sutjagina ujawniła także kolejną z naszych nowych słabości, jaką są procesy z ławami przysięgłych. W Rosji każde osiągnięcie cywilizowanego świata musi zostać wypaczone i przekształcone we własne przeciwieństwo. Nasi ławnicy to najzwyklejsi obywatele, którzy mogą nawet nie mieć co jeść, byle „wrogowie ojczyzny" odsiadywali długie kary. W tym konkretnym przypadku długość wyroku ustaliła wprawdzie sędzia Mironowa, ale to ława przysięgłych uznała Sutjagina za winnego pomimo braku jakichkolwiek dowodów. Dlaczego? Dlatego, że tym ludziom zdołano wpoić przekonanie, że

KGB/FSB zawsze ma rację. Ławnicy w sprawie Sutjagina pokazali więc całemu światu, jak bardzo nasze społeczeństwo jest skłonne do represyjnego sposobu myślenia. Bardziej szanujemy surowość niż zrozumienie i miłosierdzie. Lepiej wycinać las, niż martwić się, skąd weźmiesz drwa na opał. Lepiej kogoś skazać, niż pomyśleć.

Komitet 2008 potępił ten wyrok.

– Proces z udziałem ławy przysięgłych zaczyna pełnić funkcję czysto dekoracyjną, wykorzystywany jest obecnie wyłącznie do maskowania głęboko niedemokratycznej natury machiny represji państwa. Dzisiejszy niesprawiedliwy wyrok jest atakiem władz na fundamenty demokratycznego systemu konstytucyjnego.

Szczerze powiedziawszy, to nie jest prawda. To tylko typowe demokratyczne biadolenie. Ławnicy nie są ofiarami w tym przypadku, lecz źródłem problemu. Ławnicy to my.

Duma uchwaliła właśnie oszałamiająco drakońskie prawo, które zakazuje organizowania wszelkich zgromadzeń i demonstracji w pobliżu siedzib instytucji państwowych. Oznacza to ni mniej, ni więcej, że protestować możesz tylko tam, gdzie nikt cię nie zobaczy ani nie usłyszy. Za ustawą głosował między innymi były przewodniczący związków zawodowych Andriej Isajew, który w połowie lat 90. niejednokrotnie wyprowadzał ludzi na ulice, a obecnie jest zapracowanym funkcjonariuszem Jednej Rosji i tłumaczem idei Putina w każdym dostępnym kanale telewizji. W przeciwieństwie do niego Aleksiej Kondaurow, deputowany z ramienia partii komunistycznej i były generał KGB, głosował przeciw tej ustawie, uznając ją za „atak na prawa i swobody obywatelskie". Komuniści stają się powoli najbardziej postępową partią w Rosji. Jak żyć pomiędzy Scyllą Putina i Charybdą komunistów?

(Co ciekawe, Putin poczekał na najbardziej odpowiedni moment, po czym wypowiedział się stanowczo na temat prawa zakazującego protestów ulicznych: „To zaszło już za daleko! Potrzebujemy łagodniejszego rozwiązania".

Duma szybko zebrała się ponownie i złagodziła zapisy prawa, oczywiście na żywo, co mogliśmy obserwować na ekranach telewizorów. Dzięki temu znów możemy organizować protesty w pobliżu siedzib instytucji państwowych i w centrach miast.

12 KWIETNIA 2004 ROKU

Pracuję w redakcji „Nowej gaziety", publikując kolejne ujęcia z filmu nakręconego w marcu przez rosyjskiego żołnierza stacjonującego w Czeczenii, który jakiś cudem trafił w moje ręce.

Na nagraniu widać poddających się bojowników ruchu oporu. Atak na wioskę Komsomolskoje w lutym i marcu 2000 roku był drugą po oblężeniu Groznego największą operacją wojskową w trakcie obecnej wojny w Czeczenii. Wtedy to wycofujący się ze stolicy dowódca polowy Rusłan Giełajew poprowadził niemal półtora tysiąca ludzi do swojej rodzinnej miejscowości, czyli do wsi Komsomolskoje.

Rozpoczęło się straszliwe oblężenie, podczas którego użyto chyba wszystkich rodzajów broni konwencjonalnej, jaką dysponujemy, co doprowadziło do zabicia niemal wszystkich mieszkańców wsi. Co ciekawe, tuż przed upadkiem zniszczonego doszczętnie Komsomolskiego Giełajew wraz z garstką najbliższych współpracowników przedostał się przez kilka linii bardzo szczelnego kordonu. Tym Czeczenom, którzy zostali w kotle, obiecano amnestię, jeśli się poddadzą; nasze dowództwo ogłosiło później oficjalnie, że w marcu 2000 roku 72 bojowników ruchu oporu skorzystało z tej propozycji rządu Federacji Rosyjskiej.

Nie zostali jednak „ułaskawieni", jak im obiecano, tylko natychmiast aresztowani. Od tamtej pory jedynie trzy rodziny zdołały ustalić, gdzie przebywają obecnie ci, którzy uwierzyli naszym władzom, reszta zniknęła jak kamfora. Na nagraniu, które dotarło do naszej redakcji, widać, jak podlegający „amnestii" bojownicy są wyprowadzani z dwóch więźniarek i pakowani do wagonu towarowego czekającego na czeczeńskiej stacji kolejowej Czerwlenaja. Transfer nadzorują funkcjonariusze oddziału operacji specjalnych rosyjskiego Ministerstwa Sprawiedliwości.

Film ten przypomina dokument o hitlerowskich obozach koncentracyjnych. Strażnicy zachowują się identycznie: trzymają broń w pogotowiu, stoją rozciągnięci tyralierą na zboczu wzgórza, u którego stóp widać tory kolejowe i stojący na nich wagon. Żołnierze mierzą z kałasznikowów do wypychanych z więźniarek ludzi, wśród których zauważam dwie kobiety. Tylko one są w pełni ubrane i niepobite w odróżnieniu od mężczyzn. I tylko one zostały natychmiast odprowadzone gdzieś na bok.

Pozostali mężczyźni i chłopcy (jeden z nich nie może mieć więcej niż 15–16 lat) są wyciągani siłą z wnętrza więźniarek albo wyskakują z nich sami. Wszyscy wyglądają bardzo marnie, niektórzy, aby ustać, muszą wspierać się na ramionach kolegów. Każdy odniósł wcześniej rany. Niektórzy nie mają nóg, paru brakuje też rąk; ucho jednego zwisa na wpół oderwane od głowy. W pewnym momencie słychać nawet, jak któryś z żołnierzy rzuca: „Patrzcie, nie urwali mu ucha jak należy". Wielu więźniów jest kompletnie nagich, bosych, pokrytych krwią. Ich ubrania i buty wyrzucono z pak samochodów na samym końcu. Bojownicy wyglądają na kompletnie wycieńczonych. Niektórzy nie rozumieją, czego się od nich żąda, potykają się co rusz, kompletnie zdezorientowani. Kilku chyba oszalało.

Na nagraniu widać, że żołnierze biją ich rutynowo, niemal automatycznie, jakby robili to już tylko z przyzwyczajenia. Nie widać za to choćby jednego lekarza. Najsilniejszym spośród bojowników kazano wyciągnąć z więźniarek ciała zmarłych podczas transportu i złożyć je na poboczu drogi. Pod koniec filmu obok toru kolejowego widać cały stos ciał tych, których objęła amnestia.

Żołnierze federalni nie dotykają bojowników, poganiają ich wyłącznie kolbami i lufami karabinów. Ewidentnie brzydzą się nimi. Odwracają twarze zmarłych czubkami butów, aby się na nie gapić. Robią to chyba z czystej ciekawości. Nikt niczego nie spisuje, nie rejestruje zgonów. Nikt nie sprawdza niczyich dokumentów. Pod koniec nagrania słyszę okraszoną śmiechem wypowiedź żołnierza: „Mówili, że ma ich być siedemdziesięciu dwóch, a ja doliczyłem się siedemdziesięciu czterech. Dobra, nieważne, mamy dwóch zapasowych".

Co się wydarzyło po opublikowaniu ujęć z filmu przedstawiającego nasze własne więzienie Abu Ghurajb? Nic. Nikt się tym nie przejął, ani opinia publiczna, ani tym bardziej media albo prokuratura. Wielu zagranicznych dziennikarzy wypożyczało ode mnie to nagranie, w Polsce media przedstawiły je pod takim właśnie hasłem: „Rosyjskie Abu Ghurajb". W Rosji zbyto je kompletnym milczeniem.

Wydarzenia w Inguszetii odzwierciedlają to, co dzieje się obecnie w Moskwie. Po reelekcji Putina przeprowadzono tam całkowitą czystkę w mediach odzwierciedlającą to, co wcześniej zrobiono na arenie politycznej. Dzisiaj każdy, kto chce wiedzieć, nie dowie się niczego. Większość i tak woli pozostać w błogiej nieświadomości.

14 KWIETNIA 2004 ROKU

Ukraiński premier Janukowycz został ogłoszony następcą prezydenta Kuczmy. Będzie kandydatem partii rządzącej w nadchodzących wyborach prezydenckich. Czy Putin naprawdę poprze tego człowieka? Wydaje się to mało prawdopodobne.

O północy w moskiewskim metrze pięciu młodych mężczyzn zaatakowało brutalnie mecenasa Markiełowa. Bijąc go, krzyczeli: „Wygłosiłeś o kilka przemówień za dużo!" i: „Sam jesteś sobie winien!". Po skatowaniu ukradli mu dokumenty i legitymację adwokacką, pozostawiając wszystkie wartościowe przedmioty. Markiełow jest młodym aktywnym prawnikiem. W sprawie wytoczonej byłemu już pułkownikowi Budanowowi reprezentował interesy rodziny Elzy Kungajewej, którą oskarżony najpierw zgwałcił, a potem zamordował. Od tamtej pory stał się celem nieustających ataków naszych „patriotów". Pracował także dla prokuratury w tak zwanej „sprawie Kadeta", wytoczonej żołnierzowi sił federalnych Siergiejowi Łapinowi, który podczas stacjonowania w Czeczenii używał pseudonimu Kadet. Po raz pierwszy w naszej najnowszej historii oficer został skazany na dwanaście lat więzienia za uprowadzenie w Groznym Czeczena, który następnie „zniknął".

Milicja odmówiła wszczęcia postępowania w sprawie napadu na Markiełowa. Nie dowiemy się zatem, kto go pobił i kto był zleceniodawcą tego odrażającego czynu.

16 KWIETNIA 2004 ROKU

Tuż przed reelekcją Putina pojawił się nowy dowód w sprawie uprowadzenia Raszida Ozdojewa, starszego asystenta prokuratora generalnego Inguszetii. Niejaki Igor Oniszczenko wysłał list do prokuratora generalnego Federacji Rosyjskiej Władimira Ustinowa. W dniu 16 kwietnia wpłynął on do sekretariatu Prokuratury Generalnej Południowego Okręgu Federalnego i został zarejestrowany w księdze pocztowej pod numerem 1556.

List ten adresuje do Pana agent Biura FSB w Kraju Stawropolskim. FSB wysłała mnie do Inguszetii z misją specjalną. Po odsłużeniu tam ustalonego okresu wróciłem do domu. Służę w FSB już od niemal dwunastu lat, ale w najgorszych snach nie przypuszczałem, że będę miał z tego powodu tak straszne koszmary.

Korjakow, dyrektor FSB w Inguszetii, to chyba najgorszy drań, na jakiego trafiłem w naszej instytucji, choć sam utrzymuje, że został tam wysłany przez samego Patruszewa [szefa FSB na szczeblu ogólnorosyjskim] i Putina. Ta godna pogardy wesz niszczy ludzi tylko dlatego, że są Inguszami albo Czeczenami. Czuje do nich jakąś urazę i bardzo ich nienawidzi.

Korjakow systematycznie zmuszał mnie i pięciu moich kolegów – pracowaliśmy dla niego w szóstkę – abyśmy maltretowali każdego, kogo aresztowaliśmy, udając agentów Regionalnego Dowództwa Operacyjnego Działań Antyterrorystycznych. Wszystko zostało dokładnie zaplanowane: otrzymaliśmy specjalne mundury, maski, fałszywe dokumenty, specjalne przepustki i samochody (zazwyczaj należały do tych, których aresztowaliśmy, tyle że zmienialiśmy albo usuwaliśmy tablice rejestracyjne). Udając, że wywozimy aresztowane osoby poza [Nazrań], po jakimś czasie wracaliśmy zazwyczaj już innym samochodem do naszej siedziby, gdzie zaczynało się katowanie. Wszystko to robiliśmy nocami. Za dnia odsypialiśmy. Korjakow musiał zgłaszać Moskwie postępy w pracy, by uzasadnić jakoś niedawne awansowanie go na generała. W tym celu musieliśmy obrabiać co najmniej pięciu podejrzanych tygodniowo. Na początku 2003 roku, zaraz po moim przyjeździe, aresztowaliśmy głównie tych, którzy mieli coś na sumieniu, ale potem Korjakow dostał szału ze względu na jakiegoś „prokuratorka", jak sam o nim mówił, i kazał nam brać kogo popadnie bez względu na winę, na przykład kierując się samym wyglądem. Korjakow twierdził, że w tym wypadku nie ma to znaczenia, ponieważ wszyscy oni są wszarzami. Razem z Siergiejem okaleczyliśmy w sumie ponad pięćdziesiąt osób. Pochowaliśmy trzydzieści pięć z nich.

Dzisiaj wróciłem do domu. Otrzymałem nagrodę za nienaganną służbę, głównie z powodu sprzątnięcia miejscowego prokuratora, który podobno dysponował materiałami kompromitującymi Korjakowa. Zniszczyłem legitymację i broń osobistą prokuratora, potem połamałem mu ręce i nogi. Tego samego wieczora Korjakow kazał kilku innym funkcjonariuszom, by się go pozbyli.

Jestem winny. Czuję z tego powodu potworny wstyd. Napisałem czystą prawdę.

Igor N. Oniszczenko

(Nawet publikacja tego porażającego dokumentu niczego nie zmieniła. Nie odbyły się żadne masowe protesty, a prokuratura po prostu olała sprawę).

22–23 KWIETNIA 2004 ROKU

Spotkanie Putina z Kuczmą na Krymie. To moment, w którym Putin musi podjąć decyzję, czy poprze Janukowycza. Na razie, dzięki Bogu, wygląda na to, że jednak tego nie zrobi. Janukowycza nie zaproszono na spotkanie, choć od samego początku czekał na miejscu z wypiekami na twarzy.

28 KWIETNIA 2004 ROKU

O godzinie 11.20 na ulicy Starej Basmannej w Moskwie płatny zabójca zamordował Gieorgija Tala, oddając do niego strzał z bliskiej odległości. Tal był człowiekiem Jelcyna, w latach 1997–2001 pełnił funkcje kierownicze w federalnych służbach zajmujących się uzdrawianiem finansów i postępowaniami upadłościowymi. Tal zmarł dzisiaj wieczorem w szpitalu, nie odzyskawszy przytomności. Został kolejną ofiarą procesu polegającego na likwidacji ludzi zaangażowanych w redystrybucję głównych aktywów przemysłowych Rosji za pośrednictwem systemu bankrutujących przedsiębiorstw. W latach jego dyrektorowania doszło do całej serii przejęć wielu dużych przedsiębiorstw, głównie z sektora naftowego i aluminiowego. Za czasów Putina zaczęto przyglądać się uważniej kilku takim szemranym postępowaniom upadłościowym, w wyniku których wielkie zakłady trafiały w prywatne ręce dosłownie za grosze. Dotyczy to choćby Jukosu. Celem tej operacji jest dokonanie kolejnej redystrybucji majątku, tym razem na korzyść ludzi z otoczenia Putina.

Szczerze mówiąc, system kontrolowanych bankructw był całkowicie legalny za czasów Jelcyna. Korzystali z niego wszyscy, którzy są dzisiaj uważani za najbogatszych ludzi w kraju – mówiąc wprost, nasi oligarchowie dorobili się na tym niebywałych majątków za rządów poprzedniego prezydenta. Nic więc dziwnego, że Putin żywi ogromną nienawiść do większości z nich. Mało kto wątpi dzisiaj, że prawdziwym powodem likwidacji Tala było zamknięcie mu ust, by nie wyjawił zbyt wielu szczegółów działania służb, którymi wcześniej kierował. On po prostu wiedział za dużo o tych, którzy obecnie są bardzo wpływowi. Mordowanie przez płatnych zabójców syndyków masy upadłościowej jest stałym i nieodłącznym elementem procesu przekształceń własnościowych w Rosji.

Tal był kluczową osobą zarządzającą majątkami upadających przedsiębiorstw. Po roku kierował organizacją non-profit o nazwie Międzyregionalna Niezależna Organizacja Zawodowych Syndyków Masy Upadłościowej, która działała pod egidą Rosyjskiego Związku Przemysłowców i Przedsiębiorców, zajmując się głównie doradzaniem szefom firm zrzeszonych w RZPiP, którzy chcieli doprowadzić swoje przedsiębiorstwa do bankructwa, po czym przejąć kontrolę nad majątkiem likwidowanej fabryki. Byli to znani nam dobrze oligarchowie, tacy jak Oleg Deripaska, Władimir Potanin, Aleksiej Mordaszew, Michaił Fridman i inni. Jest jednak mało prawdopodobne, by właśnie tym ludziom zależało na zlikwidowaniu Tala.

Zabójstwo nie zaskoczyło nikogo w jego własnej organizacji, czyli w RZPiP, a nawet w kręgach wielkiego biznesu i biurokracji rządowej. Opinia publiczna była tym jeszcze mniej zaskoczona. Jakby nie wydarzyło się nic nadzwyczajnego.

KONIEC KWIETNIA 2004 ROKU

Kwiecień przeżyliśmy w poczuciu, że nieustannie jesteśmy oszukiwani, co może niejednemu odpowiadało, ponieważ tego właśnie oczekiwał i chciał. Lada moment czeka nas kolejna wielka ofensywa, którą będzie przygotowywana na 7 maja druga inauguracja Putina. Nie mogę jednak powiedzieć z czystym sercem, że wyczuwam w powietrzu nutę niecierpliwego wyczekiwania. Większości społeczeństwa naprawdę nie obchodzi, jak będzie wyglądała inauguracja ani czy w ogóle się odbędzie.

W przededniu ważnych wydarzeń, zgodnie z odwieczną tradycją, Rosja zamiera w zadumie nad przeszłością i co ważniejsze, nad przyszłością. Czy możemy się zatem spodziewać, że główni rozgrywający sceny politycznej uraczą nas po raz kolejny opowieściami o swoich planach na najbliższe lata, niewykluczone, że sięgając nawet do 2007 roku?

Moim skromnym zdaniem nie ma na to szans. Całkowite milczenie opozycji jest widomym znakiem, że doszło do całkowitego jej załamania. Brak jakichkolwiek nowych inicjatyw mówi nam, że „stara" opozycja nie zdoła w roku 2007 wywalczyć miejsc w kolejnej Dumie, a rok później nie znajdzie wiarygodnego kandydata na prezydenta. Nikt już nie wierzy też w rewolucję.

Kremlowski ośrodek badania opinii publicznej WCIOM zapytał Rosjan: „Czy wziąłbyś udział w organizowanej w twojej okolicy demonstracji dotyczącej obrony twoich praw?". Tylko 25 procent respondentów odpowiedziało twierdząco, na „nie" było 66 procent. Nie możemy się spodziewać rewolucji w najbliższym czasie.

7 MAJA 2004 ROKU

Inauguracja Putina na Kremlu. Demonstracja autokratycznej władzy i wspaniałości naszego Pierwszego Obywatela, a także widomy dowód jego samotności i odizolowania.

Nawet od własnej żony. W trakcie transmisji telewizyjnej na żywo komentatorzy stwierdzili: „Wśród zaproszonych na skromną ceremonię objęcia urzędu przez prezydenta Putina jest także żona Władimira Władimirowicza, Ludmiła Putina".

To śmiechu warte i ludzie rżeli z tych słów, aczkolwiek trzeba przyznać, że niezbyt radośnie. Żona Putina stała podczas ceremonii wśród innych VIP-ów, za barierką odgradzającą ją od zadowolonego z siebie, truchtającego po czerwonym dywanie Putina.

Prezydent przybywa na inaugurację sam, mija obojętnie miejsce, gdzie stoi jego żona, potem z podium przenosi się na carski balkonik, by podziwiać urządzoną na jego cześć paradę. Cały czas jest sam jak palec. Żadnych przyjaciół, żadnej rodziny. Odlot. To widomy znak, że nie ufa nikomu, co jest fundamentalną charakterystyką jego rządów. Towarzyszy mu za to niezachwiana pewność, że tylko on, Putin, wie, co jest najlepsze dla kraju.

Nie mamy zbyt wielkiego rozeznania, jak wyglądają inauguracje przywódców w innych krajach. Czy to powód do powszechnego świętowania? Czy może są takie jak u nas, w Rosji, urządzane na smutno i bez sensu?

9 MAJA 2004 ROKU

Achmat-hadżi Kadyrow, główny nominat Putina w Czeczenii, został właśnie zamordowany. Uczestniczył w inauguracji naszego prezydenta, po czym jeszcze wczoraj wrócił samolotem do Czeczenii, nie kryjąc rozczarowania miejscem, które wyznaczono mu w prezydenckim orszaku. Musiał stać w drugiej sali, z dala od pierwszego szeregu najbardziej honorowych gości, co z pewnością zostało odebrane jako przejaw ochłodzenia stosunków z Pierwszym Obywatelem.

Nie ma co ukrywać, Kadyrow ma powody do zdenerwowania. Putin jest jego jedyną nadzieją na utrzymanie się przy władzy i przetrwanie. Kadyrow kierował procesem tak zwanej „czeczenizacji" konfliktu w swojej republice, czyli doprowadzeniem do wybuchu bratobójczych walk pomiędzy Czeczenami, w trakcie których Kreml wspierał „dobrych", czyli stojących po stronie Kadyrowa, walcząc z tymi, którzy „nie byli z nami" i dlatego musieli zostać zlikwidowani.

Kadyrow zginął, gdy na stadionie Dynama w Groznym oglądał paradę w Dniu Zwycięstwa. Bombę wmurowano w filar podtrzymujący trybunę honorową, dokładnie pod miejscem, gdzie stał.

Od jakiegoś czasu krążą plotki, że Kadyrowa wysadzili w powietrze „nasi". W ostatnich miesiącach stosował tak duże środki ostrożności, że dostęp do niego mogli mieć wyłącznie „nasi". Za każdym razem, gdy pojawiał się gdzieś publicznie, cały teren był dużo wcześniej odgradzany szczelnym kordonem i wielokrotnie sprawdzany, zwłaszcza pod kątem obecności materiałów wybuchowych, a co najciekawsze, ludzi odpowiedzialnych za zabicie Kadyrowa nigdy nie znaleziono, choć pokazywano nam bardzo często w telewizji, że władze nie ustają w poszukiwaniu tych drani.

Kim mogą być owi „nasi"? To stacjonujący na terytorium Czeczenii funkcjonariusze Federalnego Oddziału Operacji Specjalnych; opłacani przez państwo zawodowi zabójcy; żołnierze GRU, Głównego Zarządu Wywiadowczego naszej armii, albo Centrum Operacji Specjalnych FSB; tajne pododdziały FSB do przeprowadzania misji specjalnych, czyli inaczej mówiąc, spece od przeprowadzania takich właśnie zamachów.

Odnieśliśmy 9 maja wrażenie, że śmierć Kadyrowa bez względu na to, kto za nią stał, przyniesie kres „czeczenizacji", a wraz z nią skończy się także kretyńska polityka Putina wobec Kaukazu Północnego. Kadyrowa usunięto, jak przypuszczano, by zakończyć najkrwawszy rozdział tej historii. Przypuszczenie to bardzo szybko okazało się mylne. Już wieczorem 9 maja, w dniu zamordowania prezydenta, jego psychopatyczny i bezgranicznie głupi syn Ramzan Kadyrow* został totalnie bez sensu mianowany jedną z najwyższych osobistości w Czeczenii. Ramzan dowodził do tej pory chroniącym jego ojca oddziałem, do którego najmowano największe szumowiny w republice, oferując im, jakżeby inaczej, całkowitą bezkarność.

Putin przyjął Ramzana na Kremlu jeszcze tego samego wieczoru. Młody Kadyrow przybył na spotkanie w jasnoniebieskim dresie, po czym zapewnił gorąco naszego prezydenta, że będzie kontynuował rozpoczęty przez jego ojca proces czeczenizacji konfliktu. Wszyscy widzieli przebieg tego spotkania, ponieważ pokazywano je na wszystkich kanałach ogólnopaństwowej telewizji. Obejrzeli je sobie także obywatele Czeczenii, którym dano w ten sposób do zrozumienia, że gangi kadyrowców utrzymały posiadany immunitet i nadal będą robić to co przedtem. Z niewiadomych dla mnie powodów administracja prezydencka uznała wcześniej, że po śmierci ojca Ramzan natychmiast ucieknie w góry, aby dołączyć do ukrywających się tam bojowników ruchu oporu. On jednak nie zwiał, lecz pozostał na miejscu, dzięki czemu otrzymał pozwolenie na dalsze terroryzowanie swojej republiki.

Doprowadziło to oczywiście do kolejnego wzrostu fali przemocy i do jeszcze większych podziałów – takimi metodami bowiem Ramzan Kadyrow, głupiec nad głupcami, umacniał zdobytą władzę. Wprawdzie ruch zbrojnego oporu zyskał po śmierci Kadyrowa seniora zastrzyk świeżej krwi, ale większość społeczeństwa kłaniała się kornie nowemu idiocie, który nabrał szybko przesadnie wysokiego mniemania o sobie.

26 MAJA 2004 ROKU

Putin wygłasza doroczne orędzie na forum Zgromadzenia Federalnego. Tak się u nas informuje naród o planach prezydenta na nadchodzący rok. Putin jest w szczytowej formie i w agresywnym nastroju. Z pełną pogardą wyraża się o społeczeństwie obywatelskim, twierdząc, że jest skorumpowane, a obrońcy praw człowieka to opłacana przez Zachód piąta kolumna. Oto dosłowny cytat: „Dla niektórych z tych organizacji [czyli społeczeństwa obywatelskiego] najważniejsze jest pozyskiwanie środków finansowych od wpływowych zagranicznych fundacji... W czasie gdy my borykamy się z fundamentalnymi i podstawowymi naruszeniami praw człowieka, z naruszaniem prawdziwych interesów ludzi pracy, głosy tych organizacji czasem w ogóle nie są słyszalne. Trudno się temu dziwić. Ci ludzie nie mogą przecież kąsać ręki, która ich karmi".

Niedługo później, co oczywiste, absurdalny atak Putina na organizacje zajmujące się obroną praw człowieka równie energicznie podjęli członkowie administracji państwowej, przede wszystkim w osobie głównego prezydenckiego ideologa i spin doktora Władysława Surkowa. Własnie dlatego obrońcy praw człowieka, którzy uczestniczyli w protestach przeciw wojnie w Czeczenii, zaczęli nosić plakietki głoszące: „Jestem opłacaną przez Zachód V kolumną".

Po wystąpieniu Putina z 26 maja władze państwa przystąpiły do zakładania własnych, w pełni zależnych od rządu „organizacji broniących praw człowieka". Nic z tego oczywiście nie wyszło, ale pomysł polegał na stworzeniu równoległego społeczeństwa obywatelskiego, które byłoby „po naszej stronie" i czerpałoby fundusze z rosyjskiego biznesu, czytaj: dostawałoby je od oswojonych z reżimem oligarchów. Ci na szczęście uparcie odmawiali, bez wątpienia mając w pamięci los Chodorkowskiego, który trafił do więzienia między innymi za finansowanie organizacji pozarządowych.

Dlaczego Putin zaatakował tak niespodziewanie organizacje broniące praw człowieka? Latem 2004 roku, po upadku demokratycznych i liberalnych ugrupowań, zaczynało być już jasne, że nowa opozycja może zrodzić się właśnie w łonie tych środowisk, podobnie jak było w Związku Radzieckim. Właśnie dlatego Putin musiał je publicznie zdyskredytować i zrobił to w swoim stylu.

W maju demokraci zachowali dotychczasowe milczenie. Dojście Ramzana Kadyrowa do władzy w Czeczenii było głównym wydarzeniem miesiąca, które przyćmiło nawet moment inauguracji Putina, ale nikt ze znanych opozycjonistów przeciw temu nie protestował. Prawdę powiedziawszy, demokraci nie wysilili się na żaden komentarz.

1 CZERWCA 2004 ROKU

Leonid Parfionow, genialny skądinąd dziennikarz telewizyjny, został dzisiaj zwolniony ze stacji NTV. W niezwykle popularnym programie informacyjnym *Inny dzień* wyemitował wywiad z żoną Zelimchana Jandarbijewa, czeczeńskiego przywódcy zamordowanego w Katarze. Była to zwykła, niespecjalnie bulwersująca rozmowa. Żona Jandarbijewa nie powiedziała w jej trakcie niczego zaskakującego, choć widać było, że pozostaje niepocieszona. Temat tej rozmowy był jednak niedopuszczalny.

Parfionow nie należał do agresywnych prezenterów, zazwyczaj szukał kompromisów między tym, czego chciała władza, a tym, co zamierzał przybliżyć widzom. Jego zwolnienie jest widomym dowodem cenzury politycznej, jaką uprawia się obecnie na antenie NTV.

Kakha Bendukidze, gruziński erudyta, który jest także rosyjskim oligarchą, został wyznaczony na ministra przemysłu w nowym gruzińskim rządzie. Saakaszwili bardzo sprawnie i szybko załatwił mu obywatelstwo republiki.

Do objęcia tego prestiżowego stanowiska przekonał Bendukidzego gruziński premier Zurab Żwania. Bendukidze zapowiedział już, że zamierza przeprowadzić w swojej dawnej ojczyźnie „ultraliberalne" reformy. Starannie unikał przy tym wszelkich komentarzy na temat charakteru tych zmian, niemniej zmiana obywatelstwa mówi sama za siebie. Najwidoczniej nie było dla niego miejsca wśród rosyjskich liberałów. Jeszcze przed rewolucją róż w Tbilisi Bendukidze mówił zarówno publicznie, jak i prywatnie o rozczarowaniu kierunkami rozwoju gospodarczego Rosji i o swoim pragnieniu, by dać sobie spokój z biznesami. Właśnie wyprzedaje swoje rosyjskie aktywa, w tym przedsiębiorstwa.

W Moskwie Centralna Komisja Wyborcza rozpoczyna kampanię propagandową, która ma skłonić elektorat do zaakceptowania likwidacji przed najbliższymi wyborami do Dumy tak zwanych jednomandatowych okręgów wyborczych, co może i zapewne będzie faworyzować tak zwaną ordynację proporcjonalną, dającą większe przywileje istniejącym już dużym partiom politycznym. Okręgi jednomandatowe to jedno z praw, o które walczyliśmy z takim uporem, niezwykle ważne w naszym postkomunistycznym społeczeństwie. Celem Kremla jest zmuszenie ludzi do głosowania wyłącznie na duże partie polityczne. Kolejne zamierzenie to podwyższenie progu wyborczego, po którego przekroczeniu dane ugrupowanie dostaje się do Dumy. Innymi słowy, w wyborach będą się liczyć wyłącznie największe partie.

Taki system cofnie nas do czasów sowieckich. Uniemożliwi powstawanie nowych ugrupowań parlamentarnych i zmarginalizuje wszystkie te ugrupowania, które nie dostaną się do Dumy. W efekcie Kreml będzie musiał radzić sobie tylko z dwiema albo trzema starszymi formacjami, które udowodniły już, że są w stanie iść na każdy, największy nawet kompromis. Partie takie, jak komunistyczna, liberalno-demokratyczna i pod pewnymi względami Rodina, będą tańczyły, jak im napuszeni biurokraci z Jednej Rosji zagrają.

Podstawowy cel tych działań to zapewnienie sobie przez Kreml przewidywalności wyniku każdych wyborów, które będą planowane w zaciszu gabinetów. Partie demokratyczne zostaną natychmiast zmarginalizowane, ponieważ poparcie dla Jabłoka i Sojuszu Sił Prawicowych nie sięgnie 7 procent, czyli progu wyborczego, który postuluje dzisiaj Kancelaria Prezydenta. Informację o tym przekazano nam w taki sposób, jakby zostało to już dogadane z Aleksandrem Wiszniakowem, dalekim od niezależności przewodniczącym Centralnej Komisji Wyborczej.

Wiszniakow wyjaśnił przy tej okazji, że wybory oparte na ordynacji większościowej mogłyby odbyć się już w czerwcu 2005 roku dzięki wprowadzeniu zmian w Ustawie o podstawowych gwarancjach praw wyborczych i prawa obywateli Federacji Rosyjskiej do udziału w referendach.

I tak właśnie się stało. Wyjaśniono ludziom, że nowy system jest „bardziej odpowiedzialny". Nikt nie protestował, nikt nie organizował demonstracji, tylko obrońcy praw człowieka próbowali ostrzec Zgromadzenie Parlamentarne Rady Europy i pozostałych przywódców starego kontynentu, że w Rosji nie ma już demokratycznych wyborów. Ci przyjęli to wszystko do wiadomości, zauważając nie bez cienia racji, że nikt u nas tego stanu rzeczy nie oprotestowuje. I tak nowa ordynacja została przyklepana także na Zachodzie.

2 CZERWCA 2004 ROKU

W Czeczenii odbył się pogrzeb Zelimchana Kadyrowa, starszego syna Achmata-hadżiego. Wszyscy wiemy, że to nałogowy narkoman, który zmarł na atak serca zaledwie trzy tygodnie po udanym zamachu na jego ojca. Najbliżsi krewni twierdzą, że Zelimchan był przeciwnikiem brutalnej polityki uprawianej przez jego ojca i młodszego brata, w związku z czym postanowił uciec w heroinę.

19 CZERWCA 2004 ROKU

Nikołaj Girienko został zastrzelony we własnym mieszkaniu w Sankt Petersburgu. To polityczne morderstwo na znanym obrońcy praw człowieka i akademiku o antyfaszystowskich poglądach. Mordu dokonali rosyjscy faszyści, którzy wcale nie zamierzają tego ukrywać. Miał to być pokaz ich siły. Najpierw wydali na niego „wyrok śmierci", umieszczając tekst w internecie, co zostało zignorowane przez władzę, potem dokonali egzekucji.

Kim był Girienko? To petersburski etnograf, akademik, wybitny pracownik naukowy Muzeum Antropologii i Etnografii imienia Piotra Wielkiego należącego do Rosyjskiej Akademii Nauk. Powoływano go jako biegłego w wielu procesach sądowych wytaczanych naszym rodzimym organizacjom faszystowskim. Analizował teksty publikacji radykalnych nacjonalistów i manifesty grup neonazistowskich, udowadniając za każdym razem, że chodzi o skrajny ekstremizm. Takie procesy należą jednak do rzadkości. W roku 2003 tylko jedenaście z siedemdziesięciu dwóch zbrodni popełnionych na tle rasowym trafiło na nasze wokandy. Pozostałe zostały umorzone z powodu niemożności czy może raczej niechęci śledczych do udowadniania rasistowskiej motywacji.

Neonaziści nienawidzili Girienki, ponieważ był doskonałym ekspertem, który świadczył przeciw nim, bardzo często doprowadzając do wydania wyroków bezwzględnego pozbawienia wolności, choć w innych przypadkach podobne rozprawy kończyły się najczęściej wyrokami w zawieszeniu albo nawet uniewinnieniem. Na początku miesiąca zeznawał w Nowogrodzie Wielkim na procesie członków tamtejszego odgałęzienia Rosyjskiej Partii Jedności Narodowej.

Teraz rzadko który akademik odważy się zeznawać w sądach podczas podobnych procesów. Ludzie boją się odwetu ze strony faszystów, którzy cieszą się poparciem władz państwa i znaczącej części populacji. Nie mogą przecież liczyć na programy ochrony świadków, ponieważ nasze organa ścigania same są przesiąknięte do szpiku kości szowinizmem i ksenofobią.

Zawsze takie były, ale epoka Putina i druga wojna czeczeńska doprowadziły do wybuchu histerycznego wręcz strachu przed mieszkańcami Kaukazu.

– Gdy usłyszałam o zamordowaniu Girienki, byłam pewna, że dojdzie do fali protestów społecznych – komentuje pisarka Ałła Gerber, prezesująca Fundacji Holokaust.

Do grudnia była wieloletnią deputowaną naszej Dumy z listy Sojuszu Sił Prawicowych. Jak się okazało, nikt nie protestował, mieliśmy za to falę społecznej satysfakcji – dla przykładu, na stronach internetowych organizacji nacjonalistycznych zawieszono radosne w tonie informacje o pozbyciu się Girienki: „Narodowcy ucieszyli się na wieść o śmierci tego akademika!". Rosyjska Partia Jedności Narodowej ogłosiła, że „z ulgą przyjęła do wiadomości informacje o przedwczesnej śmierci tego znanego antyfaszysty". Sojusz Słowiański (Sławianskij sojuz, w skrócie SS) rozlepił plakaty, które jak twierdzono, zostały wydrukowane jakiś czas przed zastrzeleniem Girienki. Przedstawiają młodego mężczyznę w mundurze szturmowca z pistoletem w ręku. Podpis pod tym obrazkiem brzmi: „In memoriam Girienko". Nikt nikogo za to nie zatrzymał. Prokuratura nie ma nam nic do powiedzenia, nie mówiąc już o podjęciu wymaganych prawem działań. Żadna z witryn internetowych nie została zamknięta. Ich właścicielom nie będą postawione żadne zarzuty.

W tym samym czasie na stronie internetowej innej ultranacjonalistycznej organizacji, jaką jest Partia Wielkiej Rosji, pojawiła się „lista wrogów narodu rosyjskiego". Znajduje się na niej 47 nazwisk, w tym Swietłana Gannuszkina, przewodnicząca Samopomocy Obywatelskiej, największego stowarzyszenia pomocy uchodźcom i tym, których siłą wysiedlano. Jest tam także Ałła Gerber, prezeska Fundacji Holokaust, doskonale znana działaczka ruchów zwalczających rosyjski antysemityzm. Znajdziecie na niej też Andrieja Kozyriewa, byłego ministra spraw zagranicznych, za jego prozachodnie skłonności. I prezentera telewizyjnego Nikołaja Swanidzego tylko dlatego, że jest Gruzinem oraz – tak się przypadkiem składa – dalekim krewnym Stalina. Jelena Changa trafiła na listę, ponieważ jej matka poślubiła Afrykanina. Niżej podpisana też jest jednym z wrogów narodu.

Sojusz Słowiański głosi: „Dobrze wiadomo, że liczne tak zwane stowarzyszenia obrońców praw człowieka, zazwyczaj składające się z przekupnych nierosyjskich działaczy i utrzymujące się z funduszy wpłacanych przez zagranicznych sympatyków albo fundacje powiązane mocno z CIA, MI6 i Mossadem, gromadzą materiały obciążające największych rosyjskich aktywistów". Poniżej przywódca SS Dmitrij Diemuszkin otwarcie grozi ludziom umieszczonym na liście: „Zbliża się noc długich noży!".

Nie da się ukryć, że wszystkie te działania są pochodną zamordowania Girienki – czego władze państwa nie chcą zauważyć, ba, co nawet próbują przemilczeć – aczkolwiek przykład idzie także z góry, ponieważ rządzący mówią wprost, co powinno się robić z „przekupnymi obrońcami praw człowieka". W swoim wystąpieniu przed Zgromadzeniem Federalnym Putin użył niemal tych samych słów co przywódca naszego SS.

21–22 CZERWCA 2004 ROKU

Tej nocy trwająca już pięć lat „operacja antyterrorystyczna" osiągnęła apogeum, gdy bojownicy ruchu oporu przejęli kontrolę nad Inguszetią.

Jest kilkanaście minut po 23. Zaczynam dostawać telefony od przyjaciół mieszkających w tej republice, a mam ich tam sporo.

– Dzieje się coś strasznego. To wojna! – krzyczy kobieta do słuchawki. – Pomóż nam! Zrób coś! Leżymy z dziećmi na podłodze!

W tle słyszę grzechot kałasznikowów i wykrzykiwane raz po raz *Allahu akbar!* [Allah jest wielki!].

Słuchanie odgłosów wojny przez telefon trwa do białego rana, przez cały ten czas mam poczucie potwornej totalnej bezsilności. W samym środku nocy w Moskwie nie mogę zrobić nic, by komukolwiek pomóc. Stacje telewizyjne są pozamykane, zespoły przygotowujące dzienniki już dawno rozeszły się do domów. Przedstawiciele organów ścigania powyłączali komórki i śpią w najlepsze. Mogą cię zabić, obrabować, a generałowie i tak zaczną wydawać rozkazy dopiero z rana.

To właśnie wydarzyło się w Inguszetii. Gdy rankiem bojownicy zaczęli się wycofywać, żołnierze, których w Inguszetii i sąsiednich republikach jest mrowie, opuścili w końcu „miejsca stacjonowania" i rozpoczęli organizowanie pościgu. Nad głowami warczały helikoptery, pojawiło się nawet wsparcie z powietrza.

Było jednak za późno. Bojownicy zdążyli się wycofać. Pozostały po nich ciała leżące na ulicach, zarówno w ubraniach cywilnych, jak i w mundurach. Zdecydowana większość zabitych to milicjanci podlegający Ministerstwu Spraw Wewnętrznych Inguszetii, nazrańskiemu Urzędowi Spraw Wewnętrznych i komendzie milicji w Karabułaku. Zginęło także paru prokuratorów i funkcjonariuszy FSB. Wyrżnięto oficerów średniego szczebla, spalono pojazdy i budynki należące do tamtejszych sił bezpieczeństwa. Stało się jasne, że oddział liczący ponad dwustu bojowników zdołał opanować Nazrań, a podobnych rajdów dokonano równolegle także na Karabułak i na położoną na wzgórzach wioskę Slepcowskaja. Atakujący rozstawili blokady dróg, gdzie im się żywnie podobało, po czym zabijali każdego, kto tamtędy przejeżdżał i miał przy sobie dokumenty świadczące o współpracy z organami ścigania, nie oszczędzano także innych ludzi, którzy mieli tego pecha, że wpadli w pułapkę.

Świadkowie zeznali, że na blokadach stali Czeczeni, Ingusze i ludzie o „słowiańskim wyglądzie", a każdy z nich twierdził, że podlega Szamilowi Basajewowi*.

Czy Basajew mógł zebrać oddział liczący dwustu ludzi? W sytuacji gdy wszystkie służby bezpieczeństwa, w tym pracujące na terytorium Czeczenii, informowały przełożonych od niemal trzech lat, że na wolności pozostało nie więcej niż 50 bojowników, a może już tylko 30 albo nawet 20?

Była to doskonale zaplanowana operacja partyzancka, o której służby nic nie wiedziały zawczasu, operacja, której nie mógłby powstrzymać półgłówek Kadyrow i ten jego pułk (którego może obawiać się Kreml, ale jak widać, na pewno nie Basajew); ani tysiące rosyjskich żołnierzy stacjonujących w Chankale; ani nawet tysiące rezerwistów z Mozdoku czy żołnierzy 58 Armii operującej na terenie Osetii, skąd musiała pochodzić spora część bojowników. Do tego mamy 14 tysięcy czeczeńskich milicjantów i kolejne 6 tysięcy z Inguszetii.

Warto zadać pytanie: czy nasze służby wywiadowcze naprawdę istnieją? Albo pułk Kadyrowa? Te 14 tysięcy milicjantów i kolejne 6 tysięcy z Inguszetii? Czy w pobliżu Inguszetii leżą Chankała i Mozdok?

Rajd na Inguszetię dowiódł nam ponad wszelką wątpliwość, że nie są to z pewnością skuteczne formacje sił bezpieczeństwa. Nasz system obrony jest równie wirtualny jak Putin, stworzony wyłącznie do sprawiania wrażenia, że mógłby walczyć, ale nie do podejmowania samej walki. Właśnie dlatego tysiące ludzi znikają bez śladu po spotkaniu na swojej drodze „niezidentyfikowanych zamaskowanych mężczyzn w mundurach polowych". Ktoś bowiem musi wysłać przełożonym nowy raport o walce z terrorem. Potrzebuje wyników, ale dostępne mu siły, zarówno wojskowe, jak i bezpieczeństwa, nadają się jedynie do uprowadzania i mordowania ludności cywilnej, do niczego więcej.

Nierozważni obywatele, którzy opuścili swoje domy nocą i udali się na blokady drogowe, gdzie prosili bojowników, by sobie poszli, odkryli ze zdziwieniem, że wśród najeźdźców jest tylu samo Inguszów co Czeczenów.

Gdy zimą i wiosną minionego roku zaczęło się uprowadzanie ludzi na masową skalę, młodzi mężczyźni z Inguszetii woleli iść do lasu albo w góry, niż dalej cierpieć, a miejscowe władze ciskały gromy na tych, którzy odważyli się mówić, że to bardzo niebezpieczna tendencja mogąca prowadzić do eskalacji działań zbrojnych. Więcej nawet, upierały się, że sytuacja jest jak najbardziej stabilna. Uprawianą przez nie fikcję 22 czerwca przypłaciło życiem niemal sto osób. Milicjanci, którzy się bronili, na próżno czekając na nadejście odsieczy, zginęli w walce, spełniając do samego końca swój obywatelski obowiązek, ale kto weźmie odpowiedzialność za zabitych cywili?

Pełną odpowiedzialność w prawnym tego słowa znaczeniu ponoszą oczywiście bojownicy ruchu oporu, którzy dokonali tych mordów, ale równie winne są w tym wypadku tak zwane władze państwowe. Te same, które zapewniają nas niestrudzenie, że „biorą odpowiedzialność za wszystko". Władza kłamała, nie robiła nic, martwiła się wyłącznie utrzymaniem przy władzy i tym samym skazywała niewinnych ludzi na śmierć.

Gdzie był tej nocy Ziazikow? Otóż uciekł w przebraniu kobiety. Pozbył się ochroniarza, aby nie zwracać na siebie uwagi, i wrócił, dopiero gdy zagrożenie minęło, gdy ludzie zaczynali szukać swoich bliskich wśród ofiar. To raczej niesłychane zachowanie mężczyzny, i to nie tylko na Kaukazie. Jeśli ten bezsensowny system, z Ziazikowem w samym centrum, będzie trwał i jeśli Putin nie zmieni swoich chorych planów wobec Czeczenii, grożą nam kolejne tragedie przypominające wydarzenia z 22 czerwca. To, że wszyscy kłamiemy od tak wielu lat na temat wojny w Czeczenii, a także to, że nie potrafiliśmy przyznać się do prawdziwych przyczyn tragedii w teatrze na Dubrowce, doprowadziły do okropności, jakie miały miejsce w Inguszetii.

Musimy w końcu znaleźć polityczne rozwiązanie tej sytuacji bez wyjścia.

23 CZERWCA 2004 ROKU

Dwadzieścia cztery godziny po tragedii, gdy w całej Inguszetii trwały pogrzeby ofiar rajdu, Ału Ałchanow, czeczeński minister spraw wewnętrznych, ogłosił przed obiektywami kamer telewizyjnych, że zamierza ubiegać się o stanowisko prezydenta republiki. Ałchanow jest jednym z tych, którym nie udało się schwytać Basajewa, ale media mimo to prezentują go na okrągło jako kandydata preferowanego przez Putina. Stając w pierwszym szeregu, Ałchanow opowiada raz po raz, jak to nie może się doczekać „spokojnych wyborów 29 sierpnia", dodaje także, że najważniejsze jest obecnie odrodzenie czeczeńskiego rolnictwa. Zdaje się nie zauważać, jak wątpliwie brzmią te wypowiedzi dosłownie dzień po tragedii, która tak boleśnie dotknęła sąsiednią Inguszetię.

1 LIPCA 2004 ROKU

W moskiewskim monasterze Daniłowskim odbywa się debata na temat: „Wolność i godność osobista – poglądy prawosławne i liberalne". Bierze w niej udział Rostisław Szafariewicz, dawny kolega, nawet przyjaciel Andrieja Sacharowa, a obecnie zatwardziały reakcjonista i obrońca Putina. Jest tam także Ełła Pamfiłowa, przewodnicząca Prezydenckiej Komisji Rozwoju Społeczeństwa Obywatelskiego i Praw Człowieka. Poza nią w rozmowie udział biorą: diakon Andriej Kurajew i protojerej Wsiewołod Czaplin. Przy okrągłym stole grono to rozkładało na części pierwsze lansowaną przez Władysława Surkowa koncepcję dotyczącą rosyjskiego modelu obrony praw człowieka.

Po pierwsze, miałaby ona być finansowana przez rodzimy biznes, a po drugie, powinna się opierać na etyce rosyjskiego prawosławia.

A co z tymi, którzy nie są prawosławnymi chrześcijanami? Co z muzułmanami? Co z wyznawcami religii mojżeszowej? Czy wykluczymy ich z grona obrońców praw człowieka? Ruchy tego rodzaju są przecież z natury ponadreligijne i ponadnarodowe. W każdym razie, jeśli wierzyć Dostojewskiemu, Rosjanin jest „człowiekiem uniwersalnym".

W tym przypadku niczego takiego niestety nie zauważamy. Putin nakazał Cerkwi, by rozwinęła pomysł, o którym wspomniał podczas przemówienia przed Zgromadzeniem Federalnym, czyli zastąpienia obrony praw człowieka na „zachodnią modłę" bardziej swojskim podejściem, najlepiej „prawosławnym". Rosyjska Cerkiew Prawosławna wyraziła szybko zgodę, pragnąc po raz kolejny udowodnić lojalność wobec władz, i oczywiście w podzięce za to, że Putin uczynił z niej główne wyznanie państwowe. Metropolita Cyryl wygłosił poruszającą mowę na temat potrzeby znalezienia nowych przywódców ruchu broniącego praw człowieka, takich, „którzy kochają nasz kraj". Mam wrażenie, że on po prosu nie rozumie, iż „znalezienie nowych przywódców ruchu broniącego praw człowieka" jest po prostu niemożliwe. Takie ruchy tworzy samo życie albo ich nie ma w ogóle.

Ełła Pamfiłowa również zabrała w tej sprawie głos. Dawniej była entuzjastką demokracji prowadzącą liczne kampanie wymierzone w spasionych partyjnych bonzów. Dzisiaj równie entuzjastycznie popiera Putina i jego nowy stosunek do obrońców praw człowieka. Oto, co powiedziała podczas spotkania: „Nie zgadzam się, że mamy do czynienia z ideologicznym kryzysem w sprawie obrony praw człowieka. Nie możemy mieć kryzysu w kwestii, która z definicji nie ma prawa istnieć! Owszem,

kryzys istnieje, ale dotyczy działających na rzecz obrony praw
człowieka konkretnych organizacji, których przywódcy, pod wie-
loma względami tkwiący nadal mentalnie w minionym stuleciu,
próbują walczyć z państwem totalitarnym, dawno już przecież
nieistniejącym. Przyzwyczaili się jednak do wystosowywania
krzykliwych apeli adresowanych do przywódców świata zachod-
niego, aby za ich pośrednictwem wpływać na decyzje naszych
władz państwowych. Powtórzę: nie powinniśmy utożsamiać całego ruchu na rzecz obrony praw człowieka w Rosji ze znanymi
głównie z minionych czasów pięcioma czy dziesięcioma osobami, które już dawno temu myliły kampanię na rzecz obrony
praw człowieka z uprawianiem polityki i nadal bardzo często
to robią, radykalnie broniąc zajmowanych stanowisk, ale nie
znajdują poparcia większości doskonale poinformowanego społeczeństwa. Nie sądzę jednak, by ci ludzie stanowili dla nas wielkie niebezpieczeństwo. Wierzę, że jesteśmy w Rosji świadkami
narodzin nowej jakości w obronie praw człowieka... Wierzę także, że w organizacjach broniących praw człowieka mamy wielu
młodych liderów, którzy działają w interesie naszego narodu".

To oczywiste, że ich mamy. Problem w tym, że ich postawa
i zapatrywania z pewnością nie ucieszą Pamfiłowej. Radykaliza-
cja młodego pokolenia jest faktem. Dzieci pokonanych zwolenników Jabłoka i Sojuszu Sił Prawicowych wstępują właśnie do
narodowych bolszewików, czyli do partii Limonowa*.

Rozpoczyna się ostatni akt niszczenia Jukosu. W nocy z 1 na
2 lipca zamrożono wszystkie aktywa koncernu. Wydobycie ropy
zostało wstrzymane, co spowodowało gwałtowny skok cen tego
surowca na światowych rynkach. Jukos chciał sprzedać pakiet
akcji Sibinieftu, swojej spółki córki, aby uregulować nowe zobowiązania, ale państwo odrzuciło tę propozycję, dążąc do całkowitej likwidacji Jukosu. To kompletna katastrofa, coś, co

prezydent Putin lubi określać terminem „dowalmy im tak, żeby zabolało". A wszyscy mają to gdzieś.

6 LIPCA 2004 ROKU

Zwołany w czeczeńskiej wsi Siernowodskaja wiec, na którym żądano wypuszczenia grupy ostatnio uprowadzonych mężczyzn, został rozpędzony ogniem z broni palnej. Kobiety z sąsiednich miejscowości, takich jak Assinowskaja i Aczchoj-Martan, zablokowały w tym samym czasie szosę krajową, stawiając te same żądania: zaprzestańcie samowolnych uprowadzeń naszych synów, mężów i braci. Nic to nie dało. Protesty poparli w Rosji wyłącznie działacze organizacji broniących praw człowieka.

7 LIPCA 2004 ROKU

W czeczeńskim mieście Szali zebrały się matki uprowadzonych mężczyzn. Ogłosiły, że zamierzają przystąpić do bezterminowego strajku głodowego, ponieważ miejscowe organa ścigania nie robią nic, by szukać porwanych. Chcą też, by europejskie i międzynarodowe organizacje obrony praw człowieka usłyszały ich krzyk rozpaczy i wpłynęły na uproszczenie procedur przyznawania Czeczenom statusu uchodźcy.

„Wygnano nas z Inguszetii, jesteśmy mordowani, naszych synów porywa się w Czeczenii, a w Rosji zrobiono z nas obywateli drugiej kategorii" – głosi uchwała podjęta podczas tego zgromadzenia.

Tej samej nocy siły federalne kontynuowały operację uprowadzania mężczyzn z ich domów w Groznym, Nazraniu i Karabułaku. Strasburg zalewa istna powódź listów wysyłanych z Czeczenii.

9 LIPCA 2004 ROKU

Kolejna przerażająca śmierć żołnierza w rosyjskiej armii. Żołnierze giną w naszej armii z najróżniejszych powodów, ponieważ armia robi co w jej mocy, by ułatwić im umieranie. Możesz palić się do służby wojskowej, możesz się zaciągnąć, zanim otrzymasz powołanie, jak zrobił Jewgienij Fomowski, ale i tak cię to nie uratuje. Zawsze istnieje bowiem ryzyko, że trafisz na szumowiny, które będą tobą pogardzać, którym nie spodoba się twój wzrost albo rozmiar stóp, w związku z czym zostaniesz zabity.

– Mojego syna chowali, gdy jego koledzy ze szkoły zdawali egzaminy końcowe – mówi mi Swietłana, matka Jewgienija. Pochodzi z miasteczka Jarowoje w Kraju Ałtajskim. – Żenia zdał wszystkie egzaminy wcześniej, aby załapać się na wiosenny pobór do armii.

– Dlaczego?

– Chciał szybciej mieć to za sobą, aby nie nękała go miejscowa Komenda Uzupełnień i aby mógł szybciej iść na studia.

Sprawy nie potoczyły się jednak tak, jak poborowy sobie życzył. Kariera wojskowa Jewgienija Fomowskiego trwała od 31 maja do 9 lipca, czyli półtora miesiąca. W dniu 8 czerwca stawił się w podlegającej FSB jednostce straży granicznej w Priarguńsku w obwodzie czytyjskim. Przysięgę złożył 4 lipca. Dwa dni później, 6 lipca, ten spokojny małomówny olbrzym z Syberii został wysłany na pobliskie wzgórza do letniego obozu szkoleniowego zaledwie 12 kilometrów od Priarguńska. A 9 lipca rano znaleziono go powieszonego na dwóch połączonych paskach w na pół zawalonej chacie, niecałe sto metrów od najbliższych namiotów obozu. Jeszcze tego samego dnia około godziny 21 listonosz dostarczył na ulicę Ałtajską w Jarowym telegram, w którym napisano: „9 lipca 2004 roku wasz syn Fomowski Jewgienij Anatolijewicz popełnił samobójstwo. Prosimy o natychmiastowe wskazanie miejsca pochówku. Data wydania trumny ze zwłokami zostanie przesłana w osobnej wiadomości. Dowódca jednostki wojskowej...".

Cóż takiego się wydarzyło? Jewgienij był silnym chłopakiem dobrze przygotowanym do służby wojskowej, utalentowanym sportowcem, który jeszcze przed 18. urodzinami opanował kilka umiejętności przydających się podczas służby w wojsku. Armia nie potrzebuje jednak wykształconych jednostek, tylko masy posłusznych rekrutów. Źródłem tej tragedii jest to, że Jewgienijowi, który ma rozmiar stopy 47 i mierzy 196 centymetrów, wydano buty wojskowe numer 44, po czym zmuszono go jeszcze tego samego dnia do biegu terenowego w nich na dystansie pięciu kilometrów w niemal czterdziestostopniowym upale.

Znęcanie się nad poborowymi, czyli tak zwana fala, to stary obyczaj naszej armii. Na dzień przed „samobójstwem" Jewgienij mógł chodzić tylko w kapciach.

– Gdy zobaczyłam go w kostnicy, duży palec u nogi miał zdarty do kości – mówi jego ciotka Jekaterina Michajłowna.

Rosja to duży kraj. Kiedy matka i ciotka wyruszały w pięciodniową podróż do Priarguńska, aby odwiedzić Jewgienija, nie miały pojęcia, co je czeka.

– Spóźniłyśmy się. – Swietłana płacze. – Dotarłyśmy do Priarguńska 10 lipca, dzień po śmierci Żeni.

Priarguńsk to miasto leżące hen przy granicy z Chinami i Mongolią. Tamtejsza kostnica mieści się w budynku przylegającym do szpitala rejonowego.

– Zobaczyłam Żenię, gdy zaprowadzono nas do kostnicy – referuje jego ciotka Jekaterina. – Na szyi miał otarcia, pewnie od pętli. Na lewym nadgarstku widziałam nacięcia, Powiedziano nam, że najpierw próbował podciąć sobie żyły. Na całym ciele miał ślady pobicia, także na głowie. Był taki miękki w dotyku, jakby nie miał kości, ponieważ wszystkie mu połamali. Z tyłu głowy widać było wyraźne wgłębienie, coś jak ślad po uderzeniu ciężkim przedmiotem. Genitalia zostały zmiażdżone: to była jedna czarna masa. Nogi miał całe popuchnięte, z ranami jedna na drugiej, jakby go wleczono po ziemi. Plecy wyglądały bardzo podobnie, cała skóra była z nich zdarta. Na stopie widziałam odparzenia. A na barkach siniaki, jakby ktoś mocno na nie naciskał. Uważam, że był torturowany, a powieszono go tylko po to, by zatuszować morderstwo.

Jewgienij nie chciał cierpieć z powodu zbyt małych butów, dlatego domagał się wydania nowych, we właściwym rozmiarze. Armia postanowiła więc dać mu nauczkę: zgodnie z odwieczną wojskową tradycją dokonali tego tak zwani „dziadkowie" – sierżanci, żołnierze służący co najmniej drugi rok i ci tuż przed zwolnieniem do cywila – oczywiście za wiedzą i przyzwoleniem oficerów. Przełożeni oczekują od dziadków, że „utrzymają porządek" w koszarach.

Fakt, że Jewgienij został zamordowany, potwierdził jakiś czas później jeden z poborowych, który wyjaśnił, że oprawcy nie zamierzali go zabić, tylko dać mu nauczkę, by nie wywyższał się ponad innych. Przesadzili jednak i Jewgienij zmarł podczas tortur. Zabójcy postanowili więc, że sfingują jego samobójstwo.

Tragedia szeregowego Fomowskiego, lat 18, zabitego tylko dlatego, że miał zbyt duże stopy, nie spowodowała wielkiego oburzenia na okrucieństwa, z jakimi mamy do czynienia na co dzień w trakcie służby wojskowej. Nikt nie nalegał, by minister obrony Siergiej Iwanow albo dyrektor FSB Nikołaj Patruszew podjęli się zapewnienia naszym żołnierzom godniejszych warunków służby, z odpowiednim wyżywieniem, odzieniem i obuwiem, nikt też nie żądał, by wzięli osobistą odpowiedzialność za życie młodych mężczyzn, których powołują do służby.

Wszystko zostało, jak było, dlatego możemy się spodziewać kolejnych zabójstw młodych żołnierzy.

Nieco później tego samego wieczoru zabito Paula Klebnikova, redaktora naczelnego rosyjskiego wydania magazynu „Forbes". Klebnikov był potomkiem dekabrysty Puszczina, przyjaciela Aleksandra Puszkina. To Amerykanin, który od dłuższego czasu badał rozwój rosyjskiej oligarchii. Zamordowanie Klebnikova pozostaje zagadką, ale śmieszne są sugestie organów ścigania, że sprawcami mogli być Czeczeni pragnący zemsty za napisanie książki, w której przedstawiono w złym świetle Choż Achmeda Nuchajewa. Służby gonią w piętkę, ponieważ nikt nie umie rozwiązać sprawy, która wywołuje na świecie ogromne poruszenie. Nuchajew to dziwna, pełna sprzeczności postać. Dawny dowódca polowy, którzy opuścił szeregi ruchu oporu i zaczął pozować na filozofa, choć nim nie jest. Nigdy nie cieszył się też zbyt wielkim autorytetem wśród rodowitych Czeczenów, trudno więc wyobrazić sobie, że ktoś mógłby dokonać tego mordu w jego imieniu.

Muchamed Cykanow został wiceprezesem holdingu Jukos--Moskwa. Były wiceminister rozwoju gospodarczego jest w rzeczywistości rządową wtyczką, która ma zapewnić „poprawną" wyprzedaż Jukosu. Nie muszę dodawać, że Cykanow siedzi w kieszeni rządzących. Wcześniej zajmował się „odbudową Czeczenii", przedsięwzięciem z góry skazanym na porażkę, choć tak zwane dotacje budżetowe zostały wydane co do grosza. Człowiek, który kierował tym procesem, żyje sobie jednak jak pączek w maśle, nie spotkały go z tego powodu żadne szykany, a nawet, jak widać, awansował.

10 LIPCA 2004 ROKU

Telewizja NTV wyemitowała ostatni odcinek programu *Wolność słowa* Sawika Szustera. Zlikwidowano ostatni sensowny talk--show w rosyjskiej telewizji. Do kasacji poszedł też program

Sprawy osobiste Aleksandra Gierasimowa, także emitowany przez NTV – raz w tygodniu analizowano w nim przebieg ostatnich wydarzeń. Gierasimow, który był zastępcą naczelnego odpowiadającym za dział wiadomości, także odchodzi z tej stacji. Zniszczenie wszelkich przejawów swobodnego myślenia i nieprzewidywalności w rosyjskiej telewizji możemy uważać za dokonane.

16–17 LIPCA 2004 ROKU

Do czeczeńskiej wsi Siernowodskaja, leżącej na pograniczu tej republiki i Inguszetii, wjechali transporterami opancerzonymi żołnierze i uprowadzili sześciu mężczyzn: dwóch braci Indarbijewów, z których jeden był majorem w milicji; trzech braci Inkiemirowów w wieku 15–19 lat; i niepełnosprawnego Anzora Łukajewa. Zgromadzenie tamtejszych kobiet, żądające uwolnienia krewnych i sąsiadów, zostało rozgonione kilkoma strzałami ostrzegawczymi w powietrze i ziemię. Pierwsi otworzyli ogień ochroniarze Ału Ałchanowa, „przewodniczącego Komitetu Odbudowy Czeczenii". To czołowy kandydat na prezydenta, były funkcjonariusz milicji i minister spraw wewnętrznych – ten sam Ału Ałchanow, który niestrudzenie powtarza w telewizji, że „dzięki niemu fala uprowadzeń maleje". Łatwiej jest uwierzyć we własne słowa, gdy strzela się do tych, którzy przypominają, że nie są do końca prawdziwe.

20 LIPCA 2004 ROKU

Około 4 nad ranem w inguskich Gałaszkach najpierw pobito na oczach żony i siedmiorga dzieci, a potem zastrzelono traktorzystę Biesłana Arapchanowa. Oczywiście przez pomyłkę. Siły bezpieczeństwa zamierzały dokonać aresztowania bojownika ruchu oporu nazwiskiem Rusłan Chuczbarow. Ściśle tajne informacje wywiadu wskazywały, że poszukiwany będzie tej nocy spał w domu numer 11 przy ulicy Partizanskiej.

Z niewiadomego powodu żołnierze wtargnęli do domu numer 1 przy tej samej ulicy i zastrzelili bogu ducha winnego Arapchanowa. Chwilę po dokonaniu egzekucji oficer dowodzący tą operacją wszedł do domu Arapchanowów, przedstawił się zszokowanej żonie jako śledczy FSB Kostienko i okazał nakaz przeszukania posesji numer 11 przy ulicy Partizanskiej. W tym momencie jego błąd stał się oczywisty, ale Kostienko nie raczył nawet przeprosić rozpaczającej wdowy.

Tak wygląda naprawdę nasza „operacja antyterrorystyczna". Jaką nauczkę wyciągnie z tego siódemka dzieci Biesłana Arapchanowa? Jakie mamy szanse, że zapomną o wszystkim i wybaczą nam?

Kostienko nie przeprosił także matek dzieci, które zginęły nieco później podczas ataku na szkołę podstawową w Biesłanie przeprowadzonym przez tego samego Chuczbarowa, którego nie udało mu się schwytać.

23 LIPCA 2004 ROKU

Zespół śledczych badających sprawę zamachu terrorystycznego na teatr na Dubrowce został rozwiązany. Za trzy miesiące będziemy obchodzili drugą rocznicę pamiętnych wydarzeń, a ludzie mają już dość słuchania o tej sprawie. Właśnie dlatego zamknięto dochodzenie, choć nie udało się jeszcze zidentyfikować większości terrorystów ani ustalić składu gazu, którym ludzie zostali otruci, a nawet nie powiedziano wprost, kto podjął decyzję o jego użyciu.

Śledztwo mające kluczowe znaczenie dla politycznego rozwoju państwa rosyjskiego zawieszono. Z licznego zespołu złożonego z „najlepszych śledczych pragnących spłacić ten dług honorowy", jak w oficjalnych wypowiedziach rzeczników określano dochodzeniowców badających tę sprawę, został już tylko major W.I. Kalczuk.

To on spotyka się z ludźmi najbardziej wtedy doświadczonymi – z ocalonymi zakładnikami i krewnymi tych, którzy zginęli – dając im wgląd we własne ustalenia: nie ma tam jednak słowa o odpowiedzialności karnej funkcjonariuszy służb bezpieczeństwa, którzy użyli śmiercionośnego gazu, by ułatwić sobie tak zwaną „operację ratunkową", choćby kosztem zdrowia i życia 129 innych ludzi.

Jego ustalenia szokują bezgranicznym cynizmem. W swoich raportach wini za wszystko Basajewa:

> *Śledczy W.I. Kalczuk ustalił, że Basajew po roku 1995… obmyślił… zorganizował… wybrał… wysłał… Międzynarodowy list gończy został wystawiony 5 maja 2003 roku… pod pretekstem walki o wolność i niezawisłość nielegalnej samozwańczej Republiki Iczkerii… we wskazanym okresie, aby zmusić rząd Federacji Rosyjskiej do wycofania oddziałów z terytorium Republiki Czeczenii, na którym przeprowadzały operację antyterrorystyczną. Spiskował z przywódcami nielegalnych grup o charakterze zbrojnym i czeczeńskimi separatystami o nieustalonych w trakcie dochodzenia personaliach celem przeprowadzenia ataku polegającego na doprowadzeniu do szeregu eksplozji w gęsto zaludnionych miejscach o dużym znaczeniu społecznym i do wzięcia jak największej liczby zakładników…*

Człowiek może przyjąć całkiem rozsądne założenie, że z jego raportu wynika niezbicie, iż to Basajew nie zostawił naszym służbom bezpieczeństwa żadnego wyboru, po czym zmusił je do zastosowania śmiercionośnej substancji chemicznej. Wina Basajewa jest jednak opisana jedynie w preambule wspomnianego dokumentu. W końcowych wnioskach nie ma o niej nawet słowa.

Na różnych etapach przygotowań do ataków terrorystycznych Basajew i jego wspólnicy wyselekcjonowali nie mniej niż 52 osoby, które weszły następnie w skład ich ugrupowania. Celem realizacji planu wzięcia zakładników zwerbowano i przeszkolono w stosownym zakresie:

  – terrorystę o nieustalonych w trakcie dochodzenia personaliach... ciało numer 2007;
  – terrorystę o nieustalonych w trakcie dochodzenia personaliach... ciało numer 2028;
  – terrorystę o nieustalonych w trakcie dochodzenia personaliach... ciało numer 2036...

Kim byli ci ludzie? Jeden Bóg raczy wiedzieć. Czy jednym z głównych powodów wszczęcia tego postępowania nie była chęć ustalenia tożsamości wszystkich sprawców, nadanie każdemu z nich imienia i nazwiska? Pan Kalczuk, co jasno wynika z jego raportu, zdołał ustalić zaledwie kilka nazwisk. To ci z napastników, których wszyscy znamy. To ci i tylko ci, których dane były podawane przez prasę i telewizję.

„W obliczu poważnego zagrożenia życia i zdrowia dużej liczby osób wziętych na zakładników właściwe organy Federacji Rosyjskiej podjęły decyzję o przeprowadzeniu akcji ratunkowej". Dobrze, ale o jakie „właściwe organy" chodzi? Uważam, że główne pytanie dotyczące szturmu na teatr na Dubrowce – czyli kto podjął decyzję o użyciu gazu, a zatem kto jest odpowiedzialny za wszystkie zgony – jest całkowicie pomijane. To tylko zwiększa podejrzenia, że kompetencja władz polega przede wszystkim na ukrywaniu tego, co naprawdę się wydarzyło – na przykład tego, czemu służył rozkaz zabicia wszystkich terrorystów.

Ostateczne wnioski raportu wyglądają następująco:

Śmierć niemal wszystkich zakładników została spowodowana poważną niewydolnością oddechową i sercowo-naczyniową wynikającą z zagrażającej życiu kombinacji zewnętrznych bardzo niekorzystnych czynników, na które ludzie ci byli narażeni w okresie przetrzymywania ich w charakterze zakładników. Mnogość czynników skutkujących zgonem... wyklucza bezpośredni związek przyczynowo-skutkowy pomiędzy wpływem na organizm substancji chemicznej w formie gazowej lub innych substancji chemicznych a śmiercią ofiar... Nie ma obiektywnych podstaw, by przypuszczać, że użycie substancji chemicznej w formie gazowej lub innej substancji chemicznej mogło być jedyną przyczyną śmierci zakładników.

Jak możemy mówić o „obiektywnych podstawach", skoro nie ustalono nawet składu zastosowanego gazu?

Tu ustalenia pana Kalczuka w formie pisemnej są naprawdę krótkie. Autor rozwleka się za to mocno nad opisem przyczyn wydania rozkazu zabicia wszystkich terrorystów, chociaż nawet w oficjalnym oświadczeniu stwierdzono, że głównym sukcesem szturmu było pozbawienie ich wszystkich przytomności. Pan Kalczuk widzi to inaczej: „Odpowiadali czynnie ogniem z ośmiu karabinów szturmowych i pistoletów".

A oto wielki finał raportu:

W wyniku trafnych decyzji podjętych przez właściwe organy Federacji Rosyjskiej oraz działań wykwalifikowanych funkcjonariuszy służb wywiadowczych udało się zakończyć przestępczą działalność terrorystów i zapobiec znacznie większej katastrofie, która mogła doprowadzić do podważenia autorytetu naszego państwa na arenie międzynarodowej.

Przerażające jest to, że obywatele jednego państwa mogą mieć tak odmienny pogląd na wartość ludzkiego życia. Właśnie to doprowadziło do zwycięstwa bolszewików i pojawienia się Stalina. Ta niewątpliwie zła cecha naszego narodu powraca nieubłaganie, zwłaszcza wśród tych, którzy podejmują decyzje, czy mamy żyć, czy powinniśmy umrzeć.

Co więcej: „Wniosek o postawienie zarzutów karnych funkcjonariuszom służb bezpieczeństwa, którzy przeprowadzili akcję uwolnienia zakładników, zostaje niniejszym odrzucony. Sprawa karna dotycząca terrorystów, którzy pojmali i przetrzymywali zakładników, zostaje niniejszym zamknięta".

Rząd oraz służby, które mają nas chronić przed aktami terroru w przyszłości, zapewniły sobie właśnie bezkarność ze strony prokuratury. Nie mam przy tym cienia wątpliwości, że prędzej czy później dojdzie do kolejnych ataków.

27 LIPCA 2004 ROKU

Igor Sieczin, szara eminencja Kremla, wiceszef Kancelarii Prezydenta, został wyznaczony na przewodniczącego rady dyrektorów narodowego koncernu naftowego Rosnieft. Sieczin osobiście nadzorował podział i likwidację Jukosu oraz aresztowanie Chodorkowskiego. Jego nominacja na szefa Rosnieftu, który rości sobie prawa do najsmaczniejszych kąsków po Jukosie, dowodzi jednoznacznie, że Kreml zniszczył ten koncern dla osiągnięcia własnych korzyści. Głoszona przez Putina ideologia wymaga stworzenia „gospodarki państwowej", rzekomo prowadzonej w imieniu i dla ludu. W rzeczywistości mamy do czynienia z gospodarką biurokratyczną, w której głównym oligarchą jest urzędnik państwowy. Im wyższe stanowisko, tym potężniejszy jest taki oligarcha. Ideały oligarchii państwowej przemawiają do Putina i otaczającej go ekskluzywnej koterii. Koncepcja mówi, że główne dochody Rosji pochodzą z eksportu surowców naturalnych, zatem właśnie państwo powinno kontrolować ich wydobycie, a przecież *État, c'est moi* [Państwo to ja]. Na tych stanowiskach powinni zasiadać zatem najmądrzejsi ludzie w kraju, ci, którzy doskonale wiedzą, co jest dla nas najlepsze, i zgodnie z tą wiedzą rozdysponowywać dochody. Do obsługi supermonopoli, jakimi stały się dzisiaj Rosnieft i Gazprom, musiano stworzyć gigantyczne konglomeraty finansowe, takie jak Wniesztorgbank, który rozrasta się nadal, zdobywając coraz to nowe terytoria przy pomocy Kancelarii Prezydenta.

Supermonopole są kontrolowane głównie przez byłych funkcjonariuszy tajnych policji, którzy zostali oligarchami. Putin ufa wyłącznie oligarchom o czekistowskim rodowodzie, wierzy bowiem, że ze względu na wspólne korzenie w służbach wywiadowczych tylko oni rozumieją, co jego zdaniem będzie najlepsze dla ludu. Wszystko więc musi przechodzić przez ich ręce. W najbliższym kręgu Putina, nie wyłączając jego samego, panuje silne przekonanie, że ktokolwiek kontroluje rynki surowcowe, ten ma monopol na władzę. Dopóki będą kręcić interesy, dopóty będą trzymać się przy władzy.

Jest w tym trochę prawdy. Wiele południowoamerykańskich junt utrzymywało się przy władzy, dopóki miało kontrolę nad wszystkimi najważniejszymi biznesami w kraju. Putinowi umknął jedynie drobny szczegół: wszystkie te junty były obalane przez kolejne junty, i to raczej prędzej niż później.

W naszej juncie nie ma miejsca dla młodzieżowego skrzydła Jabłoka czy młodych narodowych bolszewików. W Moskwie młodzieżówki Jabłoka zorganizowały trwającą tylko kilka sekund demonstrację przed siedzibą FSB na Łubiance. Młodzi działacze uniezależniają się coraz bardziej od starej gwardii demokratów.

Nikt nie zatwierdził ich demonstracji. Młodzi ludzie w mundurach i czarnych koszulkach z przekreślonym portretem Putina i hasłem „Precz z Wielkim Bratem!" obrzucili czerwoną farbą tablicę upamiętniającą Jurija Andropowa (nowy kult Andropowa, człowieka, który próbował przekształcić Związek Radziecki, nie niszcząc go, jest u nas pieczołowicie pielęgnowany przez Kancelarię Prezydenta Putina). Demonstranci nieśli transparenty z napisami: „Precz z autokratycznymi rządami milicji!". Skandowali z mocą godną czekistów: „Zburzyć Łubiankę i rozwalić reżim!", „Precz z władzą!".

Demonstracja została szybko przerwana; wokół Łubianki zazwyczaj jest pełno milicji. Dziewięciu aktywistów trafiło do siedziby FSB, po czym przewieziono ich na komisariat w rejonie mieszczanskim. Około godziny 20 ośmioro z nich zostało zwolnionych. Dwoje trafiło do szpitali: Irina Worobjowa, lat 21, i Aleksiej Kożyn, lat 19. Zabrała ich karetka wezwana do siedziby FSB. Ilja Jaszyn, przewodniczący młodzieżówki Jabłoka, oświadczył, że Kożyn został pobity w trakcie przesłuchania przez porucznika FSB Dmitrija Strielcowa. Aktywista powiedział, że gdy ludzie rozchodzili się po demonstracji, został otoczony z trzech stron przez mężczyzn w cywilnych ubraniach, po czym go zaatakowano. W trakcie protestu zatrzymano także kilku dziennikarzy NTV, Echo TV i „Niezawiesimej gaziety", milicjanci grozili im konfiskatą sprzętu nagrywającego. Zwolniono ich dopiero po odebraniu wszystkich nagranych materiałów.

Protest młodzieżówki Jabłoka był aż nazbyt rzadkim przykładem oporu politycznego wobec autokratycznego państwa policyjnego, jakim stała się Rosja. Do lata 2004 roku dysydenci zostali zredukowani do dwóch zaledwie odmian: bardzo bogatych i bardzo biednych. Rozpad Jukosu, bezczelne pożarcie Guta-Banku i nalot na Alfa-Bank oburzyły elity biznesowe do tego stopnia, że rozpoczęło się transferowanie majątków za granicę. Najbiedniejsi buntują się także, ponieważ rząd zamierza ciąć wydatki socjalne, uderzając w tych, którzy są najsłabsi. I tutaj także widzimy motywy finansowe, nie polityczne.

W lipcu Rosja była świadkiem pierwszych, nieśmiałych jeszcze prób protestów wymierzonych w Putina. Byli żołnierze oburzali się zapowiadanym dopiero zniesieniem świadczeń w naturze. Dla większości z nich są one niezbędne do życia, ale wielu postrzega je także jako swoiste materialne dowody szacunku. Niektórzy z byłych żołnierzy zagrozili nawet bojkotem obchodów 60. rocznicy zwycięstwa w drugiej wojnie światowej, które dla władz mają być ogromnym niesamowitym wydarzeniem. Ludzie chorujący z powodu awarii elektrowni atomowej w Czarnobylu wyruszyli w marszu protestacyjnym z Rostowa nad Donem do Moskwy. Nie chcą dostawać miesięcznych zapomóg w wysokości tysiąca rubli [około 100 zł] w zamian za darmowe lekarstwa, bez których nie przeżyją, ponieważ kosztują nieraz wielokrotnie więcej, niż wynosi wsparcie od państwa. Krążą pogłoski, że armia także się burzy, zwłaszcza ci oficerowie, którzy lada moment utracą przywileje. Pozostałe warstwy społeczne, lokowane pomiędzy najbogatszymi i najbiedniejszymi, na razie śpią. Ci, którzy nie dostają po kieszeni, jak zwykle nie mają nic do powiedzenia.

1 SIERPNIA 2004 ROKU

Oto jak Kreml usuwa kandydatów, których nie akceptuje. Malik Sajdułłajew został właśnie wykreślony z listy kandydatów na prezydenta Republiki Czeczenii. Powodem tej decyzji był rzekomo „nieważny" paszport. Mówimy o najpoważniejszym konkurencie Ału Ałchanowa, który zdaniem Kremla powinien i ma zostać następnym prezydentem, choć wybory odbędą się dopiero 29 sierpnia. Sajdułłajewa usunięto z listy kandydatów, ponieważ w paszporcie miał nieprawidłowo wpisane miejsce urodzenia. Powinno być: „Ałchan–Jurt, Czeczeńsko-Inguska ASRR", zamiast: „Ałchan-Jurt, Czeczenia", ponieważ w chwili jego urodzin była to jeszcze autonomiczna republika wchodząca w skład Związku Radzieckiego.

To oczywisty błąd, problem jednak w tym, że nie Malik Sajdułłajew wystawił sobie paszport, tylko jakiś urzędnik w bałaszychskim biurze Ministerstwa Spraw Wewnętrznych w obwodzie moskiewskim, gdzie wymieniano wszystkie dokumenty pozostałe po Związku Radzieckim.

– Domyślałem się, że znajdą jakiś sposób, by uniemożliwić mi start – stwierdza Malik Sajdułłajew w wywiadzie udzielonym „Nowej gazetie" – choć nie przypuszczałem, że będzie aż tak idiotyczny. Gdy powiedzieli mi, że chodzi o nieważny paszport, uznałem to za żart.

– Zamierza pan zaskarżyć decyzję komisji wyborczej?

– Nie. Kogo mam skarżyć? Tych biednych drani? Oni wykonują rozkazy Moskwy. To ta sama piątka cwaniaków co poprzednio. Goście z Centralnej Komisji Wyborczej Federacji Rosyjskiej, którzy przeprowadzili poprzednie wybory. Kazano im znaleźć sposób na usunięcie mnie z listy i to właśnie zrobili, tyle że przy okazji ośmieszyli się w oczach całego świata. Międzynarodowa Fundacja Helsińska już przygotowuje protest w tej sprawie.

Dzwonili do mnie wczoraj. Otrzymywałem już wcześniej ostrzeżenia, że władze nie dopuszczą, bym startował. Gdy pojechałem do Groznego, żeby się stawić przed Centralną Komisją Wyborcza, budynek ze mną w środku otoczyli uzbrojeni ludzie. Ze stu ich było.

– Weszli na teren rządowego gmachu, który ma własną ochronę? Kto to był?

– Kadyrowcy i omonowcy*. Dowodził nimi Sułtan Satujew, wiceminister spraw wewnętrznych. Był tam także Rusłan Ałchanow, też wiceminister. Zażądali anulowania mojej rejestracji, po czym kazali mi się wynosić. Poszedłem więc do przewodniczącego komisji Arsachanowa. Proszę sobie wyobrazić, że uzbrojeni ludzie ściągnęli go siłą z jego własnego fotela. Uciekł zaraz, więc zastąpił go Taus Dżabraiłow [wyznaczony przez Kadyrowa na przewodniczącego Rady Państwa Republiki Czeczenii]. „Tutaj robimy, co nam każą", stwierdził krótko.

– A co kazali?

– Miałem się wynosić. To była bardzo gorąca dyskusja. Zdali sobie jednak sprawę, że siłą nic nie wskórają. Próbowali rozbroić moich ochroniarzy, ale nie zdołali tego zrobić, więc zrezygnowali. Ostrzegli mnie jednak, i to kilkakrotnie, że w taki czy inny sposób doprowadzą do usunięcia mnie z listy. Trzy dni przed tą aferą z paszportem zadzwoniono do mnie z Centralnej Komisji Wyborczej, proponując, abym sam zrezygnował, ponieważ i tak znajdą sposób, by nie dopuścić mnie do startu w tych wyborach. Odmówiłem. Wykreślenie mnie z listy uważam za początek fałszowania wyborów z 29 sierpnia. Wiem, że w pewnej dagestańskiej drukarni zamówiono już dodatkowe dwieście tysięcy kart do głosowania, płacąc po sześć rubli za sztukę. W ten sposób nabiją głosów Ałchanowowi.

– Co się wydarzy w Czeczenii pod koniec lata i jesienią, oczywiście poza igrzyskami wyborczymi?

– Będą problemy. Gangi szalejące po terytorium Czeczenii nie zdołają przeciwstawić się siłom, które przeprowadziły niedawną głośną operację w Inguszetii, a i społeczeństwo sprzyja obecnie tym, którzy ukrywają się w górach. Ci, którzy są obecnie u władzy, robią natomiast wszystko, by napędzić rekrutów konkurentom.

– Dużo mówi się ostatnio w Czeczenii, że trzecia wojna jest nieunikniona. Ludzie kopią nowe ziemianki i budują schrony, mając na względzie doświadczenia z drugiej wojny. Tym głównie zajmowano się tam przez całe lato. Czy to pana zdaniem poważne zagrożenie?

– Nawet bardzo, bo wiem, że jest prawdziwe. Po reelekcji Putina powiedziałem, że czeka nas intensyfikacja działań ruchu oporu, o ile nie uda się go wcześniej zlikwidować. Bojownicy nie będą siedzieć bezczynnie tego lata, zwłaszcza że wcześniej nie cieszyli się takim poparciem jak obecnie. Zmuszą drugą stronę do rozpoczęcia rokowań. Dla mnie to oczywiste.

– Jaki los czeka zatem Ramzana Kadyrowa?

– On nie jest wart rozmowy. Nie ma dla niego miejsca w Republice.

– Trudno się z tym nie zgodzić.

– Z kryminalnego punktu widzenia jest ważnym graczem, co oczywiste, ale to przecież analfabeta. Nie ukończył nawet szkoły podstawowej. Będzie miał szczęście, jeśli zdoła przeżyć. Gdyby ludzie wybaczyli mu jakimś cudem, powinien trafić pod opiekę psychiatrów, a potem wrócić do szkoły.

2 SIERPNIA 2004 ROKU

Grupa narodowych bolszewików wkroczyła do gmachu Ministerstwa Ochrony Zdrowia tutaj, w samym centrum Moskwy, przy ulicy Nieglinnej. Weszli na górę, zabarykadowali się w gabinecie ministra, Michaiła Zurabowa, po czym wyrzucili jego fotel przez okno na ulicę i zaczęli wykrzykiwać hasła krytykujące reformy świadczeń socjalnych. Domagali się także ustąpienia Zurabowa i Putina.

Narodowi bolszewicy zostali niedługo później aresztowani, a podczas rozprawy w sądzie dowiedzieli się, że fotel prezesa wart był trzydzieści tysięcy dolarów. Jak to możliwe, że ktoś taki jak minister od opieki społecznej ma w gabinecie tak drogi mebel? Z początku bolszewików skazano za polityczne chuligaństwo na bezprecedensowo wysoką karę pięciu lat kolonii karnej o zaostrzonym rygorze. Apolityczne akty chuligaństwa pociągają za sobą zazwyczaj wyroki w zawieszeniu. Później Sąd Najwyższy skrócił im pobyt w odosobnieniu do trzech i pół roku, które spędzą w towarzystwie morderców i recydywistów.

Widać wyraźnie, do czego zmierza w tym wypadku nasze państwo – czy to nie są już aby więźniowie polityczni? Jeden z nich, Maksim Gromow, powiedział w sądzie: „To znamienne, że prokurator przywołał w swoim wystąpieniu terrorystę Iwana Kalajewa. Sto lat temu jego zamachy poprzedziła fala krwawych procesów politycznych. Właśnie represje ze strony państwa były głównym powodem powstania organizacji Borysa Sawinkowa. Sądzicie nas za polityczny protest na podstawie artykułu 213, ale gdyby naprawdę wgłębić się w jego treść, przed tym sądem musieliby stanąć wszyscy klakierzy z Dumy Państwowej. Deputowani ci przez długie lata konspirowali, okazując jawny brak szacunku dla narodu. W obecnej kadencji okazują do tego całkowity brak szacunku wobec milionów niepełnosprawnych obywateli, emerytów, byłych wojskowych i kobiet. To po prostu hańba dla współczesnej Rosji i dla naszego społeczeństwa obywatelskiego, które nie zabrało głosu w tej sprawie".

Miał rację. Uchwalenie ustawy znoszącej przywileje nie wywołało powszechnego oburzenia. Nie słyszymy żadnych żądań, by Zurabow złożył dymisję. Narodowi bolszewicy pierwsi stanęli w obronie tych grup społeczeństwa.

„W państwie policyjnym – kontynuował Gromow – próby zwalczania niesprawiedliwości metodami, które nie narażają człowieka na uwięzienie, są równie skuteczne jak próby zastrzelenia komara z armaty. Czuję dumę, że trafię za kraty w tak okrutnych czasach, a jeszcze większą dumą napawa mnie fakt, że nie pójdę siedzieć sam. Mam ze sobą swoich towarzyszy... Żegnajcie, przyjaciele! Mam nadzieję, że prędzej czy później skruszymy okowy lodu więżącego nasz kraj. Musimy iść do więzienia, by ojczyzna mogła odzyskać wolność".

Czy w tym tekście jest chociaż jedno słowo, z którym mogłabym się nie zgodzić? Nie ma, popieram tę wypowiedź od początku do końca. Dzisiaj narodowi bolszewicy to grupa młodych idealistów, którzy widzą wyraźnie, że starsze pokolenie opozycjonistów nie ma już na nic wpływu. To oznacza oczywiście, że bardzo szybko się zradykalizują.

Podczas rozmów z nimi i ich rodzicami, którzy w większości należeli wcześniej do zwolenników Jabłoka i liberalnej prawicy, odkryłam, że najbardziej irytujące jest to, iż rodzice mówili o sobie i o swoich dzieciach dokładnie to samo co matki i ojcowie z Czeczenii. Tam także młode pokolenie ulega gwałtownej radykalizacji, a najszybciej i najłatwiej przychodzi to tym, którzy są największymi idealistami.

Niedawno matka Czeczena, który właśnie „poszedł w góry" – jak mawiają młodzi dołączający masowo do Basajewa i Maschadowa w proteście przeciwko „nowym czeczeńskim" bandytom, którzy przejęli właśnie władzę, i okrucieństwom popełnianym przez wojska federalne – znakomicie wykształcona nauczyciel-ka, powiedziała mi w rozmowie: „Myślę podobnie jak mój syn – wyjaśniła bardzo emocjonalnym tonem. – Lepiej coś robić, niż czekać, aż przyjdą po ciebie nocą i zawleką cię nie wiadomo gdzie. Federalni są okupantami, a kadyrowcy to zwykli bandyci i kolaboranci. Może nikt nie przyzna tego otwarcie, ale wszyscy tutaj tak myślimy, od dzieci po najbardziej wiekowych starusz-ków. My, dorośli, umiemy to zachować dla siebie, młodzi jednak nie chcą się z tym pogodzić. Pewnego dnia mój syn po prostu zniknął. Wpadłam w panikę. Myślałam, że został uprowadzony, zgłosiłam to nawet na milicję. Jakiś czas później się okazało, że razem z kilkoma kolegami wyruszył w góry. Poszedł walczyć za nas, swoich rodziców. Całkowicie go w tym popieram".

Ludmiła Kałasznikowa jest matką Iwana Korolewa, narodo-wego bolszewika. Pochodzi z Moskwy, jest pracownikiem na-ukowym Instytutu Orientalistyki Rosyjskiej Akademii Nauk. Słyszę od niej dokładnie to samo:

– O co walczy mój Iwan? O nas, swoich rodziców.

Nie sposób powiedzieć, że Ludmiła jest sympatyczką narodo-wych bolszewików czy w ogóle komunistów. To po prostu zwykła wykształcona kobieta z wielkiego miasta. W latach 90. wspierała Jabłoko.

– Niech pani powie, czy Limonow jest dla Iwana idolem?

– Tego bym nie powiedziała. Iwan jest mądrym chłopcem, do którego bardzo przemawia, że ktoś nie godzi się na zło i wal-czy z nim.

Zapytałam matkę tamtego Czeczena:

– Czy pani syn nie jest przypadkiem zauroczony Basajewem?

– Nie, nigdy nie słyszałam, by tak powiedział, ale do niego właśnie poszedł. Do kogo innego mógłby się udać? Chłopcy z tak idealistycznym podejściem jak on, zmuszani latami do życia w takich warunkach, jakie mamy tu dzisiaj, wśród wszystkich tych kłamstw, rozlewu krwi, uprowadzeń i morderstw, chętnie oddają się pod rozkazy Basajewa.

Limonow i Basajew stali się liderami młodych ludzi, którzy nie umieją i nie mogą pogodzić się z oferowaną przez Putina egzystencją, życiem w warunkach totalnej niesprawiedliwości i rażącego lekceważenia praw człowieka. Właśnie Limonow i Basajew podtrzymują w naszych dzieciach nadzieję, że pewnego dnia będą mogły na powrót poczuć, że są przyzwoitymi ludźmi. To przerażające, ale tak wygląda obecnie sytuacja.

Ludzie są oburzeni, gdy zaczynam o tym mówić. Twierdzą, że to bzdury, każą mi się zamknąć, żebym nie kusiła licha. Gdy napisałam tekst w tym duchu do mojej gazety, redaktor naczelny wykreślił z niego cały akapit, bo choć w pełni zgadzał się z moimi słowami, to jednak nie mógł ich wydrukować.

Oto właśnie my – zamykamy oczy na rzeczywistość, dopóki nie uderzy w nas z siłą tajfunu. Podobnie jak większość Rosjan uważam za przerażające, że nasze dzieci zostały doprowadzone do takiego stanu, ale nie mogę udawać, iż sytuacja wygląda inaczej.

Czego więc chcą władze naszego państwa? Czy mają skłonności samobójcze? Czy czekają ze spokojem na pojawienie się nowych terrorystów pokroju Kaljajewów, Zasuliczów i Sawienkowów wyczarowanych ongiś przez cara?

A może są po prostu bezmyślne i żyją wyłącznie chwilą? Dzisiaj, gdy są u władzy i trzymają pyski w korycie, wszystko uchodzi im na sucho, jutro więc musi zadbać samo o siebie? A może najważniejsze jest, by jak najdłużej utrzymać miejsce przy owym korycie? Dlaczego sprawowanie władzy w Rosji ogranicza się wyłącznie do trzymania ryja w korycie? Dlatego, że oni są po prostu bezmyślni.

9 SIERPNIA 2004 ROKU

W Moskwie w Centrum imienia Andrieja Sacharowa zgromadzono *crème de la crème* rosyjskich obrońców praw człowieka, po prostu kwiat narodu. Kilka lat temu stworzyli oni bardzo aktywną grupę zwaną Wspólnym Dziełem – jej głównym zadaniem było zjednoczenie wszystkich ruchów i wypracowywanie wspólnych stanowisk, zwłaszcza w okresach kryzysu państwa.

Dzisiaj nie dyskutowano jednak protestu narodowych bolszewików ani jego przyczyn: zastanawiano się za to, dlaczego władza tak mocno uderza ostatnio w obrońców praw człowieka. To kolejne ćwiczenie z wpatrywania się we własny pępek, tak charakterystyczne dla naszego społeczeństwa obywatelskiego.

Przy okrągłym stole zasiadło wielu z tych, którzy zostali zbesztani przez Putina w pamiętnym majowym orędziu do Zgromadzenia Federalnego, właśnie oni zostali nazwani piątą kolumną jedzącą z ręki Zachodu i oskarżeni o interesowanie się głównie własnymi korzyściami finansowymi, także pozyskiwanymi z Zachodu, zamiast pomaganiem ludziom w potrzebie. Zebrani długo debatowali, nie dochodząc do żadnych konkretnych wniosków. Co najbardziej niepokojące: niektórzy z dyskutantów żywili przekonanie, że Putin został wprowadzony przez kogoś w błąd; że podwładni nie przedstawiają mu prawdziwego obrazu sytuacji. To przecież dobry car, tylko jego bojarzy są źli. Stare rosyjskie bajanie.

Szkoda. Aktywiści przestali być aktywni. Niewiele zostało w nich pasji. Po tak mnogich gorzkich doświadczeniach nie mają wielkiej ochoty iść dalej. Nie wszyscy na szczęście, ale z pewnością zdecydowana większość.

Oprócz omówienia własnej sytuacji postanowiono, że obrońcy praw człowieka powinni zbojkotować zbliżające się wybory prezydenckie w Czeczenii, co oznacza ni mniej, ni więcej, że aktywiści nie będą pełnić funkcji niezależnych obserwatorów.

(Pomimo podjętej na spotkaniu uchwały część działaczy wzięła udział w czeczeńskich wyborach, po czym opisali dokładnie, czego byli świadkami).

Tak się składa, że 9 sierpnia mija także piąta rocznica wyznaczenia Putina na pełniącego obowiązki premiera, a co za tym idzie, na następcę Jelcyna. Warto przypomnieć zatem okoliczności tego wydarzenia. W Dagestanie szykowała się wojna. Basajew siał zamęt w wioskach na pogórzu, a rosyjskie oddziały zaganiały go na terytorium Dagestanu, po czym znów go stamtąd przepędzały. Tysiące uchodźców szły w góry, ale nikt z Jelcynowskiej ekipy nie godził się na przeprowadzenie operacji wojskowej na pełną skalę – czyli na rozpoczęcie drugiej wojny czeczeńskiej. Pierwsza wystarczająco drogo ich kosztowała.

Cóż, prawdę powiedziawszy, był tam ktoś gotów do rozpętania nowej wojny, czyli Putin, ówczesny dyrektor FSB, na którego zmianie Basajew wymknął się z rąk służb, a Chattab [saudyjski bojownik palestyńskiego pochodzenia] został uwolniony, by mógł nauczać każdego młodego Czeczena, który zechce go wysłuchać. Siedzący w Moskwie Putin wszystko to wiedział – musiał wiedzieć – lecz nie zająknął się nawet słowem. Pozwalał, by zasiane przez niego owoce zła dojrzały do zerwania.

Dopiero w sierpniu 1999 roku zdecydował, że nadszedł czas, by usunąć dowody własnych knowań, zanim ktokolwiek je odkryje. Wierzę, że takie właśnie były prawdziwe powody rozpętania drugiej wojny czeczeńskiej. Słabnący w szybkim tempie Jelcyn wyznaczył go najpierw na premiera, a potem na prezydenta Rosji. I tak od sierpnia 1999 roku Putin nieraz będzie dręczył własny naród, przelewając nie tylko krew tych, którzy mieszkają w Czeczenii.

Jest południe, słońce świeci nad Wierchnim Tagiłem, małym bardzo spokojnym miasteczkiem w obwodzie swierdłowskim na Uralu. Wokół rozciągają się połacie nieprzebytej tajgi. Oto samo serce Rosji.

Przy wejściu do wysokiego bloku mieszkalnego przestępuje z nogi na nogę niezdarny, na wpół ślepy starzec w znoszonym ubraniu. To Władimir Kuz'micz Chomienko, którego syn Igor, oficer pułku powietrzno-desantowego, zginął w Czeczenii, po czym otrzymał tytuł Bohatera Rosji. Drzwi prowadzące do klitki na parterze, w której mieszka obecnie Władimir, są otwarte na oścież.

– Zachodźcie, proszę, zachodźcie – zaprasza, jakbyśmy byli starymi przyjaciółmi.

Albo Władimir cieszy się z naszej wizyty, albo jest bardzo samotnym człowiekiem. W ciasnym przedpokoju wita nas równie serdecznie, uściskami i całusami, jego żona i zarazem matka Bohatera Rosji, Ludmiła Aleksiejewna. Ona oprowadza nas też po skromnym mieszkaniu. Cały narożnik jednego z pokoi zastawiony jest portretami, kwiatami, ikonami i świecami. To ołtarzyk poświęcony pamięci ich syna.

Kapitan Igor Chomienko był jednym z pierwszych żołnierzy wysłanych na Kaukaz Północny. Trafił tam na mocy dekretu podpisanego przez pełniącego obowiązki premiera W.W. Putina. Jego pułk powietrzno-desantowy rozpoczął działania bojowe określane później mianem drugiej wojny czeczeńskiej, która toczyła się w tamtym okresie wyłącznie na pograniczu czeczeńsko-dagestańskim. Natychmiast po przybyciu żołnierze zostali wysłani do walki, a niebawem, bo już 19 sierpnia, Iwan Chomienko dokonał rzeczy niebywałej. Kazano mu ustalić dokładne pozycje ogniowe bojowników. Wziął więc drużynę zwiadu na tak zwane Ośle Ucho, górę, która podczas walk przechodziła kilkakrotnie z rąk do rąk.

Chomienko ustalił, gdzie znajdują się pozycje bojowników okopanych na zboczu poniżej, przesłał te informacje do pułku drogą radiową, po czym został na miejscu z sierżantem, podejmując – o czym doskonale wiedział – bardzo nierówną walkę, by osłonić odwrót swojego oddziału. Tam też poległ, ocaliwszy życie wielu innych ludzi. Jego ciało towarzysze broni znaleźli dopiero trzy dni po śmierci, ale nie zdołali go zabrać z powodu silnego ostrzału. Ojczyzna kapitana doceniła jego poświęcenie, nagradzając go tytułem Bohatera Rosji.

W chwili gdy ich syn ginął, Ludmiła i Władimir przyjmowali ukraińskie obywatelstwo. Mieszkali w skromnym domku w obwodzie dniepropietrowskim.

Historia Chomienków to typowe losy sowieckiej rodziny. Do dzisiaj trudno określić obywatelstwo ludzi urodzonych za czasów Związku Radzieckiego. Igor dorastał w Jakucji na rosyjskiej Dalekiej Północy, gdzie jego rodzice zostali wysłani po ukończeniu studiów, aby budować zakłady wzbogacania rudy. Po odbyciu wieloletniej służby w Jakucji, otrzymawszy prawo do wcześniejszej emerytury – w podwyższonej kwocie – Chomienkowie postanowili wrócić w cieplejsze strony jak prawie wszyscy w podobnej sytuacji. Wybrali Ukrainę ze względu na jej wspaniały małoruski klimat. Po ukończeniu szkoły Igor przeprowadził się z Ukrainy do Ałma-Aty w także sowieckim Kazachstanie, gdzie znajdowała się prestiżowa w tym czasie akademia wojskowa. Ukończył ją w roku 1988, gdy Związek Radziecki wciąż jeszcze trwał. Potem trafiał w różne punkty zapalne. Był w końcu spadochroniarzem, a problemów do rozwiązania ciągle przybywało. Niedługo później doszło do rozpadu Związku Radzieckiego. Rodzice Igora zostali obywatelami Ukrainy, a on był teraz Rosjaninem, ponieważ w momencie rozpadu stacjonował w jednostce, której kwatera główna znajdowała się na terytorium Rosji. Kapitan poległ więc, mając wpisany w dowód stawropolski adres zamieszkania. Został też pochowany w pobliżu macierzystej jednostki.

Po pogrzebie syna Ludmiła Aleksiejewna i Władimir Kuz'micz postanowili przeprowadzić się do Rosji, aby zamieszkać w pobliżu cmentarza, na którym spoczął ich syn. Sprzedali domek za najlepszą cenę, jaką udało się uzyskać, ale po przybyciu do Stawropola miejscowe władze odmówiły im nawet zarejestrowania jako osób ubiegających się o pobyt stały. Upierali się, pisali podania, co miesiąc robiąc obchód wszystkich urzędów w obwodzie. Po jakimś czasie skończyły im się jednak pieniądze ze sprzedaży domku i zostali bez grosza przy duszy. Rodzice Bohatera Rosji wyjechali więc do Wiechniego Tagiłu na Uralu, gdzie Ludmiła Aleksiejewna dorastała i gdzie nadal miała kilkoro krewnych, co prawda odległych, ale zawsze. Zostali tam ciepło przyjęci, choć ich rodzina także nie należała do bogatych, nie różniąc się tym od innych mieszkańców obwodu swierdłowskiego. Tutaj także nie mieli gdzie mieszkać.

– Jesteśmy bezdomni. Tylko dzięki ludzkiej dobroci możemy pomieszkiwać tutaj kątem – mówi Ludmiła, pokazując nam mieszkanko. – Nie mamy nic, ani miejsca do życia, ani dobytku. Tylko to żelazko jest moje i ta maszyna do szycia. No i telewizor. Ci młodzi ludzie są dla nas tacy mili, bardzo nam pomagają. Bez nich dawno już byśmy poumierali. Dbają o nas tylko z powodu Igora, choć żaden z nich go nigdy nie poznał.

„Młodzi ludzie", o których wspomina, stoją w tym czasie pod ścianą rzędem ze spuszczonymi głowami i nic nie mówią. To „czeczeńcy" z Wierchniego Tagiłu, żołnierze i oficerowie, którzy walczyli w Czeczenii, po czym stworzyli lokalne stowarzyszenie byłych wojskowych.

– Nasz cel jest bardzo prosty – wyjaśnia Jewgienij Bozmakow. – Pomagamy sobie nawzajem, by przetrwać. To nasza jedyna misja i dlatego robimy, co możemy, dla rodziców bohatera Chomienki.

– Tylko dzięki nim udało nam się zdobyć rosyjskie obywatelstwo – kontynuuje Ludmiła Aleksiejewna. – Poszli za nas do wszystkich urzędów, inaczej nie mielibyśmy nawet prawa do emerytury.

Takie są reguły życia we współczesnej Rosji. Jeśli nie masz naszego obywatelstwa, nie dostaniesz nawet grosza, choćbyś przepracował całe życie w Związku Radzieckim.

Ludmiła Aleksiejewna zaczyna szlochać cicho i z wielkim smutkiem. Władimir Kuz'micz staje za nią, gładzi ją po ramieniu delikatnie, czule, więc odzywa się znowu, ale tym razem tylko do niego:

– Nie, dobrze, ja wiem. Zaraz przestanę płakać. Tylko jej powiem. Co się z nami teraz stanie?

Pokazuje nam stos papierów, korespondencję rodziców Bohatera Rosji z przeróżnymi oficjalnymi organizacjami, a nawet z Ministerstwem Obrony. Odpowiedzi urzędników spisano w tonie wyniosłej pogardy:

Jako rodzice Bohatera Federacji Rosyjskiej, który poległ na Kaukazie Północnym, macie państwo prawo do zapomogi ze środków Narodowego Funduszu Wojskowego. Jednocześnie jestem zmuszony poinformować, że z powodu braku dobrowolnych datków zostaliśmy zmuszeni do zawieszenia programu „Domy dla wojskowych”. Podpisano: Pełniący obowiązki kierownika Wydziału Wojskowej Pomocy Społecznej w Głównym Zarządzie Pracy Oświatowej SZFR, W. Zwiezdilin

Wysyłamy ludzi prosto w ogień bitwy, potem chowamy ich z wielką pompą i zadęciem, wręczamy pośmiertnie medale i tytuły, a na koniec... zapominamy o nich. Uchylanie się od odpowiedzialności za zaciągnięty dług to taka nasza stara narodowa tradycja. Putinowi nigdy nie przyszło na myśl, a przynajmniej nikt nigdy o tym nie słyszał, że mógłby choć przyznać, że jest odpowiedzialny za tych, którzy zapłacili życiem za wydanie przez niego decyzji o rozpoczęciu drugiej wojny czeczeńskiej.

Przyjechałam do Wierchniego Tagiłu z Ludmiłą Leonidowną Połymową, matką innego żołnierza zabitego w Czeczenii, kobietą, o której nasze państwo także zapomniało po tym, jak już odebrało życie jej synowi. Ludmiła Leonidowna się załamuje, gdy zauważa ołtarzyk w mieszkaniu Chomienków.

– Syn zginął, osłaniając własnym ciałem przełożonego. Dali mu za to pośmiertnie Order Męstwa.

Nalega później, by wspólnie dochodzili swoich praw. W Jekaterynburgu, gdzie mieszka, zdążyła już utworzyć Stowarzyszenie Matki przeciw Przemocy.

Następnego dnia Wiaczesław Zykow, przewodniczący Stowarzyszenia Byłych Żołnierzy Jekaterynburga, kolejny z czeczeńskich kombatantów, zabiera Ludmiłę do Bolszoj Rieczki, niewielkiej miejscowości leżącej opodal Jekaterynburga, w której znajduje się cmentarz wojskowy. Tam pochowano jej syna, szeregowego Jewgienija Połymowa, którego ciało musiała zidentyfikować sama w całym stosie zabitych żołnierzy okazanym jej w Rostowie nad Donem. Generałowie nie fatygują się nigdy na spotkania z krewnymi poległych żołnierzy, w ogóle unikają rozmów z cywilami. Rodzice zabitych muszą dojechać do Rostowa nad Donem na własny koszt, by odszukać swoje dzieci wśród zwłok przechowywanych w tamtejszej kostnicy Północnokaukaskiego Okręgu Wojskowego.

W naszym kierunku zmierza powolnym krokiem kondukt kolejnego pogrzebu. Przed chwilą pochowano oficera poległego w Czeczenii. Przez okna autobusu widzimy kobiety w czerni.

– To ten ostatni – mówi Ludmiła Leonidowna, po czym podchodzi samotnie do mogiły syna. Nie prosi nas, byśmy jej towarzyszyli. Cierpi w samotności, próbując pomóc innym, którzy znaleźli się w podobnej sytuacji.

Z obwodu swierdłowskiego na wojnę w Czeczenii pojechało wielu młodych ludzi, dzisiaj mieszka ich w okolicy ponad dwadzieścia tysięcy. Cały obwód jest poznaczony tablicami pamiątkowymi i pomnikami ku czci poległych. Do pomnika znanego jako Czarny Tulipan, który stoi w samym sercu Jekaterynburga, tuż obok klubu oficerskiego, dodano właśnie nową sekcję, czeczeńską. Wcześniej monument ten upamiętniał mężczyzn z Uralu, którzy polegli w Afganistanie podczas ostatniej wojny sowieckiej ery. Na nowej sekcji zdążono wykuć już 412 pokrytych złotą farbą nazwisk. Po obu stronach widzimy dwa podobne, puste na razie obeliski, czekające na tych, którzy z pewnością polegną.

Ile jeszcze podobnych grobowców zniesiemy? Ile nowych kalek bez rąk i nóg? Każdy żołnierz zabity bądź okaleczony podczas drugiej wojny czeczeńskiej zwiększa odpowiedzialność państwa, które nie raczy spłacać zaciągniętych w ten sposób długów. Zaczyna upadać, próbując niczym bankrut ukryć to oferowaniem jakichś marnych świadczeń w naturze. Odbiera ostatnie, jakże niewielkie przywileje osobom niepełnosprawnym, „czeczeńcom", matkom poległych, cofa te przywileje, które były kiedyś namiastką rekompensaty za straty poniesione na Kaukazie Północnym.

Liczba osób, u których nasze państwo ma takie długi, sięga już kilku milionów, z tego właśnie powodu Putin i Zurabow twierdzą, że liczba tych, którzy korzystają z wszelkich przywilejów, jest sztucznie zawyżana. Żaden inny kraj nie ma tylu uprawnionych do zapomóg co my (na szczęście) i w związku z tym musimy coś zrobić. Liczba ta jest sztucznie zawyżona, co oczywiste, ale wyłącznie z powodu agresywnej polityki naszego państwa, w wyniku której liczba ofiar rośnie jak grzyby po deszczu.

– Wielu naszych trafia do więzienia – mówi Witalij Wołkow. Jest przewodniczącym Związku Byłych Żołnierzy w Czeczenii w Wierchniej Sałdzie liczącego blisko dwustu członków. – Nie mamy grosza przy duszy. Nie możemy znaleźć pracy. Dlatego wielu chłopców wracających z Czeczenii zaczyna kraść, po czym trafia do więzienia. A kto wychodzi z naszych więzień, pozostając normalnym człowiekiem? Zwłaszcza jeśli przed więzieniem byłeś w Czeczenii, a jeszcze wcześniej uczyłeś się w szkole?

Stowarzyszenia kierowane przez Ludmiłę Połymową, Witalija Wołkowa i Wiaczesława Zykowa powstały, gdy nieszczęścia dotknęły osobiście ich założycieli. Wszyscy przyznają, że wcześniej nie śniło im się nawet, iż mogą zaangażować się w podobną działalność albo że zaczną się zmagać z machiną państwową. Ich organizacje nie mają żadnych celów politycznych. Są wytworem rozpaczy i istnieją wyłącznie po to, by pomagać innym ludziom przetrzymać najgorsze. Przetrwanie w obecnej rzeczywistości jest tak trudne, że nie mają czasu na nic innego.

Jak długo jeszcze ludzie będą to znosić? To najważniejsze dzisiaj pytanie w Rosji i w Ukrainie.

29 SIERPNIA 2004 ROKU

W Czeczenii wybrano kolejnego putinowskiego prezydenta. Nie muszę dodawać, że kandydat Kremla zwyciężył „miażdżącą większością głosów". Ału Ałchanow może być nominalnie nowym przywódcą Czeczenii, ale tak naprawdę rządzi nią na wpół obłąkany dwudziestosiedmioletni Ramzan Kadyrow, syn zamordowanego poprzednika Ałchanowa, którego swego czasu również wybrano „miażdżącą większością głosów".

Kim jest ów Ramzan? Przez ostatnie półtora roku dowodził ochroną ojca. Po udanym zamachu na Achmata–hadżiego nie został natychmiast zdymisjonowany, jak można by się spodziewać, tylko awansowany osobiście przez Putina, i to od razu na stanowisko najważniejszego wicepremiera rządu czeczeńskiego, który odpowiada za siły bezpieczeństwa republiki. Obecnie kieruje milicją, wszystkimi pododdziałami sił specjalnych i czeczeńskim odpowiednikiem OMON-u. Chociaż nie ma żadnego wykształcenia, w milicji dochrapał się stopnia kapitana. To zdumiewające, ponieważ nigdy w tej milicji nie służył, nie wspominając już o tym, że kapitanem milicji można zostać, jeśli ma się wykształcenie wyższe. Tak czy inaczej, człowiek ten otrzymał właśnie prawo wydawania rozkazów pułkownikom i generałom, z którego nader chętnie korzysta. A oni wykonują posłusznie wszystkie jego polecenia, ponieważ wiedzą, że Ramzan jest ulubieńcem Putina.

Jakim człowiekiem jest Ramzan Kadyrow? Czym trzeba się zasłużyć, by zostać ulubieńcem Putina? Na plus można mu niewątpliwie zaliczyć umiejętność trzymania całej republiki pod butem oraz wymuszanie powszechnych tutaj haraczy, co robi nieustannie, jakby był azjatyckim bejem.

Ramzan rzadko opuszcza rodzinną wieś Centaroj, jedną z najbrzydszych miejscowości w Czeczenii, nieprzyjazną, wypełnioną mężczyznami z mordem w oczach. Wioska ta to zaledwie kilka wąskich krętych uliczek otoczonych wysokimi płotami, za którymi mieszkają głównie członkowie rodu Kadyrowów, ich najbardziej zaufani ochroniarze i tak zwana „prezydencka ochrana".

Dwa albo trzy lata temu wygnano stamtąd wszystkich sąsiadów, którym Kadyrow senior nie ufał. Ich domy zostały przekazane lojalnym członkom ochrony. Formacja ta jest oczywiście nielegalna, niemniej doskonale uzbrojona, głównie w sprzęt pochodzący z magazynów federalnych. Ponieważ ochrona nie podlega formalnie żadnemu z naszych resortów siłowych, pozostaje w rozumieniu prawa „nielegalną organizacją o charakterze zbrojnym" i nie różni się pod tym względem od oddziałów Basajewa, może z jednym wyjątkiem: dowodzi nią faworyt Putina. To załatwia sprawę.

Chłopcy Kadyrowa biorą udział w działaniach zbrojnych, jakby byli żołnierzami Ministerstwa Obrony; aresztują i przesłuchują ludzi, jakby byli funkcjonariuszami Ministerstwa Spraw Wewnętrznych; przetrzymują też więźniów w piwnicach w Centaroj, gdzie torturują ich jak najprawdziwsi gangsterzy.

Żaden prokurator się temu nie sprzeciwi. Wszystkie zgłaszane sprawy są natychmiast wyciszane. Nawet ktoś taki jak prokurator wie tutaj, gdzie nie powinien wściubiać nosa. Z woli Putina Centaroj stoi ponad prawem. Prawa obowiązujące wszystkich innych nie dotyczą Ramzana Kadyrowa. On może zrobić, co mu się żywnie podoba, ponieważ twierdzi, że zwalcza terroryzm, stosując własne nieortodoksyjne metody. To on stoi także za większością wymuszeń i rabunków maskowanych rzekomą „walką z terroryzmem".

Stolica Czeczenii stała się faktyczną posiadłością Ramzana. Prorosyjscy przedstawiciele władz zjeżdżają się tam, by bić pokłony przed tym zdegenerowanym durniem; albo proszą o pozwolenie na zrobienie czegokolwiek, albo stawiają się na dywanik. Przyjeżdżają tam wszyscy, nie wyłączając Siergieja Abramowa, młodego premiera Czeczenii, który rzekomo podlega wyłącznie premierowi Rosji, a nie jakiemuś tam Ramzanowi Kadyrowowi.

Rzeczywistość wygląda jednak tak, że to w Centaroj podejmowane są wszystkie ważniejsze decyzje. To tutaj postanowiono, że Ałchanow będzie kolejnym prezydentem, i tak się stało.

Ramzan rzadko jeździ do Groznego, ponieważ obawia się zamachu. Taka podróż trwa co najmniej półtorej godziny. Właśnie dlatego Centaroj jest tak ufortyfikowane, ma też system „filtracji" zagrożeń, jakiego może pozazdrościć sam Kreml: jest nim cały ciąg punktów kontrolnych, przez które każdy musi tu przejść. Przechodzę i ja, po czym trafiam w miejsce, które otaczający mnie uzbrojeni mężczyźni nazywają pieszczotliwie „gościńcem". Przetrzymują mnie tam przez sześć czy nawet siedem godzin. Zapada wieczór. W Czeczenii oznacza to, że niezwłocznie musisz szukać pewnego schronienia. Każdy, kto chce żyć, chowa się więc do swojej nory.

– Gdzie Ramzan? – pytam.

Zgodził się przecież ze mną spotkać.

– Zaraz będzie – odmrukuje facet pilnujący domku, a teraz i mnie.

Zawsze ktoś mi towarzyszy. Wacha Wisajew przedstawia się jako dyrektor Jugoilproduktu, nowej rafinerii ropy naftowej w Gudermesie, drugim co do wielkości mieście Czeczenii. On też proponuje, że oprowadzi mnie po gościńcu. To miejsce nie wygląda wcale tak źle. Na dziedzińcu zauważam fontannę, ale ona akurat prezentuje się paskudnie. Otwarty taras otoczony kolumnadą zdobi komplet bambusowych mebli. Wacha wskazuje mi etykiety, które mówią, że fotele i stoliki zostały wyprodukowane w Hongkongu. Najprawdopodobniej sam za nie zapłacił. Ludzie przepychają się teraz, by zrobić prezent Ramzanowi, ponieważ tylko w ten sposób mogą kupić jego przychylność. Wszyscy też mają w pamięci, że szef pobliskiego rejonu szalijskiego, Achmed Gutijew, nie zapłacił raz wymaganego haraczu. Porwano go więc i poddano torturom, a na koniec zmuszono jego najbliższych do wpłacenia stu tysięcy dolarów okupu. Niedługo później Achmed wyemigrował, a jego miejsce zajął kolejny kandydat na samobójcę. Spotkałam się jakiś czas temu z Gutijewem. Był obiecującym sprytnym młodym człowiekiem, który szanował Putina i uważał, że wybór Ramzana był nader słuszny, zwłaszcza jeśli zważyć okoliczności, ponieważ najważniejsze w tamtym momencie było pozbycie się wahabitów*. Ciekawe, czy nadal jest tego zdania.

Wróćmy jednak do posiadłości Ramzana. Na wprost wejścia stoi szarozielony kominek. Po prawej widzę saunę, jacuzzi i basen. Najbardziej olśniewające są jednak dwie sypialnie wyposażone w łóżka wielkości stadionu. Jedną utrzymano w niebieskiej tonacji, drugą w różowej.

Wszędzie stoją masywne ciemne meble, na wszystkich wiszą wciąż metki z cenami wyrażanymi oczywiście w niewiadomej walucie, a w domyśle w dolarach. Widzę taką metkę przy lustrze w łazience, przy ubikacji kucanej, na stojaku na ręczniki. To chyba obowiązująca tutaj moda.

Zwiedzanie obejmuje też rzut oka na skromny gabinet Ramzana przylegający do jednej z sypialni. Jego główną ozdobą jest dagestański dywan przedstawiający zabitego Achmata-hadżiego Kadyrowa, oczywiście w socrealistycznym stylu. Na głowie ma astrachańską papachę, a tło jest czarne jak smoła. Przedstawiono go oczywiście z seraficznym wyrazem twarzy i dumnie uniesioną brodą.

Po zapadnięciu zmroku pojawia się Ramzan otoczony wianuszkiem uzbrojonych mężczyzn. Są wszędzie, na dziedzińcu, na balkonie, w pokojach. Niektórzy będą później włączać się do naszej rozmowy, wtrącając głośne albo agresywne komentarze. Ramzan rozpiera się wygodnie w głębokim fotelu, zakłada nogę na nogę tak wysoko, że stopa w samej skarpecie znajduje się teraz niemal na wysokości mojej twarzy, ale on zupełnie na to nie zważa. Czuje się nader swobodnie.

– Zamierzamy zaprowadzić ponownie porządek nie tylko na terytorium Czeczenii, ale i na całym Kaukazie Północnym – zagaja. – Tak byśmy w każdej chwili mogli pojechać do Stawropola albo Leningradu. Możemy walczyć wszędzie na terenie Rosji.

Udzielono mi pozwolenia na prowadzenie działań na całym Kaukazie Północnym. Mam zwalczać bandytów.

– Kogo nazywa pan bandytami?

– Maschadowa, Basajewa i im podobnych.

– Zatem misją waszych oddziałów jest odnalezienie Maschadowa i Basajewa?

– Tak. Nasze główne zadanie to likwidacja ich obu.

– Wszystko, co robiono wcześniej w pańskim imieniu, polegało wyłącznie na zabijaniu i niszczeniu. Nie sądzi pan, że pora przestać walczyć?

– Oczywiście, że tak. Siedmiuset bojowników już nam się poddało i prowadzi teraz normalne życie. Poprosiliśmy pozostałych o zaprzestanie bezsensownego oporu, ale nie wiedzieć czemu nadal z nami walczą. Dlatego musimy ich zlikwidować. Dzisiaj schwytaliśmy trzech. Zlikwidowaliśmy dwóch. Jednym był wielki emir Naszcho z grupy Doku Umarowa. Taki autorytet, a myśmy go zabili. W Inguszetii. Wszyscy tam spoczywają.

– Kto dał panu prawo zabijać innych ludzi? Zwłaszcza na terytorium Inguszetii, skoro jesteście formalnie ochroną prezydenta Czeczenii?

– Mamy do tego pełne prawo. Operację przeprowadziliśmy wspólnie z inguską FSB. Otrzymaliśmy wszystkie niezbędne pozwolenia. (To akurat okazało się później kłamstwem).

– Obecnie na terenie Czeczenii oprócz pańskich ludzi działają jeszcze oddziały Kokijewa, Jamadajewa i tak dalej...

– Nie powinnaś mówić tak, jakby te oddziały należały do ich dowódców.

– Dlaczego? Nie uważa pan, że jest ich za dużo?

– Czego? Tych oddziałów? Czeczeński OMON liczy 300 ludzi. W innych regionach federacji siły OMON-u składają się z 700 albo nawet z 800 funkcjonariuszy. Czas Kokijewa już się kończy. U niego służą ludzie z armii. Zostaną wkrótce wycofani.

– W marcu, tuż przed ponownym wyborem Putina, poddał się panu Chambijew [minister obrony Iczkerii]. Co robi teraz? Czy także gromadzi żołnierzy?

– Chcesz, żebym go tutaj sprowadził? Wystarczy słowo, a zostanie tutaj przyprowadzony.

– Nie jest na to za późno? Pewnie już śpi.

– Jeśli każę, obudzą go. Wykorzystujemy go do negocjacji z bandytami. Oni go znają. Już wcześniej był w tym dobry, na przykład w przypadku Turłajewa. Chcesz, żebym jego też tu sprowadził? [Szaa Turłajew był szefem osobistej ochrony Maschadowa. On także się poddał, gdy został ciężko ranny. Amputowano mu lewą nogę]. Chambijew nie ma własnych żołnierzy. Tylko my będziemy mieli własnych żołnierzy.

– Chambijew przyznał się prasie, że zdradził.

– To kłamstwo. Tylko tak napisali. Wcale nie zdradził.

– Jak pan sobie wyobraża moment poddania Maschadowa? Sądzi pan, że przyjdzie tutaj i powie: oto jestem?

– Tak.

– Raczej nie będzie mógł tego zrobić. Różnica wieku jest w waszym wypadku zbyt duża. W porównaniu z nim pan jest chłopcem.

– Możliwe, ale jaki ma wybór? Jeśli nie przyjdzie do mnie z własnej woli, to mi go tu przyprowadzą. Jestem pewien, że w końcu trafi do klatki.

– Ostatnio postawił pan ultimatum wszystkim tym, którzy nie chcą się poddać. Kierował je pan także do Maschadowa?

– Nie, jego adresatami są siedemnasto- i osiemnastoletni chłopcy, którzy niczego jeszcze nie rozumieją. Zostali oszukani przez Maschadowa i dlatego poszli do lasu. Ich matki błagają mnie ze łzami w oczach: „Pomóż nam, Ramzanie, odzyskaj naszych synów". Przeklinają Maschadowa. Nasze ultimatum ma na celu zmuszenie tych kobiet, by lepiej pilnowały swoich dzieci. Każę im znaleźć synów, i to szybko, żeby potem nie było na nas... Ci, którzy się nie poddadzą, zostaną zlikwidowani. To oczywiste. Nie ma innego wyjścia.

– Może nadszedł już najwyższy czas, by przestać likwidować ludzi i zasiąść z nimi do negocjacji?

– Z kim?

– Z tymi wszystkimi Czeczenami, którzy nadal walczą.

– Z Maschadowem? Maschadow jest tutaj nikim. Nikt nie słucha jego rozkazów. Główną postacią jest za to Basajew. To potężny wojownik. Wie, jak walczyć. Jest też dobrym strategiem. No i dobrym Czeczenem. Ale Maschadow to tylko żałosny staruszek, który niczego nie zdoła już dokonać. – Zarżał w tym momencie jak koń, a wszyscy obecni natychmiast zrobili to samo. – Poszło za nim tylko kilku młodzików. Mogę to udowodnić. Wszystko to sobie dokładnie spisuję. Obecnie Maschadow rekrutuje kobiety. Znam je dobrze. Powiedziały mi: „Gdybyśmy odmówiły, toby nas pozabijali. Nie miałyśmy pracy, a on oferował pieniądze".

– Chce pan powiedzieć, że Maschadow formuje batalion kobiecy?

– Nie. Rozbiliśmy Maschadowa. Musi teraz szukać innych ludzi.

– W pańskich słowach pobrzmiewa kompletny brak szacunku dla Maschadowa, ale widzę, że szanuje pan Basajewa.

– Szanuję Basajewa jako wojownika. Nie jest tchórzem. Modlę się do Boga, bym mógł spotkać Basajewa na polu walki. Jeden człowiek marzy o zostaniu prezydentem, drugi pilotem, a jeszcze inny traktorzystą, ale moim marzeniem jest otwarty pojedynek z Basajewem. Moi ludzie przeciw jego ludziom, bez udziału obcych sił. Z nim jako dowódcą jednej strony i ze mną dowodzącym drugą stroną.

– Co by było, gdyby Basajew wygrał?

– Nie ma szans. Ja wygram. W walce ja zawsze wygrywam.

– W Czeczenii wiele się ostatnio mówi o pańskiej rywalizacji z Jamadajewami.

(To bracia z Gudermesu. Chalid jest deputowanym Jednej Rosji do Dumy, a Sulim został zastępcą dowódcy wojsk Republiki Czeczenii. Ma pod rozkazani poważne siły. Powiada się, że Ramzan pracuje dla FSB, a Jamadajewowie są z GRU, czyli z wywiadu wojskowego).

– Rywalizacja ze mną to nie najlepszy pomysł. Może na przykład zaszkodzić czyjemuś zdrowiu.

– Jaki jest najsilniejszy aspekt pańskiej osobowości?

– O co ci chodzi? Nie rozumiem pytania.

– Co jest pańską siłą, a co słabością?

– Ja raczej nie mam żadnych słabości. Jestem silny. Ału Ałchanow został prezydentem, ponieważ uważam go za silnego człowieka i ufam mu w stu procentach. Myślisz, że Kreml o tym decydował? Ludzie go wybrali. Pierwszy raz słyszę, że Kreml miał tu coś do gadania.

Dziwne, ale tak właśnie powiedział.

Niecałą godzinę później Ramzan stwierdzi, że Kreml decyduje tutaj absolutnie o wszystkim, że ludzie to po prostu bydło i że zaraz po zamachu na jego ojca Putin zaoferował mu stanowisko prezydenta, ale odrzucił tę propozycję, ponieważ woli nadal walczyć.

– Gdybyście zostawili nas, Czeczenów, w spokoju, już dawno byśmy się zjednoczyli.

– Kogo ma pan na myśli, mówiąc „wy"?

– Dziennikarzy, ludzi takich jak ty. Rosyjskich polityków. Nie pozwalacie nam poukładać sobie życia. Dzielicie nas. Skłócacie Czeczenów. Ty osobiście jesteś naszym wrogiem. Jesteś nawet gorsza niż ten cały Basajew.

– Kto jeszcze jest pana wrogiem?

– Ja nie mam wrogów. To tylko bandyci, z którymi muszę walczyć.

– Zamierza pan zostać prezydentem Czeczenii?

– Nie.

– Co najbardziej lubi pan robić?

– Walczyć. Jestem wojownikiem.

– Zabił pan kogoś własnoręcznie?

– Nie. Zawsze dowodziłem innymi.

– Jest pan zbyt młody, by zawsze kimś dowodzić. Ktoś kiedyś musiał wydawać panu rozkazy.

– Tylko mój ojciec. Nikt inny nie wydawał mi rozkazów i nie będzie tego robił.

– Kazał pan innym zabijać?

– Tak.

– Czy to nie straszne?

– Przecież to nie ja, tylko Bóg. Prorok powiedział wyraźnie, że wahabici muszą zostać zlikwidowani.

– Naprawdę tak powiedział? A jak już zabijecie wszystkich wahabitów, to z kim będzie pan walczył?

– Wtedy zajmę się hodowlą pszczół. Już mam pszczoły, woły i psy tresowane do walk.

– Nie jest panu przykro, gdy jeden pies zagryza drugiego?

– W ogóle. Lubię to. Powiem ci, szanuję mojego psa Tarzana jak człowieka. To owczarek kaukaski. Najbardziej zmyślna rasa, jaka istnieje.

– Ma pan jakieś inne hobby? Psy, pszczoły, walka i...?

– Bardzo lubię kobiety...

– Żonie to nie przeszkadza?

– Nie mówię jej o tym.

– Jakie ma pan wykształcenie?

– Wyższe. Prawo. Właśnie je kończę. Niedługo będę miał egzaminy.

– Jakie egzaminy?

– Co to za pytanie! Jakie egzaminy? Normalne i tyle.

– Jak się nazywa uczelnia, na której pan studiuje?

– To filia Moskiewskiego Instytutu Biznesu. W Gudermesie. To uczelnia prawnicza.

– W czym się pan specjalizuje?

– W prawie.

– Ale w jakiego rodzaju prawie? Karnym? Cywilnym?

– Nie pamiętam. Ktoś mi zapisał nazwę wydziału, ale zapomniałem. Za dużo się teraz dzieje.

W tym momencie do Ramzana przyprowadzono Szaa Turłajewa, byłego szefa ochrony Maschadowa oraz majora gwardii prezydenckiej, odznaczonego czeczeńskim orderami „Duma Narodu" i „Bohater Narodu". Ten trzydziestodwuletni mężczyzna osiwiał już całkowicie, lewą nogę amputowano mu w połowie uda. Przetrzymują go w Centaroj pod strażą jako zakładnika, ale nikt go tutaj nie bije ani nie torturuje. Chwilę później pojawia się również Mahomed Chambijew, który odzywa się do mnie po rosyjsku, ale Turłajewowi zabroniono najwyraźniej rozmawiać z dziennikarką, zwłaszcza w jej rodzimym języku. Ramzan wyjaśnia, że Turłajew nie zna rosyjskiego, lecz gdy porozmawiam później z ludźmi, którzy znali majora w dawnych czasach, bez trudu ustalę, że opanował go do perfekcji.

Chambijew jest bezczelny i zadufany w sobie, Szaa wygląda na nieco nawiedzonego, ale zachowuje się godnie. Gdy Chambijew wciąż potakuje Ramzanowi, Szaa wyniośle milczy. Kiedy się w końcu odzywa, tłumaczą mi jego słowa:

– Walczyłem od 1991 roku. Do 2003 pracowałem w osobistej ochronie Maschadowa. Nie widziałem go już półtora roku. Dwa lata temu zostałem ranny w nogę. Mieli tam lekarza i salę operacyjną. Mogłem zostać, ale nie chciałem, nawet zanim zostałem ranny, ponieważ Ramzan i ja walczyliśmy razem w przeszłości.

Kiedy Ramzan wysłał do mnie ludzi z mojej wioski, poradzili mi: „Trzymaj z Ramzanem. On kroczy właściwą ścieżką. Maschadow jest słaby. Nie znajdziesz w nim siły. Jest zdany sam na siebie. Zostało mu 20, może 30 ludzi".

– Czy to ten batalion kobiecy?

Szaa nie odpowiada. Opuszcza głowę, potem potrząsa nią. Trudno zrozumieć, czy jest to potwierdzenie, czy zaprzeczenie. Generalnie rozmowa nam się nie klei. Chwilę po jego przybyciu po prawicy Ramzana zasiadł starzec w krymce na głowie. Przedstawił się jako Nikołaj Iwanowicz, co obecni skwitowali krzywymi uśmiechami znaczącymi tyle, że na pewno tak się nie nazywa. Ramzan kazał mu tłumaczyć słowa Szaa na rosyjski. Szybko jednak stało się jasne, że dwa, trzy słowa wydukane przez Turłajewa zamieniają się w ustach „Nikołaja Iwanowicza" w cały ciąg długich zdań traktujących o tym, jak to Szaa zrozumiał niszczycielską naturę wojny toczonej przez Maschadowa.

Gdy krytykuję taki sposób tłumaczenia wypowiedzi Turłajewa, „Nikołaj Iwanowicz" reaguje jak pies spuszczony z łańcucha, atakuje mnie i obraża. Nikt go nie powstrzymuje. Ramzan rechocze mocno rozbawiony. Jego prawdziwym hobby jest napuszczanie ludzi na siebie, by skakali sobie do gardeł. Żaden z siedzących przy tym stole nie może się z nim równać pod tym względem, podobnie jest z uwielbieniem, jakim darzy walki psów.

Rozmowa robi się bardziej ożywiona. „Przemawiasz za bandytami", „Jesteś wrogiem czeczeńskiego narodu", „Odpowiesz za to". Takie oto słowa padają coraz częściej pod moim adresem. Ramzan wrzeszczy, podskakuje co rusz na fotelu, a Nikołaj Iwanowicz tylko go podpuszcza. Siedzimy przy dużym owalnym stole, choć sceneria coraz bardziej przypomina targowanie się szajki złodziei. Ramzan zachowuje się coraz dziwniej, jakby to on był najstarszym mężczyzną w tym domu, choć jest z nich wszystkich najmłodszy. Śmieje się w niewłaściwych momentach. Ciągle się drapie. Każe ochroniarzowi, by czochrał go po karku. Wygina się, wzdryga, nieustannie wydając irytujące dźwięki i wtrącając durne uwagi.

Próbuję rozmawiać z Turłajewem, ale młody Kadyrow nie lubi, gdy ktoś zadaje komuś innemu więcej pytań niż jemu. Wtrąca się więc bez przerwy albo zabrania zakładnikowi udzielać odpowiedzi. Czas kończyć. Zadaję ostatnie pytanie, na które Szaa po raz pierwszy odpowiada osobiście.

– Jaki był najszczęśliwszy okres w pana życiu?

– Nie było czegoś takiego.

Ramzan przerywa nawet tę jego wypowiedź:

– Wiesz, że Chambijew głosował na Putina?

Chambijew kiwa głową potakująco, jego usta zdobi uśmiech kłamcy.

– Tak. On jest twardy. Chce porządku w Czeczenii.

– Czego jeszcze brakuje, by w Czeczenii zapanował porządek? – pytam go wprost.

– W sumie niewiele. Jandarbijew został usunięty. Jeśli uda się usunąć Bieriezowskiego i takich ludzi Maschadowa, jak Zakajew* czy Udugow, zapanuje u nas porządek. To oni pociągają za wszystkie sznurki. Basajew spełnia ich życzenia. Basajew nie walczy w imieniu naszego narodu.

– Dla kogo pan walczy?

– Dla siebie. Dla narodu.

– W jakim charakterze mu pan służy?

– W takim, jak nam Ramzan każe.

– Dlaczego to ma zależeć od Ramzana?

– Jest pierwszy wśród Czeczenów. Wiesz, że Ramzan obiecał mianować mnie prezesem federacji wrestlingu?

– Ile pan ma lat?

– Zaraz skończę 42.

– Jak się czuje pan z tym, że Ramzan kazał porwać pańskich krewnych, by zmusić pana do złożenia broni?

– Nie mam z tym problemu. Moi krewni byli winni, zostali więc schwytani.

– Czemu byli winni?

– Przynosili mi kasety z nagraniami Maschadowa i chleb.

Rozbawiony Ramzan znów rechocze. Odchyla się w fotelu zadowolony z siebie, potem idzie oglądać swoje wystąpienie w telewizji. Bardzo się z tego cieszy, komentuje też sposób poruszania się Putina.

– Facet ma klasę! – mówi.

Twierdzi, że Putin chodzi jak prawdziwy góral.

Za oknami jest już ciemna noc. W domku gościnnym zaczyna robić się gorąco, widomy znak, że pora iść. Ramzan każe mnie odwieźć do Groznego. Za kierownicą siada Musa, były bojownik z Zakan-Jurtu. Jest też dwóch ochroniarzy. Wsiadam do samochodu z przeczuciem, że gdzieś na tej trasie, pomiędzy punktami kontrolnymi, zostanę przez nich zabita, ale były bojownik z Zakan-Jurtu czeka tylko na znak Ramzana, po czym opuszczamy wioskę. Chwilę później kierowca odsłania przede mną duszę, a im więcej opowiada o swoim życiu, walce i powodach przyłączenia się do Ramzana, tym większą zyskuję pewność, że nie zamierza mnie zabić. Ten człowiek chce, by świat usłyszał jego historię.

Rozumiałam to, ale i tak siedziałam tam, płacząc ze strachu i odrazy.

– Nie płacz – powiedział w końcu bojownik z Zakan-Jurtu. – Jesteś silna.

Gdy wszystkie argumenty zostały wyczerpane – a w Centaroj nie rozumieją nawet tego słowa – pozostają ci tylko łzy. Łzy rozpaczy, że może istnieć ktoś taki, że meandry historii wyniosły ze wszystkich ludzi właśnie Ramzana Kadyrowa. Ten człowiek naprawdę ma władzę i rządzi wszystkim po swojemu. Nikt, żaden z mężczyzn mieszkających w Centaroj nie kiwnie palcem, by go powstrzymać, jeśli zacznie szaleć. To do Ramzana Kadyrowa zadzwonił z Kremla „Władysław Jurjewicz", czyli szef Kancelarii Putina Władisław Surkow. To był chyba jedyny moment, gdy młody Kadyrow nie zachowywał się jak kretyn, nie drapał się po całym ciele, nie wrzeszczał, nie rechotał.

Stara to historia powtarzająca się wielokrotnie w naszych dziejach: Kreml przygarnia młode smoki, po czym karmi je suto, by nie spaliły wszystkiego wokół ognistym oddechem. Rosyjski wywiad w Czeczenii poniósł sromotną porażkę, choć próbuje nam wmawiać, że odniósł tam zwycięstwo i „przywrócił normalne życie". Ale co z ludźmi w Czeczenii? Z tymi, którzy muszą teraz żyć z podrzuconym im smoczkiem? Najpierw Kreml próbował ich przekonać, że opieranie się Putinowi jest bezcelowe. To w jakimś stopniu okazało się skuteczne: większość poddała się bez walki. Teraz to samo czeka więc całą resztę Rosji.

1 WRZEŚNIA 2004 ROKU

Cenzura i autocenzura w środkach masowego przekazu osiągnęły nowe szczyty, zwiększając prawdopodobieństwo śmierci setek kolejnych dorosłych i dzieci ze szkoły numer 1 w Biesłanie, która została właśnie zajęta przez terrorystów.

Autocenzura polega dzisiaj głównie na próbach odgadnięcia, co należy powiedzieć, a o czym nie można wspominać, jeśli chcesz utrzymać wysokie notowania. Celem wprowadzania autocenzury jest zatem otrzymywanie maksymalnie wysokiej pensji przez jak najdłuższy czas. To nie wybór pomiędzy utrzymaniem pracy a jej utratą, tylko pomiędzy zarabianiem fortuny albo marnych groszy. Każdy dziennikarz ma bowiem możliwość publikowania swoich tekstów w sieci, gdzie panuje znacznie większa swoboda w mówieniu tego, na czym ci zależy, chociaż nie wolno zapominać, że mamy nadal kilka gazet, które oferują przynajmniej średni poziom wolności słowa. Ze swobodą wypowiedzi wiążą się jednak znacznie mniejsze pieniądze, i to zazwyczaj wypłacane bardzo nieregularnie. Największe znaczenie mają więc dzisiaj te środki masowego przekazu, które pozostają w dobrych stosunkach z Kremlem.

Prezenterzy telewizyjni, którzy notorycznie kłamią, którzy trzymają się z dala od tematów mogących rozgniewać albo choćby zdenerwować rządzących, robią to wszystko z obawy przed utratą zarobku w wysokości kilku tysięcy rubli miesięcznie. Stają przed wyborem, czy dalej ubierać się u Gucciego lub Versacego, czy nosić sfatygowane ciuchy. Nie ma tu kwestii zaangażowania ideologicznego: oni przejmują się wyłącznie własnym dobrobytem. Żaden dziennikarz nie wierzy Putinowi, i to od bardzo długiego czasu.

W rezultacie program stacji NTV składa się dzisiaj w 70 procentach z kłamstw. Na oficjalnych kanałach państwowych, takich jak RTR albo Ostankino, jest to już 90 procent. To samo dotyczy państwowych rozgłośni radiowych.

Jeśli w trakcie zamachu terrorystycznego na teatr na Dubrowce telewizje przekazywały tylko połowę prawdy, to w przypadku Biesłanu mamy w nich same kłamstwa, a największym jest chyba twierdzenie, że na terenie szkoły przebywa jedynie 354 zakładników [prawdziwa ich liczba jest bliska 1200]. To tak rozwścieczyło terrorystów, że zabronili dzieciom korzystać z toalet i przestali dawać im wodę do picia.

W NTV doskonale wiedziano, że podawana liczba zakładników nie jest prawdziwa. Dyrektorzy tej stacji utajnili wcześniej raport własnego korespondenta, od początku przebywającego na miejscu zdarzenia, który otrzymał od sztabu kryzysowego rzetelne informacje o rzeczywistej liczbie zakładników. Jak wyjaśnił później Leonid Parfionow, którego 1 czerwca wyrzucono z pracy w tej stacji, na antenie NTV podczas całego kryzysu w Biesłanie można było usłyszeć tylko jedno jedyne słowo prawdy. Stało się to już po rozpoczęciu szturmu, kiedy wynoszono martwe i ranne dzieci, a wszędzie wokół walały się szczątki ludzkich ciał. Wtedy właśnie relacjonujący te wydarzenia reporter zaklął na wizji, wypowiadając powszechnie używane w Rosji słowo, które idealnie ilustrowało obraz wydarzeń.

Biesłan był szczytowym osiągnięciem zdradzieckiej autocenzury. Zdradzieckiej dlatego, że zdradzała ludzi, którzy za te kłamstwa musieli zapłacić własnym życiem. Nic więc dziwnego, że mieszkańcy Biesłanu zaatakowali reporterów państwowej telewizji, ponieważ ich kłamstwa, jakże powszechne w erze Putina, przyczyniły się do śmierci kobiet i dzieci, które tak dobrze znali. Wcześniej problemu tego doświadczali wyłącznie ludzie mieszkający w Czeczenii. Teraz nadszedł czas, by i pozostali Rosjanie to zrozumieli.

3 WRZEŚNIA 2004 ROKU

W wyniku zamachu na szkołę w Biesłanie zginęło 331 osób.

4 WRZEŚNIA 2004 ROKU

Redaktor naczelny „Izwiestii" Raf Szakirow został właśnie zwolniony z pracy. Był typowym karierowiczem, któremu daleko do rewolucjonisty, dysydenta albo obrońcy praw człowieka. Został wylany za to tylko, że raz nie zdołał wyczuć pragnień rządzących, czyli za coś, co powinno być dla niego jasne jak słońce. „Izwiestia" opublikowały brutalnie szczery fotoreportaż z wydarzeń w Biesłanie. Władze uznały, że jest on zbyt szokujący.

„Izwiestia" nie są gazetą państwową, należą do oligarchy Potanina, nad którym już od pewnego czasu zbierają się burzowe chmury, podobnie jak wcześniej nad Chodorkowskim. Zwalniając Szakirowa, Potanin ma zapewne nadzieję, że wkradnie się ponownie w łaski Putina i Kremla.

Po Biesłanie pojawiły się w końcu pierwsze, niemrawe jeszcze formy sprzeciwu wobec reżimu autorytarnego oraz zalewającej nas od pewnego czasu fali kłamstw i tchórzostwa. Między grudniem 2003 a 1 września 2004 roku dało się zauważyć jedynie powściągliwe, jakby niechętne protesty, ale po tej masakrze doszło w końcu do otwartych wystąpień przeciw władzy. Do 1 września nikt nie mówił otwarcie, że nasze służby wywiadowcze są zainteresowane wyłącznie rozchwytywaniem majątku narodowego. Po krwawej łaźni, jaka miała miejsce 3 września w Biesłanie, wielu ludzi zdało sobie nagle sprawę, że tak naprawdę nikt ich nie chroni. Właśnie ci ludzie stanęli teraz przed bardzo realnym wyborem: mogą nadal udawać, że nasz prezydent cieszy się ogromnym poparciem, albo zadbają o bezpieczeństwo własnych dzieci.

10 WRZEŚNIA 2004 ROKU

W Rosji nie powstaje dzisiaj klasa średnia, czego byśmy sobie życzyli, tylko warstwa społeczna składająca się z rodziców, których dzieci zginęły w zamachach terrorystycznych. To już niemal partia, której programem jest żądanie autentycznego i dogłębnego zbadania tragedii w szkole podstawowej numer 1. Pierwsi przybyli tam rodzice najmłodszych ofiar w teatrze na Dubrowce. Wśród nich także rodowity moskwiczanin Dmitrij Miłowidow.

W październiku 2002 roku stracił w teatrze na Dubrowce czternastoletnią córkę Ninę. Do Biesłanu pojechał z garścią ziemi z Dubrowki, a przywiózł stamtąd drugie tyle szczątków ze spalonej szkoły. Pokazał mi tę mieszankę trzymaną w niewielkim przezroczystym puzderku.

– Zebrałem to, co walało się wciąż po podłodze szkoły. Widzi pani tutaj łuski po nabojach i kule dum-dum, które są podobno u nas zakazane, jest ułomek zaostrzonego dokładnie ołówka i są kartki z nadpalonego podręcznika. Wszystko to pokrywa warstwa ciemnoszarego popiołu, lepiej nie pytać, czego są to pozostałości.

– Dlaczego wy, rodzice ofiar z Dubrowki, pojechaliście do Biesłanu? To musiało być dla was bardzo trudne przeżycie.

– Zebraliśmy pieniądze, około 37 tysięcy rubli [ok. 3800 zł] i uznaliśmy, że najlepiej będzie, jeśli przekażemy je osobiście. Pomyśleliśmy także, że tamtejszym rodzicom przyda się wiedza o naszych smutnych doświadczeniach. Wierzyliśmy, że pomoże im przetrwać najgorsze. Sami ledwie przeżyliśmy, ponieważ byliśmy zdani wyłącznie na siebie. Państwo porzuciło nas całkowicie. Ale to nie jedyny powód naszego wyjazdu: nieco ponad rok temu rozmawiałem z Tanią Chazijewą, jej mąż należał do orkiestry teatru na Dubrowce i także zginął w trakcie szturmu, pozostawiając ją z dwiema małymi córeczkami, Sonią i Tanią. Ona pierwsza spośród nas wszystkich wygrała sprawę o odszkodowanie. Tania powiedziała mi wtedy, w czerwcu 2003 roku: „Muszę zadbać, by życie moich córeczek było tak wiele warte, że ani FSB, ani tym bardziej państwa nie będzie stać na zapłacenie odszkodowania za to, że pozwolili jej umrzeć podczas jakiegoś ataku terrorystycznego na szkołę". Wie pani, my czujemy dzisiaj, że nie zdołaliśmy zapobiec tragedii w Biesłanie. Dla mnie osobiście to alternatywne zakończenie sprawy teatru na Dubrowce. „Proszę, zobaczcie, co by się z wami stało, gdybyśmy nie użyli wtedy gazu", zdaje się mówić władza. Zupełnie jakby chciała dać nauczkę całej Rosji. Pojechaliśmy więc na miejsce, by powiedzieć tamtym rodzicom: „Wybaczcie, że nie zrobiliśmy wszystkiego, by zapobiec tej tragedii".

– Jak pan sądzi, czego ludziom z Biesłanu brakuje teraz najbardziej? Pieniędzy?

– Nie. Raczej zrozumienia.

– Jest tam za mało psychiatrów?

– Jest ich wystarczająco wielu w szpitalach, ale po domach chodzą najczęściej młodzi niedoświadczeni lekarze. Przed takimi trudno otworzyć serce. Ludzie w Biesłanie mają ten sam problem co my. Większość nie chce żadnych lekarskich porad. Chcą po prostu przeżyć tę żałobę w rodzinnym gronie.

– Nie ma pan przypadkiem wrażenia, że jako ludzie, którzy przeżyli coś podobnego, jesteście im bliżsi i bardziej potrzebni niż zawodowi psychiatrzy?

– To oczywiste. Oni chcieli z nami rozmawiać, ale nie po to, byśmy razem popłakali. Pytali, do jakich wniosków doszli śledczy po tragedii w teatrze. Czy istnieje właściwa odpowiedź na pytanie, dlaczego doszło do czegoś takiego? Już teraz wiadomo, że ta rzeź nie przejdzie bez echa. Na płotach widać napisy: „Śmierć Inguszom!", a nawet mocniejsze. Nikt ich nie zamalowuje. Wszędzie słyszę, że ludzie półgłosem domagają się zemsty. W czasie naszego pobytu na miejscu młodzi ludzie zwołali zebranie na ten właśnie temat. Mówili naprawdę straszne rzeczy o prezydencie Dzasochowie, a tego, co padało pod adresem Putina, nawet nie będę powtarzał.

– Czy to prawda, że ich uczucia względem dziennikarzy nie są wiele lepsze?

– Tak. Z nami było tak samo. W pierwszych miesiącach po Dubrowce na widok dziennikarza mówiliśmy: „Znowu zlatują się tutaj te sępy". Dopiero po pewnym czasie dotarło do nas, że nie jesteście sępami, tylko narzędziami i gdyby nie wy, nigdy nie usłyszelibyśmy o tragedii na pokładzie Kurska albo prawdy o wydarzeniach w teatrze na Dubrowce.

– Kto zdaniem mieszkańców Biesłanu mógłby poprowadzić rzetelne śledztwo w sprawie tamtej tragedii?

– Oni ufają wyłącznie swoim krewnym. Spodziewają się, że będzie prowadzone śledztwo, ale jak wielu powtarza, „rosyjskie", czyli rządowe. Napatrzyliśmy się na to przy sprawie teatru na Dubrowce. Wiemy, że nikt niczego nie ustali.

– Co zrobiło na panu największe wrażenie podczas pobytu w Biesłanie?

– My mieszkamy w Moskwie, w wielkim mieście, a tam, w Biesłanie, wszyscy ludzie byli w żałobie.

13 WRZEŚNIA 2004 ROKU

Po Biesłanie agencje odpowiadające za bezpieczeństwo na Kaukazie Północnym, które nie zdołały zapobiec temu atakowi terrorystycznemu, robią wielki show ze zwalczania terroryzmu. Zabijają bądź aresztują każdego, kto według nich może być zamieszany w terroryzm.

Jak sobie z tym zadaniem radzą? Sukces bądź porażkę każdej obławy mierzy się liczbą schwytanych „terrorystów". Prawa człowieka i poszanowanie prawa trafiły do kubła na śmieci. Przyznanie się podczas przesłuchań jest traktowane jako dowód winy, a jeśli podejrzany zostaje zabity, to nawet czegoś takiego nie trzeba. Mamy dokładną powtórkę sytuacji z 1 grudnia 1934 roku, z samych początków innej „operacji antyterrorystycznej", rozpętanej po zamordowaniu Siergieja Kirowa, jednego z przywódców partii komunistycznej. Tak jak wtedy, tak i dzisiaj każda próba zasugerowania, że coś jest nie w porządku i być może warto okazywać więcej szacunku dla prawa, spotyka się ze stanowczą reakcją zwolenników tak zwanych „radykalnych i skutecznych metod działania". Bardzo łatwo zostać oskarżonym o chęć chronienia przestępców.

Przedstawicielom Międzynarodowego Komitetu Czerwonego Krzyża nie wolno odwiedzać bloków więziennych, w których przetrzymywani są rzekomi „terroryści". Nad ich sprawami nie ma nadzoru prawnego ze strony prokuratury, a już na pewno nie mogą liczyć na niezależne sądownictwo, gdy w grę wchodzi tryb przyspieszony zarezerwowany dzisiaj wyłącznie dla „terrorystów". Nikt nie będzie sprawdzał, czy nasze siły miały powód, by zamordować konkretnego podejrzanego. Te kwestie zostały całkowicie wyjęte spod prawa, nie ma więc najmniejszych szans na ukaranie winnych i uwolnienie niewinnych. Główna fala pobiesłańskiej „operacji antyterrorystycznej" przetacza się przez Inguszetię, ponieważ większość bojowników z komanda, które zajęło szkołę, pochodziła z tej właśnie republiki. No i przez Czeczenię niejako przy okazji.

Przewidywalny rezultat tych działań jest taki, że w reakcji na trwające całą jesień represje doszło do znacznego wzmocnienia prawdziwego podziemia terrorystycznego. Zabijanie bądź pospieszne skazywanie niewinnych kończy się tym, że prawdziwi przestępcy pozostają na wolności i knują dalej, tyle że w bardziej zakonspirowany sposób. Co więcej, ruch oporu rośnie w siłę, ponieważ dołączają do niego niesprawiedliwie potraktowani lub ci, którzy chcą pomścić bliskich. Dla innych chwycenie za broń jest osobistym protestem przeciw oczywistemu bezprawiu sił bezpieczeństwa.

Możecie nazywać tę sytuację, jak chcecie, ale na pewno nie jest to operacja antyterrorystyczna. To my stosujemy najpotworniejsze formy terroru. Prawda wygląda tak, że po akcji bojowników ruchu oporu, którzy na jedną noc w czerwcu 2004 roku zajęli Inguszetię, siły bezpieczeństwa wpadły w amok, mordując i więżąc tabuny niewinnych ludzi, którzy wpadli im przypadkiem w ręce, a rezultatem tego był atak w Biesłanie.

Tymczasem władze Czeczenii świętują. Kilkadziesiąt kilometrów dalej grzebane są ofiary Biesłanu, a prezydent Ału Ałchanow postanowił uczcić urodziny syna premiera, urządzając wyścigi konne.

W Centaroj za szczelnym kordonem bawią się w najlepsze wszyscy faworyci Putina. Ich świty dwoją się i troją, by dogodzić szefom pod każdym względem. Ostatnimi czasy nie ma dnia, by nie demonstrowano w podobny sposób, że w Czeczenii zapanował pokój. Nawet wydarzenia w Biesłanie nie mogły więc zepsuć zabawy, podobnie jak śmierć tych wszystkich dzieci, które ma na sumieniu bezbożna trójca: Kadyrow, Ałchanow i Abramow. Przecież to oni zapewniali Putina przed 1 września, że w Czeczenii nie ma już praktycznie bandytów, a Basajew zostanie lada moment schwytany. Biesłan pokazał nam wszystkim, jak wygląda prawda.

Jedną z przyczyn strasznej niemocy Rosjan jest potworny cynizm władz, które na każdym kroku sprzedają ludziom totalnie zafałszowany obraz rzeczywistości. A obywatele Rosji nie robią nic, by z tym skończyć. Kryją się w zaciszu własnych skorup, stając się całkowicie bezbronni, uciszeni i skrępowani. Putin doskonale o tym wie i bezczelnie gra cynizmem, który w Rosji jest najlepszym narzędziem dławienia oporu.

Pogrzeby jeszcze nie dobiegły końca, a Putin znów rozrabia. Właśnie poinformował rząd i kraj, że w przyszłości liderzy regionów nie będą już wybierani, tylko nominowani przez niego. Wprawdzie nominatów będą musiały zatwierdzać lokalne sejmiki, ale jeśli tamtejsi deputowani odrzucą dwie przedstawione im kandydatury, narażą się na rozwiązanie własnej instytucji.

Od pewnego czasu krążyły pogłoski mówiące o tym, że Putin pragnie zniesienia bezpośredniego wyboru gubernatorów, ponieważ niektórzy mogą być w pewnym stopniu niezależni. Jednym ze sposobów na zachowanie wpływów opozycji jest bowiem dogadywanie się z lokalnymi liderami, skoro nie ma szans na porozumienie z Kancelarią Prezydenta w Moskwie. Putin twierdzi, że rezygnację z wyboru gubernatorów wymusza zagrożenie terrorystyczne. O tak cyniczne granie tragedią Biesłanu, zwłaszcza dla osiągnięcia własnych korzyści politycznych, nie podejrzewalibyśmy nawet jego. Nie słyszę jednak ani jednego szeptu protestu.

16 WRZEŚNIA 2004 ROKU

Jedyną reakcją na powyższe wydarzenia jest pismo wystosowane przez Komitet 2008 zatytułowane: *Zagrożenie zamachem stanu w Rosji.*

Prezydent Federacji Rosyjskiej Władimir Putin zapowiedział, że zamierza przeprowadzić w Rosji zamach stanu. Jego przemówienie wygłoszone 13 września na rozszerzonym posiedzeniu rządu zawierało szczegółową propozycję demontażu podstawowych instytucji rosyjskiej demokracji.

„Rosja jest federalnym demokratycznym państwem prawa" – tak stanowi pierwszy artykuł naszej Konstytucji. Kreml natomiast zamierza zlikwidować te trzy filary rosyjskiej demokracji.

Rosja Putina nie będzie demokratycznym państwem, ponieważ jej obywatelom odbiera się prawo do wolnych wyborów, które zgodnie z Konstytucją są „najwyższym i bezpośrednim dowodem władzy ludu". Rosja Putina przestanie być państwem federalnym w tym sensie, że jej regionami mają zarządzać politycy wskazywani przez centralę i tylko przed nią odpowiadający. Rosja Putina nie będzie w końcu państwem prawa, ponieważ Trybunał Konstytucyjny Federacji Rosyjskiej wydał osiem lat temu orzeczenie, które stanowczo zakazuje takich „reform", zatem ich wprowadzenie będzie pogwałceniem wspomnianego wyroku.

Wzywamy zatem prezydenta Federacji Rosyjskiej Władimira Putina, by zwrócił baczną uwagę na artykuł 3, punkt 4 Konstytucji, który stanowi: „Nikt nie przywłaszczy sobie pełni władzy w Federacji Rosyjskiej. Przejęcie takiej władzy bądź przywłaszczenie sobie uprawnień rządu będzie ścigane zgodnie z prawem federalnym".

Władze państwowe zignorowały to pismo całkowicie. Nikt przeciw temu nie zaprotestował.

27 WRZEŚNIA 2004 ROKU

Władze są bardzo zaniepokojone tym, że obrońcy praw człowieka mogą znów stać się dysydentami, że to oni właśnie, a nie politycy opozycji, mogą stanowić zagrożenie. W związku z tym trwa budowa równoległych struktur ruchu obrońców praw człowieka, które mają działać pod ścisłą kontrolą Kremla. Putin podpisuje ustawę o utworzeniu „Międzynarodowego Centrum Praw Człowieka". Ustawa nosi charakterystyczny tytuł: „Dodatkowe środki państwowego wsparcia dla organizacji zajmujących się obroną praw człowieka na terytorium Federacji Rosyjskiej".

Siłą napędową ustawy jest Ełła Pamfiłowa, przewodnicząca Prezydenckiej Komisji Praw Człowieka. To ona obwieszcza głośno każdemu, kto chce jej słuchać: „Całkowicie odrzucam obelżywe zarzuty, że jednym z zadań Międzynarodowego Centrum Praw Człowieka jest scentralizowanie kontroli nad niezależnymi organizacjami zrzeszającymi obrońców praw człowieka. Ta ustawa ma pomóc nam wszystkim. Liderzy organizacji broniących praw człowieka łatwiej będą mogli się kontaktować (chyba z Kremlem? AP). Będziemy mogli także poszerzyć zasięg naszych kompetencji. Pomysł ten wyszedł od samych obrońców praw człowieka. Dzwonili do mnie przedstawiciele wielu stowarzyszeń, dzwonili działacze z regionów. Wszyscy byli za. Twierdzili, że to będzie nasze małe zwycięstwo. Przede wszystkim musimy zagwarantować prawa dla naszych działaczy, aby mogli skutecznie pomagać innym ludziom".

Mało kto wierzy w gorące zapewnienia Pamfiłowej o łagodnym charakterze i demokratycznych skłonnościach Putina. Jelena Bonner tak to zresztą skwitowała w wywiadzie dla pisma „Jeżeniedielnyj żurnał":

Jest filozofia i są poglądy obrońców praw człowieka, tak samo jak mamy do czynienia z filozofią i poglądami przedstawicieli klasy rządzącej. Obie strony mają różne cele i różne misje. Nadrzędnym celem ruchów obrońców praw człowieka jest obrona społeczeństwa przed władzami państwa i tworzenie społeczeństwa obywatelskiego. Nadrzędnym celem każdego organu państwowego jest konsolidowanie posiadanej władzy. Czuję ogromne rozgoryczenie, widząc, że wielu znanych obrońców praw człowieka nabiera się na ten podstęp. Jeśli wyrażą zgodę, w zasadzie przestaną pełnić rolę obrońców praw człowieka. Wiem, że pragną pojednania z władzami państwa, ale to widomy dowód kryzysu, jaki dotyka ruch obrońców praw człowieka.

To, co nazywamy dzisiaj w Rosji ruchem na rzecz obrony praw człowieka, i politycy, których nazywamy opozycyjnymi, czyli ci, którzy przez wiele lat siedzieli okrakiem na płocie, obecnie przestali się liczyć. Przegapiliśmy moment, gdy mogliśmy działać legalnie. Dzisiaj, wykorzystując tragedię w Biesłanie, rząd podejmuje działania zmierzające do zniszczenia niezawisłości sądów. Co więc zostaje naszemu społeczeństwu? Jedynie otwarty bunt i rewolta.

Nie wzywam bynajmniej do rewolucji. Nie widzę w tym kraju przywódców zdolnych do przewodzenia tak radykalnym zmianom i nie widzę gotowości narodu. W związku z tym Rosja nadal będzie podążać drogą wytyczoną przez Putina. Co innego może począć? Zlikwidowano lokalne wybory, odebrano nam prawo do referendów, dawno już zadbano, by organa wyborcze nie odpowiadały przed narodem. Moim zdaniem obecna ustawa jest tylko kolejnym wybiegiem ze strony władz. Państwo tworzy równoległe struktury ruchu na rzecz obrony praw człowieka.

Obecnie nie widzę także możliwości powrotu na demokratyczne tory. Nie twierdzę, że mieliśmy idealną demokrację, ale zmierzaliśmy w tym kierunku i mogliśmy dotrzeć do celu, zważywszy choćby na istnienie wolnych mass mediów. Potrzebujemy jednak właściwego systemu wyborczego, a ostatnie, czego nam dzisiaj trzeba, to jego zniszczenie. Nasze wybory już dawno temu zamieniły się w oszukańczą farsę, a jest to przecież jeden z fundamentów każdej demokracji.

Wszystkie trzy rodzaje władzy w Rosji – wykonawcza, ustawodawcza i sądownicza – zostały oddane w ręce prezydenta. Przestaliśmy być państwem demokratycznym, powiedziałabym nawet, że przestaliśmy być republiką. Formalnie rzecz biorąc, wybory prezydenckie mają się odbyć (w 2008 roku). I odbędą się, o ile państwo budowane przez Putina dotrwa do tego momentu. Wszystkie kanały legalnych i pokojowych zmian prowadzących do demokratyzacji życia zostały już wyeliminowane. W związku z tym nasz narodowy kocioł będzie podgrzewany do momentu, aż nastąpi eksplozja. Taki kocioł różnie może wybuchnąć...

„Międzynarodowe Centrum Praw Człowieka" Putina nigdy nie wyszło poza fazę projektu. Wprawdzie otrzymało jakieś fundusze z budżetu państwa i ktoś bez wątpienia nimi obracał, ale na tym koniec.

Autorytet Putina zasadza się na tym, że nie ma dla niego sensownej alternatywy nawet w najbliższym otoczeniu prezydenta, ponieważ już dawno zadbał o to, by było jak najbardziej mdłe i nijakie. Jego zwolennicy nazywają ten stan „samotnością Putina". W tym gronie nie ma nikogo, kto mógłby go zastąpić w razie nagłego wypadku. Otaczają go sami pigmeje z kompleksem Napoleona albo i jeszcze gorsze indywidua.

Czy w tle pojawia się właśnie nowa prozachodnia partia? Jej liderem chce zostać Władimir Ryżkow. Ostatnimi czasy bardzo urósł w siłę. Jego partia może odnieść spore sukcesy w dokańczaniu rewolucji liberalno-demokratycznej. Głównym problemem naszych elit rządzących, zarówno będącej obecnie przy władzy, jak i pozostającej w opozycji, jest jednak totalna niemoc i wola zachowania obecnego status quo.

28 WRZEŚNIA 2004 ROKU

Putin nie kazał nam długo czekać. Bez stosownej debaty politycznej przedłożył Dumie poprawki do ordynacji wyborczej, które znoszą bezpośrednie wybory na stanowisko gubernatorów. Elektorat bombarduje się przy tej okazji zapewnieniami, że nie dojrzał jeszcze wystarczająco, by decydować w tak ważnej sprawie, jaką jest wybór lokalnych liderów. Czy to nie oznacza również, że jest zbyt niedojrzały, by wybierać Putina?

29 WRZEŚNIA 2004 ROKU

Grupa deputowanych naszej Dumy Państwowej wystosowała apel do przewodniczącego Sądu Konstytucyjnego Walerija Zorkina o jak najpilniejsze zbadanie ostatnich działań prezydenta.

Zorkin zdecydował po długim namyśle, że tego nie zrobi. Deputowani otrzymali od niego formalną w tonie odpowiedź. Poczucie beznadziei jest dzisiaj równie wielkie jak w ostatnich latach przed rozpadem Związku Radzieckiego.

5 PAŹDZIERNIKA 2004 ROKU

W Groznym odbyła się zabawna w sumie inauguracja Ału Ałchanowa, prezydenta narzuconego Czeczenii przez Kreml. Wewnątrz ufortyfikowanego kompleksu rządowego rozstawiono wielki namiot, w którym Ałchanow złożył przysięgę i przemówił do narodu, kalecząc potwornie język czeczeński. Z tymi wielkimi sinymi worami pod oczami wyglądał na bardzo wyczerpanego. Przed rozpoczęciem uroczystości podjęto bezprecedensowe środki ostrożności, jakby spodziewano się przybycia samego Putina, on się jednak nie pojawił, przysłał tylko stosowne gratulacje. Ze względów bezpieczeństwa przygotowano aż trzy miejsca potencjalnej inauguracji, aby do ostatniej chwili nie było wiadomo, gdzie ostatecznie się odbędzie.

Czy to jest dowód na normalizację sytuacji w Czeczenii? Ałchanow pokazał całej republice, jak bardzo boi się umierania. Teraz już nikt nie będzie brał go na poważnie.

6 PAŹDZIERNIKA 2004 ROKU

Wspólne Dzieło, stowarzyszenie zrzeszające najpoważniejsze krajowe ruchy obrońców praw człowieka, również postanowiło wydać oświadczenie, które zatytułowano: *Zamach stanu w Rosji*. Wzywa w nim do zwołania Kongresu Obywatelskiego, mającego w zamierzeniu stać się niezależnym narodowym forum łączącym obrońców praw człowieka, ekologów oraz przedstawicieli innych organizacji pozarządowych, takich jak niezależne związki zawodowe, partie polityczne, naukowcy, prawnicy i dziennikarze.

Specyfiką Rosji jest to, że obrońcy praw człowieka – kilkoro z nich, jak na przykład Ludmiła Aleksiejewa, Siergiej Kowalow czy Jurij Samodurow, to byli sowieccy dysydenci – są znacznie bardziej zdecydowani i postępowi niż niektóre partie i politycy. To oni ponaglają dzisiaj opozycję: Zróbcie coś, na litość Boga!

Krajem zawładnęło po raz kolejny pańszczyźniane podejście, które każe rzucać się do gardła każdemu, kto jest mniej służalczy od ciebie. Jak złowrogo grzmi rosyjska telewizja, gdy Juszczence zdarzy się popełnić błąd w Ukrainie, a Saakaszwili to już zupełnie chłopiec do bicia dla Kremla. Gruzja jest obecnie naszym największym wrogiem spośród byłych republik ZSRR.

7 PAŹDZIERNIKA 2004 ROKU

We Włodzimierzu rusza pierwszy proces karny przeciw Komitetom Matek Żołnierzy Rosji. Przewodniczącej organizacji w tym mieście, Ludmile Jarilinie, zarzucono „współudział w uchylaniu się od służby wojskowej", czyli przestępstwo, które jest zagrożone karą od trzech do siedmiu lat pozbawienia wolności.

Jaka jest podstawa tego kuriozalnego oskarżenia? Uporczywa obrona poborowych uczyniła z Ludmiły bardzo niepopularną osobę, zwłaszcza w kręgach miejscowego komisariatu wojskowego i prokuratury wojskowej. Wykazała ona, że wielu poborowych z obwodu włodzimierskiego nie nadaje się do służby. Obszar ten znany jest z potwornego alkoholizmu. To miejsce, gdzie ludzie więcej piją, niż pracują, a co za tym idzie, nie mogą być przesadnie zdrowi. Połowa z nich to tak naprawdę inwalidzi, ale komisariat wojskowy posuwa się do naprawdę nadzwyczajnych działań, aby pozyskać odpowiedni kontyngent poborowych, na przykład fałszuje świadectwa zdrowia i oszukuje młodych ludzi na inne sposoby.

Z tamtejszym oddziałem Komitetów Matek Żołnierzy kontaktuje się rocznie od czterystu do pięciuset osób: poborowych, żołnierzy służby czynnej i ich rodziców. Większość prosi o ratunek przed tak zwaną „falą" stosowaną przez „dziadków", czyli starszych żołnierzy, inni pragną uniknąć śmierci i chorób oraz wpadnięcia w tryby państwowej machiny, której nie interesuje badanie własnych nadużyć.

Dmitrij Jepifanow zgłosił się do Komitetów po odsłużeniu kilku miesięcy w Czeczenii, gdzie odniósł lekkie rany, gdy spalono jego czołg. Z tego właśnie tytułu otrzymał przepustkę, ale zaraz po przyjeździe do domu zaczął się skarżyć na nieustanne bóle brzucha. Cierpiał z ich powodu jeszcze przed pójściem w kamasze, ale komisja poborowa uznała, że nie stanowią one poważnego problemu, i wysłała go, by walczył w Czeczenii.

Dmitrij przyszedł zapytać, czy przebywając na przepustce, może zgłosić się do szpitala. To wszystko. Mamy w Rosji naprawdę absurdalne rozwiązania: jeśli żołnierz zachoruje w trakcie przepustki, nie może zgłosić się po diagnozę do najbliższego szpitala wojskowego, tylko musi wrócić do macierzystej jednostki, gdzie sanitariusz albo lekarz wojskowy zdecyduje, czy człowiek ten jest symulantem, czy rzeczywiście należy go hospitalizować. Jeśli jednak żołnierz przedstawi diagnozę na piśmie, żaden miejscowy szpital nie będzie mógł odmówić mu przyjęcia.

Ludmiła zaczęła więc obdzwaniać znajomych lekarzy, po czym jeden z nich, endokrynolog z włodzimierskiej kliniki onkologicznej, zgodził się przyjąć Dmitrija i jeśli okaże się to konieczne, przeprowadzić gastroskopię. Dzięki temu badaniu udało się zlokalizować wrzód, po czym chory żołnierz został przyjęty do szpitala, z którego trafił jakiś czas później do Moskwy, gdzie

stanął przed odpowiednią komisją lekarską. W efekcie tych działań Jepifanow został zwolniony z wojska, ponieważ stwierdzono u niego poważne owrzodzenie dwunastnicy.
W aktach prokuratury sprawę te przedstawiono następująco:

L.A. Jarilina, pełniąca funkcję przewodniczącej włodzimierskiego oddziału Komitetów Matek Żołnierzy Rosji, pod pretekstem udzielania pomocy w uzyskaniu zwolnienia ze służby wojskowej przy pomocy pracowników medycznych kilku szpitali w tym mieście fingowała występowanie u osób podlegających służbie wojskowej oraz służących czynnie w armii fikcyjnych chorób (symulowanych), takich jak owrzodzenie dwunastnicy, za co otrzymywała stosowne wynagrodzenie.

Prokuratura nie przedstawiła oczywiście żadnych dowodów potwierdzających zarzut pobierania pieniędzy, ponieważ był całkowicie wyssany z palca, ale sprawie i tak nadano bieg, bo wyobraźnia pracowników prokuratury wojskowej nie ma u nas granic. Kapitan Gołowkin, zastępca prokuratora garnizonu włodzimierskiego, tak opisuje proces fingowania owrzodzenia dwunastnicy, w którym miała pomagać Jarilina:

Współdziałając z endokrynologiem, Jarilina asystowała przy biopsji dwunastnicy, po której następowała termokoagulacja naciętego miejsca celem wytworzenia tam blizny pokauteryzacyjnej, którą w trakcie sumiennego badania można by uznać za bliznę pooperacyjną po usunięciu wrzodu dwunastnicy – tak jest, była to fikcyjna dolegliwość.

I znów mamy spisek lekarzy Stalina z dysydentami.
– Z materiałów prokuratury wynika, że asystowała pani endokrynologowi podczas przeprowadzania zabiegu.

– Aleź skąd. Poprosiłam go jedynie przez telefon, żeby zbadał tego chłopca – odpowiada Ludmiła.

Czy Jepifanow symulował? Do tej pory nikt nie oskarżył go o uchylanie się od służby w wojsku. Czy lekarz dokonał oszustwa? Jego także nikt nie próbuje ścigać. Jedyna osoba, której wytoczono sprawę karną, to obrończyni praw człowieka Ludmiła Jarilina. Wytaczanie sfabrykowanych procesów osobom, które są niewygodne dla władz albo po prostu zbyt aktywne, to nieodłączna część putinowskiej rzeczywistości, zarówno w Moskwie, gdzie w więzieniach siedzą Chodorkowski i Lebiediew, jak i na prowincji, takiej jak choćby Włodzimierz.

Dobrzy obrońcy praw człowieka to ci, którzy próbując pomagać ludziom, współpracują z władzami, nie konfrontując się z nimi na każdym kroku. Na przykład tacy jak Pamfiłowa. Złych próbuje się marginalizować, a jeśli zachodzi taka potrzeba, wypala się ich czymś w rodzaju politycznej „termokoagulacji".

Zaczyna się od nieobiektywnego, bardzo wyniszczającego dochodzenia, które prowadzi do równie nieobiektywnego procesu i w jego wyniku – dotyczy to najbardziej nieustępliwych – delikwent trafia na jakiś czas do więzienia.

20 PAŹDZIERNIKA 2004 ROKU

Dmitry Kozak, przedstawiciel Putina na Południowy Okręg Federalny, wyznaczył Ramzana Kadyrowa na swojego doradcę do spraw bezpieczeństwa dla całego terytorium, które mu podlega. Jeśli wcześniej Kadyrow junior mógł deptać prawa i Konstytucję wyłącznie na terytorium Czeczenii i Inguszetii, to obecnie może dzielić się nabytym podczas tych działań doświadczeniem i doradzać szefom służb bezpieczeństwa na całym Kaukazie Północnym, namawiając ich, by zachowywali się podobnie. Co więcej, będzie mógł nadzorować każdą zbrodnię popełnianą w imieniu pana Kozaka.

To może kosztować naprawdę wiele istnień ludzkich. Ramzan jest człowiekiem totalnie bezrozumnym, czuje się jak ryba w wodzie tam, gdzie panują wojna, terror i chaos. Bez nich jest zagubiony jak dziecko we mgle.

Kolejny awans Ramzana to kontynuacja samobójczej polityki, która doprowadzi w przyszłości do aktów terroru i konsolidacji władzy w rękach ludzi, którzy wydają się robić wszystko, aby po zamachach bombowych przyszła kolej na porywanie samolotów i zajmowanie szkół.

W tym działaniu Putina próżno szukać sensu. On po prostu nie wie, co teraz zrobić. Naszym starym rosyjskim problemem jest sprawowanie władzy przez ludzi niekompetentnych, którzy trafiają na najwyższe stanowiska w drodze przypadku, a co za tym idzie, wynoszą na szczyt kolejne miernoty.

23 PAŹDZIERNIKA 2004 ROKU

W Moskwie odbyła się wielka demonstracja w proteście przeciw wojnie w Czeczenii i dla upamiętnienia ofiar zamachów terrorystycznych. Zwołano ją na godzinę 17, ale na placu Puszkina już o 10 rano ustawiały się grupki demonstrantów. Ci, którzy ucierpieli w teatrze na Dubrowce, pojawili się tam po raz pierwszy, ponieważ mija właśnie druga rocznica zamachu.

Demonstracja nie otrzymała jednak statusu „oficjalnego zgromadzenia". Po wydarzeniach w Biesłanie przez kraj przetoczyła się fala antyterrorystycznych wieców organizowanych przez Kancelarię Prezydenta. Władze Moskwy, mając to na uwadze, wydały zgodę na zgromadzenie do pięciuset osób, ale na miejscu pojawiło się sześciokrotnie więcej chętnych, co zmusiło biuro mera do wydania oficjalnego komunikatu, w którym padło stwierdzenie, że organizatorzy przekroczyli dopuszczalne limity. Drugim powodem nielegalności jest to, że na transparentach znajdowały się nie tylko hasła antywojenne, lecz także antyrządowe. No dobrze, ale kto rozpętał tę wojnę, jeśli nie nasze władze?

Wielu uczestników demonstracji przyjechało drogimi samochodami – to członkowie tak zwanej klasy średniej, którzy rzadko biorą udział w podobnych wydarzeniach. Padał zimny ulewny deszcz, ludzie jednak przychodzili i zostawali, co jest budujące. Jak powiedział Borys Nadieżdin, członek Komitetu 2008 i współprzewodniczący Sojuszu Sił Prawicowych: „Ta demonstracja pokazuje jasno, że ludzie nie chcą być zakładnikami ideologicznie generowanego strachu, który jest im narzucany po wydarzeniach w Biesłanie... Czeczenia to straszliwa rana, która jątrzy się nam zarówno w teatrze na Dubrowce, jak i w Biesłanie. W roku 1999 przedstawiono nam lekarza, który obiecał uzdrowić kraj, po czym wybraliśmy go na prezydenta. Nie odniósł jednak żadnych sukcesów na tym polu. Dzisiaj, gdy nie ma już w Rosji wolnych mediów ani parlamentu, pozostał nam tylko jeden sposób nacisku na władze państwowe: dobrzy ludzie chadzający na demonstracje".

Dobrzy ludzie stali na placu w ulewnym deszczu, trzymając transparenty z napisami: „Jesteśmy V kolumną Zachodu!", co jest czytelną aluzją do słów wypowiedzianych przez Władysława Surkowa podczas wywiadu dla „Komsomolskiej prawdy", gdy miał czelność powiedzieć, że opozycja jest obecnie „nieodwołalnie straconą" częścią społeczeństwa, w której „nie widzi już partnerów do rozmowy". Stwierdził także, że Rosja znajduje się w stanie oblężenia: że liberałowie i nacjonaliści to w istocie piąte kolumny finansowane przez Zachód; że nie ma czegoś takiego jak Rosja Putina, jest „tylko Rosja", a każdy, kto w to nie wierzy, jest po prostu jej wrogiem.

To już nie jest ideologia neosowiecka, to czysto sowiecki reżim. Komunistyczne elity zyskały nieograniczone możliwości bogacenia się, dopiero gdy pozbyły się takich złogów, jak pozostający w stanie uwiądu Komitet Centralny, po czym zaczęły wskrzeszać ideologiczne ramy przeszłości. Surkow jest dzisiaj uważany za głównego ideologa Putina.

Mamy jesień roku 2004, ale tak naprawdę nadeszła już polityczna zima, która zmrozi nam wszystkim krew w żyłach.

25 PAŹDZIERNIKA 2004 ROKU

Czasopismo „Itogi" zapytuje gubernatorkę Sankt Petersburga:

– Czy Rosja mogłaby być republiką parlamentarną bez prezydenta?

Walentina Matwijenko, bliska współpracownica Putina, odpowiada:

– Nie, to by nam nie posłużyło. My tu, w Rosji, mamy taką mentalność, że potrzebujemy pana, cara, prezydenta. Innymi słowy, przywódcy.

Matwijenko umie jedynie powtarzać, co usłyszy w najbliższym otoczeniu Putina.

Stowarzyszenie Praw Człowieka tak jej odpowiedziało:

Jesteśmy oburzeni pani oświadczeniem, które godzi w naszą narodową dumę. Sens tych słów jest jasny: naród to chłopi pańszczyźniani, którzy nie mogą obejść się bez pana, albo tchórzliwi poddani, którzy nie mogą obejść się bez cara. Dodanie do tego zestawu przykładów prezydenta pokazuje z niezwykłą jasnością, że zdaniem rządzącej obecnie kliki prezydent nie jest postrzegany jako demokratyczny przywódca, tylko jako autorytarny potentat. Twierdzenie o wrodzonej służalczości rosyjskiego narodu jest ze wszech miar rasistowskie. Widać zatem wyraźnie, że gubernatorka Sankt Petersburga nie zgadza się z zapisami Konstytucji, które gwarantują nam nienaruszalność swobód demokratycznych... Pojęcia takie, jak podrzędność naszego narodu czy wrodzona służalczość, legły u podstaw głównych teorii rusofobicznych. Tych teorii, którymi posługiwali się na przykład główni ideolodzy niemieckiego nazizmu budujący antyrosyjską histerię. Szczególnie naganne wydaje się więc, że takie słowa padają z ust osoby zarządzającej Bohaterskim Miastem, jakim jest Leningrad. Żądamy natychmiastowej rezygnacji Walentiny Matwijenko.

Nikt nie raczył odpowiedzieć na ten apel. Nowe elity władzy nie kryją już prawdziwego stosunku do większości rodaków i zasad demokracji konstytucyjnej.

28 PAŹDZIERNIKA 2004 ROKU

Bardzo widoczny rozłam w partii Jabłoko. Kłótnie młodzieżówki tej partii z Jawlinskim są głównym tematem w dzisiejszych dziennikach telewizyjnych.

W wielu miastach kraju odbywają się mityngi poparcia dla Putina organizowane przez działaczy Jednej Rosji. Największy ma oczywiście miejsce w Moskwie, właśnie na nim przemawia przewodniczący młodzieżówki Jabłoka.

Studenci i emeryci stanowią zdecydowaną większość na demonstracjach organizowanych przez opozycję. Partia komunistyczna, Jabłoko i Sojusz Sił Prawicowych zjednoczyły się, by demonstrować przeciw Putinowi.

29 PAŹDZIERNIKA 2004 ROKU

Władze państwa utrzymują kurs na przepaść i jak tak dalej pójdzie, poślą tam nas wszystkich. Prokurator generalny Władimir Ustinow ogłosił w Dumie, że w opinii głównej instytucji odpowiadającej za nadzór nad prawami obywateli i jego prywatnym zdaniem także należy pilnie uchwalić ustawę dotyczącą procedur działania w razie ataku terrorystycznego. Jego propozycje są następujące: tryb przyspieszony w sądach dla wszystkich podejrzanych o terroryzm; aresztowanie rodzin terrorystów, aby uczynić z nich kogoś w rodzaju kontrzakładników; konfiskata mienia terrorystów.

Możliwość konfiskaty magnetowidu, telewizora albo nawet łady należącej do terrorysty raczej nie odstraszy tych, którzy szykują się do popełnienia spektakularnego samobójstwa, i to w taki sposób, by doszło do prawdziwej masakry.

Pomysł prokuratora generalnego w kwestii przyspieszonego trybu postępowań sądowych w przypadku wszystkich osób podejrzanych o terroryzm jest prostym powrotem do rozwiązań, które za Stalina nazywaliśmy „masowymi czystkami", a obecnie wolimy określać mianem „operacji antyterrorystycznych" albo „akcji pacyfikacyjnych". Znamy te uproszczone procedury aż nadto dobrze z Czeczenii i Inguszetii, gdzie stosujemy je od ponad pięciu lat. Resorty siłowe (wszystkie do kupy: Ministerstwo Spraw Wewnętrznych, GRU i inne) aresztują, kogo chcą, czasami po otrzymaniu informacji operacyjnych, ale najczęściej działając na ślepo. Biją, okaleczają i torturują kogo popadnie, aby wymusić na katowanych przyznanie się do działalności terrorystycznej albo chociaż do sympatyzowania z terrorystami, choć w rzeczywistości żadna z tych służb tak naprawdę nie potrzebuje niczyjego przyznania.

Są dwa możliwe skutki takiego postępowania: jeśli ofiara została poważnie okaleczona, zabija się ją i grzebie w nieoznakowanym grobie. Jeśli rodzina zdoła zebrać na czas łapówkę, podejrzany trafia pod sąd. Nikogo nie interesują dowody zbrodni. W „strefie operacji antyterrorystycznej" toczą się wyłącznie rozprawy w trybie przyspieszonym. Mamy cię! Jesteś członkiem nielegalnej organizacji o charakterze zbrojnym: piętnaście do dwudziestu lat. Adwokaci i prokuratorzy pełnią podczas takich rozpraw funkcję czysto dekoracyjną, chodzi tylko o to, by nadać pozory legalności statystykom obejmującym skazanych terrorystów i udaremnione zamachy. Adwokaci zazwyczaj przekonują podejrzanego, by przyznał się do zarzucanych mu czynów, zadaniem prokuratora jest z kolei wyjaśnienie rodzinie sądzonego, że głośnymi narzekaniami tylko pogorsza jego sytuację.

Planowane przez prokuratora generalnego zmiany znosiłyby skutecznie domniemanie niewinności. W „strefie operacji antyterrorystycznej" w Czeczenii i Inguszetii od kilku lat praktykuje się domniemanie winy, które w najbliższej przyszłości, jak widać, może objąć całą Rosję. Przez ostatnie pięć lat większość z nas uważała, że samosądy i jawne bezprawie stosowane przez instytucje rządowe będą dotykały wyłącznie żyjących gdzieś tam bardzo daleko buntowników, więc nie ma powodów do niepokoju, reszta Rosji może spać spokojnie. Niestety, cuda się nie zdarzają. W pewnym momencie te praktyki rozprzestrzenią się na całą resztę kraju.

Propozycja prokuratora generalnego, by uprowadzać krewnych zamachowców i robić z nich kogoś w rodzaju kontrzakładników jest niewątpliwie innowacyjna. Ustinow wyjaśniał deputowanym, że aresztując krewnych terrorystów, damy im wyraźnie do zrozumienia, co z nimi zrobimy, dzięki czemu dranie się wystraszą, wypuszczą wziętych zakładników i grzecznie złożą broń. Metodę tę stosowano w Czeczenii, zwłaszcza podczas drugiej wojny, kiedy siły Kadyrowa urosły w siłę. Torturowanie bliskich ludzi, których poszukiwano, stały się nawet ich znakiem rozpoznawczym. Branie zakładników w kadyrowskim stylu było tam stosowane za wiedzą i błogosławieństwem Delegatury Prokuratury Generalnej na Kaukaz Północny i przy całkowitym lekceważeniu prawa oraz zapisów Konstytucji.

Znajdujemy się obecnie w katastrofalnej sytuacji. Od pięciu lat nasza Prokuratura Generalna podżega do aktów terroru na Kaukazie Północnym, oczywiście za pełną zgodą i wiedzą prezydenta. I nie chodzi tutaj wyłącznie o odwracanie oczu, kiedy zachodzi taka potrzeba: prokuratorzy byli bardzo często naocznymi świadkami tortur i egzekucji, po czym zapewniali publicznie, że wszystko odbywało się zgodnie z prawem.

Jakich argumentów trzeba użyć, aby przekonać kogoś pokroju Ustinowa, że tkwi w błędzie? Jak zmusić człowieka, który w rzeczywistości jest naszym antyprokuratorem generalnym, do wycofania tych bandyckich planów z Dumy? Prokuratura Generalna jest zainteresowana wyłącznie własnym instytucjonalnym przetrwaniem, awansami i nagrodami, ale przede wszystkim ukrywaniem prawdy o haniebnych czynach, które popełnia jej aparat. Władze państwa trzymają się stołków za cenę naszego życia. To takie proste.

Przemówienie prokuratora generalnego zostało szybko przerwane – oklaskami. Nasz parlament uznał, że to znakomite pomysły. Prezydent Putin przysięgał bronić Konstytucji, lecz nie usunął ze stanowiska człowieka, który jako prokurator generalny zaproponował masowe gwałcenie obowiązującego prawa.

W roku 1937 mieliśmy do czynienia ze szczytem stalinowskiego terroru. Obecnie trwająca w Czeczenii powtórka tamtych działań stanie się kolejnym rokiem 1937 dla całej Rosji, czy będziemy uczestniczyć w wiecach pod Kamieniem Sołowieckim, pomnikiem upamiętniającym ofiary stalinizmu, czy tam nie pójdziemy. Każdy z nas może teraz wyjść po chleb i nigdy nie wróci. Albo wróci po 20 latach. W Czeczenii ludzie żegnają się za każdym razem, gdy muszą wyjść po coś na bazar. Tak na wszelki wypadek.

W dniu 29 października 2004 roku naród rosyjski milczał, jak zwykle zresztą, mając cichą nadzieję, że jeśli przyjdą, to po sąsiada.

3 LISTOPADA 2004 ROKU

Rada Federacji przypieczętowała zniesienie wyborów samorządowych.

6 LISTOPADA 2004 ROKU

Michaił Jurjew, były dziennikarz obecnie zatrudniony na Kremlu, zamieścił w „Komsomolskiej gazetie" artykuł sponsorowany przez Kancelarię Prezydenta, w którym instruuje, jak odróżnić obywatela pomagającego prezydentowi od kogoś, kto jest wrogiem Rosji. Fałsz tej antytezy bije po oczach, a użyto go z absolutnym rozmysłem. Według Jurjewa wrogiem Rosji jest każdy, kto krytykuje Putina. Zatem ci, którzy opowiadali się za negocjacjami w Biesłanie albo przeciwko użyciu substancji chemicznych podczas szturmu w teatrze na Dubrowce, są wrogami Rosji, podobnie jak ci, którzy uczestniczą w demonstracjach przeciwko wojnie w Czeczenii i żądają zaprzestania rozlewu bratniej krwi.

Komitety Matek Żołnierzy Rosji zgodnie z obietnicami tworzą własną partię polityczną, zapowiadają także, że do lutego zostanie zarejestrowana. Ich kongres założycielski nie był przypadkowym wydarzeniem. Zwołano go po całkowitej dewastacji politycznego krajobrazu po ostatnich wyborach do Dumy, kiedy to utracili mandaty ci deputowani, na których Matki Żołnierzy mogły kiedyś liczyć, ponieważ lobbowali na rzecz reformy armii i działali w interesie poborowych. Przewodnicząca Komitetów Walentina Mielnikowa tak to komentuje: „Program naszej partii zawiera podstawowy cel, jakim jest zapewnienie odpowiedzialnego stosunku państwa wobec obywateli, dzięki czemu możliwe będzie stworzenie ram bezpiecznego życia w Rosji. Doprowadzenie do demokratycznej transformacji to jednak tylko część znacznie większego zadania. Pod względem ekonomicznym jesteśmy partią bliską liberalizmowi, a jeśli chodzi o obowiązki państwa wobec obywateli, bliżej nam jednak do socjalistów".

Partia Matek Żołnierzy jest pierwszym ugrupowaniem politycznym w Rosji, które oświadczyło, że zamierza walczyć o poprawę naszego bytu i ochronę życia. Rosyjski elektorat tak naprawdę nie ma wielkiego wyboru. Znani politycy mogą nam rzucić po sto rubli przed wyborami, ale na pewno nie będą mieli czasu, by walczyć o sprawy, które dotyczą przeciętnego obywatela. Nie zrobią tego, ponieważ będą zbyt zajęci dopychaniem się do koryta.

Kongres założycielski odbył się na pokładzie parowca Konstantin Fiedin zimującego na najdalszym krańcu moskiewskiego Północnego Dworca Rzecznego. Dlaczego wybrano do tego celu parowiec? Dlatego, że nikt inny nie chciał użyczyć Matkom Żołnierzy miejsca w obawie przed reakcją reżimu.

Partia została założona przez 154 przedstawicielki reprezentujące ponad 50 regionów. Wszystkie należały do ruchu, który od momentu powstania w 1989 roku uratował życie tysiącom poborowych i młodych żołnierzy. Organizacja ta powstała jeszcze za czasów ZSRR. Pod koniec lat 80. kobiety próbujące bronić swoich synów przed tak zwaną falą i powszechnym poborem stworzyły pierwszy z wielu komitetów. W roku 1989 udało im się przekonać Gorbaczowa do przedterminowego zwolnienia ze służby w armii 176 tysięcy żołnierzy, aby mogli kontynuować naukę. W roku 1990 wystosowały także oświadczenia: „W sprawie realizacji propozycji składanych przez Komitety Matek Żołnierzy Rosji" oraz w sprawie ubezpieczania poborowych przez państwo. W roku 1991 Matki zdołały nakłonić Jelcyna do udzielenia żołnierzom amnestii, a w latach 1993–1994 dzięki ich uporowi i wytrwałości rozpoczęto dochodzenie w sprawie śmierci z głodu, chorób i tortur ponad 200 marynarzy stacjonujących na Wyspie Rosyjskiej na Morzu Karskim. Komitety jako pierwsza rosyjska ogólnokrajowa organizacja broniąca praw człowieka zażądały natychmiastowego zakończenia wojny w Czeczenii, po czym zmusiły prezydenta Jelcyna do ułaskawienia około 500 żołnierzy, którzy sprzeciwiali się czynnie uczestnictwu w wojnie albo brali w niej udział, walcząc po drugiej stronie. Zdołały także sprawić, że w budżecie państwa znalazły się pieniądze potrzebne do poszukiwania i identyfikacji żołnierzy poległych w Czeczenii. Od roku 1999 Matki Żołnierzy demonstrowały przeciw drugiej wojnie czeczeńskiej, prowadząc publiczną kampanię sprzeciwu wobec fałszowania statystyk poległych choćby poprzez publikację list tych, którzy zginęli bądź zaginęli bez śladu.

Ich głównym celem jest położenie kresu obowiązkowemu poborowi i zastąpienie go utworzeniem w pełni zawodowej armii. W tej kwestii zyskały poparcie wszystkich demokratycznych partii, idea armii zawodowej została także z czasem zaakceptowana przez przedstawicieli władzy, w tym przez kolejnych ministrów obrony, którzy w swoich przemówieniach często cytowali, i to słowo w słowo, dokumenty przygotowywane przez Komitety. Wprowadzenie tego wszystkiego w życie okazało się jednak, jak wszystko u nas, mocno pokręcone: kontrakty podpisuje się obecnie na zasadzie „obowiązkowej dobrowolności", żołnierzom często nie wypłaca się żołdu, wojna trwa, a rekrutów wysyła się prosto do Czeczenii. Po grudniowych wyborach w parlamencie nie został już nikt, kto wspierałby demokratyczne reformy w tej sferze.

Właśnie dlatego pod koniec stycznia 2004 roku zapadła decyzja o utworzeniu własnej partii politycznej. Od tamtej pory minęło ponad dziesięć miesięcy, ponieważ przedsięwzięcie o takiej skali wymaga nakładu niemałych środków finansowych i dużo czasu, który trzeba poświęcić głównie ze względu na opór rozbuchanej biurokracji. W tym okresie Matki Żołnierzy były niejednokrotnie piętnowane jako wspierana przez Zachód piąta kolumna, której celem jest osłabienie naszej obronności oraz zdolności bojowej rosyjskiej armii. I tak w epoce militarystycznego ekstremizmu zostały „wrogiem wewnętrznym".

Siła, która zapewni im przetrwanie, polega na tym, że ich polityka płynie prosto z serca. Do tej pory ludzie zostawali politykami pod dyktando własnych umysłów. Partie walczyły ze sobą o to, która będzie najważniejsza, a nie o dobro obywateli. W roku 2003 władze wykorzystywały tę tendencję z ogromną skutecznością, a częste chodzenie opozycji na zgniłe kompromisy zniechęciło do niej wyborców. Skończyło się tym, że demokraci i liberałowie nie dostali się do Dumy.

Największą siłą Matek Żołnierzy jest pasja, z jaką bronią naszych dzieci, dzięki czemu możemy ufać, że dadzą z siebie wszystko. Nie mają innego kapitału politycznego. Matczyne instynkty przeważają nad wszystkim innym, co dało się zauważyć już w trakcie dwuminutowych rozmów z delegatkami na kongres, jakie odbyłam poza salą konferencyjną (a nawet w niej). Wystarczyła chwila, byśmy przechodziły do dyskusji o losie konkretnego żołnierza, który pilnie potrzebuje ich pomocy.

– Spójrzcie, co się wyrabia w naszym obwodzie – mówiła Ludmiła Bogatienko z Budionnowska, wyciągając z torby stos zeznań tamtejszych żołnierzy dokumentujących, jak okrutnie ich tam traktowano. Przywiozła je, by przekazać Głównej

Prokuraturze Wojskowej. – Dopóki istnieje pobór, żołnierz w armii będzie nikim – dodaje oburzonym tonem Ludmiła. – Można go wykorzystywać w dowolny sposób. Może być na przykład wykorzystywany jako bezpłatna siła robocza. Miliony naszych obywateli są współczesnymi niewolnikami, dlatego mamy misję polegającą na zniesieniu tej formy niewolnictwa. W tej kwestii nie może być żadnych kompromisów!

Główna część dyskusji na kongresie dotyczyła programu partii. Czy powinno się ująć w nim hasła kampanii na rzecz zniesienia poboru, czy pominąć tę kwestię milczeniem? Mówiąc prościej: czy nowa partia powinna robić swoje, zwłaszcza gdy nikt nie patrzy, jak to często u nas w Rosji bywa, ale nie umieszczać w programie zapisu o jawnym sprzeciwie wobec poboru, aby nie wkurzyć Kancelarii Prezydenta i dzięki temu ułatwić sobie rejestrację? Czy może powinna podejść do sprawy całkowicie otwarcie i uczciwie, martwiąc się jedynie o zdobycie poparcia społecznego?

W ostatecznym rozrachunku zwyciężyło to drugie podejście. Nie można przecież podchodzić do sprawy z ogromną pasją, nie będąc przy tym całkowicie szczerym. Żądanie zniesienia poboru wpisano do oficjalnego programu partii. Będą o nie walczyć, i dzięki Bogu, ponieważ to oznacza, że ich głównym celem będzie konieczność zdobycia społecznego zaufania. Jeśli zaczną dążyć do „rozsądnych kompromisów", z pewnością zostaną oszukane przez władze, które doskonale już wiedzą, jak manipulować skłonnymi do ustępstw, by opuścili ich wyborcy.

– Tak, ważne jest, aby nasze przedstawicielki dostały się do Dumy – wyjaśnia Ludmiła Bogatienko. – W przeciwnym razie przeforsowanie zniesienia poboru będzie niemożliwe. Zasiadając w Dumie, łatwiej będziemy mogły pomagać żołnierzom i poborowym w określonych sytuacjach, a także zapobiegać mataczeniom władz w przypadku popełnienia przestępstw.

Parlament jest jedną z ostatnich instancji mogących wpływać na odradzający się od jakiegoś czasu biurokratyczny aparat państwa. Pytanie zadane przez deputowanego może przynieść szybkie i znaczące rezultaty, a szybkość działania jest w takich przypadkach nieodzowna. W większości spraw, którymi zajmowały się wcześniej Komitety, żołnierzy dało się uratować wyłącznie dzięki szybkiej reakcji. Kiedy konkretna historia nabierze rozgłosu, a deputowany zdoła dotrzeć do Prokuratury Generalnej, kolejna osoba zyska szanse na przeżycie w wyizolowanym świecie naszej armii. Brak tej szansy jest bardzo często równoznaczny z wydaniem na kogoś wyroku śmierci.

Jeden z pierwszych toastów, jakie wzniesiono po powstaniu partii, brzmiał: „Za rok 2007! Strzeż się, Dumo, nadchodzimy!".

Założycielki Partii Matek Żołnierzy mają pewną prawdę do przekazania światu. Będą teraz wykuwać własną przyszłość ze szczerą pasją, którą od lat żyją tworzące ją kobiety. Od dawna wmawiano nam, że im sprytniejszy jest polityk demokratyczny, tym będzie skuteczniejszy. Okazało się to jednak wierutnym kłamstwem. Nasi obywatele mają gdzieś spryt i przebiegłość, nie dbają także o to, czy komuś brakuje pasji. Tacy właśnie jesteśmy. Najpierw pasja, potem trzeźwe, proste myślenie. Nigdy odwrotnie.

9 LISTOPADA 2004 ROKU

Regionalna komórka partii Jabłoko w Kałudze zażądała referendum w sprawie zachowania świadczeń w naturze dla emerytowanych robotników ofiar sowieckich represji i dla tych, którzy pracowali na zapleczu kraju podczas drugiej wojny światowej. Chodzi o takie świadczenia, jak darmowe przejazdy podmiejskimi autobusami i bezpłatny dostęp do lekarstw. Władze obwodowe planowały likwidację wszystkich świadczeń w naturze w zamian za szyderczo niskie dodatki do emerytur, głównie w wysokości 200–300 rubli [20–30 zł]. Do tej pory urzędnicy nie przejmowali się takimi protestami, ale pomysł referendum może zmusić ich do ponownego przemyślenia problemu. To bardzo delikatna sprawa. Kto będzie uprawniony do pobierania takich świadczeń po 1 stycznia 2005 roku? „Monetyzacja" świadczeń miała na celu okrojenie liczby wnioskodawców, ponieważ mówi się obecnie, że korzysta z nich już bez mała połowa naszych obywateli. Z pewnością znajdzie się sposób na racjonalne załatwienie tej sprawy.

Nic nie wyszło z referendum. Demokraci porzucili pomysł, ponieważ uznali, że w tym przypadku opór władzy może być zbyt duży.

11 LISTOPADA 2004 ROKU

Kryzys w Karaczajo-Czerkiesji. Tłum zajął siedzibę prezydenta Mustafy Batdyjewa i domaga się jego dymisji. Powodem jest porwanie, zabójstwo i spalenie ciał siedmiu młodych biznesmenów, w które był zamieszany aresztowany już notabene szwagier Batdyjewa.

Tamtejsze władze znalazły się w sytuacji nie do pozazdroszczenia. Jeśli Batdyjew poleci ze stołka, może dojść do reakcji łańcuchowej. Następny w kolejce będzie bez wątpienia prezydent Inguszetii Murat Ziazikow. Batdyjew zbiegł z miejsca wydarzeń, podobnie jak wcześniej tego roku zrobił Ziazikow, ale został ściągnięty z powrotem przez Kozaka, przedstawiciela Putina na Południowy Okręg Federalny. Właśnie Kozak poszedł na rozmowy z protestującymi Czerkiesami, a już kilka godzin później państwowa telewizja podała dobrą wiadomość, że „przewrót" się nie udał. Kozak przekonał ludzi do opuszczenia biur Batdyjewa, co znaczy, że lada dzień prezydent i jego administracja będą mogli działać jak poprzednio.

To kolejna z serii katastrofalnych pomyłek Putina w tak zwanej polityce personalnej. Kontrolowani przez Kreml lokalni przywódcy nie umieją rządzić i nie biorą za nic odpowiedzialności. Przy pierwszych oznakach zagrożenia uciekają gdzie pieprz rośnie. Za to władze centralne muszą reagować na działania ludu. Kozak nie zgodziłby się nigdy na takie rozmowy, gdyby protestujący nie zajęli siłą biur Batdyjewa. Gdyby ludzie poprosili go o spotkanie, musiałoby upłynąć z pół roku, zanim dopięliby swego, bez względu na powagę sytuacji.

26 LISTOPADA 2004 ROKU

Minął rok od aresztowania Chodorkowskiego. Władze zignorowały tę rocznicę. W czasach Związku Radzieckiego mediatorem pomiędzy społeczeństwem i państwem był KGB, który karmił władze sfabrykowanymi informacjami o stanie kraju, czego finalnym skutkiem był rozpad ZSRR.

Dzisiejsza FSB również zniekształca, i to poważnie, informacje wysyłane na samą górę, ale Putin i tak nie zaufa żadnym innym źródłom. W aorcie państwa dojdzie więc ponownie do zatorów. Miejmy tylko nadzieję, że tym razem nie będziemy musieli na to czekać aż 70 lat.

11 GRUDNIA 2004 ROKU

Cóż za tempo! Prezydent podpisał właśnie ustawę znoszącą wybory gubernatorów. To chyba najszybsze uchwalenie prawa w naszej najnowszej historii, a wszystko po to, by Putin od 1 stycznia nie musiał wdawać się w dyskusje z poszczególnymi gubernatorami ani martwić się, że będą niechętni współpracy. Car powinien mieć poddanych, nie partnerów. Niektóre z dzieci zmasakrowanych w Biesłanie nie zostały jeszcze zidentyfikowane i pochowane, ale ta sprawa nie ma dzisiaj zbyt wielkiego priorytetu. W tym momencie liczy się najbardziej, by zmieniono struktury państwa na takie, które będą bardziej pasowały Putinowi.

Jeśli chodzi o Biesłan, miasto powoli ogarnia szaleństwo. Jesień, która rozpoczęła się tam 1 września, właśnie dobiegła końca, ale nadejście zimy z pewnością nie poprawi nikomu nastroju. A już na pewno nie rodzinom, których pociech nadal nie odnaleziono, tym, które nie mają dziecka, nie urządziły mu też pogrzebu i nie wykopały grobu, by nad nim opłakiwać stratę. Żorik Agajew, Asłan Kisijew, Zarina Normatowa, uczniowie urodzeni w roku 1997, i 11-letnia Aza Gumiecowa czekają nadal na odnalezienie i identyfikację. Zifa, matka drugoklasisty Żorika Agajewa, rzadko kiedy wychodzi z domu. Siedzi tam i czeka na jego powrót.

– Co będzie, jeśli on wróci i mnie tu nie zastanie! Jakie będzie miał powitanie? – mówi do mnie, uśmiechając się do własnych myśli. Usta ma mocno wykrzywione, sama odniosła rany w szkole. – Wiem, że sąsiedzi mają mnie za wariatkę, ale jestem pewna, że mój Żorik przeżył. Pewnie gdzieś go teraz przetrzymują.

Rodziny uczniów, których uznano za zaginionych, dzielą się na dwie kategorie. Niektórzy, tacy jak Zifa, są święcie przekonani, że ich dzieci pozostają czyimiś zakładnikami. Inni uważają, że zginęły jak cała reszta, tylko ich zwłoki zostały pochowane pod innym nazwiskiem, ponieważ dokonano mylnej identyfikacji.

Na stan Zify złożyło się kilka przyczyn – oby dobry Bóg sprawił, abyście wy nie musieli czegoś takiego doświadczyć. Była zakładniczką i karmiła piersią przetrzymywane razem z nią dzieci. Dawała pierś każdemu spragnionemu maluchowi, a to, co zostało, wyciskała do ostatniej kropli na łyżeczkę, by inni mogli ugasić pragnienie.

– Żorik wróci i wszystko będzie jak dawniej. Wie pani, że wtedy, 3 września, było tak cicho w klasie? Terroryści gdzieś poznikali, było ich tam z nami naprawdę niewielu. Już wtedy przeczołgiwaliśmy się przez potykacze, bo było nam wszystko jedno. Zaczynałam mieć halucynacje, wydawało mi się, że leżę w trumnie. Potem odniosłam wrażenie, że któryś z terrorystów zawołał: „Agajewa, przynieśli wody dla ciebie, weź ją sobie!". Musiałam wystraszyć Żorika, bo odczołgał się wtedy ode mnie.

Moment później eksplozja wyrzuciła Zifę za okno. Każdy, kto wcześniej siedział obok niej, musiał zginąć w płomieniach. Poszarpało jej połowę twarzy. Miała już kilka operacji, ale to jeszcze nie koniec. Lekarze nie zdołali wyjąć czterech odłamków.

– Te odłamki i blizny nic nie znaczą. Liczy się tylko Żorik. Gdy wróci, razem będziemy świętować jego odrodzenie – powtarza w kółko. – Zawołam wtedy: „Patrzcie wszyscy! Żorik wrócił!". Nigdy już nie zostawię go samego... Nie pozwolę, by przynieśli mi tu do domu ten ich worek. Żorik żyje! – W tym momencie wpada w rozpacz. – Żorik w worku? Nigdy!

„Worek" w biesłańskiej nowomowie to zidentyfikowane szczątki ludzkie przywiezione z kostnicy wojskowej w Rostowie nad Donem. Zwłok Żorika jeszcze nie zidentyfikowano, choć mają ciała chłopców w jego wieku. Co oni tam wyrabiają?

Zifa uspokaja się nagle i cichnie, teraz mówi jak matka zdruzgotana utratą dziecka.

– Gdy Żorik wróci, zawiozę go do prezydenta Ziazikowa i do prezydenta Putina, pokażę im go i powiem: „Patrzcie! To aniołek, którego nie chcieliście ratować!". – Po chwili dodaje szeptem: – Nigdy już nie zjem dżemu malinowego. Przez pierwsze dwie godziny byliśmy straszliwie przerażeni. Gdy Żorik krzyczał: „Zabili go!", uspokajałam go, mówiłam: „Oni tylko film kręcą". A on mnie pyta: „Dlaczego to tak prawdziwie wygląda? I co to tak pryska w naszą stronę?". Ja mu na to: „To tylko dżem malinowy, synku".

Marina Kisijewa ma 31 lat i mieszka we wsi Chumałag, jakieś 20 minut jazdy od Biesłanu. W tym zamachu straciła męża Artura i syna Asłana, który miał 7 lat i chodził do klasy 2A. Marinie została już tylko jedna córeczka, pięcioletnia Milena, dziecko nad wyraz poważne jak na swój wiek, które nie pyta nigdy, co się stało z jej braciszkiem. Odmawia po prostu pójścia do przedszkola i mdleje za każdym razem, gdy kobiety z ich bloku zaczynają głośno zawodzić.

Nauczycielka Asłana, Raisa Kambułatowna Dzaragasowa-Kibizowa, powie później, że Artur był „najlepszym ojcem w tej klasie". To on się upierał, by jego syn trafił do najlepszej szkoły w Biesłanie, i to on odwoził go tam codziennie, mimo że miał pracę i w dodatku studiował. Marina pokazuje mi ostatnią pracę semestralną męża zatytułowaną *Tworzenie prawa*, którą napisał na Wydziale Prawa Filii Rosyjskiego Państwowego Uniwersytetu Handlu i Ekonomii w Piatigorsku. Ostatniego dnia sierpnia Artur przyjechał do domu, by osobiście odprowadzić syna do szkoły. Marina także zamierzała z nimi iść, ale coś jej wypadło i została w domu.

– Dlaczego tam nie poszłam? Wyprowadziłabym go ze szkoły! Asłan był takim szczupłym zabawnym chłopczykiem z odstającymi uszkami. Wszyscy go kochali. Był bardzo nieśmiały – mówi Marina, srożąc brwi, ale bierze się zaraz w garść, by nie płakać przy Milenie.

Artur zginął na samym początku. Zastrzelono go 1 września, gdy terroryści zapędzili mężczyzn do fortyfikowania zabudowań i rozkładania materiałów wybuchowych. Podobno powiedział im wprost: „Naprawdę wierzycie, że przyłożę rękę do zabicia tych dzieci?", a oni go po prostu zastrzelili.

Asłan został na sali gimnastycznej bez ojca. Podpełzł po pewnym czasie do swojej nauczycielki Raisy Kambułatownej i trzymał się jej prawie do samego końca, bez przerwy pytając: „Gdzie jest tata?".

Raisa Kambułatowna ma 62 lata. Tamtego dnia, 1 września, mijała 40. rocznica jej pracy w zawodzie nauczyciela.

– Nie spodziewałam się, że spędzę tę rocznicę, kuląc się przed gradem kul, zamiast przyjmować wyrazy uznania i kwiaty.

Wzorem wielu doświadczonych pedagogów Raisa siedzi sztywno, jakby połknęła kij, i trzyma głowę wysoko nawet teraz, po rozpoczęciu w Biesłanie kampanii oszczerstw celowo rozpętanej przez funkcjonariuszy FSB i agentów Prokuratury Generalnej. W jej ramach służby poszukują wspólników terrorystów wśród nauczycieli, którym udało się jakimś cudem przeżyć.

– Tak, próbują przerzucić na nas część winy, jakby chcieli powiedzieć: „Nie spełniliście swoich obowiązków wobec dzieci, skoro wy przeżyliście, a one zginęły". Niech pani nie myśli, że ktoś tam nie zrobił czegoś, co mogłoby uratować komuś życie. Tam po prostu nie dało się nic zrobić ani przed wysadzeniem szkoły, ani tym bardziej później. Jedyne, co mogliśmy robić, to być starszym przyjacielem, dawać dzieciom dobry przykład, aby zdołały wytrwać do końca. I to właśnie wszyscy robiliśmy aż do momentu eksplozji. Później nikt już nie mógł nic zrobić. Wtedy, 3 września, wszyscy byliśmy potwornie odwodnieni, zaczynaliśmy mieć halucynacje. Robiłam co w mojej mocy, by ocalić Asłana, ale nie byłam w stanie go uratować. Byliśmy jednymi z pierwszych, których 1 września zagnano do szkoły, ponieważ klasa 1A stała na czele pochodu, tuż przy wejściu do budynku. Siedziałam w klasie twarzą do wszystkich. Przed sobą miałam uczniów i ich rodziców. Nad moją głową wisiał ładunek wybuchowy. Artur Kisijew stał tam za swoim synem jak inni rodzice. Bojownicy powiedzieli w pewnym momencie:

„Wszyscy tatusiowie mają przejść do przodu, uprzejmie prosimy". Pięć minut później rozstrzelali ich na korytarzu. W taki sposób dwoje moich podopiecznych, Kisijew i Misikow, straciło ojców. Wtedy zapewniłam uczniów: „Na pewno nie będą strzelać do dzieci".

– Po zagonieniu nas na salę gimnastyczną – opowiada – Asłan leżał przede mną, powtarzał, że jest głodny. Zrobiłam wszystko, co mogłam, by go nakarmić. Pierwszego wieczora przysiadła obok nas młoda matka z płaczącym ciągle niemowlęciem. Tuliła je, kołysała, ale za nic nie chciało się uspokoić. Najpierw jeden z bojowników skierował na nią broń, jakby nakazywał tym gestem, by uciszyła dziecko. Potem westchnął ciężko i podał jej butelkę wody. „To moja woda. Daj ją swojemu dziecku. A tu masz dwa batoniki Mars, daj mu je possać przez jakąś szmatkę". Matka bała się, że to trucizna, ale powiedziałam jej: „I tak nie wyjdziemy stąd żywi. Niech chociaż to dziecko tak nie cierpi". Wzięła kawałek batonika i pozwoliła synkowi, by ssał go przez chusteczkę. Pozostałe półtora batonika ukryłam za plecami. Ułamałam później spory kawałek jednego i dałam Asłanowi, a resztę podzieliłam cichcem między pozostałe dzieci z klasy. Drugiej nocy, gdy wszyscy byliśmy już potwornie spragnieni, a terroryści nie pozwalali dzieciom iść do ubikacji, powiedziałam: „Po prostu róbcie to w kącie, na podłogę". Dzieci uspokoiły się trochę i posłuchały mojej rady. Chłopcom rozdano plastikowe butelki, by mieli do czego sikać. Kazałam uczniom, by z nich pili. Nie chcieli tego robić, sama upiłam więc trochę moczu najstarszego ucznia, szóstoklasisty, który siedział obok nas, by dać im przykład. Nie zatykałam przy tym nosa, aby dzieci zobaczyły, że nie jest aż tak źle. Potem zaczęły pić same, Asłan także. Rankiem 3 września Karina Mielikowa, dziewczynka z piątej klasy, niespodziewanie poprosiła o pozwolenie na pójście do toalety. Wypuszczono ją, a jej mama, która także uczyła w naszej podstawówce, kazała jej pozrywać liści z kwiatków stojących w gabinecie, bo tam zrobili dla nas prowizoryczną toaletę, wybijając dziurę w podłodze. Karinie udało się schować kilka liści między kartki zeszytu i wrócić z nimi. Rozdałyśmy je dzieciom, Asłan także zjadł jeden. Karina i jej matka zostały zabite. Czyja to wina? Ja straciłam Asłana w ostatniej chwili. Bezpośrednio przed szturmem wielu z nas czuło się już bardzo źle. Niektórzy leżeli po prostu nieprzytomni, inni po nich deptali. Taisija Chietagurowa, nauczycielka języka osetyjskiego, także nie czuła się dobrze. Podpełzłam do niej, by posadzić ją pod ścianą, aby po niej nie deptali. I wtedy się zaczęło. Nie słyszałam ani huku eksplozji, ani późniejszej strzelaniny. Świat po prostu zniknął. Doszłam do siebie, gdy przebiegali po nas żołnierze specnazu. Po prostu przeszli po nas, depcząc po ciałach, także po mnie. To przywróciło mi przytomność. Zaczęłam się czołgać. Obok mnie leżały ciała jedno na drugim. Dlaczego ja przeżyłam, a oni nie? Dlaczego zginęło siedmioro moich drugoklasistów, a ja, kobieta sześćdziesięciodwuletnia, przeżyłam? No i gdzie podział się Asłan? Widziałam go przed sobą każdej nocy, zakradał się do mnie jak mała myszka. Jego matka ledwie żyje, wiem, bo niedawno ją widziałam.

Marina kartkuje podręczniki Asłana. To było jej główne zajęcie tej jesieni. Poszła do szkoły, przeszukała całą klasę 2A i znalazła książki należące do jej syna w poprzednim roku szkolnym oraz te, które nie były jeszcze podpisane, Raisa Kambułatowna przygotowała je dla uczniów rozpoczynających naukę w drugiej klasie. Marina całymi godzinami czyta w kółko pięć linijek dorocznego dyktanda, które miał pisać jej syn: „Osiemnasty maja. W ogrodzie rośnie dzika róża. Ma śliczne pachnące kwiaty…”. Za plecami wpatrującej się w książkę Mariny widzę łóżko, na którym leżą rzeczy Artura: napoczęta paczka papierosów, legitymacja studencka, karta meldunkowa, karta rejestracyjna, praca semestralna. I jego portret. Wygląda na nim bardzo poważnie, choć ma zamyślone spojrzenie. Milena podchodzi do tego portretu, milcząc jak grób.

– Przez pierwsze dwa miesiące byłam kompletnie odrętwiała. Nie wychodziłam na zewnątrz. Zaniedbałam dom. Nie chciałam mieć nic wspólnego z własną córką. Żyłam w całkowitym odizolowaniu. Nie odkręcałam nawet kranu, ponieważ nie mogłam znieść szumu cieknącej wody. Dlaczego nie pozwolili naszym dzieciom pić? Złościło mnie, że po 3 września ludzie nadal jedzą i piją. Zwariowałam. I nadal jestem szalona.

Marina pokazuje mi list dołączony do tornistra z darami dla Asłana, które przyniesiono jakiś czas temu do jej domu. „Od uczniów z Sankt Petersburga".

– Dlaczego to zrobili, skoro wiedzieli, że nasz syn zginął?

Jest to list od Irusi, lat 14, następującej treści: „Przeżyłeś te straszne dni. Jesteś bohaterem!". Potem następuje zaproszenie do kontynuowania listownej znajomości.

– Jakim cudem mój adres trafił na niewłaściwą listę? – dziwi się Marina, płacząc z bólu spowodowanego czyimś okropnym niedbalstwem. – Nie mogłam znieść widoku tego tornistra. Był przeciwieństwem tego, czego wtedy najbardziej potrzebowałyśmy. Teraz już rozumiem, że nikt nam nie pomoże. Gdzie jest ten cały Putin? Jakimi bzdurami się zajmuje, że nie umie rozkazać swoim podwładnym, by identyfikowali ciała dzieci tak szybko, jak to tylko możliwe? Dzięki temu przynajmniej niektórzy rodzice zaznaliby odrobiny ukojenia, ponieważ mieliby w końcu grób do pielęgnowania.

Sasza Gumiecow i Rimma Torczinowa są rodzicami Azy Gumiecowej. Sasza przestał być sobą z tego żalu i udręczenia. Cierpi na bezsenność. Obwinia siebie za to, że nie zdołał uratować córeczki. Ma sine wory pod oczami, nie goli się od wielu dni. Sasza i Rimma chodzą bohatersko po Biesłanie od domu do domu, próbując nakłonić rodziców, którzy dawno już pochowali swoje pociechy, do przeprowadzenia ekshumacji.

– Z początku uznaliśmy, że Aza jest nadal zakładnikiem. Potem stopniowo zaczęliśmy rozumieć, że to nieprawda. Rodzice 3 września identyfikowali swoje dzieci głównie po spodenkach, bo niczego innego nie dało się rozpoznać. Zwęglone ciała zabierano do laboratorium medycyny sądowej w Rostowie nad Donem, aby przeprowadzać tam badania DNA, ale było ich tak wiele, że część pozostała niezidentyfikowana do dzisiaj. Ludzie po prostu pozabierali je do domów. To małe miasteczko, nie ma tutaj żadnych butików, wiele dzieci nosiło więc identyczne ubrania, kupione na okolicznych bazarach. W ten sposób wszystko się pomieszało. Zauważyliśmy, co się dzieje, gdy sami chodziliśmy po kostnicach, zaglądając do każdego worka na zwłoki, przyglądając się każdemu małemu paluszkowi.

– Jak udało wam się to wytrzymać?

Na twarzy Rimmy nie drgnął nawet jeden mięsień.

– Powtarzałam sobie: „Nic nie może być gorsze od tego, co te dzieci przeżyły tam w szkole. Nie mam prawa litować się nad sobą". I nie robiłam tego. Teraz myślimy tylko o tym, jak pochować naszą córeczkę, jak spełnić ostatni rodzicielski obowiązek wobec Azy. W kostnicy mają ciało niezidentyfikowanej dziewczynki w wieku naszej córeczki, ale to na pewno nie ona. A to znaczy, że ktoś inny pochował ją jako swoje dziecko. Równie dobrze mogli być to rodzice dziewczynki, która nadal leży w kostnicy. Zdajemy sobie oczywiście sprawę, że ustalenie, które ciało należy do kogo, może potrwać bardzo długo. Jesteśmy tego aż nazbyt świadomi.

– Mówicie o łańcuchu ekshumacji?

– Tak. Na liście, którą dano nam w prokuraturze, jest 38 adresów ludzi, którzy mogli pochować nie swoje dziecko. Zginęło 39 dziewczynek w tym samym wieku i podobnej budowy.

Najważniejsze jednak, że jesteśmy na dobrym tropie: jeśli liczba ciał przewiezionych do Rostowa nad Donem zgadza się z liczbą dzieci, które zginęły, musi chodzić o mylną identyfikację. Znaleziono je wszystkie, tylko mylnie rozpoznano.

Aza 1 września po raz pierwszy poszła na rozpoczęcie roku sama, bez matki, bez kwiatów, tak to sobie ustaliły z najlepszymi przyjaciółkami z klasy 6A, ponieważ zaczynały dorastać. Jedną z tych dziewczyn była Swieta Coj, Koreanka z pochodzenia, jedyne dziecko Mariny Pak: Swieta tancerka, Swieta fantastka, Swieta gwiazda Teatru Dziecięcej Mody, Swieta, którą zidentyfikowano dopiero 27 września po analizie DNA, ponieważ eksplozja urwała jej nogi, a reszta ciała była tak zmasakrowana, że nie dało się go rozpoznać.

Kolejna z przyjaciółek, Emma Chajewa, tryskała energią. Umiała na poczekaniu ułożyć długi wiersz. Biegnąc rankiem do szkoły, zawsze znajdowała czas, by powiedzieć „dzień dobry" wszystkim sąsiadom i zapytać stojące na jej drodze starsze panie, jak się czują. Jej rodzice mieli szczęście. Ona także została zabita, ale mogli ją chociaż wystawić w otwartej trumnie i pochować.

Była też Aza, jedyna ukochana córeczka Saszy i Rimmy. Rimma nie poszła nigdy do pracy. Dała też Azie wszystko, co mógł zaoferować Biesłan: taniec, śpiew, języki, kółka zainteresowań.

– Powtarzam sobie, że one w trójkę były przedstawicielkami XXI wieku – kontynuuje Rimma. – Nie były takie jak my. Miały pozytywne nastawienie do życia. Wielkie plany. Aza miała własne zdanie na każdy temat. Była filozofką.

Wiemy jedynie, że Emmę, Swietę i Azę rozdzielono zaraz po zaprowadzeniu do sali gimnastycznej, ale do 3 września zdołały się jakoś odnaleźć. Chciały uczcić urodziny Madiny Sazanowej, koleżanki z klasy, dlatego usiadły razem pod oknem, które zostało wysadzone, aby innym dzieciom otworzyć drogę ucieczki.

– Nie słyszałam, by przeżył ktokolwiek, kto siedział pod tą ścianą – podsumowuje Rimma. – Teraz pozostało nam już tylko pochowanie Azy. Chodzimy po domach z tej listy, jakby to była nasza praca. Próbujemy namawiać ludzi, by wyrazili zgodę na ekshumację.

Jaki szacunek może mieć człowiek do machiny państwowej, która w swoim szaleńczym pędzie doprowadza raz po raz do podobnych tragedii? Najpierw teatr na Dubrowce, teraz Biesłan. Państwo nigdy nie bierze odpowiedzialności za nic, ukradkiem porzucając także inne swoje obowiązki względem obywateli. Czy powinno się przeprowadzić ekshumacje? Zostawmy ten problem najsłabszym, niech oni się martwią. Zwróćmy ich wszystkich przeciw sobie – tych, którzy pochowali dzieci, i tych, którzy ich pochować nie mogą, a zapomną o protestowaniu przeciw Dzasochowowi i Putinowi i jeszcze długo nie zażądają prawdziwego dochodzenia w tej sprawie, ponieważ będą mieli na głowie inne zmartwienia, znacznie większe z ich perspektywy.

Państwo dystansuje się od wszystkiego, co miało miejsce w Biesłanie, porzucając to miasto na pastwę szaleństwa i izolacji. Cała reszta Rosji nie chce o tym słyszeć.

12 GRUDNIA 2004 ROKU

Narodowy Kongres Obywatelski zgromadził w Moskwie delegatów ze wszystkich zakątków Rosji. Były nadzieje, że przerodzi się on w swoisty Front Ocalenia Narodowego, ale do niczego takiego nie doszło. Powód jest prosty: organizatorzy imprezy, Gieorgij Saratow i Ludmiła Aleksiejewa, nie chcieli deptać Kremlowi po odciskach. W związku z tym, siedząc w prezydium, tłumili „nadmierną" krytykę Putina, w wyniku czego pod koniec obrad sala świeciła pustkami. Kiedy na mównicę wychodził Garri Kasparow, jeden z tych liderów opozycji, którzy faktycznie zaczynają się wyróżniać, ludzie krzyczeli: „Kasparow na prezydenta!". Organizatorzy poczuli się tym tak zmieszani, że usunęli z programu pozostałe wystąpienia Kasparowa.

Centralną scenę zajmowali więc ci sami mówcy co zawsze i właśnie oni sprowadzili całość do jałowej gadki, kształtując Kongres na własne podobieństwo.

Pytanie brzmi: czy opozycja pozaparlamentarna w ogóle jeszcze istnieje? Czy jeśli uda jej się ponownie zaistnieć, będzie umiała utrzymać głowę nad powierzchnią wody w tak skorumpowanym społeczeństwie, w którym ten, kto umie lobbować na szczytach władzy, pozyskuje fundusze od „sponsorów"?

Kto mógłby zostać sponsorem takiej partii? Tylko oligarchowie, a zważywszy na to, że mamy właśnie pełnię sezonu polowań na tychże oligarchów, chętnych jakoś nie widać, może z wyjątkiem Bieriezowskiego. A finansowe powiązania z nim zapewniają co najwyżej szybki odpływ wyborców do obozu przeciwnika.

Widzę także inny problem. Nienawiść nie sprawdza się jako platforma wyborcza. Demokraci nie mogą więc budować kampanii swoich nowych partii wyłącznie na nienawiści.

A na czym innym miałyby je oprzeć, skoro nie mają żadnych pozytywnych pomysłów? Cóż, ich liderzy powinni mieć przecież od groma światłych idei! Średnia wieku w Rosji to jakieś 58,5 roku. Dlaczego nie iść do wyborów pod postulatem, że ma to być 70 i basta?

Liberałowie i demokraci wchodzą w nowy rok jak polityczni lunatycy. W ciągu roku od ich porażki w wyborach parlamentarnych nie udało im się nawet dokonać realistycznej oceny, jakie były powody tak sromotnej klęski.

Dysydenci i demokraci zbyt długo przekonywali ludzi do kłamstwa, jakim było twierdzenie, że Jelcyn jest największym demokratą z nas wszystkich. Nadszedł w końcu czas, gdy tej fikcji nie dało się już dłużej utrzymać, a słowo „demokrata" stało się po prostu kolejną inwektywą. Ludzie zaczęli je przekręcać na „dermokrata", czyli „gównokrata". Stało się niezwykle popularne nie tylko w kręgach komunistów i stalinistów, ale także w większości społeczeństwa. Gównokraci dali Rosji hiperinflację, sprawili, że ludzie potracili oszczędności, które mieli jeszcze od sowieckich czasów, do tego rozpętali wojnę w Czeczenii i doprowadzili rząd do niewypłacalności.

Ludzie nie wybrali Jelcyna w roku 1996 dlatego, że mu wierzyli, oni po prostu stawiali na mniejsze zło; nie zrobili tego, ponieważ wierzyli w jego recepty na świetlaną przyszłość, tylko z obawy, co będzie, jeśli do władzy powrócą komuniści. Bezwstydnie czerpano z zasobów rządowych, ogólnokrajowe stacje telewizyjne nadawały pod adresem Jelcyna same pochwały, stając się w rzeczywistości cheerleaderkami jego kampanii. Ludzie odwracali się z odrazą, widząc, że partie „demokratyczne" próbują przemilczeć tę parodię demokracji. Wielu dermokratów twierdziło nawet, że poświęcenie prawdy wydaje się rozsądną ceną, jeśli ma to ocalić demokrację.

Entuzjazm towarzyszący poświęcaniu prawdy na ołtarzu demokracji przyjął się niestety i został z czasem główną siłą napędową zmierzającego do władzy Putina, zwłaszcza po tym, jak został namaszczony przez Jelcyna na następcę. Kreml przejął kontrolę nad wszystkimi przekazami telewizyjnymi, a niezależne stacje mogły dostarczać jedynie rozrywkę, nawet gdy w Czeczenii ludzie ginęli setkami.

Tak właśnie wyglądał koniec. Wybory oparto na oszustwach i państwowych wymuszeniach. A demokraci nadal milczeli, desperacko próbując zachować okruchy wpływów w Dumie i samorządach lokalnych. Stracili przy tym te resztki autorytetu, jakie im jeszcze zostały, nic powinno więc nikogo dziwić, że naród rosyjski jest dzisiaj głęboko zobojętniały na wszystko, co dotyczy polityki. To straszliwa spuścizna 13 lat rosyjskiej demokracji.

10–14 GRUDNIA 2004 ROKU

Incydent w Błagowieszczeńsku z udziałem trzech zamaskowanych milicjantów i właścicieli lokalnego kasyna, do których tamtejszy mer żywił jakąś urazę, wywołał przesadną, niemal groteskową reakcję, gdy wiceminister spraw wewnętrznych Baszkirii* wysłał na miejsce zdarzeń czterdziestoosobowy oddział specjalny milicji. Uzbrojeni w pałki i karabiny szturmowe funkcjonariusze ruszyli główną ulicą miasta, wyciągając i aresztując każdego mężczyznę, którego znaleźli w kawiarniach albo salonach gier. Aresztowanym robiono zdjęcia, zdejmowano odciski palców, bito ich i zmuszano do podpisywania formularzy zeznań in blanco.

Zatrzymane dziewczyny po przeszukaniu odprowadzano do biura na piętrze Urzędu Spraw Wewnętrznych. Przed drzwiami tego pomieszczenia ustawiła się następnie kolejka funkcjonariuszy z oddziału specjalnego, a jak zeznał świadek, wyniesiono stamtąd później pół wiadra zużytych prezerwatyw. W ciągu kolejnych czterech dni pobito jeszcze wielu mężczyzn i zgwałcono wiele kobiet. Taksówkarze zeznali, że funkcjonariusze wysyłali ich po wódkę, a z basenu jeszcze długo dochodziły kobiece wrzaski. Ataki przeniosły się z czasem na okoliczne wioski.

Po zakończeniu tych niecnych działań zastosowano masowe naciski na świadków, aby zatuszować sprawę.

14 GRUDNIA 2004 ROKU

Grupka studentów i uczniów należących do Partii Narodowo–Bolszewickiej weszła do jednego z prezydenckich biur mieszczących się opodal Łubianki. Ludzie ci zabarykadowali się w pomieszczeniach na parterze i zaczęli wykrzykiwać przez okna hasła w stylu: „Putin – wynocha!", „Putin, utoniesz z Kurskiem!" i tak dalej. Wspólnym wysiłkiem OMON-u i federalnych służb bezpieczeństwa 45 minut później udało się ich usunąć, nawiasem mówiąc, w bardzo brutalny sposób. Lira Guskowa, lat 22, trafiła do więziennego szpitala z poważnym wstrząsem mózgu; Jewgienijowi Taranience, lat 23, żołnierze złamali nos; a Władimir Lindu, lat 23, posiadający podwójne holenderskie i rosyjskie obywatelstwo, doznał poważnych urazów nóg.

CZĘŚĆ III

NASZE ZIMA
I LATO
ROZGORYCZENIA

STYCZEŃ — SIERPIEŃ 2005

ROSJA PO UKRAINIE IDZIE DROGĄ KIRGIZJI

Ukraińska pomarańczowa rewolucja z grudnia 2004 roku położyła kres Wielkiej Rosyjskiej Depresji Politycznej. Społeczeństwo wyrwało się z letargu: wszyscy tak im zazdrościliśmy tego Majdanu.

– Na miłość boską, dlaczego nie jesteśmy tacy jak oni tam, w Ukrainie? – pytali ludzie. – Oni są przecież tacy sami jak my, tylko...

Każdy z nas miał jakieś argumenty na potwierdzenie tezy, że my i Ukraińcy jesteśmy podobni jak dwa ziarnka w korcu maku. Przecież wielu obywateli Rosji to tak naprawdę Ukraińcy z pochodzenia albo ludzie mający z nimi różny stopień pokrewieństwa. W Związku Radzieckim nie było miasta bliższego Moskwie niż Kijów, a nasze style życia wydawały się tak mocno powiązane, że aż nierozerwalne. Nawet po rozpadzie ZSRR większość Rosjan była święcie przekonana, że Ukraina na zawsze pozostanie naszą przystawką, na wpół kolonią, i że to Moskwa będzie decydowała, co jest dobre dla Kijowa.

Problem w tym, że wszystko potoczyło się inaczej. W czasie gdy dawna stolica imperium żyła nadal złudzeniami, że dawna kolonia stoi karnie w szeregu, ta druga przeszła niesamowitą transformację, przeistaczając się w prawdziwe niepodległe państwo.

Polityczne namiętności towarzyszące pomarańczowej rewolucji nie sprawiły jednak, że cała Rosja stanęła w ogniu, choć podsyciły nieco ducha protestu. Zmusiły wielu ludzi do wstania z wygodnej sofy i chociażby pomyślenia o pójściu na demonstrację, ale to wszystko, co udało nam się wykrzesać z siebie w styczniu 2005 roku. Miliony obywateli wzięły udział w protestach ulicznych przeciw prawu nakazującemu zastąpienie systemu rozbudowanych świadczeń społecznych symboliczną rekompensatą w gotówce, które wchodziło w życie 1 stycznia. W końcu pojawił się cień nadziei na odrodzenie demokratycznej opozycji.

Demonstracje odbywały się przez cały styczeń. Chorzy stracili prawo do darmowych lekarstw. Żołnierzom odebrano przywilej wysyłania listów za darmo, co było dla nich straszliwym ciosem, ponieważ płacono im dosłownie grosze. Gdyby rodzice nie wykładali pieniędzy na te przesyłki, pewnie żaden mundurowy nie pisałby już listów. Przyszłe matki straciły prawo do płatnych urlopów, co nie jest chyba najlepszym sposobem na poprawienie fatalnego ostatnimi czasy wskaźnika urodzeń.

[Latem 2004 roku, gdy reforma przechodziła przez Dumę, Anna przebywała w Jekaterynburgu na Uralu. Tak pisała stamtąd o problemie:]

Tutaj w obwodzie swierdłowskim mieszka 20 tysięcy byłych żołnierzy, którzy walczyli w wojnie czeczeńskiej. Niemal każdy z nich kwalifikuje się do jakichś świadczeń społecznych, ponieważ brali czynny udział w „operacji antyterrorystycznej". W ich opinii ostatnie działania rządu są niczym innym jak wymierzoną w ich interesy krucjatą.

„Czeczeńcy" z Uralu ledwie wiążą koniec z końcem. Nikt nie chce ich zatrudniać ani uczyć, dlatego wielu stacza się w alkoholizm i narkomanię albo zaczyna kraść i kończy w więzieniach. W zakładzie karnym we wsi Riepino byli żołnierze założyli nawet Stowarzyszenie Kombatantów Wojen Czeczeńskich. Liczy ono 200 członków.

Ludzie ci nie są mile widziani nawet w szpitalach, ponieważ nie mają czym płacić za prywatne leczenie. Wypędza się ich jak trędowatych z wszelkiego rodzaju schronisk, dlatego próbują organizować się na własną rękę, tworząc przeróżne „czeczeńskie" wspólnoty i stowarzyszenia. Zdaniem większości z nich świadczenia społeczne były swego rodzaju dowodem szacunku i wdzięczności ze strony społeczeństwa, którego bronili, albo swoistą rekompensatą za złamanie życia na samym jego początku. Zniesienie tych przywilejów i zastąpienie ich kilkoma groszami jałmużny jest tutaj postrzegane jako przysłowiowy kopniak w tyłek wymierzany przez państwo, za które ich towarzysze broni oddali życie, a oni sami poświęcili co najmniej zdrowie.

Ranni i niepełnosprawni po prostu poumierają. Wielu innych straci pracę, którą z takim trudem otrzymali. A garstce tych, którzy wbrew przeciwnościom zdołali pójść na studia, odebrana zostanie i tak bardzo skromna pomoc wyszarpana za cenę niebotycznego wysiłku.

Rusłan Mironow jest młodym mężczyzną z drugą grupą inwalidztwa. Ma na twarzy szeroki szczery uśmiech, bardzo nietypowy dla byłych żołnierzy z Czeczenii. Zachowuje się skromnie, nie nosi medali na piersi. Byłby zwykłym chłopakiem, gdyby nie oczywiste konsekwencje ciężkiego urazu głowy. Ma połowę twarzy wykrzywioną z powodu paraliżu, a także problem ze sprawnością obu rąk, których wielokrotnie połamane kości musiały być składane.

Siedzimy w niewielkim pokoiku jekaterynburskiej siedziby Arsenału 32, jednego z największych stowarzyszeń inwalidów wojennych w obwodzie swierdłowskim.

– Rusłanie, z tego, co widzę, jesteś samowystarczalnym człowiekiem. Jak ty to robisz? Co możesz stracić w wyniku tej reformy?

– Stracę wszystko – odpowiada Rusłan – i to mnie bardzo boli. Jestem inwalidą, ale nie kasuję jedynie renty i nie obciążam innych własnymi problemami. Prowadzę niewielki interes, na którym zarabiam około 100 tysięcy rubli rocznie [10 tysięcy zł], wywalczyłem sobie ulgi podatkowe przeznaczone dla byłych żołnierzy, ale teraz będę musiał oddawać państwu 48,5 procent moich przychodów. To strata 48,5 tysiąca rubli, niemal połowy zarabianych pieniędzy. Mój biznes przestanie mieć sens. Znów stanę się biedakiem.

Nie wspomnę już o tym, że Rusłan miał motywację do zatrudniania innych niepełnosprawnych, do wspierania swoich „czeczeńskich" towarzyszy broni – inni pracodawcy nie chcieli ich przyjmować z powodu reputacji ludzi sprawiających problemy, którym nie chce się ciężko pracować.

– Jeśli niepełnosprawnemu robotnikowi płaciło się, powiedzmy, 8,5 tysiąca rubli miesięcznie [850 zł] – wyjaśnia Rusłan – to nie odprowadzał żadnych podatków. Ten przywilej również został cofnięty. Teraz taki człowiek będzie musiał oddać rządowi cztery tysiące rubli z każdej wypłaty, czyli dwa razy tyle, ile zostanie im wypłacone tytułem rekompensaty. Nie jest to zbyt sensowna polityka wobec ludzi niepełnosprawnych, którzy nie chcą być obciążeniem dla społeczeństwa. Można pomyśleć, że władza powinna robić wszystko, by nas wspomagać, umożliwiać nam rozwój poprzez indywidulane inicjatywy, abyśmy nie leżeli odłogiem po domach albo spici w trupa po bramach. A oni nas po prostu wywalają na śmietnik – kontynuuje Rusłan. – Każdej jesieni i zimy miałem pięćdziesięcioprocentową zniżkę na loty i przejazdy koleją. To było dla mnie coś, bo moi rodzice mieszkają w Anapie nad Morzem Czarnym, a teściowa aż w Nowosybirsku. Często korzystałem więc z tego przywileju. A teraz zabrali nam nawet możliwość wyrobienia za darmo sztucznej szczęki. To wbrew pozorom ważne. Niemal każdy z naszych wracał z Czeczenii bez zębów. W szpitalach zawsze były ogromne kolejki. A teraz co? Pakiet socjalny dla byłych żołnierzy, którzy odnieśli rany, wynosi dwa tysiące rubli miesięcznie [200 zł]. Dla tych, którzy walczyli, jest to 1500 rubli [150 zł], a rodzinom poległych przysługuje zapomoga w wysokości 650 rubli [65 zł]. Za takie pieniądze nie zrobisz porządku z zębami.

Urodzony w roku 1976 Siergiej Domraczew ma przebite płuco. Część czaszki zastąpiono mu tytanową płytką. Mimo to Siergiej jest dzisiaj typowym przedstawicielem jekaterynburskiej klasy średniej. Jeździ pewnie ulicami miasta własną nierzucającą się w oczy ladą, zawsze nosząc elegancki garnitur i starannie dobrany krawat. Przyjemnie na niego patrzeć, a jeszcze przyjemniej go słuchać. Ożenił się z niezależnie myślącą, wykształconą i do tego piękną kobietą. Lubi swoją pracę. Ukończył już studia pierwszego stopnia, teraz je kontynuuje.

– Ze wszystkich znanych mi ludzi, którzy brali udział w działaniach bojowych, tylko co dziesiąty zdołał stanąć po wojnie na własnych nogach – stwierdza Siergiej. – Reszta pije na umór i nigdzie nie pracuje. Mieszkają z rodzicami i na nich żerują. Przerażamy zwykłych ludzi. Dlatego większość „czeczeńców" pracuje w ochronie. Są zatrudniani głównie przez „afgańców", czyli kombatantów poprzedniej wojny, w prywatnych firmach ochroniarskich. Do nich trafia najwięcej naszych, ale nawet oni nie są zbyt chętni.

– Wielu „czeczeńców", którym nie układa się życiu, wraca, by ponownie walczyć w Czeczenii, już jako kontraktowi żołnierze. Nie ciągnie cię do tego?

– Radzę sobie, nie musząc wracać na wojnę – odpowiada ze śmiechem.

– Wiesz może, dlaczego inni to robią?

– To chyba oczywiste. Tam możesz robić, co ci pasuje. Strzelasz, do kogo chcesz. Tam nie ma żadnych praw. I to im się podoba.

– Jak tobie udało się nie upaść tak nisko?

Znów wybucha śmiechem.

– Ogłosiłem niezależność od naszego państwa. Niedługo po powrocie z tej rzeźni w Czeczenii zdałem sobie sprawę, że albo wsiąknę w to na dobre i utonę z pozostałymi, albo zacznę wszystko od nowa. Nigdy nie przypinam sobie Orderu za Odwagę. Przetrwałem tylko dlatego, że udawałem, iż zapomniałem o tym wszystkim, i żyłem tak, jakby to nigdy nie miało miejsca.

Przed rokiem 2005 mógłby ubiegać się o państwowe mieszkanie w tak zwanym trybie przyspieszonym, ale obecnie cofnięto mu taką możliwość.

– Od dawien dawna wiedziałem, że nie można polegać na władzach państwowych. One zawsze cię oszukają –

mówi Siergiej. – Nie ukrywam, że żal mi tych utraconych przywilejów, zwłaszcza pierwszeństwa w przydziale mieszkania. Marnie będzie, jak to wszystko upadnie. – Pokazuje mi niewielkie mieszkanie, które wynajmują wspólnie z żoną. – Nie stać mnie jeszcze na zakup własnego apartamentu. Ciężko pracuję, ale nie mogę przecież harować na kilku etatach jednocześnie. Nie spodziewam się zatem, że w najbliższej przyszłości będzie mnie stać na podobny wydatek. W tej chwili mam przynajmniej pracę, ale szykuje się wymiana płytki w głowie. Na to będę potrzebował pieniędzy, muszę zarobić i na operację, i na okres rekonwalescencji po niej.

Żyjemy w naprawdę niesamowitym państwie, które uwielbia wpędzać obywateli w ślepy zaułek, nawet tych najzdolniejszych, którzy chcą chadzać własnymi ścieżkami. Pytanie brzmi: jakich obywateli preferuje takie państwo? Woli masy pijanych próżniaków czy ludzi, którzy chcą coś zdziałać? Dzisiaj władze celowo zubażają tych, którym powinny pomagać, by stanęli na własnych nogach. Wpędza w nędzę tych, którym udało się podnieść, głosząc jednocześnie, że walka z ubóstwem jest nowym priorytetem polityki prezydenta. Reforma świadczeń społecznych może być ostatnią kroplą, która przeleje czarę goryczy, zwłaszcza dla każdego, komu życie zniszczyły wcześniej te same władze. Większość „czeczeńców" uważa, że trudno im będzie to przełknąć. Przetrwa najsilniejszy? Nie jest to zbyt dobre podejście do opieki społecznej. Czy najsłabsi mają po prostu wymrzeć?

Nadieżda Suzdałowa zamyka swojego syna Tolę w domu, gdy wychodzi do pracy w lokalnej kotłowni. Facet ma 28 lat, jest byłym żołnierzem i inwalidą pierwszej grupy, człowiekiem sparaliżowanym od piersi w dół, gadającą głową z rękami, która może wspierać ciało wyłącznie na łokciach. Oboje mieszkają w odizolowanej od świata wiosce o nazwie Karpuszycha, w samym środku majestatycznej uralskiej tajgi. Centrum tego rejonu jest miasto Kirowgrad, od którego dzieli ich 38 kilometrów, licząc wzdłuż torów biegnących przez gęste ostępy. Właśnie chłopaków z takich miejsc wysyłamy do walki na Kaukazie. Ich matki nie rzucają się na tory, by ratować synów. A oni wracają potem z wojny w te straszne miejsca.

Karpuszycha jest dzisiaj swoistym śmietniskiem – trafiają na nie wszystkie aspołeczne elementy, które nie umiały się dostosować do współczesnych czasów i zostały wygnane z Jekaterynburga, choćby za narastające od lat zaległości w czynszu. Przy wejściu na klatkę schodową bloku, w którym mieszkają Suzdałowowie, kręci się masa pijaków, włóczęgów i narkomanów. Zataczają się, krzycząc, przeklinając, szarpią się wzajemnie i kopią. Kradną te żałosne resztki, jakie zostały jeszcze do ukradzenia: miski do mycia, szczotki, czajniki, dzbanki. Właśnie z powodu takich sąsiadów Nadieżda musi zamykać Tolę. Jej syn nie zdołałby powstrzymać złodziei.

Nie mają za wiele, ale gdyby rabusie zabrali miskę albo wykręcili kran, nie byłoby szans na odkupienie albo wymianę. Tola i jego matka utrzymują się z renty inwalidzkiej, która wynosi 1200 rubli miesięcznie [120 zł]. Nadieżda nie otrzymała zapłaty za pracę już od ponad sześciu miesięcy.

Historia Toli jest typowa.

– Płacze każdego wieczora. – Nadieżda, mówiąc mi o tym, sama zaczyna łkać. Doglądanie przykutego do łóżka syna wyczerpało ją do cna. – Ale co możemy zrobić?

Mówiłam Toli, żeby walczył z tym, żeby przestał pić, ale teraz jest już za późno. Nie ma odwrotu.

Tola ukończył szkołę jako przystojny, nieco naiwny chłopak i niemal z marszu został wysłany do Czeczenii. Wrócił stamtąd jako kompletny wrak człowieka, ze zwichniętą psychiką jak chyba wszyscy. Odesłano go do domu w Karpuszysze bez żadnej rehabilitacji, a tam mógł się kurować jedynie alkoholem i narkotykami.

Niedługo później Tola wpadł w szał i zdemolował stragan w Lewisze, czyli sąsiedniej miejscowości. Poszkodowani sprzedawcy zeznali w sądzie, że wydało im się dziwne, iż napastnik niczego nie ukradł ani nikogo nie pobił. Tola wylądował jednak w więzieniu jak niemal połowa „czeczeńców" z obwodu swierdłowskiego. Został zwolniony na mocy amnestii i znów zaczął pić. Niedługo później dotknął go paraliż. Lekarze powiedzieli jego matce, żeby nie robiła tyle zamieszania. Chłopak nie powinien długo pociągnąć, dawali mu co najwyżej pięć dni. Zdiagnozowano u niego „poważną infekcję neurologiczną".

– A on żyje tak już od ponad roku – mówi jego matka, przysiadłszy na niskiej ławeczce stojącej obok łóżka. W tym momencie dostrzegam w jej spojrzeniu szczęście. – Na początku musiałam go karmić, ale teraz sam już umie jeść.

Wiadomo jednak, że choroba Toli jest poważna i do tego nieuleczalna. Zdiagnozowano u niego także HIV. Gdzie go podłapał, czy w szpitalu, czy dopiero w Karpuszysze, tego nie sposób dzisiaj ustalić. Nasz kraj ma tylko jeden obowiązek: zapewnić mu godne życie po kres dni. Pokój, w którym Tola leży, jest czysty, ale wyczuwam w nim charakterystyczną woń choroby. Mocz spływa do woreczka przymocowanego do ramy łóżka. Ciało Toli pokrywają rany po odleżynach i ślady po przebytych infekcjach, których osłabiony system immunologiczny nie umiał zwalczyć.

– A skąd niby ma mieć na to siły? Co on tam je. Cewniki przynosi nam jego koleżanka z klasy. Pracuje na oddziale onkologicznym w szpitalu i wykrada je dla mojego synka. Nie stać nas na ich kupowanie – wyznaje Nadieżda. Niepełnosprawny weteran może jedynie liczyć na żałosny wybór podstawowych leków, a za niezbędne musi zapłacić z własnej kieszeni. Koszt tych potrzeb przewyższa, i to kilkakrotnie, kwotę „pakietu socjalnego".

– A do tego dochodzą cewniki, które ciągle się zapychają. Potrzebuje też specjalnego materaca, by zapobiec odleżynom. Sama już nie wiem, co robić.

– Nigdy nie dostaliśmy żadnych pieniędzy – dodaje Tola. – Nie wierzę więc w ani jedno słowo naszego rządu.

Po jego spokojnym spojrzeniu widać, że pogodził się już z rychłą śmiercią.

Trudno uwierzyć, że Karpuszycha znajduje się w tym samym kraju co Moskwa albo Jekaterynburg. Przez te półtora roku, które Tola spędził przykuty do łóżka, nie odwiedził go żaden pracownik socjalny ani opiekun. Wózek inwalidzki, który wydano mu w szpitalu dla niepełnosprawnych byłych żołnierzy, stoi nieużywany w kącie. Nikt nie pomoże mu przecież zejść z pierwszego piętra, by mógł choć przez chwilę odetchnąć świeżym powietrzem.

Dobrze jest pisać podnoszące na duchu historie o ludziach, którzy pomimo piętrzących się przeciwności losu i beznadziejnej sytuacji życiowej w Rosji nadal walczą o przyzwoitą przyszłość, ale prawda jest taka, że gdzieś tam głęboko pod ich przykładem kryją się tysiące nieszczęśników pokroju Toli, ludzi słabych, którzy zdołają przetrwać na zabitej dechami prowincji tylko wtedy, gdy otrzymają solidne wsparcie ze strony państwa. Odebranie możliwości pełnego finansowania leczenia dla ludzi takich jak Tola jest równoznaczne z wydaniem wyroku śmierci. I tak machina państwowa staje się narzędziem doboru naturalnego.

Jest środek dnia pracy. Krępy pijany mężczyzna z podbitym okiem i opuszczonymi do kostek spodniami obłapia otyłą rozczochraną kobietę w sukience na tyle krótkiej, że odsłania niemal całe napuchnięte uda. Tłum gapiów pod oknem Toli rechocze radośnie, ale nikt nie podnosi wzroku. Tutaj albo jesteś czyimś kompanem od flaszki, albo nikogo nie interesujesz. Tutaj, w dżungli odległej prowincjonalnej Rosji.

Rewda, niewielkie miasteczko leżące przy głównej trasie łączącej Jekaterynburg z Moskwą. Trudno polubić to miejsce. To obszar zdominowany przez ekstremistów wierzących w Żyrinowskiego, naszego naczelnego świętego cwaniaczka zarabiającego wielkie pieniądze na wszystkich przegranych, którzy tęsknią za starymi dobrymi czasami Związku Radzieckiego. Brud, alkoholizm i narkotyki. Na poboczu dróg roi się od prostytutek, rozpiętość wieku od 16 do 56 lat. Zdaniem zadziornego mężczyzny z wisiorkiem przedstawiającym czaszkę biorą od 50 do 300 rubli [5 do 30 zł]. To Andriej Baranow, wiceprezes oddziału obwodowego Związku Byłych Żołnierzy Konfliktów Lokalnych z siedzibą w Swierdłowsku. Baranow nie jest jak Tola.

– Dbam o siebie – oświadcza z dumą. – Wywaliłem do śmieci książeczkę pracy. Jaki z niej pożytek? I tak nikt nie chce nas zatrudniać. Wielu z nas ma urazy głowy, przez które stajemy się nieprzewidywalni. Ludzie boją się nas.

– Pewnie nie bez powodu. Bywasz agresywny?

Baranow zaprzecza.

– Nie, my po prostu zauważamy niesprawiedliwe traktowanie dużo wcześniej niż zwykli ludzie. Połowa z nas siedzi za to w więzieniu, a 70 procent zostało alkoholikami. Trzeba nielichej bohaterki, żeby z nami wytrzymać, ale niektórym żonom to się udaje. Ani przez moment nie ufałem państwu. Wierzę za to Żyrinowskiemu.

– Jak zarabiasz na życie?

– Zorganizowaliśmy się i eskortujemy transporty. Najprościej, jak się da, bez żadnych umów o pracę.

– Zatem pracujesz w ochronie?

– Skąd taka myśl? My po prostu uważamy, że nasz rząd jest kompletnie bezużyteczny. Dlaczego mamy na niego pracować? Ochrona i wymuszenia to zupełnie inna broszka. Tak pomagamy ludziom w robieniu interesów.

Baranow i pozostali „czeczeńcy" z Rewdy zostali wyjęci spod prawa przez tamtejszy Urząd Skarbowy. W gronie ich stałych klientów, jeśli można tak powiedzieć, jest na przykład lokalna korporacja taksówkarska. Rozmawiamy w zaciszu małego biura mieszczącego się w zabudowaniach miejscowej stacji kolejowej. Gwizdy lokomotyw podkreślają nerwowy charakter rozmowy i zamęt panujący w poranionych głowach siedzących z nami „czeczeńców", a także gniew Baranowa na całą resztę świata i na to, że ci ludzie święcie wierzą, iż walczą o sprawiedliwość. Tyle że robią to po swojemu.

– Czy korzystaliście ze świadczeń socjalnych?

– Nie, nigdy. Sami o siebie dbamy. Do Jekaterynburga jeździmy pociągami bez płacenia. Wsiadam do pociągu, okazuję legitymację wojskową, z której wynika, że brałem udział w działaniach bojowych, i konduktor zostawia mnie w spokoju.

– Nie sądzisz, że warto byłoby zdobyć jakieś wykształcenie?

– I na co mi ono? Nie, dziękuję.

Proszę ich, by znaleźli mi choć jednego trzeźwego „czeczeńca", z którym mogłabym porozmawiać. Czas mija. Wieczorem nie trafisz na takiego w całej Rewdzie. Walerij Mokrousow, przyjaciel Baranowa, „afganiec", a obecnie prezes stowarzyszenia byłych żołnierzy, ciągle wychodzi i wraca. Bez przerwy gdzieś wydzwania. Pod koniec rozmowy na dworcu wtrąca:

– Właśnie próbowałem się dodzwonić do Olega Donieckowa, ale jego żona kazała mi się odpieprzyć. Leży w domu spity w trupa. Walczył w obu wojnach czeczeńskich, a teraz ma wstrząs mózgu.

– Wstrząs mózgu? Nie powinien w takim razie pić!

– A czego się pani spodziewa? – Baranow wraca do dyskusji, kierując te słowa do mnie. – Tutaj masz tylko jeden wybór: albo chlasz wódę, albo wracasz do Czeczenii. Ja też tam wróciłem, raz, na kontrakt.

– Po co?

– Na wakacje. Aby uciec od życia w cywilu. Tam przynajmniej wiem, na czym stoję. Tutaj mam same problemy. Wszyscy tu szukają prawdy, ale jej nie znajdują. A ty wracasz stamtąd i widzisz wszystko wyraźnie. U nas nic nie działa jak trzeba. Brat porzuca brata. Kompletne gówno, tyle ci powiem. Tam wszystko jest proste: tutaj jesteśmy my, tam jest wróg, walczysz i strzelasz!

Wiaczesław Zykow, przewodniczący swierdłowskiego obwodowego oddziału Stowarzyszenia Byłych Żołnierzy, podczas obecnej wojny służył jako kierowca karetki. Od niego słyszę to samo:

– Aż 70 procent naszych próbuje wracać do wojowania. Z czystej desperacji. Ale tylko 30 procent łapie się na kontrakty zawodowe.

– Słyszał pan, że zniesiono właśnie wszystkie przynależne wam świadczenia społeczne?

– A kogo to obchodzi? One i tak nikogo by nie ocaliły. – Taką ocenę wygłasza inny facet z czaszką zawieszoną na szyi. – Jesteśmy za Żyrinowskim. Tworzymy tutaj ruch patriotyczny: będziemy zbierać dzieci z ulicy i umieszczać je w klubach patriotycznych. Jeśli pokażemy im, jak żyć, może wszystko będzie dobrze.

– Dobrze, czyli jak?

– Wrócimy do ścisłej monarchii.

– Jak możecie uczyć tego innych, skoro sami nie macie dobrze?

– Straciłem 360 chłopaków podczas szturmu na Grozny. Tylko pamiętaj, nie wolno ci o tym napisać.

– Dlaczego?

– Bo coś takiego „nigdy nie miało tam miejsca". Wszyscy kłamią na temat Czeczenii. Brałem udział w części „czystek" po ataku na Komsomolskoje, wiesz, o czym mówię? Ale tylko my musimy sobie z tym radzić. I dlatego walczymy o sprawiedliwość.

– Dlaczego więc wróciłeś do Czeczenii, skoro wiedziałeś, że to tylko pogorszy sytuację tobie i innym?

Dzięki Bogu, to pytanie pozostaje bez odpowiedzi. Prawdziwy upadek tego kraju nastąpi, gdy ktoś zdoła wykorzystać społeczność „czeczeńców" w robieniu polityki.

1 STYCZNIA 2005 ROKU

W czeczeńskim mieście Urus-Martan trzej chłopcy dołączyli do bojowników ruchu oporu. Rodzicom zostawili wiadomość, że mają już dość znoszenia bezprawia i nie widząc innego wyjścia, postanawiają wziąć sprawy we własne ręce, ponieważ nikt inny nie może i nie chce ukarać złoczyńców.

9 STYCZNIA 2005 ROKU

Do ruchu oporu przyłączyli się czterej kolejni mężczyźni z Urus--Martanu, tym razem w wieku od 25 do 30 lat. W styczniu szeregi bojowników powiększyły się o rekordową liczbę rekrutów. Tak wygląda odpowiedź na liczne brutalne czystki, jakie przeprowadzano tam w ciągu ostatnich sześciu miesięcy.

12 STYCZNIA 2005 ROKU

Tego dnia Ramzan Kadyrow, obłąkany premier Czeczenii, wyruszył na czele kolumny liczącej od 100 do nawet 150 pojazdów terenowych, by zaprowadzić porządek w Dagestanie. Gdy konwój dotarł na granicę czeczeńsko-dagestańską, pilnująca jej milicja uciekła w popłochu. W Chasawiurcie oddziały Kadyrowa aresztowały, a potem wywaliły z pracy komendanta rejonowego milicji.

Była to typowa zadyma w stylu Kadyrowa, po tym jak 10 stycznia dagestańska milicja zatrzymała na krótko jego siostrę.

14 STYCZNIA 2005 ROKU

Asłan Maschadow, prezydent Czeczeńskiej Republiki Iczkerii, ogłosił trwające miesiąc jednostronne zawieszenie broni.

Rozkazał, by wszystkie posłuszne mu oddziały zaprzestały prowadzenia walk co najmniej do 22 lutego.

Co to może oznaczać? Czyżby ciężka zima dała się im wszystkim we znaki? A może to po prostu gest dobrej woli pokazujący, że obie strony konfliktu mają już dość rzezi i że trzeba ją jakoś powstrzymać? Albo próbuje testować nasze władze? Możemy spokojnie założyć, że to kombinacja wszystkich trzech powodów. Ogłaszając zawieszenie broni, Maschadow przede wszystkim testuje sam siebie, a jest to czyn odważny, ponieważ robi to publicznie. Nie jest przecież wielką tajemnicą, że większość obywateli wzrusza ramionami, gdy słyszy nazwisko Maschadowa, i zaraz pyta: „A kto go jeszcze słucha?".

Przyczyny tego braku zaufania wydają się oczywiste: Maschadow od bardzo dawna pozostaje w ukryciu. Od wielu lat odmawia też spotkań z dziennikarzami, ponieważ się boi, że podzieli los Ahmada Szaha Masuda z Afganistanu, słynnego Lwa Pandższiru, którego wysadzili w powietrze dziennikarze sprowadzeni tam właśnie w tym celu. Na razie oświadczenie Maschadowa nie znajduje odbicia w faktach. Liczba ładunków wybuchowych użytych przeciw siłom federalnym nie zmalała, co pokazuje wyraźnie, że ci, którzy je podkładają, mają gdzieś ogłoszone przez niego zawieszenie broni.

To także test dla Kremla, który nie słynie z odważnych reakcji.

Pierwszym, który wyraził się negatywnie o propozycji jednostronnego zawieszenia broni, był – jakżeby inaczej – wyznaczony przez Putina „prezydent Czeczenii" Ału Ałchanow, który oświadczył, że nie zamierza negocjować z Maschadowem, może za to porozmawiać z jego bojownikami o jednostronnym złożeniu broni. Kreml był zbyt zajęty sobą, by w ogóle zareagować na informację o zawieszeniu broni. Jeśli nie jesteś za pokojem, opowiadasz się za wojną.

Aby podkreślić własną głupotę, Kreml postanowił ogłosić, że aresztuje natychmiast i Maschadowa, i Basajewa, gdy tylko dostanie ich obu w ręce. Wśród zarzutów wobec Maschadowa jest na przykład taki, że „istnieją dowody na to, iż Basajew, wysyłając terrorystów do Biesłanu, nakazał im między innymi wyrazić żądanie, aby nasze władze zasiadły do negocjacji z Maschadowem" (jak wyraził się Nikołaj Szepel, zastępca prokuratora generalnego).

15 STYCZNIA 2005 ROKU

Matki żołnierzy zabitych w Czeczenii odesłały Putinowi miesięczne zapomogi w wysokości 150 rubli [15 zł], oczywiście w proteście przeciw odebraniu im wszystkich przywilejów.

Przed 1 stycznia matki żołnierzy, których synowie stracili życie w trakcie walk na Kaukazie Północnym, miały prawo do bezpłatnej opieki medycznej, bezpłatnych przejazdów środkami komunikacji publicznej oraz pięćdziesięcioprocentowej zniżki na jeden bilet w roku we wszystkich pociągach, samolotach i na statkach pasażerskich. Płaciły również połowę abonamentu telewizyjnego i telefonicznego. Przysługiwała im także jednorazowa pożyczka na preferencyjnych warunkach, a nawet prawo do darmowej działki.

To było w pełni uzasadnione. W większości przypadków nasze państwo posłużyło się bowiem synami z najbiedniejszych rodzin, posyłając ich do walki w Czeczenii. A gdzie jest najwięcej samotnych matek, jeśli nie wśród najbiedniejszych właśnie? Bogaci obywatele mieli za co wykupić swoje dzieci od służby wojskowej, a już na pewno od wysłania ich na Kaukaz.

Demonstracje przeciw monetyzacji świadczeń przybierają z każdym dniem na sile. Przychodzą na nie tysiące zwykłych obywateli. Polityczne decyzje nie powodują takiego poruszenia jak te, które uderzają człowieka po kieszeni, ale Putin nie ma się czego obawiać. Sypnie trochę grosza i naród nie pozbawi go władzy, a słuszny gniew zostanie przekierowany na każdego obcego, który znajdzie się w polu widzenia.

17 STYCZNIA 2005 ROKU

Pierwsze rosyjskie referendum internetowe trwa pod adresem www.skaji.net [*skaży niet* znaczy po rosyjsku „powiedz nie"]. To klasyczna inicjatywa oddolna. Część studentów Wyższej Szkoły Ekonomicznej postanowiła się zorganizować i zaprosić społeczeństwo do wyrażenia w sieci opinii w dwóch kwestiach:

1. Protest przeciwko niekonstytucyjnej Ustawie numer 122 (zniesienie wszystkich przywilejów);
2. brak zaufania do rządu.

Zadzwonił do mnie Aleksander Korsunow, przywódca tej grupy, by poprosić o wsparcie dla akcji.

– Przepraszam, ale kim ty jesteś? – pytam. – Jaką partię reprezentujesz?

– Jestem nikim. Sami robimy tę akcję.

Studenci stojący za tym referendum nie należą do żadnej partii, choć ich działania uzyskały oficjalne poparcie Jabłoka, Rodiny i komunistów.

Studenci napisali:

Postrzegamy Ustawę numer 122 jako policzek wymierzony wszystkim starszym ludziom w sześćdziesiątą rocznicę zakończenia drugiej wojny światowej. Rząd zdyskredytował rozsądną propozycję monetyzacji wszystkich przywilejów. Jedynym prawnym środkiem dochodzenia naszych praw jest dzisiaj referendum, w którym możemy wyrazić protest. Studenci zawsze stanowili najbardziej aktywną część społeczeństwa, skutecznie reagującą na wydarzenia w Rosji. Wzywamy: przyłączcie się do nas!

Miliony obywateli zagłosowały przeciw temu prawu i polityce rządu, ale gdzie były te nieprzebrane rzesze, kiedy można było działać, nie kryjąc się za anonimowością w sieci? Ze strachu wszyscy zrobili się niewidzialni.

Demonstracje miały szczególnie ostry przebieg w Sankt Petersburgu, Twerze, Tiumeniu, Samarze, Permie i Chimkach w obwodzie moskiewskim. Ludzie wychodzili na ulice, blokowali drogi, pikietowali budynki i grozili władzom, że to jeszcze nie wszystko, na co ich stać. Powodem tych protestów jest to, że wszyscy zaczynają już odczuwać skutki Ustawy numer 122.

W Sankt Petersburgu milicja próbowała aresztować członków Jabłoka i Partii Narodowo-Bolszewickiej. Po jednej z demonstracji zamknięto także wiekowego emeryta, którego zawleczono na komisariat i tam brutalnie pobito. Rano milicja aresztowała Władimira Sołowiejczyka, członka komitetu Wspólne Dzieło, który był koordynatorem największych protestów. Nieco później doszło do aresztowania ośmiu członków Partii Narodowo-Bolszewickiej, którzy w Gatczynie brali udział w demonstracji.

19 STYCZNIA 2005 ROKU

Jeśli protesty przeciw Ustawie numer 122 utrzymają się na obecnym poziomie, stanie się więcej niż jasne, że interesy protestujących pokrywają się w coraz większym stopniu z interesami milicjantów, których rządzący wysyłają do pacyfikacji tych wystąpień. Większość funkcjonariuszy zatrudnionych w resortach siłowych również utraciła dodatki i przywileje. Ich zarobki są tradycyjnie niskie – milicjanci u nas nie dostają na rękę więcej niż 3000 rubli miesięcznie [300 zł]. Demonstracje mają miejsce przeważnie w centrach największych miast, a tamtejsi milicjanci mieszkają zazwyczaj na przedmieściach. Do tego miesiąca korzystali z darmowych przejazdów środkami transportu publicznego. Teraz nie mają na to szans, zatem nie powinno nikogo dziwić, że w Moskwie coraz częściej słyszymy o masowym składaniu przez nich wymówień. Jeden z funkcjonariuszy zastrzelił się nawet podczas służby w centrum, gdzie pilnował gmachu Wydziału do spraw Walki z Przestępczością Zorganizowaną. Wcześniej powiedział kolegom, że nie wie już, jak wyżywić rodzinę. Ministerstwo Obrony poinformowało oficjalnie Radę Federacji, że z przeprowadzonego w tym miesiącu sondażu wynika, iż 80 procent funkcjonariuszy wyraża niezadowolenie z Ustawy numer 122, a tylko 5 procent uważa swoją sytuację materialną za zadowalającą.

Podejrzewam, że władze zaczynają dostrzegać ten problem, ponieważ poza resortami siłowymi nikt ich w tym kraju nie popiera. Zaczęto już oferować milicjantom dotacje i inne jałmużny, aby zażegnać najgorsze niepokoje. Rządzący zauważyli, że funkcjonariusze coraz częściej odmawiają rozpędzania demonstrujących, co przypomniało im o pomarańczowej rewolucji w Ukrainie, gdzie siły bezpieczeństwa odmówiły strzelania do własnego narodu i przeszły na jego stronę. To był decydujący moment.

W Moskwie powstała koalicja organizacji wolontariackich. Nazwano ją Sowiet obszczestwiennoj solidarnosti, czyli Radą Solidarności Społecznej – w skrócie SOS. Ruch ten wezwał niezwłocznie do przeprowadzenia w dniach 10 i 12 lutego masowych demonstracji na terenie całej Rosji w ramach tak zwanych Ogólnokrajowych Dni Wspólnego Dzieła. Ma to być protest przeciw antyspołecznej polityce władz. SOS to prokomunistyczna organizacja, a demokraci po raz kolejny przeoczyli tak znakomitą szansę. Ruch domaga się cofnięcia Ustawy numer 122, podwojenia wysokości emerytur, reformy systemu podatkowego na korzyść uboższych regionów i grup ludności o niskich dochodach, odwołania wszystkich deputowanych Jednej Rosji i dymisji rządu.

Minionego lata i jesieni nikt nie robił z tego powodu żadnych zadym. Do protestów doszło, dopiero gdy ludziom faktycznie odebrano przywileje, a emeryci nie mogli pojechać autobusem po okazaniu legitymacji.

22 STYCZNIA 2005 ROKU

W tę sobotę również dochodziło do masowych demonstracji. Kolejne styczniowe sondaże pokazują, że protestujących popiera aż 58 procent beneficjentów odbieranych właśnie przywilejów. Badanie to przeprowadzono na zlecenie państwowej telewizji Kanał Pierwszy.

W Krasnojarsku przeciw podwyżkom cen energii elektrycznej protestowało ponad 3 tysiące osób. Od 1 stycznia przeciętny odbiorca może zużyć jedynie 50 kilowatogodzin miesięcznie, a za całą resztę skonsumowanego prądu zostanie skasowany podwójnie. W większości bloków mieszkalnych tego miasta centralne ogrzewanie działa wyjątkowo nieefektywnie, a ponieważ Syberia bywa bardzo zimnym miejscem, zwłaszcza w zimie, ludzie nie mają innego wyjścia i dogrzewają się, wykorzystując do tego celu urządzenia elektryczne. Nie ma więc szans, by pomiędzy listopadem a marcem ograniczyli się do zużycia 50 kilowatogodzin – dostępne badania sugerują, że jest ono co najmniej trzykrotnie wyższe.

W Ufie prawie 5 tysięcy ludzi wzięło udział w wiecu, podczas którego żądano, by prezydent Murtaza Rachimow albo odwołał do 26 lutego ustawę o monetyzacji przywilejów w Baszkirii, albo do tego czasu zrezygnował z piastowanego stanowiska. Po wiecu emeryci ubrani w pomarańczowe kurtki i płaszcze zablokowali jedną z głównych ulic. Pod sztandarami tej samej barwy, symbolizującej ukraińską rewolucję, zaczęli też zbierać podpisy pod żądaniem referendum w sprawie bezpośredniego wyboru baszkirskich merów.

W Moskwie dziesięciu działaczy Awangardy Czerwonej Młodzieży zostało aresztowanych za – jak to ujęto – „próbę przemarszu pod gmach Kancelarii Prezydenta", choć zatrzymano ich w pobliżu Dworca Białoruskiego, czyli dwa albo trzy kilometry od wymienionego w uzasadnieniu miejsca. Na dworcu odbywał się zorganizowany przez komunistów wiec przeciw monetyzacji przywilejów, w którym wzięło udział 3–4 tysiące osób, w przeważającej większości ludzi młodych, należących do Partii Narodowo–Bolszewickiej. Demonstrowano pod hasłami: „Darmowe przejazdy dla milicjantów i żołnierzy", „Przestańcie okradać emerytów", „Ręce precz od ustaw dotyczących byłych żołnierzy", „Precz z reżimem Putina!", „Precz z kliką El Puty!".

Formalnym powodem zatrzymania awangardzistów było to, że komuniści otrzymali zgodę na zorganizowanie wiecu, ale nie pozwolono im na późniejszy przemarsz ulicami miasta. Cała dziesiątka, co oczywiste, otrzymała solidne lanie.

Uliczne protesty robią się coraz bardziej lewackie i nacjonalistyczne. Demokraci uczestniczą w nich, ale zachowują się tak, jakby robili wszystkim łaskę. Choćby z tego powodu znów nie zyskali na popularności.

Jeśli wierzyć styczniowemu sondażowi przeprowadzonemu przez kremlowski TsIOM, hasło „Rosja dla Rosjan" w pełni popiera 16 procent ludzi, którzy uważają również, że „tak powinno być już od dawna", 37 procent wierzy, że „wdrożenie tej idei nie byłoby złe, ale oczywiście w rozsądnych granicach". Razem 16 i 37 procent daje 53 procent zwolennikom faszyzmu, ponieważ takiej polityki nie da się wdrożyć „w rozsądnych granicach".

Jedynym promyczkiem nadziei pozostaje 25 procent obywateli, którzy sprzeciwiają się tej idei. Uważają oni, że hasło „Rosja dla Rosjan" jest czysto faszystowskie.

Ten sam sondaż pokazuje bardzo rosyjskie w gruncie rzeczy powody chęci wygnania wszystkich mniejszości etnicznych. Otóż 39 procent respondentów uważa, że mniejszościom żyje się u nas lepiej niż rodowitym Rosjanom. W Federacji Rosyjskiej tylko Moskwa, obwód tiumeński i Tatarstan mają standard życia porównywalny z europejskim.

23 STYCZNIA 2005 ROKU

Władze zaczynają sobie w końcu uświadamiać, że należy coś zrobić z tymi protestami. Kontrolowane przez państwo stacje telewizyjne wyjaśniają narodowi językiem propagandy, dlaczego ustawa monetyzująca świadczenia jest dobra, a cytowani przez nie emeryci wyrażają się o niej w samych superlatywach.

Głównym apologetą tej tezy jest pierwszy wicepremier Aleksandr Żukow. Oto co między innymi powiedział:

– Do protestów dochodzi tam, gdzie kwoty wypłacane z regionalnych budżetów są realnie niższe od otrzymywanych wcześniej świadczeń. W trakcie uchwalania ustawy uzgodniono jednak, że regiony zabezpieczą wystarczające fundusze, aby mogły wypłacać rekompensaty w kwotach przewyższających wartość wcześniejszych zobowiązań, o ile zapadną takie decyzje.

Taki jest główny cel władz centralnych: zrzucenie winy na władze regionalne, mimo że 80 z 89 podmiotów administracyjnych Rosji jest całkowicie zależnych od dotacji z budżetu federalnego. Żukow bazuje na tym, że zdecydowana większość społeczeństwa nie ma pojęcia, jak działają finanse państwa.

Michaił Zurabow, minister zdrowia i opieki społecznej, jak zawsze powtarza ludziom, że nie mają się o co martwić.

– Odpowiednie sumy zostaną przydzielone z budżetu federalnego. W roku 2004 wydatki na świadczenia socjalne wyniosły sto miliardów rubli [1 miliard zł], ale w roku 2005 przeznaczono na ten cel już trzysta miliardów [3 miliardy zł]. My po prostu dopracowujemy szczegóły tych ustaleń. Decyzje zostaną podjęte albo dzisiaj, albo najdalej w poniedziałek.

Zurabow powiedział, że Ustawa numer 122 ma na celu uregulowanie wypłacania świadczeń. Twierdzi także, że chociaż ludziom przysługiwały świadczenia w naturze określonego rodzaju, to nie szły za tym żadne pieniądze.

– Musimy sprawić, by obywatele stali się wolni i niezależni od państwa, a do tego niezbędna jest poprawa ich sytuacji finansowej.

To ci dopiero bzdura: nowy system jest tak uciążliwy i nadmiernie zbiurokratyzowany, że mówienie o jakiejkolwiek wolności to czysta kazuistyka. Starsi ludzie muszą stać godzinami w kolejkach, by otrzymać pieniądze na miesięczne przejazdy autobusami! I ta sytuacja będzie się powtarzać cyklicznie. Nie ulega wątpliwości, że stary system był niewygodny i miał wiele wad, ale nowy jest jeszcze gorszy, przy czym przysparza milionom ludzi ogromnych problemów finansowych.

Telewizja wmawia nam także z uporem godnym lepszej sprawy, że wszystkie demonstracje organizowane są przez mafię, która kontroluje apteki i transport publiczny. Twierdzi także, że opozycja wykorzystuje sytuację, próbując odzyskać znaczenie polityczne. Jest wręcz przeciwnie, demokraci nic nie robią, choć powinni.

25 STYCZNIA 2005 ROKU

Komitet Organizacyjny Narodowego Kongresu Obywatelskiego spotyka się w moskiewskim Klubie Dziennikarza.

Cały ten festiwal demokracji przeradza się z wolna w bezowocną dyskusję o tym, kto jest najważniejszy.

Borys Nadieżdin zgłosił chęć przejęcia Sojuszu Sił Prawicowych. Zwolennicy Jabłoka zachowują się jak właściciele upadającego przedsiębiorstwa. Jest dużo krzyku, ale ani śladu działania. Przewodnicząca Ludmiła Aleksiejewa wkurzyła się w końcu. Garri Kasparow stwierdził, że ma już tego dość, i słusznie wytknął nieprawidłowości proceduralne w procesie podejmowania uchwał. Kasparow opuszcza kongres przed zamknięciem obrad. Stoi potem długo w kuluarach, narzekając głośno, że demokraci przegapili kolejną okazję. Naród zmierza prostą drogą w zupełnie inne miejsce niż oni, a czekająca tam orkiestra nie ma w swoim składzie członków Kongresu Obywatelskiego.

Wszystkie partie i ugrupowania opozycyjne zdołały się porozumieć jedynie w Petersburgu, gdzie utworzyły wspólne ciało doradcze zwane Petersburskim Frontem Obywatelskiego Oporu. Jeszcze bardziej niesamowite jest to, że każdego dnia możemy obserwować jego działania.

Demonstracje w Petersburgu są najbardziej energiczne i najgłośniejsze w całym kraju. Wychodzi na to, że Putin jest najmniej uwielbiany w swoim rodzinnym mieście. Petersburski Front Obywatelskiego Oporu domaga się przywrócenia bezpośredniego wyboru gubernatorów, rozwiązania Dumy, zniesienia Ustawy numer 122, dymisji prezydenta i rządu, podniesienia emerytur i zniesienia cenzury w telewizji państwowej.

27 STYCZNIA 2005 ROKU

Demonstranci w Petersburgu utworzyli żywy korytarz przed wejściem do miejskiego Zgromadzenia Ustawodawczego mieszczącego się na placu Świętego Izaaka. Przybywający na obrady deputowani musieli przejść tym korytarzem, słuchając okrzyków: „Wstydź się, Jedna Rosjo!", „Precz z Dumą!", „Putin musi odejść!". Któryś z demonstrujących spalił przed wejściem do budynku własną legitymację partyjną Jednej Rosji, budząc tym powszechny aplauz.

28 STYCZNIA 2005 ROKU

Rozmawiamy z Ludmiłą Aleksiejewą o przebiegu Kongresu Obywatelskiego. Ona także przyznaje, że impreza nie spełniła niczyich oczekiwań.

– Dlaczego więc marnuje pani na to czas?

– Kto wie, może coś z tego jeszcze będzie! – odpowiada.

30 STYCZNIA 2005 ROKU

Zaczerpnięte z internetu: „Dobrze, towarzysze deputowani, kto jest za wyborem Władimira Władimirowicza na cara, może odejść spod ściany i opuścić ręce".

Jeszcze rok temu po sieci nie krążyły podobne dowcipy. Była to epoka Wielkiej Politycznej Depresji. Ludzie bali się wielkiego i potężnego Putina, człowieka, który rozgromił całą opozycję.

A teraz, gdy dochodzi do jakiegoś kryzysu, Putin chowa się w ciemny kąt i wyłania się, dopiero gdy opadnie kurz, by coś tam niemrawo wybąkać. Czy jest obecnie postrzegany jako żart? Czy może raczej ludzie dali sobie z nim spokój, oczekując powrotu okresu stagnacji i wyśmiewając go za plecami, jak robiono za czasów Breżniewa? Odnoszę wrażenie, że zanadto faworyzujemy odgórne rewolucje, które następują zazwyczaj, gdy ktoś lub coś uniemożliwi rządzącym działanie po staremu.

1 LUTEGO 2005 ROKU

Z sondażu przeprowadzonego przez Centrum Analityczne Jurija Lewady na zlecenie Fundacji Werdykt Obywatelski wynika, że 70 procent respondentów nie ufa naszym resortom siłowym i przygląda się im z rosnącym niepokojem. Aż 72 procent żywi obawy, że ucierpi na skutek ich nieodpowiedzialności. Tylko 2 procent uważa, że w naszych resortach siłowych nie występuje coś takiego jak arbitralność.

2 LUTEGO 2005 ROKU

Duma zezwoliła armii na użycie siły na terenie kraju. Ileśmy się nawalczyli w epoce Jelcyna, by znieść sowieckie prawo zezwalające armii na pacyfikowanie rosyjskiego narodu! A dzisiaj wracamy do sytuacji znanej nam z czasów Związku Radzieckiego. Nowelizacja paragrafu 10 federalnej Ustawy o obronie stanowi: „Siły zbrojne Federacji Rosyjskiej mogą użyć wszelkich dostępnych środków, w tym militarnych, celem zapobieżenia działalności terrorystycznej" (załącznik do Ustawy o obronie). Jest to część tak zwanego biesłańskiego pakietu antyterrorystycznego. Jedynym ugrupowaniem, które wyraziło zaniepokojenie, że armia może zostać źle wykorzystana, jeśli ta poprawka zostanie uchwalona, byli oczywiście komuniści. Nie przejęto się jednak specjalnie ich uwagami.

Rząd tłumi falę protestów przeciw monetyzacji, zasypując regiony pieniędzmi.

Tymczasem islamistyczne podziemie rośnie w siłę. Nieoficjalny islam staje się coraz bardziej atrakcyjny dla młodego pokolenia, głównie ze względu na krótkowzroczną politykę religijną Kremla. Po Biesłanie rządzący postanowili sięgnąć po sowieckie metody powstrzymywania islamistów. FSB przyjęła na siebie odpowiedzialność za rozprawienie się z nimi, podobnie jak jej poprzednie wcielenie, czyli KGB, zajmowało się tym w czasach Związku Radzieckiego. Służby wywiadowcze mają wspierać „oswojonych" muzułmanów, a resztę wsadzać do więzień. Efekt będzie taki sam jak za komunizmu: pomożemy utworzyć nielegalne organizacje o charakterze religijnym.

Tego ranka czterdziestoośmioletni Jermak Tiegajew, dyrektor Islamskiego Centrum Kultury we Władykaukazie (stolicy Osetii Północnej leżącej jakieś 20 kilometrów od Biesłanu), trafił do aresztu na podstawie paragrafu 222 Kodeksu karnego, czyli za „gromadzenie materiałów wybuchowych i powiązanych z nimi komponentów".

– Około szóstej rano do naszego mieszkania wtargnęli żołnierze – opowiada mi jego żona Albina. – Mąż czytał właśnie Koran przed rozpoczęciem namazu, a ja przebywałam w łazience. Uchyliłam drzwi, ponieważ usłyszałam jakieś wrzaski, i zobaczyłam lufę wymierzonego we mnie karabinu. W mieszkaniu było ze dwudziestu zamaskowanych mężczyzn w mundurach polowych. Wyciągnęli mnie z łazienki niemal nagą i nie pozwolili się ubrać jeszcze przez dłuższy czas. W naszej wierze jest to niedopuszczalne. Mąż leżał w tym czasie na podłodze przygniatany przez trzech siedzących na nim żołnierzy. Zaczęłam wołać sąsiadów, bo myślałam, że to napad, ale nie pozwolono im wejść, a potem rozpoczęło się przeszukanie. Mąż mówił im, że nie mogą tego robić bez obecności prawnika, wtedy wybrali tak zwanego „świadka" i zaczęli od przetrząśnięcia toalety. Zaczęłam się niepokoić, ponieważ zaglądali w te same miejsca po trzy albo nawet cztery razy. Ostatnimi czasy mieliśmy kilka przeszukań, więc wiedziałam, że coś jest nie tak. Starałam się mieć ich na oku przez cały czas, żeby nam czegoś nie podrzucili, ale potem złapali kluczyki i pobiegli na parking do samochodu. Następnie powiedzieli mężowi, by się ubrał, i kazali mu wyjść. Odmówiliśmy, ponieważ w tym momencie było już jasne, że podłożyli nam to, co chcieli znaleźć. Po otwarciu bagażnika stwierdzili, że są w nim materiały wybuchowe. Zadzwonili gdzieś i po chwili pojawił się jakiś człowiek z kamerą, który zaczął nas filmować. Później zabrali mojego męża.

Rodzina zatrzymanego, jego przyjaciele i Sulejman Marnijew, imam władykaukaskiego meczetu, są święcie przekonani, że materiały wybuchowe podłożono. Władze chciały uwięzić dyrektora Islamskiego Centrum Kultury, najlepiej na dłuższy czas, aby zneutralizować popularnego przywódcę lokalnej społeczności muzułmańskiej, ponieważ nie odpowiadał im sam fakt jego istnienia. Jedynym przestępstwem Tiegajewa jest jego popularność wśród współwyznawców, zwłaszcza wśród młodych ludzi, oraz to, że nie chciał współpracować z lokalnym biurem FSB.

O jakiego rodzaju współpracy mówimy? I czym jest wspomniane Islamskie Centrum Kultury, że jego szef musiał się tyle wycierpieć?

Formalnie rzecz biorąc, Centrum jest jednym z wielu publicznych stowarzyszeń działających w Osetii Północnej. To klub religijny o statusie podobnym do Religijnej Rady Muzułmanów Osetii Północnej. Na papierze Centrum i Rada są nieomalże tym samym. Ale nie w praktyce. Rada cieszy się poparciem władz państwowych i otwarcie przyznaje się do współpracy z FSB. Centrum trzyma się na dystans. I tu jest pies pogrzebany.

– Po wydarzeniach w Biesłanie nasze władze, czyli lokalne biuro FSB, która tak naprawdę rządzi obecnie republiką, zażądały całkowitego podporządkowania ze strony wszystkich muzułmanów – wyjaśnia mi Artur Biesołow, zastępca przewodniczącego Centrum. – FSB chce kontrolować życie muzułmanów poprzez Religijną Radę i jej przewodniczącego, a zarazem oficjalnego muftiego republiki Rusłana Wałgasowa. Jesteśmy prawie pewni, że to właśnie służby specjalne wyznaczyły

Wałgasowa na stanowisko muftiego, czego islam kategorycznie zabrania. Tego typu rozwiązania stosowano do tej pory jedynie w Związku Radzieckim. Większość muzułmanów w Osetii Północnej (stanowią około 30 procent tamtejszej ludności) sprzeciwia się tej formie powoływania przywódców religijnych. Tiegajewowi proponowano nominację na muftiego, ale odmówił właśnie dlatego, że obawiał się nacisków ze strony władz reżimu. Ale to on cieszy się tutaj największym autorytetem. Wałgasowa popiera natomiast wyłącznie zgromadzona wokół niego starszyzna. Władze zdecydowały więc, że rozwiążą tę sytuację, aresztując Tiegajewa.

Wszyscy doskonale wiemy, że musimy zawrzeć jakiś kompromis ze światem muzułmańskim, ale w Rosji nikt jakoś się nie kwapi, by usiąść do negocjacji. Przemy do przodu starymi sowieckimi metodami: jeśli nie da się zakazać Koranu, to przynajmniej miejmy jego wyznawców pod pełną kontrolą; zatem zero dżamaatów, a jeśli w kraju, w którym mieszka 20 milionów muzułmanów, ma być mufti albo imam, lepiej mieć go po swojej stronie.

Dzisiaj takie pokerowe zagrywki najlepiej widać w podejściu państwa do walki z terroryzmem, podejściu, które – co warto nadmienić – stawia się ponad prawem. To, co zrobiono z Tiegajewem, jest jednym z przejawów wspomnianych działań. Wsadza się człowieka do więzienia, wysyła raport i uważa, że problem został rozwiązany. W rzeczywistości sytuacja ulega dalszemu pogorszeniu. Właśnie prześladowania rosyjskich muzułmanów doprowadziły do przewidywalnego sprzeciwu, którego przejawy mogliśmy obserwować w latach 2004 i 2005 na terenie całego Kaukazu Północnego.

W styczniu siły bezpieczeństwa przeprowadziły szturm na mieszkanie w niczym niewyróżniającym się pięciopiętrowym bloku mieszkalnym w Nalczyku na terytorium Kabardo-Bałkarii.

Uważano, że w lokalu tym działa komórka terrorystyczna, a przynajmniej tak tłumaczono się po fakcie. Tymczasem mieszkali tam zwykli muzułmanie, tyle że nie „nasi". Wśród nich byli Muslim Atajew i jego żona Sakinat Kacyjewa, młoda para mająca luźne związki z muzułmańskim podziemiem. Zarówno oni, jak i dwójka ich znajomych, także pozostających poza kontrolą naszego państwa, zostali zastrzeleni.

Muslim i Sakinat mieli sześciomiesięczną córeczkę Leiłę. Po ataku ciała dorosłych wydano rodzinom, ale po dziecku ślad zaginął. Nie było ani ciała, ani dziewczynki, ani informacji o jej losie. Wszystkie wysiłki dziadków zmierzające do odszukania wnuczki spełzły na niczym.

Jak się nietrudno domyślić, ją także zastrzelono. Sąsiedzi widzieli, jak żołnierze wynoszą małe ciałko zawinięte w kocyk, ale nie zwrócono go bliskim, choćby dlatego, że zamordowanie niemowlęcia byłoby czynem zbyt szokującym dla opinii publicznej. Czym różni się jednak zabicie Leiły od wymordowania dzieci podczas ataku na szkołę w Biesłanie?

Im większa presja, tym bardziej zaangażowani stają się wyznawcy nieoficjalnego islamu. Społeczności muzułmańskie, które nie chcą żyć w systemie kontrolowanym przez religijną radę, izolują się od nas coraz bardziej, odcinają się od świata zewnętrznego i tym samym coraz mniej je rozumiemy. Nie muszę dodawać, że prawosławni, katolicy czy wyznawcy jakiejkolwiek innej religii zachowaliby się w tej sytuacji bardzo podobnie. Nie inaczej jest w Czeczenii, gdzie „muzułmanie z FSB" walczą z wyznawcami islamu, którzy nie są „uznawani" przez władze, ponieważ nie podlegają narzucanym im odgórnie religijnym radom czy też pochodzącym jeszcze z dawnych czasów „wydziałom do spraw wyznań", jak nazywano je w ZSRR. A znajdowały się one nie tylko przy komitetach obwodowych, ale nawet przy Komitecie Centralnym KPZR.

Dzisiaj wielu urzędników z czasów sowieckich wykonuje nadal tę samą pracę. Rudnik Dudajew, generał najpierw KGB, a obecnie FSB, przez wiele lat piastował funkcję dyrektora Rady Bezpieczeństwa Czeczenii w rządzie Kadyrowa, a wcześniej również przez wiele lat przewodniczył rozmaitym religijnym radom zrzeszającym muzułmanów w Związku Radzieckim.

Dudajew „prowadził" Achmata-hadżiego Kadyrowa od chwili, gdy ten wstąpił do medresy, czyli od lat 70. XX wieku. Pracując dla KGB, monitorował Kadyrowa, Dżochara Dudajewa i Maschadowa, a teraz ma oko na Ramzana. Czy wynikło z tego coś dobrego? Czy w Czeczenii jest obecnie mniej dżamaatów? Albo emirów w wielu 15–17 lat, nad którymi nikt nie ma pełnej kontroli? Co dobrego wyniknęło z ustanowienia tych wszystkich rad religijnych? Czy dzięki nim autorytet wielkiego muftiego Czeczenii wzrósł choć trochę? Albo czy umniejszyły one znaczenie emirów niestojących po „naszej" stronie?

Mufti Wałgasow odniesie z tego tytułu takie same korzyści jak wcześniej Szamajew, były mufti Czeczenii, albo Mirzajew, który go na tym stanowisku zastąpił. Władzom Rosji może podobać się ich elastyczność, ale ani charyzma, ani tym bardziej szacunek, jakim otaczani są przywódcy religijni, nie mają nic wspólnego z dobrymi układami, jakie ci przywódcy mają z FSB. Walka z islamem przy użyciu sowieckich metod przynosi skutki odwrotne do zamierzonych. Islam schodzi pod ziemię wszędzie, od Czeczenii i Dagestanu przez Inguszetię i Kabardo-Bałkarię aż po Karaczajo-Czerkiesję.

3 LUTEGO 2005 ROKU

Kancelaria Prezydenta wkracza do akcji. Klauni zorganizowali w Tule wiec poparcia dla Ustawy numer 122. Oto nowe podejście administracji prezydenckiej: zwoływanie zgromadzeń, na które zapraszani są wyłącznie „sami swoi". Starzy ludzie płacą za udział w tym cyrku – cena zależy od okoliczności, ale fakt pozostaje faktem: pieniądze przechodzą z ręki do ręki. Korumpowanie narodu trwa, ponieważ naród chce być korumpowany. Wiece organizują miejscowe władze po otrzymaniu koordynacyjnego telefonu z Kremla. Tak wygląda „zarządzanie liniowe" Putina, macie je tutaj w pełnej krasie. Podczas „wieców antydemonstracyjnych" na trybuny wtaczają się utuczeni łapówkami gubernatorzy w asyście orszaku biurokratów. Przemawiając, obiecują, jak im kazano, że zasiłki socjalne zostaną wkrótce zwiększone i wszystko znów będzie jak dawniej, przed uchwaleniem nowego prawa. Dzień po dniu podobne spotkania są głównymi tematami wiadomości telewizyjnych.

W Tule nie było inaczej. Na scenie pojawił się gubernator otoczony bandą aparatczyków. Organizatorem wiecu była Jedna Rosja. Gubernator zapewnił wszystkich zgromadzonych, że tym, którzy otrzymują mniej niż 1650 rubli emerytury [165 zł], rozdane zostaną darmowe bilety miesięczne na przejazd środkami transportu publicznego (z którego praktycznie nic już nie zostało). Tymczasem 1 lutego prywatne firmy przewozowe w Tule podniosły cenę biletów z 6 na 7 rubli.

Co ciekawe, zgromadzeni wiwatowali, dziękując władzy za przyznanie im biletów miesięcznych.

10 LUTEGO 2005 ROKU

Na razie ludzie mieszkający na peryferiach imperium nie dają za wygraną. W Abakanie na Syberii, pomimo niemal czterdziestostopniowego mrozu, zebrało się około 30 protestujących, którzy pikietowali gmach chakaskiej administracji pod transparentem głoszącym: „Nie dla aspołecznej polityki!". W mieście Kyzył, stolicy Republiki Tywy, pomimo czterdziestopięciostopniowego mrozu w demonstracji przeciw polityce Putina zdecydowało się wziąć udział aż 56 osób. W Chabarowsku w samym środku dalekowschodniej zawiei garstka ludzi stanęła na rynku z transparentem głoszącym: „Jedna Rosja hańbi Rosję!".

12 LUTEGO 2005 ROKU

W Jużnosachalińsku miejscowe Stowarzyszenie Praw Człowieka odegrało uliczne przedstawienie noszące tytuł *Pogrzeb demokracji*. Na naturalnej wielkości manekinie działacze zawiesili około 15 tabliczek ozdobionych ciężkimi oskarżeniami o niekonstytucyjne działania władz państwowych z ostatnich dni – chodziło między innymi o uchwalenie Ustawy numer 122 i o zniesienie bezpośredniego wyboru gubernatorów. Demokracja, jak można było się spodziewać, upadła pod ciężarem kolejnych oskarżeń, po czym została złożona w trumnie pokrytej nalepkami głoszącymi jej kres. Demonstranci przybili wieko trumny przy wtórze muzyki pogrzebowej, obłożyli ją wieńcami i wynieśli na katafalku. Przedstawienie odbyło się przed budynkiem lokalnej administracji, biurokraci mogli więc przyjrzeć się wszystkiemu, stojąc w oknach.

W Tule na wiecu zorganizowanym przez komunistów udało się zgromadzić ponad 1000 protestujących. W Abakanie tym razem przyszło na wiec ponad 300 osób: może dlatego, że panował tam dzisiaj znacznie mniejszy ziąb. Coś się ruszyło, ale z pewnością nie jest to ogłoszony przez Solidarność Społeczną (SOS) Krajowy Dzień Wspólnego Dzieła. Nie odnotowano bowiem żadnych krajowych protestów.

15 LUTEGO 2005 ROKU

Demokraci (czyli Jabłoko i Sojusz Sił Prawicowych) podjęli kolejną próbę porozumienia. Na razie polami toczonych przez nich bitew są zacisza moskiewskich gabinetów zamiast głównych ulic rosyjskich miast. Wszyscy mają już dość demokratycznych funkcjonariuszy, nawet ich dawni zwolennicy.

Dzisiaj udało im się zebrać raz jeszcze na plenarnym posiedzeniu Komitetu 2008, ale jak zawsze wszystko posypało się dosłownie w ostatniej chwili. Postanowiono jednak kontynuować rozmowy. Największy problem pozostaje niezmienny: kto ma zostać najrówniejszym z równych? Skąd Jawlinski może mieć pewność, że Kasparow i Ryżkow nie zepchną go do drugiego szeregu? Ci ostatni postanowili tymczasem, że utworzą nową partię demokratyczną, a na jej czele staną ci politycy, na których nie ciąży odium porażki w wyborach parlamentarnych.

Dzisiaj rano spotkałam się z Kasparowem na posiedzeniu Komitetu Wykonawczego konającego już Narodowego Kongresu Obywatelskiego. Był bardzo zdeterminowany i stwierdził niemal natychmiast, że politycznie prowincja dawno już prześcignęła Moskwę.

– Uwierzysz, że na jednym ze spotkań nazwano mnie... mnie, Kasparowa!... człowiekiem kompromisu? Cóż za ogromna zmiana nastrojów w ciągu zaledwie dwóch tygodni! – powtarzał, odnosząc się do fali protestów.

Kasparow przekonywał członków Komitetu 2008, że kongres założycielski nowej partii powinien odbyć się w jednym z miast prowincjonalnych.

16 LUTEGO 2005 ROKU

Garri Kasparow pojechał dzisiaj do Petersburga, aby wziąć udział w protestach przeciw monetyzacji przywilejów organizowanych przez tamtejszy Ruch Oporu Obywatelskiego, w skład którego wchodzi kilka partii demokratycznych i mniej formalnych ugrupowań.

Kasparow stwierdził na samym początku, że chce stworzyć w Petersburgu nowe ugrupowanie polityczne.

– Stolicą protestów jest obecnie Petersburg – powiedział – co znaczy, że tutaj właśnie powinniśmy założyć nowy ruch polityczny, który zdoła rzucić wyzwanie obecnym władzom. Po to właśnie przyjechałem.

Zdecydowana większość uczestników wiecu zablokowała niedługo później ulicę Antonienki, pikietując gmach tamtejszego Zgromadzenia Narodowego. Demonstranci domagali się przeprowadzenia transmisji na żywo w lokalnej telewizji. Nie spełniono ich żądań. Jedyne, czego władze nie dadzą protestującym, to czas antenowy.

Moskiewska prokuratura wycofała zarzut siłowego przejęcia władzy postawiony członkom Partii Narodowo-Bolszewickiej, którzy jakiś czas temu zajęli sekretariat filii Kancelarii Prezydenta. Oskarżono ich natomiast o „organizowanie masowych protestów" (artykuł 212). W moskiewskich więzieniach przebywa obecnie 39 zwolenników Limonowa.

21 LUTEGO 2005 ROKU

Wiceminister spraw wewnętrznych Siergiej Szczadrin odwiedził Błagowieszczeńsk, gdzie w grudniu minionego roku doszło do bardzo brutalnych starć, w wyniku których rany odniosło niemal 1000 osób. Ministerstwo Spraw Wewnętrznych twierdzi nadal, że burzliwe zamieszki były „tak zwanymi czystkami". W Ufie Szczadrin nazwał ofiary „poszukiwaczami prawdy", ale już dzień później podczas konferencji prasowej wyraził się tak:

– Działania milicji były w pełni uzasadnione, choć wielu uważało je za zbyt rygorystyczne.

Tak ocenił działanie punktów filtracyjnych, w których podczas wydarzeń grudniowych używano gazu łzawiącego i posuwano się do stosowania przemocy fizycznej. Operację tę wiceminister określił mianem „ekscesów", dodając, że „każda społeczność ma taką milicję, na jaką zasługuje".

Ma rację. Będziemy świadkami podobnych wydarzeń, dopóki mieszkańcy Błagowieszczeńska będą protestowali wyłącznie we własnym interesie, podobnie jak czynią to ludzie z Sankt Petersburga i każdej innej miejscowości.

23 LUTEGO 2005 ROKU

Maschadow wypłynął w internecie, oferując przedłużenie ogłoszonego przez siebie jednostronnego zawieszenia broni. Jak zwykle nikt nie udzielił mu oficjalnej odpowiedzi.

I nikt mu nie odpowie. Odnoszę wrażenie, że Kancelaria Prezydenta znalazła w końcu sposób na wyjaśnienie Zachodowi, co wyrabia się obecnie w Rosji. W wywiadzie udzielonym słowackiej gazecie przed szczytem w Bratysławie Putin powiedział:

– Fundamentalne zasady demokracji i instytucje demokratyczne muszą być dostosowane do realiów dzisiejszej Rosji, do naszych tradycji oraz historii. I zrobimy to w dobrze pojętym własnym interesie.

Tak narodziła się teoria „tradycyjnej demokracji" (zgadza się, demokracji zgodnej z naszymi tradycjami). Słyszymy także tu i ówdzie o „demokracji suwerennej" albo „adaptowanej", którą można by zinterpretować następująco: będziemy mieli taką demokrację, jaka nam się spodoba, i niech nikt nas nie poucza, jak ma wyglądać. Możecie się wszyscy odwalić!

Pytany o rewolucyjne zmiany w krajach byłej już Wspólnoty Niepodległych Państw Putin odpowiedział tak:

– Zupełnie nam to nie przeszkadza. Obywatele tamtych krajów sami muszą zdecydować, jak zamierzają budować swoją przyszłość; czy odbędzie się to poprzez rewolucyjne zmiany, czy zgodnie z obowiązującym prawem. Jak widać, sytuacja mocno go niepokoi.

24 LUTEGO 2005 ROKU

Putin spotyka się z Bushem w Bratysławie. My, Rosjanie, czekaliśmy na to w ogromnym napięciu, pragnąc usłyszeć, co amerykański prezydent będzie miał do powiedzenia naszemu. Wiedzieliśmy bowiem wszyscy, że dzień wcześniej w Brukseli, na spotkaniu z przywódcami NATO i Wspólnoty Europejskiej, Bush na skutek wyraźnych nacisków ze strony państw bałtyckich i ogólnie wschodnioeuropejskich obiecał poruszyć kwestię naszego zboczenia z drogi ku demokracji.

Mieliśmy nadzieję, że w Bratysławie dojdzie do przełomu, ale Bushowi nie udało się rzucić wyzwania. Zwyciężyła ropa, która zawsze jednoczy ludzi ponad podziałami. Ci, którzy żyli do tej pory złudną nadzieją na pomoc ze strony Zachodu, musieli w końcu uznać, że odzyskanie swobód demokratycznych zależy wyłącznie od nas, od tego, jak dobrzy jesteśmy, i na pewno nie nastąpi pod wpływem nacisków z zewnątrz. Rozumie to tylko parę osób ze szczytów naszych ruchów demokratycznych. Większość spotkań demokratów kończy się lamentem: „Poskarżmy się Europie". A Europa ma już dość słuchania, jak niegodziwy jest Putin. Woli się nabierać i słuchać, jaki jest dobry.

Oficjalne wyniki sondażu przeprowadzonego przez pracownię Romir wskazują, że jedna trzecia społeczeństwa uznaje spotkanie Busha z Putinem za bezowocną stratę czasu.

26 LUTEGO 2005 ROKU

Minął właśnie termin ultimatum postawionego prezydentowi Baszkirii Murtazie Rachimowowi, w ramach którego miał albo przywrócić dawny system świadczeń, albo zrezygnować z piastowanego stanowiska. Nie zrobił oczywiście ani pierwszego, ani tym bardziej drugiego, ale nigdzie nie zauważyłam reakcji liderów tamtejszej opozycji. Ludzie są przekonani, że Rachimow zdołał ich po prostu przekupić, rozdając na prawo i lewo skromne posadki w lokalnym przemyśle petrochemicznym. Wydawać by się mogło, że to na razie koniec baszkirskiej rewolucji. Długie lata klepania biedy sprawiły, że wszystko tam ma swoją cenę, dlatego ludzie nie przejmują się takimi pierdołami jak demokracja, dopóki wszyscy mają co garnka włożyć. Nie rozumieją jednak, że jedzenie szybko się skończy, jeśli nie powstanie system społeczny oparty na czysto demokratycznych zasadach.

27 LUTEGO 2005 ROKU

Oficjalne media rosyjskie od początku miesiąca przekonywały nas usilnie, że nie ma takiej opcji, aby w Kirgizji doszło do rewolucji. Prezydent Akajew bowiem, kierując się wolą narodu, szczerze dąży do wprowadzenia tam demokracji. Zachęca obywateli do rozkręcania własnych interesów, choć jak widać, nikt tam nie rwie się do zakładania firmy. Ogólna sugestia jest taka, że Kirgizi nie lubią knowań i że jeśli rzeczywiście ma dojść do rewolucji, to raczej winni będą przestępcy pragnący pozbyć się Akajewa, a nie on. Aleksiej Simonow, dyrektor Fundacji Obrony Głasnosti, tak to komentuje:

– Prasa zdradza społeczeństwo, a społeczeństwo zdradza prasę. Wszędzie brakuje profesjonalizmu i uczciwości.

Dzisiaj jednak w Kirgizji odbyły się wybory parlamentarne zwiastujące koniec epoki Akajewa.

Akajew zamieszkał w jednej z podmoskiewskich daczy należących do Kancelarii Prezydenta. Po wyborach parlamentarnych i prezydenckich Kirgizi zdołali uzyskać ogólnoświatowe poparcie dla swoich wysiłków zmierzających do stworzenia nowego społeczeństwa. Rosja potępiała przez jakiś czas nowe władze, ale z czasem nauczyła się z nimi żyć.

8 MARCA 2005 ROKU

Asłan Maschadow, w roku 1997 demokratycznie wybrany na prezydenta Czeczeńskiej Republiki Iczkerii, a ostatnio przewodzący czeczeńskiemu ruchowi oporu, został zabity w wiosce Tołstoj-Jurt.

W telewizji państwowej można zobaczyć, i to z całkiem bliska, jego na wpół obnażone zwłoki. W Czeczenii nawet ci, którzy nie popierali Maschadowa, są dzisiaj wyjątkowo zgodni: to najgorsze, najohydniejsze, co Moskwa mogła z nim zrobić. Epoka Maschadowa dobiegła końca, ale czyja epoka właśnie się rozpoczyna?

Nowym Maschadowem zostanie Basajew, co oznacza definitywny koniec zawieszenia broni i negocjacji. Czeczenia miała do tej pory czterech prezydentów – trzej zostali brutalnie zabici, a legitymacja czwartego, wciąż żyjącego Ału Ałchanowa, wydaje się wysoce dyskusyjna. W dzisiejszej Europie nie ma drugiego terytorium, na którym panuje tak ogromny chaos militarny i polityczny, nie wspominając już o skali rozlewu krwi.

Mówi się, że Maschadow zginął, podobnie jak tysiące jego rodaków i rodaczek, po donosie złożonym przez innego

Czeczena. Tortury są tam najpowszechniejszą metodą wyciągania zeznań, stosowano się je również w trakcie postępowań karnych zarówno podczas pierwszej wojny czeczeńskiej, jak i obecnej. Maschadow w pewnym sensie podzielił więc los własnego narodu. Z pewnością zostanie zapamiętany w Czeczenii jako wielki męczennik za sprawę bez względu na to, co naprawdę zrobił.

Maschadow został zabity podczas obowiązywania jednostronnego zawieszenia broni, które choć nie w pełni przestrzegane, było pierwszym takim posunięciem w trakcie wojny czeczeńskiej. Był to gest dobrej woli, dłoń wyciągnięta do Kremla, wskazująca na chęć rozpoczęcia negocjacji, zaprzestania walk, doprowadzenia do demilitaryzacji i wzajemnej ekstradycji zbrodniarzy wojennych.

Maschadow, niemal w pojedynkę i na miarę własnych możliwości, powstrzymywał po swojej stronie konfliktu ekstremistów, którzy uważali, że Rosji należy przeciwstawiać się wszelkimi dostępnymi metodami i środkami, na przykład takimi, jakich użyto ostatnio w Biesłanie. Teraz nie ma już nikogo, kto by nad nimi zapanował. Przywództwo czeczeńskiego ruchu oporu – bez względu na to, kogo wskaże tajny Państwowy Komitet Obrony Iczkerii – trafi w ręce głównego przeciwnika umiarkowanych metod działania Maschadowa, czyli Szamila Basajewa. Ostatecznym rezultatem akcji likwidacyjnej Maschadowa, za którą jak się oficjalnie twierdzi, stała jednostka specnazu rosyjskiej FSB, będzie przejęcie sterów władzy przez tego, komu najmniej zależy na politycznej legitymacji.

Pozostawiono nas sam na sam z dwoma najbardziej krwiożerczymi i bezwzględnymi indywiduami w Czeczenii: z Basajewem i młodszym Kadyrowem. Wszyscy pozostali, wliczając w to każdego Rosjanina, znajdą się w potrzasku pomiędzy tymi dwoma barbarzyńcami.

Tym sposobem epoka Maschadowa, byłego komunisty i pułkownika z czasów sowieckich, który nawrócił się na islam dopiero przed kilku laty, oraz toczona przeciwko niemu chaotyczna
i czasami idiotyczna kampania sprawiły, że do głosu doszli
przedstawiciele młodego pokolenia, których nie interesuje już
umiarkowane oblicze islamu. Ludzie, którzy wybierają walkę
z władzami niszczącymi wszelkie przejawy umiarkowania.

Bohaterem takiego podziemia jest Basajew. Maschadow
przez długi czas stał na drodze jemu podobnych, ale teraz została ona oczyszczona z wszelkich przeszkód. Basajew osiągnął
właśnie cel, o którym marzył od niemal dekady. Nieważne teraz,
że nie będzie miał politycznej legitymacji jak jego poprzednik.
Interesują go wyłącznie szczegóły techniczne przygotowywa-
nych zamachów i zadanie nam wszystkim jak najwięcej bólu.
Zabicie Maschadowa dowodzi niezbicie, że Basajew ma rację,
twierdząc wszem wobec, iż z Rosją nie można negocjować, toteż
wszystkie metody walki z nią są dozwolone i usprawiedliwione.

Tego wieczora na wszystkich kanałach państwowej telewizji można było zobaczyć szalonego Ramzana Kadyrowa, który
twierdził chełpliwie, że zabicie Maschadowa było prezentem
dla wszystkich kobiet z okazji ich międzynarodowego święta.

15 MARCA 2005 ROKU

FSB utrzymuje, że zapłaciła 10 milionów dolarów nagrody za
informacje o miejscu pobytu Asłana Maschadowa.

Jego zwłok nie zwrócono rodzinie. Putin nadal milczy, choć
mamy do czynienia z aktami iście średniowiecznego barbarzyństwa, co oznacza, że wszystko to zrobiono na jego osobisty
rozkaz. Nie zdziwiłoby mnie, gdyby zażądał przyniesienia głowy Maschadowa na tacy, jak mieli w zwyczaju nasi carowie za
czasów średniowiecznego Księstwa Moskiewskiego. Z jakiegoś

powodu ciało Maschadowa zostało potajemnie przetransportowane do Moskwy, ale nikt chyba nie uwierzył, że chodziło o przeprowadzenie dodatkowej sekcji zwłok. Moim skromnym zdaniem Putin chciał zyskać całkowitą pewność. Tak wygląda moralność tych, którzy stoją dzisiaj u steru Rosji.

Żołnierze znowu opuścili posterunek graniczny – tym razem to srietieńska jednostka straży granicznej FSB w obwodzie czytyjskim. Około godziny drugiej nad ranem czterech żołnierzy zastrzeliło dowódcę, jego zastępcę i jeszcze jednego oficera. Uciekinierzy zabrali ze sobą kałasznikowy i około 500 sztuk amunicji. Do dezercji w straży granicznej dochodzi ostatnio mniej więcej co miesiąc.

W dagestańskim Chasawiurcie, mieście leżącym najbliżej Czeczenii, w którym osiedliło się wielu obywateli sąsiedniej republiki, po raz kolejny próbowano aresztować bojowników ruchu oporu. Dom, w którym podobno mieli przebywać, został otoczony i zrównany z ziemią, ale wiele wskazuje na to, że owi bojownicy zdołali zbiec, pokonując trzy kordony milicji i zabierając przy okazji całą broń.

Ministerstwo Obrony ogłosiło, że w roku 2005 nie będzie podwyżek żołdu, którymi wyrównano by bieżącą inflację. W roku 2004 także nie zdołano załatwić tego problemu. A ceny w przyszłym roku wzrosną według ostrożnych szacunków o dalsze 25 procent.

16 MARCA 2005 ROKU

W Szali w Czeczenii krewni niedawno uprowadzonych osób pikietują już trzeci dzień z rzędu. Domagają się uwolnienia porwanych albo przynajmniej informacji o ich losie. Wśród nich jest rodzina Timura Raszydowa, lat 28, inwalidy pierwszej grupy ze wsi Sierżen'-Jurt, którego uprowadzili z własnego domu rosyjscy żołnierze. Jego matka Chalipat Raszydowa twierdzi, że żołnierze przyjechali transporterem opancerzonym, wtargnęli do domu, wywrócili wszystko do góry nogami i bez słowa wyjaśnienia rozebrali do naga jej osiemnastoletnią córkę Polinę, rzekomo, by sprawdzić, czy na jej ciele nie ma śladów typowych dla noszenia broni. Potem zapakowali Timura do transportera i odjechali w kierunku przedmieść Szali, gdzie stacjonuje Druga Dywizja Operacji Specjalnych Ministerstwa Spraw Wewnętrznych.

Przed urzędem pikietują także bliscy Rusłana Usajewa z miejscowości Nowyje Atagi. To dwudziestojednoletni student uniwersytetu w Groznym. Jego także 13 marca uprowadzili rosyjscy żołnierze, którzy odjechali następnie w kierunku Szali. Wszelki ślad po nim zaginął.

Dzięki tym protestom udało się doprowadzić do uwolnienia jednego mieszkańca Sierżeń'-Jurtu i czterech mężczyzn z wioski Awtury. Wszyscy byli wcześniej torturowani i brutalnie bici. Moskiewscy demokraci jak zwykle przemilczeli te informacje.

Teraz, na początku roku 2005, wojna czeczeńska rozlewa się w końcu poza granice republiki, ogarniając sąsiednią Inguszetię, Dagestan, Osetię Północną i Kabardo-Bałkarię. W każdej z tych republik ludzie protestują na swój sposób. Nie ma tam stowarzyszeń rodzin osób uprowadzonych. W Czeczenii żyje się tak, jakby było to odrębne państwo, obywatele pozostałych republik przestali tam jeździć, nawet z Inguszetii, a po wydarzeniach w Biesłanie nikt już nie sympatyzuje z Czeczenami.

19 MARCA 2005 ROKU

Wczesnym rankiem niezidentyfikowani uzbrojeni mężczyźni uprowadzili w Groznym Adama Karnakajewa, który szedł właśnie do meczetu.

Prokuratura Generalna 5 kwietnia poprosiła krewnych Adama, aby odebrali jego ciało z kostnicy w mieście Mozdok w Osetii Północnej. Czy ta historia nie wydaje wam się dziwnie znajoma?

23 MARCA 2005 ROKU

Około piątej nad ranem zamaskowani żołnierze wyważyli frontowe drzwi domu przy ulicy Niekrasowa w Aczchoj-Martanie. Zabrali ze sobą Ismaiła Wischanowa, lat 31, i jego bratanka Rustama, lat 23. Porywacze przyjechali samochodami bez tablic rejestracyjnych. Byli wśród nich zarówno Czeczeni, jak i Rosjanie. Żadna z miejscowych służb nie przyznała się do przeprowadzenia tej akcji. Obaj uprowadzeni nie należeli nigdy do ruchu oporu.

O godzinie 5.25 ta sama grupa składająca się z 25–30 żołnierzy wtargnęła do innego domu w Aczchoj-Martanie, tym razem przy ulicy Nabierieżnej, gdzie mieszkali Masajewowie. Napastnicy wyciągnęli z łóżka Saida-Mahomeda Masajewa, lat 31. To kierowca autobusu kursującego regularnie z Groznego do Aczchoj-Martanu. Wyprowadzono go z domu, nie pozwalając mu nawet się ubrać. Od tamtej pory nikt go nie widział.

W Moskwie wszystko po staremu. Klub dyskusyjny, zwany dla niepoznaki Narodowym Kongresem Obywatelskim, wałkuje temat: „Czy referenda powinny się odbywać, a jeśli tak, to jakich problemów mogą dotyczyć?". Strasznie nudne i bezbarwne jest to ględzenie, żaden z zebranych nie wykazał się choćby cieniem inicjatywy. Ot, rozsiadła się grupka demokratycznych niebytów, które nie zamierzają odgrywać żadnej istotnej roli. Obecni na sali dziennikarze nic, tylko rechoczą. Demokraci w stolicy nie interesują się już nawet własnymi problemami, nie wspominając o Czeczenii, gdzie czystki i uprowadzenia trwają w najlepsze.

25 MARCA 2005 ROKU

W najdalszych zakątkach naszego kraju, na przykład w Jużno-sachalińsku, odbywają się kolejne protesty przeciw zniesieniu świadczeń w naturze, choć widać gołym okiem, że największe demonstracje mamy już za sobą. Oto fragment rezolucji przyjętej przez protestujących w Jużnosachalińsku:

My, weterani wojenni i robotnicy, pracownicy rozmaitych organizacji, inwalidzi, emeryci i młodzież, przybyliśmy tutaj, aby wyrazić swoje oburzenie z powodu ciągłego naruszania przez organy państwowe podstawowych praw politycznych i socjalnych wszystkich obywateli Rosji, zwłaszcza tych z północy i Rosyjskiego Dalekiego Wschodu. Protestujemy przeciw ograniczaniu podstawowych swobód demokratycznych, które gwarantuje nam Konstytucja, przeciwko ograniczaniu przez rządzących wolności prasy i innych środków masowego przekazu, przeciwko atakom na pomoc społeczną, niezawisłość sądów i samorządów terytorialnych oraz prawa ludu do wybierania własnych przedstawicieli w organach państwowych. Sprzeciwiamy się monetyzacji, która nie pokrywa rzeczywistych wydatków ani tym, którzy z anulowanych świadczeń korzystali, ani tym, którzy je świadczyli. Sprzeciwiamy się podziałowi obywateli na czarnych i białych, rzucaniu kłód pod nogi uczciwej prywatnej przedsiębiorczości, zniesieniu odroczeń poboru dla studentów i militaryzacji kraju, politycznemu wykorzystywaniu walki z terroryzmem, wulgaryzacji świętych ideałów Ojczyzny i demokracji. Żądamy poszanowania naszych interesów, naszych życzeń, naszych petycji do władz, naszego prawa do dialogu z przywódcami państwa, aby podczas podejmowania ważnych decyzji uwzględniali zdanie tych, którzy są im przeciwni.

Ten oto bardzo szczegółowy, kompleksowy i racjonalny zestaw propozycji, które przyjęto podczas wiecu, został następnie wydrukowany w lokalnej gazecie „Sowieckij Sachalin", ale nie poszły za tym żadne inne czyny, choć rezolucja jest eleganckim w swej prostocie planem działania, jaki demonstrujący przedstawili władzom państwowym. My, Rosjanie, możemy mieszkać w najodleglejszych regionach kraju, a mimo to myśleć w sposób charakteryzujący mężów stanu, uzurpowany sobie obecnie przez pewnego mieszkańca Kremla. Mimo to władze po raz kolejny okazały się impregnowane na zdrowy rozsądek. Wiemy, czego nam trzeba, ale brak nam woli, by o to zawalczyć. Poddajemy się niemal natychmiast. Życie przecieka nam przez palce, ponieważ czekamy, aż nasze aspiracje zostaną spełnione przez kogoś z góry, jak w roku 1991, kiedy masy poparły zamach stanu przeprowadzony przez nasze elity. Tyle że elity zdążyły wyciągnąć wnioski z wydarzeń roku 1991 i nie zamierzają mieszać się w kolejne zamachy stanu. Wolą dobijać targów w zaciszu własnych gabinetów, nie kierując się bynajmniej dobrem ogółu.

26 MARCA 2005 ROKU

W czeczeńskiej wiosce Samaszki o godzinie piątej nad ranem mówiący po rosyjsku zamaskowani żołnierze uprowadzili Ibrahima Szyszchanowa, lat 21. Wyprowadzono go w samych skarpetkach, nie pozwalając nawet na założenie butów. Powiedziano mu: „Tam, gdzie idziesz, nie będziesz ich potrzebował". Uprowadzenia dokonało około 20 ludzi, którzy odjechali czterema samochodami bez tablic rejestracyjnych.

Dwadzieścia cztery godziny później na posterunku milicji w Aczchoj–Martanie rodzinie uprowadzonego powiedziano, o co chodzi. Ibrachim został uprowadzony w ramach akcji brania tak zwanych „kontrzakładników". Jest to metoda działania, którą po wydarzeniach w Biesłanie nasza Prokuratura Generalna uznała za dopuszczalną. Szyszchanowom nakazano, by wydali swojego krewniaka, Saida-Chasana Musostowa, członka ruchu oporu i zarazem kuzyna Ibrachima.

Ten jednak nie miał zamiaru się poddać, w związku z czym Ibrachim przepadł bez wieści.

Dzisiaj sobota, czyli dzień wieców i manifestacji. W Chabarowsku trwa pikieta domagająca się „niezależności sądów w Kraju Chabarowskim". Protestujący ucierpieli z powodu „zależności" sądów i zdecydowali się wystosować list otwarty do Putina:

Nasze wieloletnie doświadczenia pokazują niezbicie, że sędziowie orzekający w Kraju Chabarowskim nie ferują wyroków, stojąc na straży praw obywateli, jak wymaga Konstytucja, tylko bronią interesów miejscowych biurokratów. Wiele wydawanych przez nich orzeczeń jest niezgodnych nie tylko z prawem, ale także ze zdrowym rozsądkiem i elementarną logiką.

Sędziowie rażąco i cynicznie naruszają podstawowe prawa obywateli do bycia wysłuchanymi, bez których nie można mówić o przestrzeganiu i ochronie pozostałych praw. Dziennikarze są wykluczani z jawnych posiedzeń, fałszowane są protokoły rozpraw i dowody. Wyroki sądowe „na czyjeś polecenie" stały się normą w Kraju Chabarowskim. Nie przedstawia się uzasadnień wyroków na piśmie, niekorzystne dowody są niejednokrotnie ignorowane. Argumentacje podważające wyrok i postanowienia sądu znikają z akt sprawy.

Odwołania do Sędziowskiego Kolegium Dyscyplinarnego są odsyłane do rozpatrywania osobom odpowiedzialnym za te właśnie naruszenia prawa.

Sądy nie przyjmują do rozpatrzenia skarg na niezgodne z prawem postępowanie sędziów zasiadających w składzie Sędziowskiego Kolegium Dyscyplinarnego.

Ustanowienie publicznej odpowiedzialności sędziów zgodnie z wymogami Ustawy o instytucjach zawodów prawniczych w Kraju Chabarowskim zostało zamienione w farsę. Sześciu z siedmiu przedstawicieli społeczeństwa zasiadających w Sędziowskim Kolegium Dyscyplinarnym jest wybieranych przez władze bądź instytucje sądowe.

Nie było żadnej reakcji na to pismo. Prezydent Putin nie zażądał (ponieważ tylko on ma takie prawo) ustąpienia ani prezesa Chabarowskiego Sądu Krajowego, pana Wdowienkowa, ani jego zastępcy, pana Wołoszyna, którzy odpowiadają za taki, a nie inny stan wymiaru niesprawiedliwości w Kraju Chabarowskim.

W Ufie, stolicy Baszkirii, w demonstracjach na placu Lenina wzięło udział 5–10 tysięcy osób. Zjechali się tam z 14 miast, aby żądać rezygnacji prezydenta Rachimowa. Wykrzykiwali hasła: „Zwolnić Murtazę Rachimowa!", „Nie dla nepotyzmu w rządzie!". Część przedsiębiorstw Baszkirskiego Kombinatu Paliwowo-Energetycznego jest kontrolowana przez syna prezydenta, Urała Rachimowa.

Demonstrujący domagają się zwrotu państwowych udziałów w baszkirskich spółkach naftowych oraz zadośćuczynienia za straty moralne i materialne mieszkańców Błagowieszczeńska, którzy poczuli na własnej skórze, jak wygląda brutalne grudniowe „oczyszczanie miasta" przez milicję i jej oddziały specjalne. Organizatorem protestu jest Komitet Koordynacyjny Zjednoczonej Opozycji, w skład którego wchodzą lokalne komórki partii komunistycznej, Jabłoka, Woli Ludu, Rosyjskiej Partii Emerytów, Fundacji Rozwoju Samorządu Terytorialnego, Związku Stowarzyszeń Tatarskich oraz Towarzystwa Ruskiego.

Podczas wiecu podjęto uchwałę domagającą się uchylenia ustawy o monetyzacji świadczeń oraz dymisji prezydenta Rachimowa, głównego inspektora federalnego Baszkirii, ministra spraw wewnętrznych Rafaiła Diwajewa, który stwierdził, że akcja „oczyszczania miasta w wykonaniu milicji była uzasadniona", oraz wielu innych urzędników wysokiej rangi. Po godzinnym wiecowaniu na placu Lenina wielotysięczny tłum pomaszerował w kierunku odległej o 9 kilometrów siedziby prezydenta Rachimowa, ale na jego drodze stanęła szybko zapora z autobusów i także wielotysięczny kordon, w którego szeregach znaleźli się chyba wszyscy milicjanci służący na terytorium Baszkirii.

Rachimow nie wyszedł do protestujących. Delegaci spotkali się za to z dyrektorem jego kancelarii Radijem Chabirowem i z sekretarzem Rady Bezpieczeństwa Baszkirii Aleksandrem Szabrinem, którym przekazano petycję, po czym demonstranci rozeszli się każdy w swoją stronę.

W Moskwie Komitet 2008 podjął jeszcze jedną próbę stworzenia zjednoczonej partii demokratycznej i ponownie zawiódł. Kasparow zaproponował więc, by zaprosić do stolicy liderów prowincjonalnych ugrupowań, aby to oni zdecydowali, kto powinien stanąć na czele listy demokratycznych kandydatów. Moskiewscy liderzy obawiali się jednak zebrania w jednym miejscu swoich lokalnych odpowiedników, ponieważ są święcie przekonani, że nie znaleźliby się na czele list. I znów mamy pat.

W Pskowie 300 osób zebrało się na placu Lenina, by protestować przeciw nowemu Kodeksowi lokatorskiemu. Wiec zwołali lokalni komuniści pospołu z miejscową komórką Jabłoka i związkami zawodowymi. Żadna z lokalnych stacji telewizyjnych nie była zainteresowana przeprowadzeniem relacji z wystąpień obywateli, którzy uznali obowiązujący od marca nowy Kodeks lokatorski za niezgodny z prawem.

– Przez kilka ostatnich dekad państwo nie wywiązywało się z obowiązku naprawy i modernizacji budynków komunalnych, zamiast tego przekierowując pokaźne fundusze narodowe celem stworzenia klasy właścicieli nieruchomości wywodzącej się z kręgów władzy.

Demonstrujący żądają więc, aby:

Kodeks lokatorski został zawieszony do chwili, gdy poziom emerytur i płac w regionie będzie wystarczający, aby każdy mógł sprostać kosztom rynkowym tego, co ma w swojej ofercie gospodarka komunalna, a także kosztom ochrony zdrowia, edukacji, kultury, transportu, łączności, żywności i innych niezbędnych do życia artykułów. Ustalanie cen i taryf usług świadczonych przez gospodarkę komunalną powinno być całkowicie transparentne. Ci, którzy wymyślili ten żałosny Kodeks lokatorski, czyli rząd Rosji, powinni zostać zwolnieni. Duma Państwowa powinna zostać rozwiązana za to, że nie reprezentuje już interesów narodu, a nie robi tego, ponieważ pełno w niej funkcjonariuszy Jednej Rosji i Partii Liberalno-Demokratycznej, którzy głosowali za przyjęciem Kodeksu lokatorskiego. Pełną odpowiedzialność za wzrost napięć społecznych należy zrzucić na barki prezydenta Putina.

27 MARCA 2005 ROKU

Dzisiaj niedziela, czyli dzień referendów na prowincji. W Saratowie trwa referendum w sprawie sposobu wybierania mera. Zagłosowało w nim zaledwie 7 procent mieszkańców tego miasta. Wydaje się, że ludziom nie zależy, czy wybory będą bezpośrednie, czy nominowany przez Kreml gubernator wysunie kogoś na to stanowisko. Front Ludowy Obwodu Saratowskiego, czyli regionalne stowarzyszenie partii opozycyjnych, odmówił udziału w tym przedsięwzięciu.

W Baszkirii Towarzystwo Reform Samorządu Terytorialnego ogłosiło referendum, powołując się na to, że nowy system wyznaczania cywilnych i regionalnych przywódców jest sprzeczny z Europejską Kartą Samorządów Terytorialnych, którą Rosja ratyfikowała w roku 1998.

Tam także frekwencja była śladowa, choć problem dotyczy wszystkich obywateli republiki. Źródeł obywatelskiej apatii można upatrywać w silnym przekonaniu, że wybory są i nadal będą sfałszowane, więc nie ma sensu zawracać sobie głowy braniem w nich udziału. W każdym razie 90 procent z tych, którzy pofatygowali się do urn, wyraziło pogląd, że wybory merów powinny mieć bezpośredni charakter.

Moskwa staje się powoli najmniej aktywnym politycznie miastem naszego kraju. Jeśli dojdzie u nas kiedyś do rewolucji, to najprawdopodobniej rozpocznie się ona gdzieś na głębokiej prowincji.

Jabłoko demonstruje w Moskwie tuż obok gmachów kompleksu rządowego. Protestujący, a było ich tam około 200, sprzeciwiali się reformie gospodarki komunalnej. Rząd nalega, by wszystkie tego rodzaju instytucje stały się samowystarczalne do końca roku 2005, ale w kraju tak biednym jak nasz w większości przypadków będzie to po prostu niemożliwe. Zdaniem Jabłoka rząd nie ma prawa zachęcać do dalszego podnoszenia cen, powinien za to rozprawić się z monopolistyczną mentalnością urzędników pracujących w gospodarce komunalnej, zaproponować właścicielom mieszkań zakładanie spółdzielni i zachęcać małe firmy do oferowania konkurencyjnych usług.

Podniesienie cen, zdaniem rządu, pozwoli zebrać dodatkowy bilion rubli [100 miliardów zł], który wpompuje się następnie w obecny zgniły i niedziałający system usług mieszkaniowych.

Propozycje Jabłoka są bardzo sensowne, ale niska frekwencja pokazuje wyraźnie, jak ludzie potraktowali to referendum. Przywódcy opozycji nie szukają poparcia narodu, tylko miejsc w Dumie, negocjując je takim właśnie sposobem z przedstawicielami administracji prezydenta.

28 MARCA 2005 ROKU

W Inguszetii udaremniono próbę wymuszenia dymisji prezydenta Murata Ziazikowa. Organizatorzy protestu, mając na uwadze rozwój wydarzeń w Kirgizji, założyli, że gdzie kwitnie korupcja i złodziejstwo na ogromną skalę, tam muszą panować także rewolucyjne nastroje. Wszyscy się zastanawiają, czy Rosja może pójść śladem Kirgizji.

Władze stłumiły protest, zanim na dobre się zaczął. Pomnik ofiar represji politycznych znajdujący się na przedmieściach Nazrania otoczono szczelnym kordonem pojazdów opancerzonych, żołnierzy i milicjantów. Borys Arsamakow, lider Achki-Jurti i organizator demonstracji, został aresztowany i przebywał w miejscu odosobnienia aż do późnego wieczora. Dzień przed tymi zajściami prezydent Ziazikow opuścił Inguszetię, tak na wszelki wypadek – zawsze znika, gdy tylko wyniucha kłopoty – i wrócił, dopiero gdy sytuację na dobre opanowano.

Choć demonstrantom nie pozwolono się zgromadzić, tłum nie uciekł się ani razu do przemocy, mimo że po aresztowaniu Arsamakowa wielu protestujących miało ochotę na szturmowanie siedziby lokalnej milicji. Powstrzymał ich Musa Ozdojew, deputowany Zgromadzenia Ludowego Inguszetii i prominentny przedstawiciel inguskiej opozycji. Najpierw sam udał się do budynku, po czym tych, którzy pozostali na zewnątrz, wezwał do przyjęcia rezolucji żądającej natychmiastowego ustąpienia prezydenta Ziazikowa, dodając jeszcze:

– Skoro władze wykazały się ogromnym tchórzostwem, sprowadzając do republiki tak wielką liczbę żołnierzy, nie pozostaje nam nic innego, jak rozejść się do domów, poczekać i sprawdzić, czy nasze postulaty zostaną zrealizowane.

To wystąpienie uspokoiło nastroje. Murat Ozdojew, bardzo znany i szanowany redaktor naczelny „Angusztu", jedynej opozycyjnej gazety w Inguszetii (zakazanej oczywiście przez Ziazikowa), również zaapelował do tłumu, prosząc, by nie podejmowano żadnych działań. Dwaj inni deputowani z partii popierającej prezydenta oświadczyli, że przybywają w jego imieniu, by najpierw negocjować z opozycją, a potem skonsultować się z Ziazikowem w sprawie jego ewentualnego ustąpienia. Oni także poprosili ludzi, by się rozeszli.

Co się kryje za takim postępowaniem władz? Krótko mówiąc, panika, że może dojść do powtórki kirgiskiego scenariusza. Inguszetia jest biedna, ale rządzący nią biurokraci każdego dnia bogacą się coraz bardziej, okradając przy tym budżet państwa. Poniższe informacje pochodzą z oficjalnego audytu dotyczącego niewłaściwego wykorzystania środków budżetowych, który w Inguszetii przeprowadziła Dyrekcja Główna Ministerstwa Spraw Wewnętrznych dla Południowego Okręgu Federalnego:

Łączne straty spowodowane sprzeniewierzeniem funduszy
ze środków budżetu federalnego wynoszą 3,9 miliona rubli
[ok. 400 tysięcy zł], z czego 2,8 miliona sprzeniewierzono w roku
2003, a 1,1 miliona rubli w pierwszej połowie 2004 roku. W roku
2003 i w pierwszej połowie 2004 roku wykryto nieprawidłowo-
ści na łączną kwotę 181,4 miliona rubli [ok. 18 milionów zł].
Z tej sumy 72,5 miliona [ok. 7 milionów zł], czyli 40 procent,
pochodziło z budżetu federalnego.

Maleńka Inguszetia jest mniejsza nawet od sąsiedniej Czeczenii, a mimo to w czasach rządów Ziazikowa zdołano sprze-
niewierzyć w niej tyle milionów rubli. Skąd pochodziły te
bajońskie sumy?

Inguszetia ma wiele bardzo poważnych problemów. Pierwszym i najważniejszym są uchodźcy: rząd federalny zapewnia
im pomoc materialną oraz budowę nowych domów dla tych,
którzy stracili dobytek podczas powodzi w roku 2002. Drugim problemem jest małgobeckie pole naftowe, główne źródło
wpływów republiki. Niemal wszystkie lokalne szychy walczą
ze sobą o wyszarpanie jak największego kawałka tego tortu,
nic więc dziwnego, że dochodzi tam do korupcji na niewyobrażalną skalę. Jest też rolnictwo, ponieważ republika to głównie
wsie i pola.

Audyt ujawnia:

Nie posiadając odpowiednich zabezpieczeń budżetowych, rząd
republiki przyznał bezprawnie spółce Ingusznieftiegazprom kre-
dyt gotówkowy w wysokości 30 milionów rubli [300 tysięcy zł].
W tym samym czasie, również bez podstaw prawnych, zmniej-
szono o zbliżoną kwotę dofinansowanie lokali mieszkalnych.

Koncern Ingusznieftiegazprom jest najważniejszym przedsiębiorstwem republiki, stanowi także główne zaplecze finansowe partii rządzącej. Problem w tym, że za rządów Ziazikowa posiadanie koncernu naftowego okazało się zbyt kosztowne dla mieszkańców Inguszetii. Trwa tam ostry kryzys mieszkaniowy, częściowo spowodowany napływem tysięcy uchodźców, więc obcięcie funduszy na mieszkalnictwo i przekazanie ich koncernowi naftowemu jest najbardziej oburzającym czynem, jaki można sobie wyobrazić, ale z tym właśnie mamy tam do czynienia:

W roku 2003 Ingusznieftiegazprom otrzymał kredyty na kwotę 27 milionów rubli [2,7 miliona zł], które miano przeznaczyć na realizację programu stabilizacji i rozwoju sektora naftowego. Tylko 10,5 miliona zostało spłacone w terminie. Spłatę reszty zadłużenia przedłużono. Według dostępnych statystyk wydobycie ropy spada z roku na rok. Odkryliśmy jednak, że Ingusznieftiegazprom, począwszy od roku 2002, wydobywał ropę naftową bez stosowanych licencji, dzięki czemu ukrywał przed audytorami prawdziwy wolumen wydobycia...

W dniu 15 sierpnia 2003 roku Ingusznieftiegazprom podpisał gwarantowany przez rząd Inguszetii kontrakt z norweską firmą (tu pada nazwa) dotyczący pozyskania technologii pozwalających na zwiększenie wydobycia ropy naftowej. Za wykonane w ramach tego projektu prace Ingusznieftiegazprom miał przelać na rachunek bieżący kontrahenta 775 tysięcy dolarów, które przekazał na ten cel rząd federalny. Płatności dokonano w dwóch transzach, w dniach 19 grudnia 2003 roku i 10 marca 2004 roku, choć warunki kontraktu nie zostały spełnione.

Podsumowując:

W związku z niefrasobliwym zachowaniem kierownictwa In-gusznieftiegazpromu przedsiębiorstwo i państwo poniosły materialne straty w wysokości przekraczającej 25 milionów rubli [2,5 miliona zł]. W trakcie bieżącego audytu prokurator generalny republiki wszczął postępowanie karne na podstawie artykułu 171, ustęp 3 B, artykułu 199, ustęp 1 i artykułu 201 Kodeksu karnego Federacji Rosyjskiej...

Kontrola wykorzystania środków przeznaczonych na usuwanie skutków klęsk żywiołowych w rejonach nazrańskim, sunżeńskim i małgobeckim wykazała, że w roku 2003 płatności na łączną sumę 9,5 miliona rubli [ok. miliona zł] trafiły na konta ludzi niezameldowanych na terenach objętych powodzią. W związku z nieprawidłowościami finansowymi na kwotę 3,1 miliona rubli [310 tysięcy zł] wszczęto cztery postępowania karne... W Ministerstwie Budownictwa z powodu zawyżenia kosztów odbudowy oczyszczalni ścieków w rejonie małgobeckim (zniszczonych w trakcie powodzi) sprzeniewierzono środki budżetowe w wysokości 546 600 rubli [ok. 50 tysięcy zł]... W roku 2003 i w pierwszej połowie roku 2004 w audytowanej kwocie 253,9 miliona rubli [25 milionów zł], wyasygnowanej z budżetu federalnego celem realizacji programów pomocowych dla Południowego Okręgu Federalnego (czyli głównie na cele przesiedleniowe), wykryto nieprawidłowości na kwotę 48,8 miliona rubli, czyli opiewające na 20 procent sumy całkowitej. W latach 2003–2004 wszczęto łącznie 185 postępowań karnych w związku z zagrabieniem funduszy federalnych. W tym 38 spraw powiązanych z poważnymi bądź bardzo poważnymi uchybieniami. Większość z nich dotyczyła nieprawidłowości przy wypłacaniu odszkodowań za straty wynikłe podczas powodzi z czerwca 2002 roku. Spośród nich 33 sprawy dotyczyły sprzeniewierzenia środków na kwotę 17,7 miliona rubli [1,7 miliona zł].

Trzeba przyznać, że sprawy karne związane z tymi przekrętami naprawdę wszczęto, ale zdecydowana większość została z czasem zawieszona. To jedna z najpowszechniej stosowanych w Rosji technik podporządkowywania sobie urzędników. Najpierw zdobądź materiały obciążające daną osobę, potem usiądź wygodnie i patrz, jak pędzi ona na wyścigi, by dołączyć do Jednej Rosji.

Gdy opublikowałam artykuł, w którym zamieściłam te wyliczenia – w Inguszetii jest zakaz mówienia o nich publicznie – Ziazikow zagroził, że mnie pozwie. Bynajmniej nie o oczernienie albo zniesławienie, tylko za wykradzenie oficjalnych dokumentów. Z tego powodu zaciągnięto mnie nawet na przesłuchanie do Prokuratury Generalnej, po czym dano mi spokój. To nie były tajne dokumenty, po co więc ktoś miałby trudzić się ich wykradaniem? Aby udowodnić mi taką kradzież, śledczy musieliby znaleźć moje odciski na czyimś sejfie. Co za bzdury.

Nie muszę dodawać, że generał Napałkow, urzędnik Ministerstwa Spraw Wewnętrznych, który osobiście odpowiadał za ten audyt (on się podpisał pod cytowanym raportem), został pospiesznie zwolniony. MSW znalazło się pod tak silną presją administracji prezydenta, żądającej znalezienia i pozbycia się informatora, że postanowiło zrobić z niego kozła ofiarnego.

11 KWIETNIA 2005 ROKU

Ostatnie słowa Michaiła Chodorkowskiego wypowiedziane tuż przed wydaniem wyroku brzmiały tak:

– Nie popełniłem zarzucanych mi przestępstw i choćby dlatego nie zamierzam prosić o ułaskawienie. Hańbą dla mnie i mojego kraju jest to, że bezczelne i jawne okłamywanie sędziego uważamy za postępek całkowicie legalny. Byłem w szoku, gdy pracownicy sądu pospołu z moimi prawnikami wyjaśniali, na czym ten proceder polega. Źle się dzieje, jeśli cały naród jest przekonany, że sądy działają pod dyktando urzędników Kremla lub Prokuratury Generalnej. W moim przypadku sąd został poproszony o orzeczenie, że samo stworzenie, zarządzanie albo posiadanie odnoszącego sukcesy biznesu jest dowodem przestępstwa. Dzisiaj nie mam już wielkiego majątku. Przestałem też być biznesmenem. Nie należę także do grona superbogaczy. Pozostała mi już tylko świadomość, że racje są po mojej stronie, i determinacja, by pozostać wolnym człowiekiem.

Większość moich znajomych była całkowicie przekonana, że Chodorkowski będzie błagał o ułaskawienie. Żaden z nich nie mógł więc uwierzyć, że oligarcha postanowił zachować się jak przyzwoity człowiek bez względu na cenę, jaką przyjdzie mu za to zapłacić. Nie ufamy oligarchom. Ludziom, którzy całymi latami okradali nas w biały dzień. Krezusom, którzy gromadzili majątki naszym kosztem. Ludzie mu tego wszystkiego nie wybaczą, ale w skrytości ducha mogą mu nawet współczuć, jeśli zostanie zmiażdżony przez państwo.

15 KWIETNIA 2005 ROKU

W sprawie Michaiła Triepaszkina zapadł właśnie drugi wyrok. Przypomnijmy: mówimy o człowieku, którego oskarżono o dezercję z KGB i udział w niezależnym śledztwie dotyczącym sprawy wysadzania bloków mieszkalnych tuż przed rozpoczęciem drugiej wojny czeczeńskiej. Triepaszkinowi wlepiono pięć lat kolonii karnej. Sąd wymierzył mu karę surowszą od tej, której zażądał prokurator. Nawet podczas procesu przetrzymywano go w niezwykle ciężkich warunkach. Jego sprawę rozpatrzy teraz

Europejski Trybunał Praw Człowieka, ale na razie Triepaszkin przebywa w odosobnieniu.

17 KWIETNIA 2005 ROKU

W trakcie jednego z moskiewskich spotkań Garri Kasparow został uderzony w głowę szachownicą. Ktoś podszedł do niego, udając, że chce poprosić o autograf na rzeczonej szachownicy. Dochodząc do siebie po tym ataku, Kasparow zażartował:
– Cieszę się, że Rosjanie wolą szachy od bejsbola.

23 KWIETNIA 2005 ROKU

Dzisiaj Putin przyjął na Kremlu Michaiła Fridmana z Grupy Alfa. Moskiewskie elity postrzegały go ostatnio jako kolejnego po Chodorkowskim kandydata do odsiadki. Audiencja na Kremlu była typowym piarowym zagraniem Putina, tym razem robionym na użytek koncernu TNK-BP. Mówiąc językiem Kremla, Fridman „dostał poparcie".

Wygląda więc na to, że w tym momencie udało mu się wrócić do łask. Zaoferowano mu możliwość podzielenia się majątkiem, z której zapewne skwapliwie skorzysta. Masz naprawdę przerąbane, gdy władze nie chcą, żebyś im się nawet podlizywał. Lord Browne, prezes koncernu BP, również został przyjęty na Kremlu. Był tam także Wiktor Wekselberg, człowiek, który wkłada jajka Fabergégo do kremlowskiego koszyczka. Fridman i Wekselberg promienieli szczęściem od początku do samego końca audiencji.

Siergiej Głazjew, deputowany do Dumy Państwowej z ramienia partii Rodina, który na początku lat 90. był ministrem spraw zagranicznych, a obecnie zasiada w opozycji, powiedział:
– Oni wolą Fridmana od Chodorkowskiego, ponieważ ten pierwszy nie finansuje opozycyjnych projektów.

23–24 KWIETNIA 2005 ROKU

Władimir Ryżkow dołączył do Rady Politycznej Republikańskiej Partii Rosji, a dzięki wsparciu, jakiego udzielił mu koncern Łukoil, to on tam teraz rządzi. Ryżkow ostrzega, że demokraci muszą zjednoczyć się przed nadejściem lata, jeśli chcą mieć jakiekolwiek szanse na dostanie się do Dumy w wyborach w 2007 roku.

Garri Kasparow wspierał Ryżkowa tej zimy, ale nie wstąpił razem z nim do RPR. Łączy ich jednak nadal pogląd, że obecny system polityczny należy zlikwidować, a nie iść na kolejne zgniłe kompromisy. Gdyby Kasparow został z Ryżkowem, stworzyliby duet, w którym ten pierwszy miałby większą charyzmę, a ten drugi byłby tym, który posiada większe rozeznanie w polityce. Ryżkow uważa, że drzwi do takiego układu pozostają nadal otwarte, a RPR żywi ciągle nadzieje na powitanie Kasparowa w swoich szeregach.

25 KWIETNIA 2005 ROKU

Doroczne przemówienie Putina przed Zgromadzeniem Federalnym było tym razem równie sensacyjne, co komiczne. Oto prawdziwy manifest liberalizmu, ale jak to mówią: po owocach ich poznacie!

Tematem przewodnim przemówienia było hasło: „Wolny kraj wolnych ludzi". Ale jak tu być wolnym człowiekiem, skoro nie mamy niezależnego wymiaru sprawiedliwości? Ani prawdziwych demokratycznych praw wyborczych? Jak nim być, gdy Prokuratura Generalna jest sterowana odgórnie, a społeczeństwo obywatelskie zostało zduszone w zarodku?

28 KWIETNIA 2005 ROKU

Rząd zdecydował, że odznaczeni tytułem Bohater Federacji Rosyjskiej, Związku Radzieckiego albo Pracy Socjalistycznej otrzymają dodatkowe 2000 rubli miesięcznie [200 zł] zamiast dotychczasowych świadczeń w naturze. I tak doszło do największego skandalu politycznego tego lata: bohaterowie podjęli trzytygodniowy strajk głodowy, który administracja Putina nazwała szantażem.

1 MAJA 2005 ROKU

W Rosji 1 maja jest tradycyjnym dniem wieców i pochodów. Opozycja też świętowała, tyle że w totalnie chaotycznym stylu. Przedstawiciele demokratów zebrali się na placu Turgieniewa, przemaszerowali potem Miasnicką wzdłuż posępnych szarych murów siedziby FSB, a na koniec urządzili wiec na placu Łubiańskim, zgromadziwszy się wokół Kamienia Sołowieckiego, który upamiętnia ofiary epoki komunizmu. Niesione przez nich transparenty głosiły: „Za wolność, sprawiedliwość i demokrację!", „Przeciw pogwałceniu cywilnych, politycznych, socjalnych, ekonomicznych i kulturowych praw Rosji!".

Było tam z tysiąc osób. W sumie nie za wiele, choć jeszcze nie tragicznie. Dzień wcześniej w Mińsku wypuszczono z więzień 14 naszych obywateli, którzy pojechali na Białoruś, by wziąć udział w manifestacji organizowanej przez tamtejszą opozycję. Ilja Jaszyn, szef młodzieżówki Jabłoka, wrócił do Moskwy tego ranka.

Stojąc pod Kamieniem Sołowieckim, opowiedział nam nieco o tym, jak wyglądają od środka więzienia Łukaszenki*, po czym wyjaśnił, że w Mińsku bito znacznie mocniej idących w pochodzie Ukraińców niż rodowitych Rosjan.

Sojusz Sił Prawicowych rozpoczynał świętowanie, gdy demokraci rozchodzili się do domów. Oczywiście także na placu Łubiańskim. Władze musiały poczuć się mocno rozbawione, gdy zobaczyły, że liberałowie i demokraci nie umieją się porozumieć nawet podczas tak ważnych świąt.

Główny protest organizowało lewe skrzydło partii, które zdołało zgromadzić prawie 9 tysięcy ludzi, w przeważającej większości osób młodych. Partia komunistyczna, narodowi bolszewicy, Rodina, Praca w Stolicy, Związek Oficerów Radzieckich i inne organizacje zgodziły się na wspólne wiecowanie. Eduard Limonow mógł w końcu poprowadzić kolumnę swoich zwolenników, a robił to po raz pierwszy od czterech lat, ponieważ właśnie wygasło zawieszenie jego ostatniego wyroku.

Jewgienij Baranowski, Lew Dmitriew i Aleksandr Czepałyga rozpoczęli strajk głodowy w moskiewskiej siedzibie narodowych bolszewików. Domagają się wypuszczenia na wolność swoich towarzyszy, którzy odsiadują wyroki więzienia.

Licząc pospołu, lewicy udało się w to majowe święto zgromadzić pod swoimi sztandarami półtora miliona ludzi jak kraj długi i szeroki.

W Inguszetii obchody pierwszomajowe upłynęły pod znakiem aresztowań. Musa Ozdojew, czołowy działacz ruchu domagającego się usunięcia prezydenta Ziazikowa, został zatrzymany już w nocy. Poprzedniego dnia pojawił się na placu, na którym miał się odbyć wiec antyprezydencki, i został aresztowany przez milicję. O północy na komendę miejską w Nazraniu przywieziono sędziego Ramazana Tutajewa, który wydał wyrok, procedując w celi, czym symbolicznie pokazał, jak daleko postąpił proces scalania wymiaru sprawiedliwości i organów ścigania w jedną represyjną machinę państwową.

Tutajew skazał Ozdojewa na 72 godziny aresztu, oficjalnie za „akt pomniejszego wandalizmu". Oskarżono go, oczywiście fałszywie, o połamanie jakiegoś stołka. Jest deputowanym do parlamentu republiki, co znaczy, że nie można go prawomocnie zamknąć bez zgody Zgromadzenia Ludowego, ale ponieważ nocą jest to praktycznie niemożliwe, pominięto tę kwestię w drodze wyjątku.

Po przewiezieniu do więzienia Musa natychmiast rozpoczął strajk głodowy. Odkrył przy okazji, że jego towarzyszom z celi grozi zbiorowa próba samobójcza.

2 MAJA 2005 ROKU

Dobę przed terminem Ozdojewa wypuszczono z aresztu, dość niespodziewanie nawet dla niego samego. Decyzję taką podjął sędzia Alichan Jaryżew z sądu rejonowego w Nazraniu. Ozdojew uznał to za osobistą obrazę.

– Powiedziałem sędziemu Jaryżewowi – wyjaśnił mi sam Musa – że nie wyjdę z celi. Nie chciałem z ich strony żadnych ustępstw.

Milicjanci wyprowadzili jednak opierającego się opozycjonistę na ulicę i zatrzasnęli za nim bramę aresztu.

Prawdziwym powodem jego zwolnienia było to, że wpuszczono go przypadkiem do świata, którego istnienie władze próbują za wszelką cenę ukryć przed narodem. W celi spotkał ludzi, których torturowano celem „dobrowolnego przyznania się, że byli organizatorami albo uczestnikami aktów terroru wymierzonych w Murata Ziazikowa". Ozdojew zdołał ustalić, że funkcjonariusze podlegli MSW skatowali niektórych więźniów do tego stopnia, że północnoosetyjskie biuro FSB, widząc ich stan, zrezygnowało z dalszych przesłuchań. Ozdojew spotkał tam także Biekchana Giriejewa, którego minister spraw wewnętrznych nazwał „mózgiem stojącym za terrorystycznym spiskiem".

W trakcie przesłuchań strzaskano mu oba kolana i powyrywano wszystkie paznokcie u rąk.

– Widziałem tam takie rzeczy, w które wcześniej trudno by mi było nawet uwierzyć – zapewnił mnie Musa. – Przestałem się więc dziwić, że po takim potraktowaniu ci ludzie i ich krewni wstępują do ruchu oporu.

Deputowany przyznał, że ta przygoda otworzyła mu wreszcie oczy.

3 MAJA 2005 ROKU

Przebywający w Izraelu Leonid Niewzlin zaoferował administracji prezydenta odkupienie za przysłowiowego rubla posiadanych przez niego udziałów w należącej do Jukosu Grupie Menatep w zamian za wypuszczenie na wolność Chodorkowskiego i Lebiediewa.

Przebywający w więzieniu Matrosskaja Tiszyna Chodorkowski odpowiedział przez adwokata, odrzucając w całości propozycję byłego partnera w interesach. Chodorkowski powtórzył, że nie uważa się za winnego, dlatego nie pozwoli, by ktoś musiał wypłacić za niego okup. Zamierza wywalczyć sobie wolność na drodze prawnej.

Niewzlin został właścicielem pakietu kontrolnego Menatepu po tym, jak Chodorkowski przekazał mu 59,5 procent akcji firmy, aby jak sam się wyraził, „móc skoncentrować się na tworzeniu społeczeństwa obywatelskiego w Rosji". Właśnie to skupienie było początkiem wszystkich jego problemów, ponieważ Kreml uznał go za swojego największego wroga. Gdyby posłusznie wypłacił Kremlowi jego działkę, włos by mu nie spadł z głowy.

Udziałowcy Jukosu ogłosili, że dalsze próby ratowania spółki nie mają sensu.

Władze coraz usilniej lansują w telewizji i w przemówieniach najważniejszych osób w państwie tezę, że Stalin nie był wcale taki zły, jak go później przedstawiano. Odsłonięcie nowych pomników Stalina, upamiętniających jego wkład w zwycięstwo w drugiej wojnie światowej, trafiło na czołówki wszystkich głównych dzienników. Stowarzyszenie Praw Człowieka wezwało do sprzeciwu wobec prób przywrócenia czci niesławnemu przywódcy:

Po tym wszystkim, czego nasz naród dowiedział się o nieludzkiej brutalności i niegodziwości Stalina, jego moralna i polityczna rehabilitacja może oznaczać jedno: że w naszym kraju wszelka niemoralność w sferze polityki jest nie tylko dozwolona, ale także pożądana, a każda zbrodnia popełniona przez władze państwowe może zostać usprawiedliwiona, jeśli jej ogrom okaże się wystarczająco przytłaczający. Nie możemy zapominać, że największymi ofiarami stalinizmu byli sami Rosjanie.

Demokraci znów zaspali. Restalinizacja kraju stała się faktem.

4 MAJA 2005 ROKU

W Moskwie w Zamoskworieckim Sądzie Rejonowym sędzia Irina Wasina odrzuciła apelację Swietłany Gubariowej, kobiety, która była zakładniczką w teatrze na Dubrowce i w trakcie szturmu straciła trzynastoletnią córkę oraz narzeczonego, obywatela USA nazwiskiem Sandy Booker.

Swietłana żądała, by uchylanie się prokuratury od odpowiedzi na pytanie, kiedy i jak zginęli jej bliscy, uznano za niezgodne z prawem; by odmowę ponownego rozpatrzenia sprawy nieudzielenia ofiarom natychmiastowej pomocy medycznej uznano za niezgodne z prawem; by decyzję szefa zespołu dochodzeniowego, Władimira Kalczuka, który odmówił postawienia zarzutów członkom oddziałów specjalnych odpowiedzialnych za przeprowadzenie szturmu, uznano za niezgodną z prawem.

Swietłana odczytała drżącym głosem wszystkie zarzuty wobec prokuratury. Podkreśliła, że ludzie odpowiedzialni za śmierć zakładników, w tym jej bliskich, otrzymali z tego tytułu odznaczenia i nagrody, a obecnie robi się wszystko, by uwolnić ich od zarzutu zmienienia widowni teatru na Dubrowce w ogromną komorę gazową. Zaniechanie rozliczenia winnych doprowadziło jej zdaniem do jeszcze większej tragedii, tej w Biesłanie.

Po pięciu minutach sędzia przerwała nagle i niespodziewanie rozprawę. Swietłana liczyła na stworzenie precedensu, który miał polegać na przyznaniu przez sąd, że w trakcie dochodzenia popełniono rażące uchybienia.

9 MAJA 2005 ROKU

Przywódcy wszystkich państw świata przybyli do Moskwy, by złożyć hołd Putinowi, a nie zwycięstwu Rosji w drugiej wojnie światowej. Tak w każdym razie jest to postrzegane przez ludzi lewicy, prawicy i tych, którzy jakimś cudem pozostali apolityczni.

Putin zawłaszczył najważniejsze patriotyczne uroczystości dla własnych celów, aby umocnić swą pozycję, ponieważ ma się za jednego z głównych przywódców świata. Cały rosyjski biznes musiał się zrzucić na tak zwany Fundusz Zwycięstwa. Wszyscy urzędnicy zostali obciążeni stosownymi opłatami. Nawet najniżsi pracownicy sektora rządowego nie mieli wyjścia i wpłacali datki na świętowanie „zwycięstwa Putina".

Pewien starszy już człowiek, Paweł Pietrowicz Smolaninow, napisał do mnie ze wsi Puszkarnoje, gdzie jego żona pracuje jako listonoszka. Płacą jej za to tylko 2000 rubli miesięcznie [200 zł], ale i ona musiała uiścić haracz. Cytując jego słowa: „Musiała ulec temu wymuszeniu, ponieważ do odejścia na emeryturę zostały jej już tylko trzy miesiące, a boi się utraty świadczeń".

11 MAJA 2005 ROKU

Władze zamierzają utworzyć tak zwaną Izbę Społeczną, zapraszając do niej „najlepsze elementy społeczeństwa obywatelskiego", które co oczywiste, zostaną wybrane przez Putina, aby mogły potem bezpiecznie krytykować decyzje najwyższych władz z tymże Putinem na czele.

Kierownictwo Kongresu Obywatelskiego określiło tę zapowiedź jako „próbę zmanipulowania społeczeństwa obywatelskiego w interesie rządzących". Z drugiej jednak strony, jak szybko dodano, Kongres nadal uważa, że wykorzystywanie każdej okazji do wywierania wpływu na władze jest ze wszech miar rozsądne, i „wierzy, że udział poszczególnych członków Kongresu Obywatelskiego w pracach Izby Społecznej będzie doskonałą okazją do wywierania takich nacisków".

Czy oni naprawdę dadzą się przekupić w tak głupi sposób? Jestem pewna, że tak będzie.

12 MAJA 2005 ROKU

W Nowosybirsku agenci FSB aresztowali dwóch narodowych bolszewików, Nikołaja Bałujewa i Wiaczesława Rusakowa. Przeszukano przy okazji mieszkanie Bałujewa, konfiskując ulotki, egzemplarze narodowo-bolszewickiej gazety „Generalnaja Linija", 20 kaset wideo i słój saletry, której matka Nikołaja, Jewdokija, używała na swojej daczy jako nawozu. Obaj członkowie partii zostali oskarżeni z artykułu 222, paragraf 2, czyli o „posiadanie broni", i z 205, paragraf 2, czyli o „terroryzm".

14 MAJA 2005 ROKU

„Festiwal antyterrorystyczny". Ofiary oblężenia teatru na Dubrowce zorganizowały czterogodzinny *tour de force* pod hasłem: „Nie dla terroru!". Ludzie ci kontynuują walkę o sprawiedliwość z niewielkim tylko wsparciem z zewnątrz. Ogromna sala koncertowa moskiewskiego hotelu Kosmos została zapełniona zaledwie w połowie.

W lożach i na widowni zasiedli niemal wyłącznie członkowie rodzin tych, którzy zginęli podczas pamiętnego szturmu, oraz ci, którzy ocaleli z pogromu. Nieco z boku trzymała się delegacja krewnych ofiar z Biesłanu. Spotkanie otworzyła Tatiana Karpowa, matka Aleksandra Karpowa, który zginął w teatrze. To ona jest ostatnio siłą napędową ruchu broniącego praw osób zaangażowanych w sprawę. Głównym tematem wieczoru było pytanie: dlaczego władze państwowe nie interesują się zupełnie losem ofiar ataków terrorystycznych? Gdzie są te zapowiadane szumnie niezależne dochodzenia w sprawie ostatnich zamachów? Gdzie są niezawisłe sądy i prokuratury? Czy pan nas słyszy, panie prezydencie?

Po sali krążył list otwarty do Putina. Napisał go Oleg Żyrow, obywatel Holandii, którego żona zginęła podczas oblężenia, próbując ocalić ich syna:

Głównym powodem napisania tego listu jest rosnąca wciąż liczba ofiar ataków terrorystycznych, które miały miejsce na terytorium Rosji, oraz kompletny brak zainteresowania ich problemami, a także prawem do moralnej i materialnej rekompensaty ze strony aparatu biurokratycznego i sądowniczego, wliczając w to Sąd Najwyższy i Trybunał Konstytucyjny. Zdaniem sędziów, co widzimy po ferowanych przez nich wyrokach, wszystko, co wydarzyło się w Rosji na przestrzeni ostatnich kilku lat tak zwanej walki z terroryzmem, było zgodne z obowiązującą Konstytucją, w związku z czym pozwy ofiar były i są bezpodstawnie oddalane bez ich dokładnego rozpatrzenia. Wydawać by się mogło, że w tej wojnie biorą czasem udział tylko dwie strony: oddziały sił specjalnych i zwalczani przez nie terroryści albo jak kto woli, separatyści.

Czytam w kuluarach list Olega Żyrowa. Jest ze mną Swietłana Gubariowa, która straciła podczas szturmu córkę Saszę i amerykańskiego narzeczonego. Oczy ma pełne łez, ponieważ nie umie powstrzymać przepełniającego ją poczucia gniewu i żalu. Nie wierzy, że pisanie listów otwartych do Putina cokolwiek zmieni, a już zwłaszcza że władza porzuci metody, jakimi rosyjskie władze zwalczają tak zwany „terroryzm", ponieważ to Putin jest głównym inicjatorem polityki, na której najgorzej wychodzą zawsze zakładnicy.

Przez scenę przewijają się znajome twarze, czyli najbardziej zagorzali obrońcy ofiar aktów terroru: Irina Chakamada, która przewodniczy obecnie partii Nasz Wybór; Garri Kasparow, szachowy mistrz świata, który tej wiosny zrezygnował z gry, aby mieć większy wpływ na zmiany polityczne w naszym kraju, oraz Ludmiła Ajwar, prawniczka, która od ponad dwóch lat reprezentuje przed sądami ofiary z teatru na Dubrowce.

Zaproszono także wiele „nowych twarzy", lecz mało która pojawiła się dzisiaj w hotelu. Wspomnijmy dla przykładu Aleksandra Torszyna, człowieka, który stoi na czele parlamentarnej komisji badającej sprawę ataku w Biesłanie. Ludzie, którzy przyjechali z Biesłanu, mieli nadzieję wysłuchać jego wystąpienia. Wierzą bowiem święcie, że Torszyn zgłębił wszystkie tajemnice tego ataku, poznał najdrobniejsze nawet szczegóły i choć nie może ich na razie ujawnić, to wyzna całą prawdę kiedyś, gdy tylko zdobędzie się na odwagę. Jego nieobecność na festiwalu świadczy dobitnie, że chwilowo brakuje mu tej odwagi. Putin nie umie zrozumieć, że my, Rosjanie, możemy być jego sojusznikami w walce z terroryzmem. Nie podobają mu się także popularne ruchy społeczne, a sługusy będące na każde jego skinienie naśladują posłusznie każde zachowanie prezydenta. Festiwal z 2005 roku odbywa się już po raz drugi. Staje się także powoli tradycją. My, zakładnicy niedbającego o nas państwa, możemy jedynie zgadywać, ilu terrorystów będzie na nas czyhać w roku 2006, i mieć nadzieję, że jednak będzie ich odrobinę mniej.

16 MAJA 2005 ROKU

Chamskie zachowania oddziałów OMON-u przed Mieszczanskim Sądem Rejonowym w Moskwie, gdzie kończy się właśnie proces Chodorkowskiego i Lebiediewa, pokazują bardzo dobitnie, gdzie ta władza ma demokrację. Milicjanci rozpędzili grupkę sympatyków oskarżonych, całkowicie ignorując demonstrację przeciwników Jukosu, którzy pojawili się tam nie wiadomo skąd. Aresztowano 28 osób, milicjanci wyławiali je kolejno z tłumu, gdy manifestanci zaczynali się rozchodzić, po czym wpychali pospiesznie do czekających busów, jakby ktoś w ich szeregach nagle oprzytomniał, że muszą coś z tym fantem zrobić. Protestujący zostali przewiezieni na okoliczne komisariaty, gdzie spędzili kolejne 7 godzin. Wśród zatrzymanych był także Kasparow.

21 MAJA 2005 ROKU

Fundacja Andrieja Sacharowa wspólnie z Moskiewską Filharmonią Państwową obchodzi co roku urodziny szanownego patrona, organizując przy tej okazji wieczorki muzyczne w Sali Wielkiej

Moskiewskiego Konserwatorium. Przez ostatnie 14 lat królował tam bardzo tradycyjny program, czyli koncert muzyki klasycznej przeplatany wystąpieniami czołowych osobistości życia publicznego i bliskich Sacharowowi obrońców praw człowieka, poruszających najbardziej palące problemy, przed którymi ostatnio stajemy.

W tym roku ktoś się chyba wystraszył treści przemówień, ponieważ filharmonia po 15 latach ścisłej współpracy z fundacją kategorycznie odmówiła organizacji koncertu. Ot tak, bez powodu i bez wyjaśnień.

Wielbiciele Sacharowa, zaskoczeni tak nieoczekiwanym przejawem demokracji sterowanej, nie zamierzali jednak zrywać z tradycją i zorganizowali plenerowy koncert własnymi siłami, lokując się na skwerze sąsiadującym z Muzeum Sacharowa i Centrum imienia Sacharowa. Tematem wieczoru było hasło: „Żyjmy uczciwie, dopóki biją serca nasze".

Frekwencja oczywiście dopisała, wieczór upłynął więc pod znajomą moskiewską nutą. Bardowie śpiewali, poeci recytowali, czeczeńska pieśniarka Liza Umarowa zapierała ludziom dech w piersiach swoim niesamowitym wokalem. Odczytano także list nieobecnego niestety Władimira Wojnowicza. Dłuższe przemówienia wygłosili: Siergiej Kowaliow, Grigorij Jawlinski i Władimir Łukin, nasz rosyjski ombudsman. Koncert poprowadziła Natiełła Bołtianska, znakomita autorka tekstów, wokalistka i prezenterka Echa Moskwy, chyba już ostatniej wolnej rozgłośni radiowej.

Straszny zawód będący skutkiem odwołania wieczoru w konserwatorium przeminął z pierwszymi słowami i nutami pieśni, ustępując przemożnemu poczuciu jedności i solidarności z dziełem Sacharowa.

Nie był to jednak koniec cudów. Władze zdały sobie sprawę, że nie zdołały upokorzyć obrońców praw człowieka, toteż dokonały kolejnej wolty, po której filharmonia zaczęła reklamować wszem wobec „koncert Sacharowa", który ma się odbyć w Sali Wielkiej Moskiewskiego Konserwatorium. Stworzono sobowtóra, równoległe wydarzenie, na które nie zaproszono rzecz jasna nikogo spośród krewnych i przyjaciół Sacharowa ani więźniów gułagów czy członków organizacji broniących praw człowieka.

„Oni" chyba wpadli właśnie na pomysł, że powinni sprywatyzować pamięć o Sacharowie. Choć najbardziej prawdopodobne wyjaśnienie jest takie, że znów chcą zamydlić oczy Zachodowi.

22 MAJA 2005 ROKU

W niedzielę w całym kraju odbyły się marsze „za wolność słowa, przeciwko cenzurze, przemocy i kłamstwom telewizji".

W swojej naiwności założyłam, że większość uczestników tych demonstracji będą stanowić członkowie korpusu prasowego, którzy postanowili w końcu stanąć na czele pochodu walczącego o ich prawa. W rzeczywistości prócz reporterów relacjonujących to wydarzenie na miejscu pojawiły się tylko dwie przedstawicielki prasy: Jewgienija Albac, która porzuciła dziennikarstwo dla nauczania, i ja.

Demonstrację zorganizowały wspólnymi siłami: Jabłoko, Komunistyczna Partia Rosji, Sojusz Sił Prawicowych, Związek Dziennikarzy Rosji, moskiewski oddział Grupy Helsińskiej, Kongres Obywatelski, Komitet 2008, Komitet Obrony Moskwiczan, Komitet Obrony Praw Człowieka, Stowarzyszenie Praw Człowieka, Ruch Solidarności i Partia Narodowo-Bolszewicka (w pełnej krasie). Limonow wygłosił nawet przemówienie.

Wszyscy zgromadzeni pod pomnikiem Akademika Koroliowa na alei Kosmonautów przeszli następnie pod stację telewizyjną Ostankino, blokując całą szerokość jezdni.

23 MAJA 2005 ROKU

Strajk głodowy ogłosiły właśnie przedstawicielki narodowych bolszewików, które zostały osadzone w żeńskim więzieniu na Pieczatnikach za wtargnięcie 14 grudnia do pomieszczeń filii Kancelarii Prezydenta i przejęcie ich.

24 MAJA 2005 ROKU

Nie ma już Jukosu. Koncern w jego poprzednim wcieleniu zlikwidowano. Jego główny atut, którym był Jaugansknieftiegaz, został przejęty przy pomocy niemieckiego kapitału. Holding Jukos-Moskwa rozwiązano.

28 MAJA 2005 ROKU

Konferencja partyjna Sojuszu Sił Prawicowych. Przewodniczącym komitetu politycznego i szefem partii wybrano Nikitę Biełycha. To człowiek rządu, wicegubernator obwodu permskiego. Jak widać, administracja rządowa zdołała przejąć taką legendę jak Sojusz Sił Demokratycznych. Widać to choćby po gwałtownym zakończeniu protestów tej partii w sprawie bezpośredniego wyboru gubernatorów.

Na polecenie Kancelarii Prezydenta głównym zajęciem Dumy podczas jej wiosennej sesji było usuwanie ostatnich śladów demokracji z ordynacji wyborczej. Przepisy zmieniono w taki sposób, by ci, którzy znaleźli się w niełasce, nie mieli szans na dojście do władzy bez względu na to, jak zagłosuje elektorat. Główne innowacje wyglądają następująco:

1. Kaucja wyborcza, którą musi złożyć każda partia polityczna, została zwiększona do kwoty 2 milionów dolarów.
2. Kworum potrzebne do uznania ważności wyborów zostało drastycznie zmniejszone, teraz będą ważne przy każdej frekwencji. Dla przykładu: w wyborach lokalnych usunięto wymagany poziom minimum 20 procent głosujących. Teraz może to być dowolna ich liczba. To jawne zaprzeczenie demokracji, dzisiaj mera może wybrać zaledwie 2 procent uprawnionych do głosowania.
3. Nie będzie już żadnych ograniczeń w liczbie zdalnych lub przenośnych urn przypadających na jedną komisję wyborczą. Machinacje polegające na zdalnych głosowaniach były jedną z głównych taktyk fałszowania ostatnich wyborów, zarówno parlamentarnych, jak i prezydenckich. Produkowano tyle głosów, ile trzeba, oczywiście z dala od komisji wyborczych, a więc także poza zasięgiem wzroku niezależnych obserwatorów. System ten sprawdził się wspaniale podczas wyborów w Petersburgu. Liczba głosów oddanych zdalnie przewyższyła tam liczbę uprawnionych do głosowania, którzy pofatygowali się osobiście do lokali wyborczych.
4. Z kart do głosowania zniknie pole do zaznaczenia: „Na żadnego z powyższych". W ostatnich wyborach zakreśliło je niemal 20 procent wyborców, co bardzo zirytowało administrację prezydenta. Od tej chwili nie będzie można wyrazić protestu w trakcie głosowania.
5. Obserwatorzy nie mogą już być desygnowani przez organizacje pozarządowe. Do lokali wyborczych będą wpuszczani jedynie ci, których nominują partie polityczne. Obserwatorzy zagraniczni będą mogli wejść wyłącznie na zaproszenie władz państwowych. Kancelaria Prezydenta będzie więc decydowała, kogo można dopuścić do obserwacji wyborów, a kogo lepiej trzymać od nich z daleka.

Czyżby rządzący aż tak bardzo obawiali się wyborów, nawet „zarządzanych" jak ostatnie? A może mają już dość obaw, czy fałszerstwa ujdą im na sucho, i chcą narzucić jeszcze korzystniejsze dla siebie rozwiązania? Dyrektor Kancelarii Prezydenta Dmitrij Miedwiediew uważa, że wszystkie przyjęte przez Dumę poprawki to wciąż za mało. Powiedział w przemówieniu do przedstawicieli regionalnych komisji wyborczych, że wybory są „zagrożeniem dla stabilności" Rosji. Putin nie raczył zganić szefa swojej administracji.

W Moskwie partia komunistyczna, narodowi bolszewicy, Jabłoko i Rodina zorganizowały wspólnie wiec protestacyjny na placu Rewolucji. Przedstawiciele tych ugrupowań wystąpili w obronie więźniów politycznych. Okazali także solidarność z kobietami prowadzącymi strajk głodowy i domagali się, by nie przetrzymywano ich w więzieniach, dopóki dochodzenie dotyczące wydarzeń z 14 grudnia nie zostanie zakończone. Chcieli także, by zaprzestano szykanowania opozycji na podłożu politycznym, i żądano szerszej amnestii dla tych więźniów, którzy siedzą za pomniejsze naruszenia prawa.

Rządzący strasznie się tym przejęli.

30 MAJA 2005 ROKU

O godzinie 10 rano na miasto wyszło troje zwolenników Limonowa, którzy prowadzą wspierający strajk głodowy w centrali PNB. Udało im się zablokować wejście na plac Czerwony. Zamknęli się pomiędzy dwiema bramami łuku znajdującego się obok Muzeum Historycznego. Protestujący mieli na sobie legendarne koszulki z napisem „29. dzień strajku głodowego" i zdjęciami partyjnych kolegów i koleżanek, którzy trafili do więzienia. Żądali, aby ich uwolniono i aby władze zareagowały na strajk głodowy, który ich towarzyszki prowadzą w więzieniu dla kobiet Pieczatniki.

Rozrzucali także ulotki następującej treści:

Wolność albo śmierć! Czwarty tydzień naszego strajku głodowego w siedzibie Partii Narodowo-Bolszewickiej dobiegł końca. Po raz kolejny zobaczyliśmy, że władze nic sobie nie robią z bezpieczeństwa własnych obywateli. Nikt nie zareagował na prowadzony przez nas strajk głodowy. Czego jednak można się spodziewać po ludziach, którzy bez wahania zagazowali własnych obywateli w teatrze na Dubrowce, w Biesłanie rozstrzelali z czołgów dzieci będące zakładnikami, okradli starców z ostatnich świadczeń, więzili niewinnych, wyrażali podziw dla krwawego dyktatora Karimowa [z Uzbekistanu], a z okazji 60. rocznicy zakończenia drugiej wojny światowej raczyli ogłosić amnestię, która objęła niespełna 200 więźniów? My, prowadzący strajk głodowy, poczuliśmy się zobowiązani do wyjścia na ulice, aby zaprotestować przeciw tak morderczemu nastawieniu wobec obywateli Rosji. Mówimy nie pozbawionym litości urzędnikom państwowym i rzeźnikom państwa policyjnego! Niech żyje wolna Rosja!

Protest ten trwał pół godziny. O godzinie 10.35 narodowi bolszewicy zostali aresztowani przez agentów FSB i ukarani mandatami w wysokości 500 rubli [50 zł] za „niedozwolone protesty w pobliżu siedziby prezydenta".

7 CZERWCA 2005 ROKU

W Osetii Północnej doszło do niespodziewanego przekazania władzy. Prezydent Aleksandr Dzasochow, którego ludzie nie mogli już dłużej znieść, został zdegradowany do funkcji zwykłego senatora i reprezentującego Osetię Północną członka Rady Federacji. Właśnie on ponosi polityczną i osobistą odpowiedzialność za śmierć setek dzieci w Biesłanie, za co powinien trafić pod sąd. Putin nie stawia jednak swoich popleczników przed trybunałami. Zastąpił więc Dzasochowa niejakim Tajmurazem Mamsurowem, oczywiście w ramach „walki z terroryzmem". Mamsurow piastował uprzednio stanowisko przewodniczącego północnoosetyjskiego parlamentu. Dwoje jego dzieci wzięto za zakładników w Biesłanie, ale zdołały przeżyć. Ten fakt nie przeszkodził mu jednak w późniejszym wybielaniu działania władz.

Ze swojego tronu przemówił do deputowanych zebranych w parlamencie, oświadczając:

– Postaram się być godny wielkiego zaufania, jakim zaszczycił mnie pan prezydent.

Nominowani urzędnicy nie muszą nawet udawać, że zamierzają zaskarbić sobie zaufanie obywateli.

16 CZERWCA 2005 ROKU

Przedstawiciele opozycji z lewej i prawej strony sceny politycznej podpisali się na dokumencie pieczętującym ich nowy sojusz. Akt ten skłonił przebywającego w Jarosławiu Grigorija Jawlinskiego do jednego z jakże rzadkich ostatnio wystąpień publicznych. Polityk wyglądał na zmęczonego i przygnębionego.

– Jestem zapraszany co jakiś czas do telewizji tylko po to, by ludzie zobaczyli, że jeszcze żyję – oświadczył zgromadzonym nielicznie dziennikarzom. – Mój widok zapewne cieszy widzów, ale na tym kończy się ich zainteresowanie moją osobą. Co mogę zdziałać w takiej sytuacji? Niewiele więcej, niż poprosić rządzących o przydzielenie określonego procenta głosów w nadchodzących wyborach. To jak ze sprzedanym meczem piłki nożnej, którego wynik nie odzwierciedla rzeczywistego stanu gry.

Obecnie Jawlinski jest wykładowcą w moskiewskiej Wyższej Szkole Ekonomicznej. Ma doktorantów, pisze książki i wygłasza prelekcje za granicą.

Nowy przywódca Sojuszu Sił Prawicowych Nikita Biełych zdaje się namawiać Kreml, by przestał prześladować jego ugrupowanie, ponieważ może okazać się bardzo użyteczne dla władz.

– Jesteśmy opozycją, to fakt, ale konstruktywną. Nigdy nie twierdziliśmy, że zamierzamy być lojalni wobec władzy, lecz jednocześnie nie wierzymy w opozycję jako taką.

Jego słowa są całkowicie pozbawione żywiołowości. Czy widzicie jakiś sens w reanimowaniu trupa starych demokratów tylko dlatego, że znamy ich dobrze i od dawna? Czy mogą cokolwiek zdziałać dla kraju, czy po prostu zaakceptują obecny stan polityki? Patrząc na obie te kwestię realistycznie, żaden z ruchów i żadna z partii demokratycznych nie zasługuje obecnie na wsparcie ze strony uczciwych ludzi, którzy chcą mieć nadal czyste sumienia.

Pod nieobecność dojrzałych polityków coraz większą rolę odgrywają politycy młodzieżowi, którzy się nie zastanawiają, jaka powinna być ich rola i kogo powinni wspierać. Nie obchodzi ich, co myśli Jawlinski, i najprawdopodobniej nie słyszeli nigdy o Nikicie Biełychu.

20 CZERWCA 2005 ROKU

Minęło sześć miesięcy od przeprowadzonej przez milicję brutalnej akcji pacyfikacyjnej w baszkirskim Błagowieszczeńsku i otaczających to miasto wioskach. Wydarzenia te miały miejsce w dniach 10–14 grudnia 2004 roku.

Mijają też prawie dwa miesiące od opublikowania niekonstytucyjnych tajnych instrukcji Ministerstwa Spraw Wewnętrznych

Federacji Rosyjskiej, które dotyczą dopuszczalności stosowania środków przemocy wobec obywateli Rosji, instrukcji niezwykle istotnych z punktu widzenia mieszkańców Błagowieszczeńska. Dzisiaj udało się w końcu wyłonić w Moskwie komisję, która pod przewodnictwem naszego światłego rzecznika praw obywatelskich będzie obradowała, co począć dalej z tym fantem. Posiedzenie komisji jest jedyną reakcją ze strony władz na cały szereg wydarzeń przypominających „czystkę" z Błagowieszczeńska, które miały i nadal mają miejsce, na przykład w Bieżecku, Nieftejugańsku, wsi Rożdiestwieno w obwodzie twerskim, we wsi Iwanowskoje w Kraju Stawropolskim...

Niezwykła brutalność sił bezpieczeństwa w ciągu minionych sześciu miesięcy nie sprowokowała szerszych protestów społecznych, nie poszły za nimi także żadne zauważalne reperkusje. Prezydent nadal uważa się za osobę stojącą ponad prawem i Konstytucją, nie raczył także przeprosić setek obywateli, których dotknęły „czystki", którzy zostali ranni albo dotkliwie pobici, ponieważ nie umiał zadbać o ich bezpieczeństwo. Nasz parlament siedzi w kieszeni prezydenta, nic więc dziwnego, że nie poświęcił nawet jednego posiedzenia nadzwyczajnym wydarzeniom w Błagowieszczeńsku i ich następstwom. Prokurator generalny, co oczywiste, nie zażądał publicznie natychmiastowego unieważnienia niekonstytucyjnych instrukcji MSW.

Dzisiaj, 20 czerwca, Władimir Łukin, nasz rzecznik praw obywatelskich, otworzył pierwsze posiedzenie wspomnianej komisji. Prokuraturę Generalną reprezentował na posiedzeniu Siergiej Gierasimow, zastępca prokuratora generalnego na Nadwołżański Okręg Federalny. Wśród licznych przedstawicieli MSW był także Giennadij Blinow, zastępca szefa Wydziału Monitoringu Organizacyjnego (to on wygłosił większość przemówień w imieniu swojego resortu), oraz Władimir Władimirow z lokalnego biura Federalnej Służby Antynarkotykowej. On z kolei nie miał nic do powiedzenia, podobnie jak zdecydowana większość milicjantów, którzy przybyli na to spotkanie.

Po dobrym starcie wszystko posypało się w zawrotnym tempie. Lew Ponomariow ze Stowarzyszenia Praw Człowieka, członek nieoficjalnej Społecznej Komisji do spraw Zbadania Wydarzeń w Błagowieszczeńsku, zadał pierwsze pytanie:

– Jaki jest obecny stan dochodzenia, które prowadzicie w związku z wydarzeniami w Błagowieszczeńsku?

– Dochodzenie zostało zakończone – odpowiedział Siergiej Gierasimow. – Wszyscy oskarżeni zapoznali się z ustaleniami śledczych. Ramzanow, szef Urzędu Spraw Wewnętrznych w Błagowiszczeńsku, przeczytał do tej pory 22 z 50 tomów akt. Szacujemy więc, że zapoznając się z nimi w takim tempie jak dotychczas, będzie potrzebował jeszcze miesiąca na dokończenie lektury. Wtedy sprawa zostanie skierowana do właściwego sądu.

(Im dłużej będzie zgłębiał materiał dowodowy, tym mniej dowie się opinia publiczna. Prokuratura nie zamierza przecież ponaglać pana Ramzanowa).

Ponomariow: Niektórzy funkcjonariusze MSW z Baszkirii zostali początkowo zawieszeni, ale ostatnio przywrócono ich ponownie do służby. Dlaczego to zrobiono?

Gierasimow: Odwołali się, twierdząc, że zostali niesłusznie zawieszeni, a sąd przyznał im w tej kwestii rację. Moim zdaniem Ministerstwo Spraw Wewnętrznych Baszkirii postąpiło niesłusznie. Gdyby podobne oskarżenia padały pod adresem pracowników prokuratury, zostaliby natychmiast wyrzuceni z pracy.

Wieronika Szachowa (była już redaktorka błagowieszczeńskiej gazety „Zerkało", zwolniona z pracy za przedstawianie prawdy o wydarzeniach z grudnia 2004): Co pan opowiada, nasz prokurator Ismagiłow odmawiał przyjęcia zeznań od ofiar! Nie odpowiedział za to w żaden sposób, po prostu usunięto go w cień.

Gierasimow: Kilka dni po tych wydarzeniach napisał podanie i został zwolniony ze stanowiska.

Szachowa: Na tym polegało jego ukaranie?

Gierasimow: Tak.

Szachowa: Z tego, co wiem, aplikuje obecnie na stanowisko sędziowskie. Czy Prokuratura Generalna wystawiła mu referencje dla Sędziowskiego Kolegium Kwalifikacyjnego?

Gierasimow (wyraźnie zmieszany i niewiedzący, jak odpowiedzieć): Nie wiem. Możliwe, że coś tam wysłaliśmy.

Siergiej Kowaliow (pierwszy rosyjski rzecznik praw obywatelskich, były deputowany do Dumy Państwowej, demokrata pełną gębą, dysydent z czasów sowieckich, towarzysz broni Andrieja Sacharowa): Proszę mi wyjaśnić, dlaczego nikt nie wspomniał, że ten człowiek dopuścił się łamania prawa, gdy pracował w prokuraturze.

Gierasimow: Zwolnienie z pracy jest najwyższą karą, jaką stosujemy. Poza tym nie znaleziono żadnych dowodów na jego działalność przestępczą.

Władimir Łukin, obecny rzecznik praw obywatelskich: Niemniej ta sprawa miała reperkusje, a związane z nią problemy bynajmniej nie ustąpiły. Po Błagowieszczeńsku spotkaliśmy się z podobną sytuacją w obwodzie twerskim, istnieją także podejrzenia, że do podobnych czynów doszło nocą z 11 na 12 czerwca w Kraju Stawropolskim. Jak możemy sprawić, by tego rodzaju czyny nie miały miejsca w przyszłości? Może źródłem problemu jest to, że winni nadal pozostają bezkarni?

Gierasimow: MSW nie umie zaprowadzić porządku we własnym resorcie. Minister spraw wewnętrznych powinien zachować się jak pan domu, powinien walnąć pięścią w stół. Ale zrozumcie, choćbyśmy posłali tam nie wiem ilu prokuratorów, nie zmusimy milicjantów do uporządkowania własnego resortu.

Ludmiła Aleksiejewa (przewodnicząca Moskiewskiej Grupy Helsińskiej, członkini Prezydenckiej Komisji Rozwoju Społeczeństwa

Obywatelskiego i Praw Człowieka): Na początku, gdy zajęliśmy się tą sprawą, uważaliśmy, że to po prostu niedociągnięcie ze strony miejscowego Urzędu Spraw Wewnętrznych, ale dzisiaj wiemy już o istnieniu rozkazu numer 870 DSP. Milicja po prostu wykonywała wydany jej rozkaz. Prowadzimy kampanię na rzecz uchylenia rozkazu numer 870, ale pytanie brzmi: czy jest on jedyny w swoim rodzaju? Czy istnieją inne rozporządzenia na szczeblu wydziału dotyczące tak zwanych „punktów filtracyjnych"?

(Rozkazy numer 174 DSP i 180 DSP z 10 września 2002 roku, podpisane przez Borysa Gryzłowa, który w tamtym czasie piastował stanowisko ministra spraw wewnętrznych, oraz poprawka numer 12 do rozkazu numer 870 DSP, czyli „Instrukcji dotyczącej planowania i przygotowania sił oraz środków na wypadek sytuacji wyjątkowych", określały bardzo dokładnie, w jaki sposób funkcjonariusze MSW mają reagować w „wyjątkowych okolicznościach", „wyjątkowych sytuacjach" albo podczas „stanu wyjątkowego". Wprowadzają one pojęcia takie, jak „punkty filtracyjne" i „grupy filtracyjne". Dokumenty te mówią, że nie tylko możemy dostać pięścią w twarz, kiedy reagujący funkcjonariusz milicji albo OMON-u uzna to za stosowne, ale daje im także prawo do arbitralnego aresztowania nas, wysłania do punktu filtracyjnego, a jeśli stawimy czynny opór – do „eksterminacji elementu przestępczego". Te dokumenty pozwalają milicjantom uznać i traktować każdego obywatela jak przestępcę. Dzisiaj na takie rozkazy, które de facto znoszą domniemanie niewinności, można trafić na każdym komisariacie).

Giennadij Blinow: Jeśli chodzi o utworzenie w Błagowieszczeńsku tak zwanego punktu filtracyjnego, mamy ewidentnie do czynienia z czystą niekompetencją osoby dowodzącej tą akcją na szczeblu lokalnym. Rozkaz numer 870 został wydany w celu zapewnienia bezpieczeństwa naszym obywatelom i krajowi w przypadku ogłoszenia stanu wyjątkowego. Powtórzę, dotyczy on wyłącznie stanu wyjątkowego.

Oleg Orłow (współprzewodniczący Stowarzyszenia „Memoriał"): Problem w tym, że w rozkazie numer 870 wymienia się nie tylko stan wyjątkowy, ale także wyjątkowe okoliczności i wyjątkowe sytuacje. W jaki sposób uregulowano prawnie tworzenie tak zwanych punktów filtracyjnych podczas stanu wyjątkowego? I czym są te wyjątkowe okoliczności? Nie umiałem znaleźć tych terminów w obowiązującym u nas prawie.

Blinow: MSW ma jeszcze tydzień na udzielenie odpowiedzi. Nie bądźmy w gorącej wodzie kąpani. Pracuje nad tym imponujący zespół prawników. Poczekajmy.

(O czym my tu rozmawiamy? Na korytarzu Siergiej Gierasimow, człowiek, który prowadził dochodzenie w sprawie Błagowieszczeńska, przyznał otwarcie, że nie przesłano mu rozkazu numer 870, ponieważ rzekomo jest tajny. Tymczasem rozporządzenie, na podstawie którego zapędzano ludzi do punktów filtracyjnych, gdzie byli bici, torturowani i gazowani, wisi sobie spokojnie na niezliczonych stronach poświęconych obronie praw człowieka, gdzie każdy może zapoznać się z jego treścią – a mówię tutaj na przykład o stronach internetowych Stowarzyszenia „Memoriał". Dlaczego więc odmówiono dostępu do niego komuś tak ważnemu jak wiceminister spraw wewnętrznych?).

Mara Poljakowa (przewodnicząca Niezależnej Komisji Prawnej, która zajmowała się sprawdzaniem legalności rozkazu numer 870): Czy Prokuratura Generalna zamierza uznać rozkaz numer 870 i załączone do niego instrukcje za niezgodne z prawem?

Blinow: Rozkaz numer 870 został sprawdzony pod tym kątem przez Ministerstwo Sprawiedliwości. Jest w pełni zgodny z obowiązującym w Rosji prawem.

Siergiej Szymowołos (obrońca praw człowieka z Niżnego Nowogrodu): Noszenie masek przez funkcjonariuszy OMON-u w trakcie prowadzenia akcji pacyfikacyjnej uniemożliwia pociągnięcie ich później do odpowiedzialności. W sprawie Błagowieszczeńska oskarżono wyłącznie tych, którzy nie byli zamaskowani. Jak zamierzacie rozwiązać tę sprawę?

Gierasimow: Nie możemy działać tak zupełnie bez masek. Są na przykład nieodzowne przy pilnowaniu szczególnie niebezpiecznych przestępców albo przy łapaniu uzbrojonych bandytów, gdzie mamy czasami do czynienia z prawdziwą wojną partyzancką. Niemniej stosowanie masek powinno być uregulowane, a obecnie tak nie jest. Dlatego funkcjonariusze OMON-u z Baszkirii uniknęli chwilowo kary. Stanowisko prokuratury jest takie, że zamaskowani funkcjonariusze muszą nosić wyraźnie widoczne oznakowanie numeryczne. Po Błagowieszczeńsku okazało się jednak, że baszkirska milicja nie ma nawet jednego takiego oznaczenia, podobnie jest zresztą w wielu innych rejonach kraju.

Irina Wierszynina (rzeczniczka praw człowieka w obwodzie kaliningradzkim): Czy zamierza pan dokonać rewizji sytuacji prawnej związanej z noszeniem masek? Mamy co rusz do czynienia z kolejnym skandalem i nic się w tej sprawie nie robi.

(Na to pytanie nikt nie odpowiedział).

Siergiej Kowaliow: Nie mówimy tutaj tylko o tych dziesięciu funkcjonariuszach, których oskarżono w sprawie Błagowieszczeńska, ani o baszkirskim MSW. Nie o to nam chodzi, sytuacja jest znacznie gorsza. Skąd się wzięły te punkty filtracyjne? Z Czeczenii. Tam działały niemal bez przerwy na przestrzeni ostatnich dziesięciu lat. Czeczeni cierpieli w nich katusze, jakby tam panował stan wyjątkowy, choć nigdy go formalnie nie ogłoszono. Tam po prostu stworzono warunki do maltretowania ludzi. A skoro tak, wypadałoby zapytać, czy aby nie na tym opiera się obecna polityka naszego państwa. Obawiam się, że z tym właśnie mamy do czynienia.

Z kolejnych posiedzeń komisji wykluczono tych, których Łukin określił mianem „outsiderów". Wśród nich znalazły się na przykład ofiary „czystek" w Błagowieszczeńsku oraz cała grupa niepożądanych obrońców praw człowieka i dziennikarzy. Na jednym z kolejnych posiedzeń przedyskutowano przyczyny zbiorowego samobójstwa więźniów kolonii karnej w Lgowie, gdzie niemal tysiąc osadzonych podcięło sobie jednocześnie żyły w proteście przeciw torturom, które znosili od strażników, ale rozmowy te odbyły się już tylko w gronie „swojaków". Swojacy to dzisiaj czempioni Rosji w walce o prawa człowieka, czyli wyższe kierownictwo Ministerstwa Sprawiedliwości, które zarządza wszystkimi więzieniami i koloniami karnymi Rosji.

29 CZERWCA 2005 ROKU

W Dagestanie aresztowano Gejdara Dżemala. To przewodniczący Komitetu Islamskiego Rosji i zarazem jeden z największych współczesnych filozofów muzułmańskich, który mieszka na stałe w Moskwie. Dżemal udał się do Machaczkały na zaproszenie Rady Religijnej Muzułmanów Dagestanu, instytucji jak najbardziej oficjalnej. Został zatrzymany przez funkcjonariuszy machaczkalskiego biura FSB razem z 12 innymi osobami zebranymi, by przedyskutować kwestię utrzymania pokoju w republice, do której zagląda już widmo wojny.

Aresztowanie tych pokojowo nastawionych mężczyzn odbyło się w niezwykle brutalny i agresywny sposób. Dokonali go uzbrojeni po zęby agenci. Dżemal został znieważony i pobity, a następnie przewieziono go do Dagestańskiego Centrum Walki z Terroryzmem. Niedługo później zwolniono większość zatrzymanych z wyjątkiem Abbasa Kiebiedowa, ale nie to jest w tej sprawie naprawdę niewiarygodne. Dżemal to zbyt poważana persona w świecie islamu, by można go tak traktować. Oficjalnie podanym powodem aresztowania było sprzyjanie wahabizmowi, z którym Dżemal nie ma nic wspólnego. To, co dzisiaj nazywamy wahabizmem, jest w rzeczywistości kultem Basajewa.

30 CZERWCA 2005 ROKU

W Moskwie w Nikulińskim Sądzie Rejonowym rozpoczął się proces narodowych bolszewików, którzy 14 grudnia 2004 roku zajęli biura filii Kancelarii Prezydenta. Na salę sądową wprowadzono ich zakutych w łańcuchy niczym niewolników w starożytnym Rzymie.

Sam proces też jest wydarzeniem bez precedensu. Po pierwsze, oskarżono 39 osób, więc próba znalezienia wystarczająco wielkiej sali rozpraw, by pomieścić wszystkich, okazała się praktycznie niemożliwa. Zwłaszcza że klatki dla oskarżonych stały się nieodłącznym elementem sal sądowych w Rosji. Po drugie, władze państwa dokładają wszelkich starań, by podkreślić, że mamy do czynienia z procesem politycznym.

Początkowo narodowi bolszewicy zostali oskarżeni o „próbę siłowego przejęcia władzy w Federacji Rosyjskiej" (artykuł 278 Kodeksu karnego). Z czasem zarzuty ograniczono do „spowodowania masowych zamieszek" (artykuł 212, paragraf 2), za co grozi kara 3–8 lat więzienia. Sprawą zajął się osobiście prokurator generalny Rosji Władimir Ustinow, a dochodzenie prowadził zespół śledczych moskiewskiej prokuratury (której szef, Jewgienij Alimow, miał zostać odwołany w lipcu w związku z innym dochodzeniem w sprawie korupcji). W sumie 39 z 40 narodowych bolszewików trafiło na pół roku za kratki, gdzie oczekiwali rozpoczęcia procesu (tylko piętnastoletni Iwan Pietrow z Tweru został wypuszczony na wolność).

W południe, czyli w chwili rozpoczęcia posiedzenia sądu, budynek został otoczony szczelnymi kordonami służb bezpieczeństwa. Agenci OMON-u byli wszędzie, zgromadzono też masy milicji, na każdym rogu stały patrole z psami, ludzie w mundurach polowych i agenci w cywilu. Nagrywano na wideo wszystkich demonstrantów, zerkano nawet przez ramię każdemu dziennikarzowi, by sprawdzać, co tam sobie notuje. Podczas rozprawy nie było cienia swobody, podobnie jak w przypadku procesu Chodorkowskiego. Narodowych bolszewików nie przywożono jednak do sądu wytwornymi limuzynami z przyciemnionymi szybami, nawet rodzice nie mogli więc zobaczyć, jak wyglądają obecnie ich aresztowane dzieci. Oskarżeni trafili do budynku sądu ciężarowymi więźniarkami, które wjechały od razu na podziemny parking. Potem zaprowadzono wszystkich wewnętrznymi schodami na drugie piętro, które na ten dzień całkowicie odcięto od reszty budynku. Mogli na nim przebywać wyłącznie ci, którzy brali czynny udział w procesie. Dopełnieniem niezwykłych środków bezpieczeństwa było rozstawienie co 10 metrów patroli milicji, jakby na miejscu miał być sam Putin. Jedyną znaną osobą, która tam się pojawiła, był jednak Eduard Limonow, przywódca narodowych bolszewików, lecz ani jemu, ani rodzicom oskarżonych nie pozwolono zbliżyć się do budynku sądu.

– Mogę tylko współczuć, ale tak zdecydował sędzia – tłumaczył pojednawczym tonem pułkownik dowodzący kordonem ochrony.

Wspomnianym sędzią jest Aleksiej Szychanow, którego sprowadzono specjalnie na tę okazję z Twerskiego Sądu Rejonowego.

Rozprawy powinny odbywać się tam, gdzie doszło do zarzucanych czynów, ale sala sądowa była na to stanowczo za mała.

Muszę powiedzieć, że skuwanie ludzi, którzy nie zostali jeszcze skazani prawomocnym wyrokiem, i zamykanie ich w klatkach wydaje się mocno przesadzoną reakcją. Nawet terrorystów i seryjnych gwałcicieli nie stawiamy przed sądem w takich kajdanach. Jak widać, dysydentami zostają dzisiaj ci, których władze najbardziej się boją.

Pierwszego dnia procesu, prowadzonego bez udziału publiczności, obrona próbowała wynegocjować wypuszczenie najmłodszych oskarżonych za kaucją – w tym przypadku chodziło o trzech chłopaków i dziewięć dziewcząt. Nie wydaje się to przesadnie wygórowanym żądaniem, biorąc pod uwagę, że szkody, jakie poczynili, są naprawdę znikome (podarte obicie sofy, zepsuty sejf i wyłamane drzwi). Nawet jeśli dodać do oskarżenia udział w nielegalnym zgromadzeniu, to i tak mamy do czynienia ze zwykłym wykroczeniem administracyjnym, a nie ze zbrodnią.

Sędzia Szychanow podkreślał jednak nieustannie, jak poważne są zarzuty i jak wielki budzą niepokój. Oznajmił także, że decyzję, czy pozostawi oskarżonych w areszcie, ogłosi dopiero o godzinie 19, gdy wszyscy inni pracownicy sądu opuszczą już budynek. Tłumaczył, że robi to na wypadek, gdyby pozostający wciąż na wolności narodowi bolszewicy zamierzali narobić zamieszania. To raczej jasna wskazówka, że jego decyzja będzie odmowna.

Sędzia niepotrzebnie przejmował się potencjalnym wybuchem zamieszek. Wieczorem, po tym jak zaczął padać deszcz, na miejscu zostali już tylko ci, którym najbardziej zależy na losie oskarżonych, czyli potulne milczące matki i ponurzy ojcowie kulący się pod parasolkami. Ich jedyną bronią były ronione bez przerwy łzy. Towarzysze partyjni poszli sobie w tym czasie na herbatkę, Limonow także gdzieś zniknął. Przywódcom nie wypada przecież moknąć na jakimś tam deszczu. Decyzję w końcu ogłoszono: oskarżeni pozostaną w więzieniu.

Wszystkie pułapki zastawiane na oskarżonych są dowodami na to, jak bardzo władze boją się zagorzałych przeciwników politycznych, zwłaszcza takich, którzy wierzą, że mogą przeciwstawić się samemu Putinowi.

Właśnie z tego powodu zorganizowano kolejny proces pokazowy. Najpierw był Jukos, teraz próbuje się złamać dysydentów, ponieważ dzisiaj tak postrzega się na Kremlu narodowych bolszewików. Głoszą przecież hasła: „Powstrzymać wojnę w Czeczenii!", „Precz z tym aspołecznym rządem!", „Precz z Putinem!". Co gorsza, nie zaczepiają obcych ludzi po bramach, tylko czytają książki i myślą trzeźwo. Ich zbrodnia jest tym bardziej haniebna, że władzom nie udało się złamać żadnego z młodych ludzi, choć zastosowano w tym celu chyba wszystkie najobrzydliwsze metody, w których przodują nasze służby bezpieczeństwa, zwłaszcza gdy trzymają kogoś pod kluczem. Tym razem władze niczego nie wskórały: żaden z bolszewików nie poprosił o litość, żaden nie przyznał się także do winy.

Garri Kasparow jest już oficjalnie przywódcą Zjednoczonej Rady Demokratycznej, choć jak dotąd nie udało się niestety zjednoczyć zbyt wielu znanych demokratów, może z wyjątkiem kilku pokrewnych Garriemu dusz, które popierały go wcześniej bądź pracowały dla Sojuszu Sił Prawicowych. Garri kontynuuje podróże po południowej Rosji. Wszędzie jednak hotele odmawiają zakwaterowania zarówno jemu, jak i jego zespołowi, a restauracje nie chcą wynajmować mu sal na spotkania. Właściciele powołują się na zakaz – oczywiście tylko ustny – wydany przez władze Południowego Okręgu Federalnego.

– Wy wrócicie sobie do Moskwy, a my będziemy musieli tutaj żyć. Jeśli zgodzimy się was przyjąć, najprawdopodobniej zamkną nam ten hotel/restaurację.

Dlaczego Kasparow jest dla nich tak bardzo niepokojący? Przecież on tylko rozmawia z ludźmi, zasiewając w umysłach niektórych ziarno niepewności co do „dobroci Putina". Nic więcej nie zrobił. Wszystkie te prześladowania są zasługą naszego starego znajomego Dmitrija Kozaka, politycznego przedstawiciela Putina na południową Rosję i rzekomego demokraty. Wielu demokratów, nawet tych z największych partii, uważało do tej pory, że Kozak jest największą po Putinie szansą na demokratyzację kraju, choć szczerze mówiąc, udało mu się zająć tak eksponowane miejsce w tym rankingu wyłącznie ze względu na brak konkurencji. Zdecydowana większość naszego rządu jest ospała i tchórzliwa. Ludzie współczuli mu, gdy zostawał pełnomocnikiem prezydenta na południu kraju, ponieważ było to przez nich postrzegane jako bilet w jedną stronę, ale Kozak udowodnił wszystkim, że nie jest tchórzem. Gotów był wyjść do ludzi i rozmawiać z nimi o powodach ich niezadowolenia. Pomagał im się także wyładować.

Stopniowo, popełniając jeden akt cywilnego nieposłuszeństwa za drugim, stawał się coraz popularniejszy w pozostałych regionach Rosji. Jego prawdziwe polityczne zapatrywania ujawniły dopiero wspomniane szykany Kasparowa. Ten człowiek jest całkowicie oddany Putinowi.

1 LIPCA 2005 ROKU

W dagestańskiej Machaczkale 10 osób zginęło na miejscu, a dwie kolejne zmarły w szpitalach, po tym jak doszło do eksplozji przed łaźnią, do której co piątek chadzali poborowi ze 102 Brygady Operacji Specjalnych MSW. W chwili wybuchu stało ich tam 60. Mina domowej roboty zawierała materiały wybuchowe stanowiące ekwiwalent 7 kilogramów trotylu. W Dagestanie był to już szósty zamach terrorystyczny w ostatnich miesiącach.

6 LIPCA 2005 ROKU

W Moskwie Bohaterowie Federacji Rosyjskiej i Związku Radzieckiego rozpoczęli właśnie strajk głodowy. To raczej niespotykane zachowanie w grupie docelowej, która uważa się za ostoję jakiegokolwiek reżimu, a już zwłaszcza tego, który okupuje aktualnie Kreml. Ci ludzie powinni być idolami władz państwowych, ale coś poszło nie tak.

Pięciu bohaterów, reprezentujących w sumie 204 odznaczonych medalami Bohatera Federacji Rosyjskiej, Związku Radzieckiego albo Pracy Socjalistycznej, zdecydowało, że nie widzi innego sposobu poprawy stosunków władz z narodem, po czym dokonało publicznego samoumartwienia. Prowadzą strajk głodowy na terenie byłego instytutu badawczego przy ulicy Smolnej na przedmieściach Moskwy. Każdy ze strajkujących jest przedstawicielem pewnej grupy odznaczonych: jeden z nich został dwukrotnie wyróżniony tytułem Bohatera Związku Radzieckiego, inny reprezentuje kosmonautów i Zwiozdnyj Gorodok, trzeci jest Bohaterem Pracy Socjalistycznej i kawalerem Orderu Sławy Pracy, czwarty ma medale Bohatera Federacji Rosyjskiej i Związku Radzieckiego i tak dalej.

Bohaterowie stracili cierpliwość. W dniu 13 czerwca Duma przyjęła w pierwszym czytaniu nowe poprawki ustawy antybenefitowej, tym razem dotyczące bohaterów właśnie. Poprawki te proponują zmniejszenie, ale nie dochodów, tylko wyrazów szacunku ze strony państwa, któremu ci ludzie wyjątkowo się zasłużyli. Dla przykładu: bohaterowie od tej pory nie będą chowani z honorami, odmawia się im asysty gwardii honorowej i salwy na pożegnanie, chyba że sami sobie za to wszystko zapłacą.

To biurokratyczne szaleństwo najwyższego lotu. Bohaterowie są wściekli, ponieważ do tej pory wierzyli, że państwo ma interes w przyznawaniu im podobnych zaszczytów. W kwietniu, gdy poprawki wędrowały krętą drogą przez biurokratyczną machinę rządową, napisali nawet do Putina, Fradkowa i Gryzłowa. Bohaterowie w liczbie 204 poprosili władze o spotkanie ze swoimi przedstawicielami, aby zostali wysłuchani i zrozumiani, ponieważ uważali te nowelizacje za upokarzające i absolutnie nieakceptowalne.

Ze strony rządu nie było żadnej reakcji. Choćby próby zrozumienia. Biurokraci z administracji prezydenta, Dumy i rządu splunęli im po prostu w twarz. Bohaterów uderzyła wtedy jedna myśl: jaką odpowiedź otrzymałby ktokolwiek inny, skoro ich, bohaterów, potraktowano tak okropnie? Zdecydowali, że najlepszą reakcją będzie strajk głodowy, którym „zwrócą uwagę na brak dialogu pomiędzy władzami państwa a narodem".

– Uważamy, że nadszedł najwyższy czas na rozpoczęcie protestu, który „stanie się zarzewiem wielkiego pożaru" – mówi Walerij Burkow. – Aby społeczeństwo obywatelskie poszło naszym śladem, aby uchwalono ustawę gwarantującą, że głos ludu zostanie wysłuchany i będziemy mieli wpływ na tworzone prawo. Nasza głodówka ma na celu sprowokowanie szerokiej debaty na temat tego, jak podejmowane są decyzje polityczne, oraz o prawie obywatela do posiadania własnego punktu widzenia i zdania o tym, jak powinno być rządzone państwo. W przeciwnym razie nasza Konstytucja będzie tylko kolejną idealistyczną Deklaracją praw człowieka. Gdzie jest rosyjska inteligencja? Gdzie są nasi pisarze? Członkowie Rady Prezydenckiej? Posłuchajmy, co mają do powiedzenia na temat kwestii, które skłoniły nas do podjęcia tak drastycznych działań.

7 LIPCA 2005 ROKU

Zamach terrorystyczny w Londynie, w tym samym czasie, gdy grupa G8 spotyka się w szkockim Gleneagles opodal Glasgow.

Putin także tam jest. W telewizji bez przerwy pokazują ciała ofiar i ich krew, ale lepiej nie słuchać komentarzy: jest w nich naprawdę niewiele współczucia, za to wylewa się morze złośliwej satysfakcji. Zupełnie jakbyśmy się cieszyli, że Brytyjczycy cierpią dzisiaj tak samo jak my. Pojawiają się także pierwsze zawoalowane sugestie, że Wielka Brytania jest już gotowa do ekstradycji Achmeda Zakajewa, chociaż tamtejszy rząd niczego takiego nie powiedział.

Co się z nami porobiło? Jesteśmy zawsze gotowi cieszyć się z cierpienia innych, ale nigdy nie okazujemy dobroci. Na całym świecie uważano nas do niedawna za porządnych sprawiedliwych ludzi. Ostatnio nie wyczuwam nawet tego.

W Moskwie bohaterowie kontynuują strajk głodowy, lecz nie informuje o tym żaden kanał telewizyjny.

Marina Chodorkowska, matka Michaiła Chodorkowskiego, przesłała do „Nowej gazety" list otwarty do kosmonauty Gieorgija Grieczki, który podpisał wcześniej cieszący się złą sławą list otwarty 50 aktorów, pisarzy, producentów i kosmonautów – ludzi dobrze znanych w całej Rosji. Napisali w nim, że potępiają Chodorkowskiego i że cieszy ich surowość wyroku, czyli skazanie go na 9 lat pozbawienia wolności. Cały ten tekst utrzymany jest w starym stalinowskim duchu. Z czasów, gdy naród pisał entuzjastyczne peany do Wodza, namawiając go, by miażdżył nadal swoich wrogów, prawdziwych czy wyimaginowanych.

Poczułam się zraniona i zawstydzona waszym czynem – pisze pani Chodorkowska. – *Trudno mi uwierzyć, że wy, ludzie tacy jak pan, dobrze poinformowani i niepozbawieni uczuć, nie macie bladego pojęcia, iż mój syn i jego firma poczynili ogromne inwestycje w programy edukacyjne dla młodzieży i nauczycieli w odległych regionach Federacji Rosyjskiej. Jeśli te fakty były panu znane, to gdzie jest teraz pańskie sumienie? Jeśli pan o tym nie wiedział i skopał publicznie kogoś, kto został skazany na polecenie władz, to gdzie podział się pański honor i męskość? Nie proszę o obronę Michaiła Chodorkowskiego ani o krytykę naszego tak zwanego wymiaru sprawiedliwości – każdy człowiek ma prawo do własnych osądów – ale zanim zaczniecie kogoś publicznie lżyć, powinniście zapoznać się wcześniej ze wszystkimi faktami, ponieważ bez tego nie będziemy mieli nawet elementarnej sprawiedliwości.*

Opublikowaliśmy ten list, ale kosmonauta Grieczko, który jak się okazało, krytykował także swojego głodującego kolegę, nie raczył odpowiedzieć. Tak zatem wygląda jego wybór.

8 LIPCA 2005 ROKU

Ciąg dalszy procesu 39 narodowych bolszewików, którzy od niemal 7 miesięcy przebywają w różnych moskiewskich więzieniach. Na sali rozpraw zamontowano nowe klatki dla oskarżonych, ich kraty sięgają obecnie sufitu. Dwie z nich przeznaczono dla młodych mężczyzn, jedną dla dziewczyn. Wszystkie są ciasno upakowane. Iwan Mielnikow, prominentny deputowany Dumy Państwowej z ramienia partii komunistycznej oraz członek Zgromadzenia Parlamentarnego Rady Europy, nie mógł uwierzyć własnym oczom: oto absurdy związane z tym ewidentnie politycznym procesem. Jako deputowany nie spodziewał się, że może być świadkiem czegoś podobnego. Pracując w Dumie, odnosił bowiem wrażenie, że strona rządząca dąży zawsze do konsensusu, układów i porozumień. Na sali sądowej wyzbył się jednak wszelkich wątpliwości co do tego, jak bezlitośni bywają nasi władcy w stosunku do „wrogów Rzeszy". Deputowany Mielnikow wykłada także na Uniwersytecie Moskiewskim; a że większość narodowych bolszewików to studenci, niektórzy z członków partii uczęszczali na jego uczelnię. Właśnie z tego powodu pojawił się dzisiaj w sądzie – chciał złożyć zeznania jako świadek w ich sprawie, ale sędzia nie wyraził zgody.

Oskarżonym zarzuca się spowodowanie zniszczeń na kwotę 472 700 rubli [47 200 zł]. Jeśli podzielimy tę kwotę pomiędzy 39 podsądnych, wyjdzie na to, że prokurator żąda ośmiu lat więzienia za szkody warte około 12 tysięcy rubli. Skąd taka surowość? Może stąd, że oskarżeni skandowali w przestrzeni publicznej: „Putin musi odejść!" i inne bardzo podobne hasła.

Odważyli się powiedzieć publicznie, co sądzą o naszym prezydencie, i znaleźli się tutaj, za kratami, niczym szczeniaki w schronisku dla zwierząt. Spoglądają na nas z takim smutkiem, że aż serce pęka. Jeden z chłopaków zapuścił w więzieniu czarną krzaczastą brodę i ogolił głowę na zero. Na zdjęciach sprzed zamknięcia wyglądał zupełnie inaczej. Drugi jest wprawdzie zbyt młody na zapuszczenie zarostu, ale został żywcem pożarty przez pluskwy: całą jego twarz pokrywają cętki ranek. Trzeci ciągle się drapie – cierpi na świąd więzienny, czyli różyczkę. Stanowią zagrożenie dla społeczeństwa ze względu na odmienny punkt widzenia, jak ma wyglądać życie w tym kraju.

Sędzia sprawia wrażenie, jakby wszystko szło zgodnie z wytycznymi. Ten człowiek wie doskonale, po czyjej stoi stronie.

Niemal wszyscy ważni demokraci, nieistotne, czy obecni, czy już byli, stawiali się karnie na każdej rozprawie Chodorkowskiego i Lebiediewa. Dzisiaj na sali sądowej nie ma żadnego z nich. Nikt nie pikietuje budynku, nikt nie urządza demonstracji w centrum miasta, nikt nie uczestniczy w wiecach protestacyjnych, nikt nie wykrzykuje gromkich haseł. Wydaje się to bardzo dziwne, ponieważ widzimy gołym okiem, że mamy do czynienia z procesem czysto politycznym, pokazowym, takim jak w przypadku Jukosu. Tym razem chodzi jednak o zastraszenie zupełnie innej grupy wiekowej, w zupełnie innym przedziale dochodowym. Proces Jukosu miał pokazać narodowi, że nawet najwięksi bogacze mogą trafić na ławę oskarżonych, tutaj natomiast przed sądem postawiono młodych ludzi o niskich dochodach, głównie studentów. Przesłanie jest jednak dokładnie takie samo – zobacz, co ci zrobimy, jeśli ważysz się nam przeciwstawić. Czeka cię więzienie, pluskwy, różyczka, ciężkie roboty i obcowanie z bandziorami. Przez wiele lat żywiliśmy nadzieję, że rozprawy z ławami przysięgłych sprawią, iż sądy staną się w końcu niezawisłe. Władze państwowe musiały na to zezwolić, w przeciwnym razie nie zostalibyśmy przyjęci do Rady Europy. Od 2003 roku ławy przysięgłych pojawiały się coraz częściej na salach rozpraw, głównie w procesach kryminalnych, a co za tym idzie, tam gdzie sądy tradycyjne uniewinniały około 1 procenta oskarżonych, ławnicy puszczali wolno około 15 razy więcej ludzi.

Problem jednak w tym, że za niewinnych uznawano najczęściej szefów gangów, „bohaterów" wojny czeczeńskiej, żołnierzy federalnych, którzy dopuszczali się przestępstw ze szczególnym okrucieństwem, głównie zabójstw. Po uniewinnieniu znanego szefa mafii o pseudonimie Japończyk szacunek dla ław przysięgłych spadł do zera. Okazały się kolejnymi płonnymi nadziejami na sprawiedliwość.

12 LIPCA 2005 ROKU

Złe wieści napływają z Błagowieszczeńska. Ostatni zatrzymany milicjant opuścił właśnie areszt. Podczas gdy obrońcy praw człowieka robili zamieszanie w Moskwie, w Baszkirii uwolniono cichcem funkcjonariusza Gilwanowa, jedną z najbardziej okrutnych postaci tego widowiska, człowieka winnego ciężkiego pobicia wielu młodych mężczyzn ze wsi Duwanei. Dzisiaj wszystkie bestie znów chodzą na wolności. Sąd rejonowy w Ufie uznał, że Gilwanow nie stanowi zagrożenia dla społeczeństwa, choć zaatakował i skatował chłopaka, który miał nogę w gipsie, zrobił to, wiedząc, że jest on całkowicie bezbronny z powodu złożonego złamania kości piszczelowej. Jeszcze bardziej obrzydliwe wydaje się to, że baszkirskie MSW zezwoliło Gilwanowowi na powrót do pracy w milicji.

Lokalne władze planują obecnie zemstę za to całe zamieszanie, którego mieszkańcy miasta narobili po ataku.

Materiały dotyczące tej sprawy zostały rzekomo zdeponowane w Wydziale Ciężkich Przestępstw Prokuratury Generalnej Baszkirii, gdzie miały być całkowicie bezpieczne. Teraz jednak dowiadujemy się, że wnioski adwokatów o postawienie poważnych zarzutów, w tym nielegalnego przetrzymywania ofiar w tak zwanych obozach filtracyjnych, po prostu wyparowały. Z tego właśnie powodu milicjanci odpowiadają jedynie za „przekroczenie uprawnień".

W tym samym czasie ofiary „czystek" są poddawane niemającym precedensu szykanom administracyjnym. Wielu ludzi zwolniono z pracy za odmowę wycofania zeznań. Tak właśnie postępuje się dzisiaj z najbardziej maltretowanymi ofiarami i ich rodzinami. Karze się tych ludzi za to tylko, że mieli czelność poskarżyć się na nieludzkie traktowanie ze strony milicji i OMON-u, za to, że rozmawiali z moskiewskim dziennikarzami i obrońcami praw człowieka. Prawnicy, którzy zgodzili się reprezentować interesy ofiar, także nie mają lekko. Gdy Stanisław Markiełow z Moskwy i Wasilij Syzganow z Włodzimierza przyjechali do Błagowieszczeńska na żądanie stołecznych organizacji obrońców praw człowieka, już podczas pierwszego spotkania z klientami byli świadkami czegoś niebywałego. Do domu ofiar wtargnął pijany osobnik uzbrojony w nóż. Prawnicy ocaleli tylko dlatego, że gospodarz, Witalij Kozakow, osłonił ich własną piersią. Jego krew zachlapała całe mieszkanie i klatkę schodową.

Milicja, którą wezwano na miejsce zdarzenia, po prostu odjechała, odmawiając nawet aresztowania napastnika. Chwilę później obezwładniony oprych zaczął sypać: wyjawił, że właśnie milicjanci nakłonili go do spowodowania rozróby po pijaku. Chodziło o to, by mieć powód do aresztowania adwokatów broniących ofiar wcześniejszej przemocy.

Ludzie poszkodowani w Błagowieszczeńsku założyli Stowarzyszenie Ofiar Filtracji, Czystek i Brutalności Milicji, po czym zaapelowali w liście otwartym do obywateli, którzy doświadczyli tego samego:

Nie mamy żadnych praw, podobnie jak wy. W tamtych mrocznych dniach grudnia dowiedzieliśmy się, przez co musiała przechodzić ludność cywilna w Czeczenii, ponieważ sami doświadczyliśmy podobnej grozy. Przemoc milicji w naszym mieście zapoczątkowała cały ciąg brutalnych działań w wielu innych regionach Rosji. Zaczęto od małych miejscowości, ale w mgnieniu oka filtracja dotrze także do największych metropolii. Nie ufamy już władzom państwowym i sądom. W tej sytuacji możemy polegać wyłącznie na sobie i wzajemnie sobie pomagać. Prosimy was, bez względu na to, kim jesteście i gdzie mieszkacie, bez względu na waszą narodowość, abyście skontaktowali się z nami. Musimy powstrzymać to szaleństwo, zanim wszyscy zostaniemy zniszczeni przez system.

Strajk głodowy bohaterów, który rozpoczął się 6 lipca, trwa. W dniu 12 lipca wśród protestujących objawiła się w końcu jego urzędowość pan rzecznik praw obywatelskich Władimir Łukin. To wiekopomne wydarzenie miało miejsce już po wymianie części postników. Pierwszym żądaniem rzecznika praw obywatelskich było wyproszenie dziennikarzy. Wyszliśmy. Wizyta zbiegła się w czasie z przybyciem delegacji wdów po bohaterach, które pojawiły się w dawnym instytucie przy Smolnej, by okazać solidarność z głodującymi.

Dmitrij Gołubiew, mąż Łarisy Gołubiewej, był kapitanem łodzi podwodnej pierwszej klasy i Bohaterem Związku Radzieckiego. Dowodził drugim atomowym okrętem podwodnym, jaki zbudowano w Związku Radzieckim.

– Umierając, powtarzał mi w kółko: „Czego tak beczysz? Będziesz miała wszystko. Zadbają o ciebie. Będziesz wdową po bohaterze". Ja nie z tego powodu płakałam, ale on nie mógł przecież wiedzieć, jak się sprawy naprawdę potoczą.

Dowodzenie drugim atomowym okrętem podwodnym, jaki zbudowano w tym kraju, nie mogło wyjść człowiekowi na zdrowie, ponieważ załogi tych jednostek były poddawane nieustannym eksperymentom. Łarisa przez większość życia mieszkała w garnizonach: a to na Kamczatce, a to w Siewieromorsku albo w Sewastopolu... Życie upłynęło jej na wyczekiwaniu i nadziei, że mąż wróci żywy z kolejnych ciężkich prób.

Do czego ma obecnie prawo Łarisa, która dzieliła życie ze swoim bohaterskim mężem? Do niczego. Zgodnie z nowymi przepisami wdowom po bohaterach nie przysługują żadne dodatki do emerytury. Państwo, które pogrążyło się w niewiarygodnej korupcji, przynosząc równie niewiarygodne bogactwo całej wierchuszce, tnie dzisiaj budżet, gdzie tylko może. Dodatki przysługujące wdowie po bohaterze są obecnie tak niskie, że lepiej zrezygnować z nich całkowicie i zadowolić się zwykłą emeryturą, ponieważ nie można pobierać obu świadczeń jednocześnie. Tak właśnie zrobiła Łarisa. Ma własną emeryturę, otrzymuje także od prezydenta 500 rubli miesięcznie [50 zł] jako ocalała z oblężenia Leningradu. W sumie dostaje 3200 rubli [320 zł]. Tak wygląda cześć oddawana bohaterowi.

Strajkujący nie żałują niczego ze swojej przeszłości – niepokoi ich stan obecny, a przyszłość przeraża. Wierzą niezachwianie, że strajk zakończy się podjęciem prawdziwego dialogu pomiędzy obywatelami Rosji a władzami państwa.

Giennadij Kuczkin jest pięćdziesięciojednoletnim Bohaterem Związku Radzieckiego z Kinelu w obwodzie samarskim. W stopniu porucznika walczył w Afganistanie, służył tam w korpusie pancernym. Wziął udział w 147 bitwach i potyczkach, za co w roku 1983 otrzymał medal i tytuł Bohatera Związku Radzieckiego. Przyleciał z Samary zaledwie dzień wcześniej, by dołączyć do strajkujących kolegów.

– Z tego, co zrozumiałem, naszym celem jest zmuszenie władz, by zaczęły zachowywać się honorowo.

Pomimo stoczenia 147 bitew Giennadij pozostał niewinnym człowiekiem. Jest romantykiem, musi nim być, żeby nadal czuć się bohaterem, choć ojczyzna opluwa jego heroizm, zamiast go sławić. Giennadij otrzymał własne mieszkanie dopiero po dziesięcioletnim oczekiwaniu, licząc od dnia otrzymania tytułu Bohatera Związku Radzieckiego. Cały ten czas pomieszkiwał kątem u innych z ciężkim bagażem rodziny i odniesionych ran. Kolejnych 12 lat musiało minąć, by założono mu telefon.

– Kłamstwo rodzi cynizm – stwierdza. – Czasami przemawiam w szkołach. Czym interesują się dzisiaj dzieci? Głównie pieniędzmi. Chciały wiedzieć, czy jestem bojownikiem. Na ogół zadają mi dwa pytania: ilu ludzi zabiłem i ile mi za to zapłacono. Gdy się dowiadują, ile dostaję emerytury, przestają patrzeć na mnie jak na bohatera. Tracą zainteresowanie. Fundamentalne znaczenie ma dzisiaj kwestia, kto tworzy obecnie elity Rosji. Elita to każdy, kto ma pieniądze lub władzę, od naczelnika z takiego zadupia jak moje po pierwszego obywatela.

Osobiście poprosiłam Borysa Niemcowa z Sojuszu Sił Prawicowych, by poszedł do strajkujących.

– Proszę tam iść i udzielić im chociaż moralnego wsparcia!
Nie spodobał mu się ten pomysł, odpowiedział więc wymijająco:

– Będą liczyli, że coś im przyniosę. Nie mogę pójść do nich z pustymi rękami.

Niemcow uważał, że strajkujący będą oczekiwali, iż przyniesie im jakieś zapewnienia ze strony rządzących, ale oni nie posiadaliby się ze szczęścia, gdyby zajrzał tam tylko na chwilę, ponieważ dałby tym do zrozumienia, że podziela ich zapatrywania.

Nasze społeczeństwo przestało być społeczeństwem. Jesteśmy jak zbiór dobrze wyizolowanych betonowych komórek, które nie mają drzwi i okien. W jednej z nich siedzą bohaterowie, w innej politycy z Jabłoka, w kolejnej Ziuganow, przywódca komunistów, i tak dalej, i tak dalej. Są tam tysiące ludzi, którzy mogliby stać się prawdziwym narodem, ale ściany ich komórek są nieprzepuszczalne. Jeśli komuś coś dolega, to żera go także złość, że nikogo innego nie obchodzi jego cierpienie. Jeśli w którejś innej komórce ktoś o nim faktycznie pomyśli, to nie pójdą za tym żadne realne działania. Ludzie przypomną sobie, że ktoś miał jakiś problem, dopiero gdy ich własna sytuacja stanie się nie do zniesienia.

Władza czyni wszystko, by nasze komórki były jeszcze bardziej odizolowane i nieprzepuszczalne. Robi to, siejąc niezgodę, podburzając jednych przeciw drugim, dzieląc i rządząc. A ludzie się na to nabierają. To jest prawdziwy problem. Właśnie z tego powodu rewolucje w Rosji mają tak ekstremalny przebieg. Bariery otaczające nasze komórki pękają, dopiero gdy nagromadzona w nich negatywna energia wymknie się spod kontroli.

13 LIPCA 2005 ROKU

Bohaterowie zupełnie nieoczekiwanie otrzymali zaproszenie na posiedzenie Rady Federacji. Obiecano im, że zostanie tam omówiona kwestia dotyczącej ich ustawy. Cieszyli się jak dzieci, którym wręczono długo oczekiwany rowerek.

– Lód się kruszy – powtarzał Burkow. – Mówiłem ci, władza zaczyna z nami rozmawiać. Doskonale!

Delegacja bohaterów przesiedziała na posiedzeniu Rady kilka godzin, powoli zdając sobie sprawę, że coś jest nie tak. Gdy ustawa została poddana pod głosowanie, Burkow zerwał się z miejsca i ryknął na całą salę:

– A co z nami?! Czy nikt nie zamierza posłuchać, co mamy do powiedzenia?!

Dopiero wtedy, i to z ogromną niechęcią, dopuszczono ich do głosu. Widać było wyraźnie, że nikomu nie przyszło do głowy, iż zaproszeni goście mogą mieć coś do powiedzenia. Sprowadzono ich tam tylko po to, by dali się przekonać do przerwania strajku głodowego.

Burkow zaczął mówić, ale zaraz mu przerwano, i to bardzo niegrzecznie. Przewodniczący Rady Federacji Siergiej Mironow ponownie poddał ustawę pod głosowanie, a senatorowie szybko ją klepnęli. Potem Mironow zaprosił bohaterów do swojego gabinetu, gdzie usłyszeli, że senatorowie nawet podzielają ich obawy, ale ci na samej górze mają inne zdanie na ten temat. Wielokrotnie prosił ich także o przerwanie strajku głodowego, ponieważ dopiero wtedy „będzie można rozpocząć dialog z administracją prezydenta". Bohaterowie wyszli z jego gabinetu w poczuciu upokorzenia i pospiesznie wrócili do swojej maleńkiej komórki.

14 LIPCA 2005 ROKU

Proces narodowych bolszewików wciąż trwa, dzisiaj prokurator odczytuje akt oskarżenia. Państwo postanowiło wykorzystać tę sprawę do ustalenia fundamentalnej koncepcji odpowiedzialności zbiorowej, o której nie słyszano od czasów pokazowych procesów z epoki Stalina. W późniejszych latach tak prokuratorzy, jak i sędziowie zabiegali o jak najściślejszą personalizację winy, dystansując się od totalitarnych praktyk, które jak widać, w 2005 roku wróciły na salę rozpraw. Prokurator Smirnow wydukał kolejno wszystkie nazwiska oskarżonych, potem stwierdził, że wszyscy oni „uczestniczyli w masowych zamieszkach, używając przemocy… uniemożliwiając działanie funkcjonariuszom organów ścigania… ulotki zawierające treści antyprezydenckie… okazywali jawny brak szacunku dla społeczeństwa… skandowali bezprawnie hasła nawołujące do usunięcia z urzędu…".

Podczas przerwy w rozprawie obrońca Dmitrij Arganowski tak skomentował to wystąpienie:

– Uczestniczyłem w naprawdę wielu procesach, w których wina zawsze była przypisywana konkretnej osobie. Dzisiaj jednak, jak widzę, sąd zamierza zastosować na moich klientach precedensową odpowiedzialność zbiorową. Zapewne na polityczne zamówienie z góry.

Czasami mówi się, że jesteśmy społeczeństwem składającym się z milionów niewolników, którymi kieruje garstka panów. Twierdzi się także, że tak już zostanie po kres dziejów, że nigdy nie wyjdziemy z epoki pańszczyźnianej. My także często mówimy o sobie w podobnym tonie, choć mnie się to jeszcze nie zdarzyło.

Odwaga sowieckich dysydentów przyspieszyła upadek Związku Radzieckiego i nawet dzisiaj, gdy tłumy skandują na wiecach: „Kochamy Putina!", są też wśród nas ludzie, którzy nadal myślą samodzielnie i wykorzystują każdą okazję, by pokazywać, co dzieje się z Rosją, nawet jeśli ich wysiłki wydają się z pozoru daremne.

Oto rzadki przykład inteligentnego, uszczegółowionego i elokwentnego protestu będącego dziełem działacza Stowarzyszenia

Obrońców Praw Człowieka z Tiumenia. Władimir Griszkiewicz skierował do Trybunału Konstytucyjnego pismo uzupełniające do złożonej przez niego skargi na niekonstytucyjność przepisów dotyczących nowego trybu wyboru gubernatorów. Wyraża w nim zgodę na łączne rozpatrzenie jego wniosku ze skargami złożonymi w trybunale przez partię Jabłoko i grupę niezależnych deputowanych do Dumy Państwowej. Jego wypowiedź jest bardzo ważnym elementem najnowszej historii naszego kraju, udowadniającym dobitnie, że w roku 2005 nie wszyscy zachowali milczenie, chociaż nie doszło do rewolucji. Co więcej, protestowali nie tylko dysydenci z Moskwy. Po długiej i szczegółowej analizie, w której Griszkiewicz wyłożył, dlaczego propozycja Putina powinna zostać uznana za bezprawną, następują wnioski końcowe:

> *W związku z powyższym zwracam się do Trybunału Konstytucyjnego Federacji Rosyjskiej z prośbą o dokonanie oceny opisanych powyżej okoliczności, w jakich uchwalano i podpisywano ustawę federalną „O wprowadzeniu zmian i uzupełnień do ustawy federalnej o ogólnych zasadach organizacji organów ustawodawczych (przedstawicielskich) i wykonawczych władzy państwowej na terytoriach składowych Federacji Rosyjskiej" oraz w ustawie federalnej „O podstawowych gwarancjach praw wyborczych i prawie obywateli Federacji Rosyjskiej do uczestniczenia w referendach".*

Trybunał nie raczył mu odpowiedzieć. Społeczeństwo nie raczyło zaprotestować.

15 LIPCA 2005 ROKU

Zdawać się może, że budzimy się, dopiero gdy ktoś uderzy nas tam, gdzie zaboli najmocniej, czyli po kieszeni. Rewolucyjne pasje sięgają szczytu tylko wtedy, kiedy w grę wchodzi realna utrata pieniędzy.

W Riazaniu związek zawodowy przedsiębiorstwa Riazanskije Chimwołokno zorganizował pikietę przed siedzibą lokalnych władz. Związkowcy sprzeciwiają się likwidacji zakładu. Są przekonani, że do bankructwa ich fabryki włókien sztucznych doprowadzono celowo, aby ktoś mógł ją nabyć za bezcen. Najpierw wydano zarządzenie o zaprzestaniu produkcji na trzy miesiące, a następnie o całkowitym zamknięciu zakładów, ponieważ zaczęły przynosić straty.

W tym właśnie momencie przebudziła się brać robotnicza. W mieście jest bardzo mało miejsc pracy, a dyrekcja poinformowała właśnie 25 pracowników, w tym przedstawicieli związków zawodowych, że od tej pory będą otrzymywać płacę minimalną ustaloną na 800 rubli miesięcznie [80 zł]. Robotnicy z Chimwołokna nie znaleźli jednak poparcia nawet w samym Riazaniu, ponieważ sami wcześniej nikogo nie wspierali. Pies z kulawą nogą nie zwrócił na nich uwagi, gdy stali przed gmachem urzędu, głośno protestując.

Uljanowsk jest bardziej wojowniczym miastem. Rozpoczął się tam właśnie nowy protest naklejkowy „Nigdy więcej biurokracji! Nigdy więcej Putina!". Organizuje go ogólnonarodowy ruch młodzieżowy o nazwie Obrona wraz z lokalnymi organizacjami ekologicznymi. Działacze oblepili całe miasto niewielkimi etykietami, które zdobią napisy w stylu: „Koniec z kłamstwami!" albo: „Powiedz nie i walcz!". Młodzi aktywiści wzywają tym sposobem do pokojowych protestów obywatelskich wymierzonych w biurokrację, która doprowadza ich region i całe państwo do ruiny. Nie robią tego, by bronić swoich przywilejów i płac. To raczej prolog rewolucji.

Dlaczego Uljanowsk? Obwód uljanowski należy do najbiedniejszych, przekształcono go ostatnimi laty w zaplecze surowcowe dla wielkich koncernów mieszczących się w innych częściach kraju i co chyba gorsze, w jedno wielkie wysypisko śmieci. A wszystko to dzięki staraniom nowego gubernatora, bohatera z Czeczenii, generała Władimira Szamanowa, narzuconego – jakżeby inaczej – przez administrację prezydenta Putina. Pod jego rządami szefowie lokalnych mafii powychodzili z podziemia. Szamanow otwarcie ich wspierał, otaczając się byłymi żołnierzami, którzy po zakończeniu służby w Czeczenii poszli w gangsterkę, jak to często bywa u nas, w Rosji. Sam Szamanow okazał się zbyt głupi i niekompetentny, by rządzić cywilami.

Kryjący się za demokratycznymi sloganami, wymachujący nam przed nosem poparciem Putina rzekomi pomocnicy władz państwowych otwarcie okradają tę prowincję, choć sam Szamanow został ostatnio przeniesiony do Kancelarii Prezydenta.

Ruch Obrona z Uljanowska przypomina oddolne działania, które doprowadziły nie tak dawno do ukraińskiej rewolucji. Jego członkowie uważają, że prawo zezwala im na organizowanie pokojowych protestów, nawet w formie demonstracji czy pikietowania gmachów rządowych, oraz na rozdawanie ulotek i dystrybuowanie na mieście nalepek. Obrona z Uljanowska wchłonęła już lokalne młodzieżówki Jabłoka i Sojuszu Sił Prawicowych, a także takich organizacji, jak ekologiczne Zielonoje Jabłoko.

W Moskwie przed siedzibą Ministerstwa Spraw Wewnętrznych odbyła się kolejna demonstracja. Protestowano przeciw brutalności organów ścigania. Pojawiło się na niej góra 20 osób, które trzymały transparent z następującymi hasłami: „Nigdy więcej tajnych rozkazów! Wnieść akty oskarżenia przeciwko winnym przemocy w Błagowieszczeńsku i innych miejscowościach!". Demonstranci domagali się rezygnacji Raszyda Nurgalijewa, rosyjskiego ministra spraw wewnętrznych, a także postawienia zarzutów karnych Rafaelowi Diwajewowi, baszkirskiemu ministrowi spraw wewnętrznych, oraz wszystkim innym urzędnikom i funkcjonariuszom, którzy zostali oskarżeni o stosowanie przemocy wobec obywateli.

Protestowano przeciwko zastraszaniu Rosjan przez milicję, ale Rosjanie gremialnie to zignorowali. Pikieta trwała prawie dwie godziny. Z budynku MSW nie wyszedł nikt, by porozmawiać z oburzonymi obywatelami, ponieważ administracja obawia się wyłącznie masowych protestów. Jeśli przychodzi nas garstka, wyśmiewają nas przez chwilę, po czym wracają do swoich zajęć.

16 LIPCA 2005 ROKU

Jedenasty dzień strajku głodowego. Uczestnicy są już bardzo osłabieni. Co ich czeka? Rząd nadal milczy. Czy któryś z tych biedaków musi umrzeć, by wywołać jakąkolwiek reakcję? Większość strajkujących jest w podeszłym wieku, cierpi też na różne schorzenia, nie wyłączając niepełnosprawności, a mimo to nie ma u nas polityka, który zechciałby z nimi porozmawiać.

18 LIPCA 2005 ROKU

Głodujący bohaterowie stanęli w obliczu kolejnego impasu. Władze zbywają pogardliwie każdą ich sugestię.

– O co chodzi? – pytam zdziwiona Swietłanę Gannuszkinę. Rozmawiamy tuż przed spotkaniem z udziałem Putina, który zaszczyci swoją obecnością tak zwaną (zupełnie bez sensu) Prezydencką Komisję Rozwoju Społeczeństwa Obywatelskiego i Praw Człowieka, w której Swietłana zasiada. – Dlaczego oni ich po prostu nie wysłuchają? Dlaczego upierają się robić wszystko w najgorszy z możliwych sposobów? Dlaczego wymuszają jeden impas po drugim?

– Pytasz dlaczego? Dlatego, że chcą stworzyć kraj, w którym nie da się żyć – odpowiada ze smutkiem Swietłana.

Jest jedyną członkinią tej komisji, która ma odwagę wręczyć Putinowi apel bohaterów. Może nasz *barin* okaże się jednak ludzkim panem?

Dzisiaj po południu ława przysięgłych Moskiewskiego Sądu Miejskiego uniewinniła Wiaczesława Iwankowa, znanego również jako Japończyk, którego oskarżono o zastrzelenie w roku 2002 dwóch tureckich obywateli w stołecznej restauracji. Była to główna wiadomość wszystkich dzienników telewizyjnych, oczywiście połączona z relacją na żywo z sądu. Poinformowano także, że pan Iwankow przymierza się do napisania książki. O strajku głodowym bohaterów nie ma jednej wzmianki, o procesie narodowych bolszewików przebąkuje się tylko tu i ówdzie. Nie wiemy też nic na temat ich planów po opuszczeniu więzienia.

Jak my możemy żyć w takim zakłamaniu? Udajemy, że w przypadku Japończyka sprawiedliwości stało się zadość, i cieszy nas, że dowalono Chodorkowskiemu. Pochwalamy oba te sprawiedliwe naszym zdaniem wyroki. Tu nie chodzi o naszą enigmatyczną rosyjską duszę, to po prostu efekty wieloletniej tradycji życia w zakłamaniu, o której Sołżenicyn pisał już dawno temu. Właśnie ono w połączeniu z lenistwem niepozwalającym na podniesienie tyłka z krzesła stojącego w przyjemnie rozgrzanej kuchni sprawia, że budzimy się, dopiero gdy ktoś nas obedrze ze złudzeń. Tego właśnie trzeba, abyśmy dołączyli do rewolucji.

19 LIPCA 2005 ROKU

Czternasty dzień strajku głodowego. Surkow, główny ideolog Putina, nazywa protestujących szantażystami.

– Nie pozwolimy nikomu wykręcać nam rąk – mówi. Co taki Surkow może mieć wspólnego z tą sprawą? Dlaczego jej rozwiązanie ma zależeć od politycznego manipulatora, który może poszczycić się jedynie wirtualnymi zwycięstwami Jednej Rosji i niezwykle krwawym procesem „czeczenizacji" Czeczenii. Tego samego Surkowa, który uważa, że te właśnie dokonania stawiają go w pierwszym szeregu polityków wagi ciężkiej. Dlaczego od jego widzimisię ma zależeć, czy głos 204 bohaterów zostanie wysłuchany?

W trakcie strajku głodujący napisali wiele listów, które rozsyłano później faksami i pocztą elektroniczną, a nawet zanoszono osobiście do sekretariatów wielu ważnych osobistości. Udzielili także licznych wywiadów, w których wspominali o tych listach, ale tylko kilka z nich zostało w ogóle wyemitowanych.

Ten epizod pokazuje dobitnie, że wielu naszych prominentnych działaczy – przywódców oraz ich zastępców z partii reprezentowanych w Dumie Państwowej, a także poza nią, działaczy wszelakich ruchów i sojuszy, nie wyłączając samego przewodniczącego Rady Federacji Siergieja Mironowa, który zgodnie z zapisami Konstytucji jest trzecią osobą w państwie – sympatyzuje z głodującymi, z ich żądaniami i uczuciami, z ich pragnieniem służenia krajowi. Sympatyzują z tym wszystkim, ale tylko w zaciszu prywatnych gabinetów. Publicznie, przed kamerami telewizji i mikrofonami agencji informacyjnych, stają ramię w ramię z prezydentem, sprzeciwiając się temu strajkowi solidarnie i jednogłośnie. To oni przegłosowali upokarzającą poprawkę, która doprowadziła do tej konfrontacji, tę, w której nie da się dostrzec nawet cienia chęci porozumienia.

Dlaczego najbardziej niezależni członkowie naszego politycznego establishmentu muszą być aż tak dwulicowi? Oto jest pytanie. Czy to nie jest oczywisty przykład szantażu ze strony Kancelarii Prezydenta: „Jeśli nie spełnicie naszych żądań, odbierzemy wam wszystkie przywileje"? Nikt nie chce tracić dzisiaj przywilejów. Nasze polityczne „elity" cierpią na nieuleczalną tchórzliwość i drżą jak osiki z obawy przed utratą władzy. Nie boją się utraty społecznego zaufania, tylko stołków. Inna sprawa, że nic im prócz tych stołków nie zostało.

W czeczeńskiej wiosce Znamienskoje doszło do aktu terroru. Główną ulicą przejechał samochód, w którym na fotelu obok kierowcy usadzono czyjeś zwłoki. Na miejsce zdarzenia wezwano milicję, a gdy funkcjonariusze pojawili się na miejscu i podeszli do podejrzanego pojazdu, ten wyleciał w powietrze, zabijając 14 osób. Zginęło także dziecko, a wiele innych, przeważnie chłopców, odniosło rany.

Jak się okazało, wczesnym wieczorem 13 lipca z górskiej wsi Nowoszczedrinskaja uprowadzono Aleksieja Siemienienkę, lat 23. Porwano go na oczach młodszych sióstr. Aleksiej i jego żona oszczędzali od wielu miesięcy, by wyjechać z Czeczenii. Ich rodziny mieszkały w Nowoszczedrinskiej od stu lat z okładem, jest to spora, trzymająca się razem, ciężko pracująca familia, ale w obliczu takiej tragedii nawet ona pozostała bezradna. Im bardziej zakorzenia się władza Kadyrowa, tym większe panuje bezprawie i tym bardziej oddala się nadzieja na normalizację życia. Tak przynajmniej uważał Aleksiej.

Zatrudnił się sezonowo przy zbiorach, ponieważ w tej robocie można szybko zarobić większe pieniądze. W dniu 17 lipca, wracając z pola, zastał przed domem czekających na niego czterech uzbrojonych mężczyzn w mundurach polowych. Byli to Czeczeni, którzy przyjechali dwoma srebrnymi samochodami terenowymi. Niemal wszyscy mieszkańcy Nowoszczedrinskiej są pewni, że to żołnierze Kadyrowa. Każdy, kto mieszka w Czeczenii, bez trudu odróżni ludzi Ramzana od jamadajewców, OMON-u albo od oddziałów należących do Bajsarowa i Kokijewa (to wszystko tak zwane paramilitarne czeczeńskie siły bezpieczeństwa). Da się ich odróżnić po pojazdach, którymi się poruszają, i po broni, którą preferują. Żołnierze porozmawiali z Aleksiejem, po czym zapakowali go do samochodu i odjechali. Sąsiedzi zapamiętali wprawdzie numery rejestracyjne obu wozów, ale tablice, jak się okazało, były kradzione.

Następnego ranka rodzina zawiadomiła milicję o porwaniu, a miejscowi czeczeńscy funkcjonariusze, którzy znali się z uprowadzonym od dziecka, przez dwa dni szukali go w swoim rejonie i w sąsiednich. Nie trafili jednak na żaden ślad. W tym momencie miejscowa prokuratura wyniuchała zagrożenie i wyrwała się z typowego dla niej letargu.

W dniu 19 lipca pierwszą osobą, która podeszła do wspomnianego samochodu, był znajdujący się w pobliżu milicjant. Gdy otworzył drzwi, zobaczył na siedzeniu pasażera trupa, który sądząc po odorze i stanie rozkładu, był martwy od dłuższego czasu. Milicjant zauważył jeszcze, że na twarzy denata widać kilka ran postrzałowych.

Oddalił się, by wezwać posiłki, i to uratowało mu życie. Do eksplozji doszło, kiedy wokół samochodu zaroiło się od jego kolegów. Bombę zdetonował zdalnie terrorysta, który musiał mieć to miejsce na oku. Zamach został zaplanowany tak, by zwabić, a potem zabić jak najwięcej mundurowych. Po wybuchu Siergiej Abramow, wyznaczony przez Moskwę na premiera Czeczenii, wygłosił kilka mrocznych uwag na temat Basajewa i Umarowa, ale nie pojawił się osobiście na miejscu zdarzenia. Ogłoszono też żałobę narodową.

W tym samym czasie rodzina Siemienków przetrząsała całą republikę w poszukiwaniu Aleksieja. Dwa dni później ktoś zapukał do ich domu i poprosił, by udali się do Mozdoku w sąsiedniej Osetii Północnej celem zidentyfikowania zwłok. Wszystkie ofiary morderstw trafiają do tamtejszego zakładu medycyny sądowej, ponieważ w całej Czeczenii nie ma czegoś takiego.

Tatiana Siemienienko, matka Aleksieja, nie podejrzewając, że ta sprawa może mieć jakikolwiek związek z zamachem bombowym, trafiła w kostnicy na ofiary wybuchu spoczywające w szufladach chłodni. Tylko jedno ciało leżało na podłodze w czarnym worku, pośrodku wielkiej kałuży wody.

W tym właśnie worku, który był traktowany, jakby zawierał zwłoki zamachowca, znajdowało się ciało jej syna. Zdołała go zidentyfikować wyłącznie po literze L wytatuowanej na ramieniu. Twarzy nie dało się nijak rozpoznać. Rodzina pochowała później tylko to ramię i głowę. Milicjant, który podszedł do samochodu pierwszy i zobaczył ciało Aleksieja w całości, zeznał, że było ubrane w mundur polowy. Porywacze musieli go zatem przebrać przed egzekucją i wsadzeniem do samochodu pułapki.

I na tym kończy się ta opowieść. Siemienkowie nie mają się komu poskarżyć. Nie było żadnej publicznej reakcji. Nikt – ani Kadyrow, ani Ałchanow czy Kozak – nie pofatygował się z kondolencjami do rodziców zabitego. Nikt nie zaoferował rekompensaty za utraconego w tak tragicznych okolicznościach syna. Nikt im też nie zapłacił, żeby nie robili szumu. Sprawę kryminalną dotyczącą uprowadzenia Aleksieja otwarto i zaraz zamknięto, ale prowadzeniem czynności dochodzeniowych w sprawie jego zamordowania nikt już się nie zajął. Za to zaliczono go do grona terrorystów, ponieważ zabił wielu milicjantów. Nikomu nie przeszkadza przy tym to, że w chwili przeprowadzenia zamachu był już od dawna martwy. Są tylko dwa prawdopodobne wytłumaczenia tego zajścia. Jeśli porywaczami Aleksieja byli ludzie Kadyrowa, w co wierzą do dzisiaj wszyscy mieszkańcy wioski, to oni musieli stać za inscenizacją zamachu. Zrobili to, ponieważ wiedzieli, że dopóki będą zdarzały się takie ataki, dopóty oni będą potrzebni. Po zaprowadzeniu pokoju wszyscy powędrowaliby natychmiast za kratki.

Drugie wytłumaczenie jest takie, że bojówkarze Kadyrowa sprzedali ciało Aleksieja bojownikom Basajewa albo jakimkolwiek innym członkom ruchu oporu. Jest to wbrew pozorom całkiem możliwe, ponieważ linie podziału pomiędzy ludźmi pracującymi dla Kadyrowa i Basajewa zacierają się coraz bardziej, choć słyszymy bez ustanku, że Ramzanek marzy o zastrzeleniu Szamilka. Ludzie, których przygarnął pod swoje skrzydła reżim Putina, są najbardziej przebiegłymi, cynicznymi i zdemoralizowanymi kryminalistami, jacy chodzą obecnie po tej ziemi.

Kto dzisiaj protestuje w Czeczenii w sprawie sagi Aleksieja Siemienienki? Nikt. Jego rodzina drży ze strachu przed zbirami Kadyrowa, ponieważ dwie młodsze siostry ofiary widziały twarze porywaczy. Rozsądniej jest więc zapomnieć o synu, niż ryzykować wywołanie fatalnego w skutki zamieszania. Tak właśnie wojna rozpętana przez Putina wpływa na sposób myślenia ludzi w Czeczenii i nie tylko w niej – ten sposób myślenia rozlewa się po całej Rosji. W podobną ślepą panikę wpadają bliscy uprowadzonych na całym Kaukazie Północnym, we wszystkich tych miastach i wsiach, które przetrwały wcześniejsze „masowe czystki" i inne pacyfikacje w tamtejszym stylu.

Im gwałtowniejsze są ataki służb bezpieczeństwa, tym bardziej rosną wskaźniki poparcia dla Putina, a dzieje się tak z bardzo prostego powodu: naprawdę niewielu ludzi chce przeciwstawiać się reżimowi, ryzykując własne zdrowie i życie.

Tak wygląda dzisiaj życie codzienne w Rosji. Zbrodnie, brak uczciwych dochodzeń, brak nawet chęci, by udawać, że coś się w tych sprawach robi. Rezultatem takiego stanu rzeczy są niekończące się ataki terrorystyczne i związane z nimi tragedie. Moja gazeta odmówiła opublikowania tekstu o Aleksieju Siemienience – była to pierwsza taka odmowa od wielu lat. „Nowaja gazieta" także woli trzymać się z dala od problemów, zwłaszcza że Ramzan Kadyrow stał się ostatnio największym pupilem naszego prezydenta.

20 LIPCA 2005 ROKU

Dzisiaj Putin przyjął na Kremlu działaczy na rzecz obrony praw człowieka i członków Prezydenckiej Komisji Praw Człowieka. Swietłanie Gannuszkinie nie pozwolono zabrać głosu, ale przekazała w ręce Putina list od głodujących bohaterów. Wspomniał o nich także inny z obecnych na spotkaniu działaczy, Aleksandr Auzan. Putin nie był z tego zadowolony. Oświadczył nawet:

– Sytuacja już się uspokaja. Właśnie dostałem nowy raport.

Auzan nie ustąpił jednak i powtórzył wszystko to, co jego zdaniem prezydent powinien usłyszeć.

Przewodnicząca rady Ełła Pamfiłowa bardzo się w tym momencie ożywiła i zażądała, aby nie marnowano więcej czasu na omawianie tej kwestii. Takim oto sposobem spór dobiegł końca, a Putin mógł pozostać w przekonaniu, że bohaterowie są częścią wrogiej mu opozycji.

W następnej kolejności dyskutujący zajęli się kwestiami ekologicznymi. Obrońcy praw człowieka stracili więc jedyną okazję na otwartą rozmowę z prezydentem. Wielu z nich milczało, ponieważ obawiali się, że nie zostaną zaproszeni ponownie.

Jak mówi Swiatosław Zabielin, współprzewodniczący Sojuszu Społeczno-Ekologicznego:

Putin poruszył trzy kwestie. Po pierwsze, w jaki sposób najlepiej informować społeczeństwo o wdrażanych reformach; po drugie, co zrobić, by Izba Społeczna miała większy wpływ na kształtowanie opinii publicznej; po trzecie, co zrobić, by rosyjski wolontariat mógł się rozwijać, nie polegając w tak wielkim stopniu na zachodnich funduszach. W drugiej z poruszonych spraw działacze zachowali kolektywne milczenie. Jeśli chodzi o trzecie zagadnienie, Putin oświadczył niespodziewanie, że jest gotów wpłynąć osobiście na rząd, by znaleziono sposoby na zwiększenie finansowania organizacji wolontariackich, zarówno jeśli chodzi o sektor państwowy, jak i biznesowy. Wydał mi się przy tym szczerze zaniepokojony, że tego rodzaju wsparcie mogłoby zostać odebrane jako próba przekupienia społeczeństwa obywatelskiego i organizacji pozarządowych. Podchodził do tej sprawy bardzo pragmatycznie. Jeśli chodzi o kwestię ekologii, powiedziałem Putinowi tak:

– Potrzeba nam publicznej odpowiedzialności za sprawy ekologiczne i publicznych audytów wszystkich inwestycji mających związek z ekologią. Obecnie nie mamy żadnych rozwiązań, które by regulowały te kwestie. W rezultacie w sektorze rządowym dzieją się prawdziwe cuda. W roku 2002 w sektorze publicznym pracowało po czterech inspektorów ekologicznych na rejon, ale w 2005 cztery rejony przypadają na jednego inspektora. Jak możemy uniknąć naruszania ekologicznych wytycznych, nie mając publicznej kontroli nad inwestycjami?

Zauważamy także bardzo swobodne podejście do kwestii audytów ekologicznych. Problem polega na tym, że nasze przedsiębiorstwa są prawnie zobowiązane do podejmowania rozsądnych działań celem zapewnienia, że

planowane inwestycje będą omawiane z lokalnymi spo-
łecznościami, aby należycie uwzględnić interes społeczny i ogólny interes państwa. Tak się jednak nie dzieje.
Najbardziej niepokojące jest to, że największymi wino-
wajcami są te firmy, w których państwo ma udziały więk-
szościowe.

Powiadają na przykład, że jeden z bardzo znanych koncernów, zaangażowanych w budowę rurociągu prowadzą-
cego ze wschodniej Syberii do wybrzeży Pacyfiku, działa
z niezwykłą przebiegłością. Aby spełnić wymogi publicznego audytu ekologicznego, utworzył własną organizację
pozarządową, czy jak kto woli „publiczną", i zarejestro-
wał ją w Moskwie. To ciało podejmowało później decyzje, jakie działania należy podjąć, aby najlepiej przysłużyć
się ludności zamieszkującej wybrzeże, co należy zrobić
dla mieszkańców Irkucka, co należy zrobić dla Buriatów
i jaką trasą powinien przebiegać rurociąg, aby wszyscy
na tym skorzystali. Problem w tym, że nasze machlojki
tego typu odbijają się szerokim echem na całym świecie.
To oszustwo wyszło na jaw, po czym zrobiło się spore
zamieszanie, również za granicą, a to może działać na
niekorzyść Rosji. Wniosek płynie z tego taki: przedsię-
biorstwom, w których państwo ma udziały większościo-
we, należy wytłumaczyć grzecznie, ale także stanowczo,
że podobne praktyki są niedopuszczalne.

Mamy przecież system szacowania kosztów ekologicznych. Aż 85 procent firm prywatnych, do których się
zwróciliśmy, było gotowych udostępnić nam, czyli opinii
publicznej, własne szacunki kosztów ekologicznych, ale
ani jedna firma państwowa nie wyraziła na to zgody.

– Chciałbym, żebyście zrozumieli szczególną sytuację, w jakiej znajdują się obecnie firmy państwowe,

zwłaszcza w kwestii audytów ekologicznych – odpowiedział Putin. – Wspomniał pan o jednym z naszych sztandarowych projektów, porównywalnym do budowy Kolei Bajkalsko-Amurskiej, która powstawała przez całe dekady. Mam nadzieję, że ta inwestycja zostanie zakończona znacznie szybciej, ponieważ jej wartość jest dla państwa wielokrotnie większa niż tamtej magistrali, przy której jak już wspomniałem, również mieliśmy spore problemy tego rodzaju. Dzięki nowemu rurociągowi zyskamy szansę eksportowania naszych surowców energetycznych na szybko rozwijające się rynki Azji i Pacyfiku, w tym także na rynek chiński, na którym jesteśmy zarówno sprzedającym, jak i kupującym partnerem. Poza tym zyskujemy dostęp do Azji Południowej, do Japonii i tak dalej, i tak dalej.

Pozwoli pan także, że zwrócę uwagę na to, iż po rozpadzie Związku Radzieckiego nasz kraj utracił pięć niezwykle ważnych portów na zachodzie kraju. W efekcie zostaliśmy uzależnieni od państw, przez które nasze surowce energetyczne muszą obecnie przepływać tranzytem, a może mi pan wierzyć, że tamtejsze rządy bezwzględnie wykorzystują sytuację geopolityczną. Cały czas próbujemy temu zaradzić. Bezpośredni dostęp do zagranicznych rynków jest dla Rosji niezmiernie istotny. Skoro mówimy o rurociągu ze wschodniej Syberii aż do Chin, biegnącym wzdłuż północnego krańca jeziora Bajkał, to pragnę nadmienić, że po uwzględnieniu opinii stowarzyszeń ekologicznych i inspektorów zdecydowaliśmy się na zmianę trasy jego przebiegu. Wygenerowało to dodatkowe koszty idące w setki milionów dolarów. Postanowiono jednak ominąć północny kraniec jeziora i budować rurociąg nieco dalej na wschód.

Audyty ekologiczne nie powinny jednak hamować rozwoju gospodarczego naszego kraju. Ani przez chwilę nie kwestionuję opisu przedstawionej przez pana sytuacji. Musimy przyglądać się temu wszystkiemu z niezwykłą uwagą, ale proszę też pamiętać, że niewspółmierne podnoszenie kwestii ekonomicznych jest jednym ze sposobów prowadzenia wojny gospodarczej. Kiedy zaczynaliśmy budować port morski niedaleko od granicy z Finlandią, nasi partnerzy z sąsiednich krajów, a wiem to z bardzo wiarygodnych źródeł, zaczęli finansować działające w Rosji stowarzyszenia ekologów, aby pomogły im w storpedowaniu projektu, ponieważ stworzylibyśmy dla nich konkurencję na Bałtyku. Nasi partnerzy z Finlandii przyjeżdżali więc dziesięciokrotnie na przeróżne inspekcje, ale w ostatecznym rozrachunku nie znaleźli nic, czego mogliby się przyczepić. Obecnie problemy ekologiczne przeniosły się w rejon cieśnin duńskich, coraz częściej pojawiają się zastrzeżenia do używanych przez nas jednostek i nie chodzi tutaj bynajmniej o statki pływające pod naszą banderą, tylko o wynajmowane od światowych armatorów. Dotyczy to także tureckiego Bosforu, tam też zaczęły się nagle „problemy z ekologią".

Dlaczego o tym wspominam? Dlatego, że co chyba oczywiste, powinniśmy mieć więcej kontaktów i wzajemnego zaufania, jeśli mamy właściwie współdziałać z pozarządowymi organizacjami ekologicznymi, którym leży na sercu dobro naszego kraju, a nie z pośrednikami, którymi wysługują się nasi konkurenci, aby blokować najbardziej witalne inwestycje, a co za tym idzie, hamować wzrost gospodarczy. Właśnie dlatego wspominam, że działalność organizacji pozarządowych, jeśli jest finansowana przez podmioty zagraniczne, zawsze rodzi podejrzenia i bardzo często kończy się kompromitacją. O tym właśnie mówię. Potrzebujemy stowarzyszeń, które pomogą nam w rozwiązywaniu problemów, tak abyśmy podejmowali najbardziej optymalne decyzje. W tym celu musicie mieć szersze kontakty z organizacjami państwowymi.

Zabielin: Nie ulega wątpliwości, że obecnie najważniejsze jest utrzymanie obustronnych kontaktów i wspólne dbanie o nasze interesy narodowe. Jeśli chodzi o gazociąg, to najważniejsze, by został ukończony. Żadna szanująca się organizacja ekologiczna nie twierdzi, że jest nam niepotrzebny. Wspominamy za to o konkretnych wątpliwościach dotyczących jego przebiegu i lokalizacji terminala. Obecny wybór, jeśli chodzi o minimalizację szkód ekologicznych, wydaje się najgorszy z możliwych. Istnieje przecież wiele alternatywnych rozwiązań. Jestem gotów przedstawić posiadane przez nas analizy opracowane przez naukowców z Dalekiego Wschodu, którzy twierdzą wprost, że istnieją inne opcje, które są znacznie korzystniejsze zarówno ze strony ekonomicznej, społecznej, jak i ekologicznej. Jesteśmy partnerami w tej sprawie, podobnie jak w kwestii ekologicznego monitoringu pozarządowego. Jeśli chodzi o audyty ekologiczne, to ludzie muszą po prostu zacząć przestrzegać prawa. Mamy doskonałe przepisy regulujące kwestie związane z audytem ekologicznym, pochodzące jeszcze z roku 1995. Wystarczy się do nich stosować.

Putin: Chciałbym wrócić do tego tematu w najbliższej przyszłości. Uważam, że należałoby ustanowić ściślejsze kontakty z naszymi narodowymi organizacjami ekologicznymi, ponieważ nie możemy pozwolić sobie na kolejne błędy, podobnie jak nie możemy pozwolić na to, by podobne kwestie były rozgrywane przez naszych konkurentów, o których przed momentem wspomniałem. Proszę tylko spojrzeć, co się stało z Morzem Kaspijskim: Łukoil chciał tam postawić tylko jedną platformę wydobywczą, ale organizacje ekologiczne stanowczo się temu sprzeciwiły. Żadna firma wydobywcza na świecie nie dysponuje tak czystymi technologiami jak nasze. Są wprawdzie droższe, ale i tak je stosujemy. To samo dotyczy dzisiaj Bałtyku.

21 LIPCA 2005 ROKU

W Astrachaniu, podobnie jak w innych miastach kraju, władza toczy z narodem wojnę o pieniądze i nieruchomości. Tam główną bronią w tej nierównej walce są ostatnio podpalenia. To prawdziwa wojna, w której giną ludzie, szabrownicy przekopują ruiny, a zwykli obywatele stają się bezdomnymi uchodźcami.

Ostroumowowie są ostatnimi ludźmi, których nie wypalono z ich części ulicy Maksakowej, gdzie na prestiżowej starówce powstaje właśnie okazały apartamentowiec. Dzisiaj w każdym z naszych miast można znaleźć podobne place budowy, wszędzie mieszkają bowiem bardzo bogaci ludzie. Przepisy regulujące podobne inwestycje wyglądają tak, że lokalne władze przyznają deweloperom grunty, a jeśli ktoś na nich mieszka, to się go wykwaterowuje. Następnie teren zostaje ogrodzony i rozpoczyna się budowa. W Astrachaniu sprawy mają się ździebko inaczej. Firma Astsyrprom uzyskała prawa do działki pod zabudowę przy ulicy Maksakowej. Niestety, stały już na niej inne budynki, w których mieszkało sporo ludzi w całkiem niedawno sprywatyzowanych lokalach. Astsyrprom sprowadził więc podwykonawcę, czyli firmę Nurstroj, którą zobowiązał zarówno do budowy apartamentowca, jak i wykwaterowania dotychczasowych właścicieli mieszkań. Z początku Nurstroj negocjował z niektórymi lokatorami warunki wykupu ich mieszkań, ale po jakimś czasie niespodziewanie całkowicie zmienił podejście. Zaczęto oferować ludziom lokale, które były nie do

przyjęcia. Ostroumowom zaproponowano na przykład kawaler-
kę, choć jest ich aż pięcioro.

Kiedy mieszkańcy zaczęli protestować i wysuwać własne żądania, otrzymali w odpowiedzi ultimatum, po którym rozpoczę-
ły się działania w iście militarnym stylu. Dyrektor Nurstroju,
pan Timofiejew, powiedział Aleksandrowi Mierżujewowi prosto w twarz: „Spalę cię". Niedługo później jego dom naprawdę
stanął w płomieniach. Strażacy orzekli jednoznacznie, że przyczyną pożaru było podpalenie z zastosowaniem środków łatwo-
palnych, ale dowody uznano za niewystarczające do wniesienia
oskarżenia. I tak firma budowlana uniknęła problemów, choć
złamała prawo. Ostroumowowie mieli do tej pory względny
spokój, ponieważ mieszkają na prawym skraju spornej działki.

Dzielnica Kosa, leżąca bardzo blisko astrachańskiego kremla,
pełna jest zabytkowych kamienic, z których okien widać Woł-
gę, tę samą rzekę, w której miejscowy rozbójnik Stieńka Razin
utopił w XVII wieku swoją nieszczęsną narzeczoną. Przy ulicy
Maksyma Gorkiego 53 stoi tam okazała kupiecka willa, nadal
wyglądająca majestatycznie pomimo pożaru, który ją strawił
w marcu.

Zeszłej zimy inwestorzy, jak sami siebie nazwali, zaczęli na-
chodzić lokatorów.

– Przeniesiemy was do nowego domu – mówili.

– Dziękujemy, wolimy zostać na starych śmieciach. Przywy-
kliśmy do tej okolicy – odpowiadali zgodnym chórem mieszkańcy.

W dniu 20 marca „inwestorzy" odwiedzili po raz ostatni sie-
demdziesięciooośmioletnią Ludmiłę Rozinę.

– Staruszka wyśmiała ich – opowiada mi Aleksiej Głazunow,
który mieszkał wcześniej w nieistniejącym już lokalu 7A. –
Twierdziła, że może się przeprowadzić, ale wyłącznie do tych
nowych luksusowych bloków, które stawiają tuż obok.

Jeszcze tej samej nocy pod willę podłożono ogień, i to z czterech stron jednocześnie. W dwie minuty budynek zamienił się w gorące piekło. Część zamieszkujących go staruszków powyskakiwało przez okna, łamiąc przy okazji ręce i nogi, ale niektórzy nie mieli tyle szczęścia. Ludmiła spłonęła żywcem we własnym łóżku, ponieważ ściany jej mieszkania zostały oblane łatwopalnym środkiem, jak wykazało późniejsze dochodzenie. Syn Ludmiły, pięćdziesięciopięcioletni Aleksandr Rozin, przeżył i został przewieziony do szpitala z rozległymi poparzeniami. Trzy dni później do tego samego szpitala przyjechał niezidentyfikowany bandyta, rzekomo przywożąc pomoc humanitarną z miejskiego ratusza. Jedzenie, które dostarczył, okazało się zatrute, jak wykazało późniejsze śledztwo, i tak Rozin zmarł już 12 kwietnia. Anna Kurjanowa, lat 86, którą cudem wyniesiono z pożaru, podupadała potem mocno na zdrowiu i niedługo później sama także odeszła z tego świata.

Przerażająca prawda o Astrachaniu wygląda tak, że tylko w ostatnich miesiącach w pożarach zginęło 6 osób, a 17 domów spłonęło doszczętnie wskutek podpaleń. W całym mieście odnotowano w tym czasie 43 pożary, ale w tamtejszych surowych warunkach trudno jest przeprowadzić rzeczowe dochodzenie, które skutkowałoby wszczęciem postępowania karnego. Większość spraw jest więc niemal natychmiast umarzana, często też dochodzi do tajemniczego zniknięcia materiału dowodowego, przez co dochodzenia nie można nawet otworzyć. Tymczasem na terenach oczyszczonych przez pożary trwa w najlepsze budowa prestiżowych rezydencji, kasyn, restauracji i biurowców.

Szefem kirowskiego rejonowego biura MSW jest Wiktor Szmiedkow i to na jego terenie dochodzi do większości przypadków tak zwanych „astrachańskich podpaleń komercyjnych".

– Daleki byłbym od stwierdzenia, że to poważny problem – powiedział prosto w oczy starcom, którzy znaleźli się na ulicy w samych tylko piżamach. – Biuro rejonu kirowskiego prowadzi pięć postępowań związanych z tyloma właśnie podpaleniami – dodał. – Daleki także jestem od twierdzenia, że milicja nie robi wszystkiego w tych sprawach. Przyczyny pożarów zostaną zbadane, wszelkie możliwości rozważone… – Oczy milicjanta robią się okrągłe jak spodki, gdy dodaje, zniżając głos: – Nawet te najbardziej śmiałe…

„Najbardziej śmiałe" hipotezy są takie, że za tymi podpaleniami stoją po części ludzie z najbliższego otoczenia mera Bożenowa. Mają oczywisty interes w oczyszczaniu miasta, tak odzyskane działki i nieruchomości dzielone są bowiem pomiędzy zastępców mera i powiązane z nimi firmy handlowe, spłaca się nimi również tak zwane „zadłużenie wyborcze". Ktoś przecież musiał wyłożyć pieniądze na kampanię mera. To była inwestycja. Teraz nadszedł czas, by korzystać z profitów.

Szefowie milicji przyznają otwarcie, że nie mogą nic zrobić bogatym bandziorom z Astrachania, ponieważ ci mają mocne, można by nawet powiedzieć, kazirodcze związki z władzami miasta. Organa ścigania są całkowicie bezsilne w konfrontacji z kryminalistami z najwyższych szczebli władzy. Tam prawo nie działa. Był taki czas, gdy milicjanci łapali bandytów i stąd wiedzieli, że wykonują należycie swoją pracę. Dzisiaj ludzie wybierani przez nas, by gwarantować przestrzeganie prawa, okazują się najzwyklejszymi przestępcami. Podpalenia trwają już od niemal pół roku, ale do tej pory nie wszczęto choćby jednego dochodzenia w sprawie nieprzypadkowych pożarów. Nikomu nie zależy na złożeniu w całość informacji o istnieniu komercyjnych podpalaczy.

– Co się działo po naszym pożarze? – pyta Aleksiej Głazunow, który jest prezesem Stowarzyszenia Ofiar Astrachańskich Pożarów. – Chronologia wygląda tak: pożar przy ulicy Gorkiego 53 wybuchł o godzinie w pół do trzeciej nad ranem – wylicza. – Około dziewiątej na miejscu zdarzenia pojawili się robotnicy z młotami i zaczęli rozwalać zgliszcza, niszcząc to, czego ogień nie zdołał strawić. Robili to na oczach milicjantów. Tego samego dnia te ofiary pożaru, które nie trafiły do szpitala, poszły do potężnej madame Swietłany Kudriawcewej, astrachańskiej carycy rynku nieruchomości oraz zastępczyni mera do spraw architektury i urbanistyki, a ona powiedziała im wprost, że cieszy się, iż nasz budynek został wyburzony. Stwierdziła też, że miasto chce pozbyć się tych wszystkich starych ruder, a my mamy nie wydziwiać, ponieważ załatwi nam zakwaterowanie w hotelu.

Jaki morał płynie z tej historii? Nasze elity są obecnie zainteresowane wyłącznie położeniem łapy na pieniądzach i majątku trwałym, ale mogą to zrobić, dopiero gdy dorwą się do władzy. Kiedy zauważają szansę, zwykły obywatel przestaje się liczyć. Możesz go spalić, jeśli stanie ci na drodze. Jeśli nie zginie w pożarze, możesz przenieść go do hotelu stojącego gdzieś w slumsach odległych przedmieść, niech tam dogorywa. W sercu obecnego systemu politycznego Rosji rozrasta się gigantyczna moralna próżnia, która w Astrachaniu osiągnęła masę krytyczną.

27 LIPCA 2005 ROKU

Rozpoczyna się kolejna rozprawa narodowych bolszewików, dzisiaj czas na krzyżowe przesłuchania świadków. Sędzia prosi Natalję Kuzniecową, by opowiedziała, jak zachowywali się oskarżeni podczas zajść z 14 grudnia. Kobieta ta pracuje w Urzędzie Spraw Wewnętrznych Kitaj-gorodu znajdującym się tuż obok biur Kancelarii Prezydenta. Dzięki tej bliskości mogła obserwować naocznie przebieg wydarzeń. Natalja okazuje się poczciwą kobietą i przyznaje już na wstępie, że „zamieszki" widziała, ale jedynie w telewizji. Ma też dowody rzeczowe związane z detektorem metalu, który rzekomo zniszczono i za który Kancelaria żądała zadośćuczynienia. Jej zdaniem wykrywacz metalu został naprawiony do rana 15 grudnia i od tamtej pory całkiem sprawnie działa. Czy sędzia Szychanow wziął to pod rozwagę? Czy główny zarzut uległ właśnie samozniszczeniu? Czy wszyscy oskarżeni nie powinni zostać natychmiast uwolnieni? Nie. Nie może być tak, że pozbawimy tych młodych ludzi możliwości zakosztowania uroków odsiadki, skoro ośmielili się kwestionować słuszną linię władzy. Musimy zrobić wszystko, by trafili za kratki. Zwłaszcza że zaczynają mieć jakie takie rozeznanie w polityce.

Wszyscy mieliśmy uzasadnione pretensje do milicji, ale proszę, po ponad roku poszukiwań udało się namierzyć i schwytać Siergieja Mielnikowa, specjalistę od wymuszeń i prawą rękę szefa togliattijskiej zorganizowanej grupy przestępczej. Upojeni sukcesem funkcjonariusze udali się do siedziby Prokuratury Generalnej w Moskwie po nakaz aresztowania. Tam jednak zastępca prokuratora Moskwy, Władimir Judin, kazał im spadać. Odmówił wystawienia nakazu, ponieważ jego zdaniem spec od wymuszeń Mielnikow nie stanowi zagrożenia dla społeczeństwa. Na odrzuconym wniosku napisał: „Brak jednoznacznych dowodów winy".

Gangster został więc wypuszczony na wolność. Tak, to ten sam prokurator Judin, który wysmażył zarzuty przeciwko narodowym bolszewikom i miesiąc po miesiącu upierał się, że powinni pozostać w areszcie, a na koniec zżymał się przed wysokim sądem, opowiadając, jakież to wielkie zagrożenie mogą stanowić dla społeczeństwa. Tak wygląda w praktyce wybiórcza sprawiedliwość. Kryminalistów puszcza się wolno, a więźniowie polityczni trafiają w kajdany i trzyma się ich w klatkach. Rządzący tym państwem szukają oparcia w elemencie przestępczym, aby utrzymać się przy władzy.

O tym, że jest to prawdziwa doktryna rządzących, mogliśmy się przekonać choćby niedawno, gdy administracja prezydenta stworzyła klona, który otrzymał zadanie rozbicia ruchu narodowych bolszewików. Twór ten nazywa się Naszy, czyli Nasi, i powstał w lutym podczas spotkania Władysława Surkowa i Wasilija Jakiemienki, przywódcy jeszcze wcześniejszego klona zwanego Maszerujmy Razem. Jakiemienko został „komisarzem federalnym" Naszych, czyli czegoś w rodzaju oddolnego ruchu mającego zadbać, by nie doszło do żadnej rewolucji. Szturmowcy z Naszych to znani chuligani ze stadionów, uzbrojeni w kastety i łańcuchy. Do tej pory ograniczali się do napaści na narodowych bolszewików, a władze państwa dbały, by nie stawiano im zarzutów karnych. Tworzą dwie grupy czy jak kto woli jednostki: pierwsza składa się z samych zbirów, kibiców CSKA Moskwa, naszej wojskowej drużyny piłkarskiej, a drugą tworzą bandyci kibicujący Spartakowi Moskwa. Obie formacje osiągają świetne wyniki w walkach ulicznych. Pod dowództwem Wasi Killera i Kolczastego Romy, oprychów kibicujących Spartakowi, utworzono także coś na wzór prywatnej agencji ochrony o nazwie Biała Tarcza. Wasia Killer to jeden z naszych najbardziej brutalnych chuliganów – właśnie jego ekipa organizuje ataki na narodowych bolszewików. Już dwukrotnie okupowali bunkier będący kwaterą główną tego ugrupowania, Wasia poprowadził nawet stamtąd konferencję prasową. Wasia (zgodnie z dowodem Wasilij Stiepanow) i Roma mieli sporo wytoczonych spraw karnych, które zostały najpierw zawieszone, a potem zamknięte na głucho.

Romę widziano nawet na niesławnym spotkaniu Putina z naszystami w lokalnej kebabowni – pan prezydent zachwycał się wtedy, że młodzi ludzie, z którymi rozmawia, są kwiatem społeczeństwa obywatelskiego. Gdy to odrażające, wymyślone w pokręconym umyśle Surkowa wydarzenie pokazano w telewizji, jeden z narodowych bolszewików, który został wcześniej pobity przez niezidentyfikowanych sprawców, rozpoznał na ekranie Kolczastego Romę, znanego w cywilu pod nazwiskiem Roman Wierbicki, i wskazał go jako jednego z oprawców. Dlaczego Chodorkowski popadł w niełaskę? Nie różnił się przecież niczym od reszty tych, którzy zgromadzili bajeczne fortuny w tak krótkim, niemal rekordowym czasie, nie różnił się także niczym od tych wszystkich, którzy chapali, co się dało, kiedy tylko mieli okazję. Gdy został już miliarderem, naszła go jednak refleksja i powiedział tak:

– Dość! Od tej pory Jukos będzie w Rosji najbardziej transparentną firmą, w której nikogo nie dyskryminujemy i stosujemy zachodnie metody zarządzania.

Zaczął tworzyć ten nowy Jukos, ale wokół niego kręcili się wciąż ludzie, którym pełna transparentność była nie w smak, ludzie, którzy z natury rzeczy woleli pozostawać w cieniu, z dala od blasku reflektorów. To oni zabrali się do rozmontowywania Jukosu, ponieważ światło nigdy nie jest mile widziane w samym jądrze ciemności.

Dyskryminowanie złych więźniów politycznych i cackanie się z dobrymi kryminalistami jest głęboko zakorzenioną w naszej historii tradycją, obecną zwłaszcza w rosyjskim wymiarze sprawiedliwości i polityce. Pozbycie się tych przyzwyczajeń nie jest łatwe, ale pogodzenie się z taką sytuacją zakrawałoby na hańbę. Pytanie tylko: kto przeciw niej zaprotestuje? Przed Nikulińskim Sądem Rejonowym nie odbywają się żadne wiece. Jest tam mrowie milicji, sporo psów, ale nie uświadczysz nikogo, kto solidaryzowałby się z nielegalnie przetrzymywanymi w areszcie oskarżonymi, może z wyjątkiem grupki najbardziej zagorzałych narodowych bolszewików i od czasu do czasu Limonowa. Oto nasze bachanalia obojętności.

Chodorkowski miał najlepszych adwokatów w kraju, którzy umieli zorganizować protesty w obronie sądzonego oligarchy, ale ci biedacy nie mają nikogo takiego. Narodowi bolszewicy wywodzą się z najbiedniejszych warstw społecznych, to dzieci pracowników naukowych niższego szczebla, inżynierów, krótko mówiąc, zubożałej rosyjskiej inteligencji. Od czasu do czasu pojawi się na horyzoncie samotny obrońca praw człowieka, ale to wszystko, na co mogą liczyć.

3 SIERPNIA 2005 ROKU

O czwartej nad ranem w Syktywkarze, stolicy leżącej na północy Republiki Komi, spalono redakcję gazety „Kurjer Plus", która ogólnie rzecz biorąc, wspierała opozycję demokratyczną. W tym samym budynku mieściły się także biura dwóch opozycyjnych stacji telewizyjnych Tielekurjera i Zołotej Sieriediny, którymi kierował miejscowy członek partii Jabłoko, deputowany do rady miejskiej Nikołaj Moisiejew.

Człowiek ten bardzo krytycznie wyrażał się o merze Syktywkaru Siergieju Katuninie, a 14 lipca z grupą radnych próbował pozbawić rzeczonego mera władzy, lecz Katunin zdołał jakimś cudem utrzymać się na stołku. W miejscowej prokuraturze nie było cienia wątpliwości: to podpalenie. Nieco wcześniej Moisiejewowi podpalono drzwi do mieszkania i samochód. Poprzednia syktywkarska gazeta opozycyjna, „Stiefanowskij Bulwar", przestała wychodzić w sierpniu 2002 roku, ponieważ jej redakcja także została puszczona z dymem.

4 SIERPNIA 2005 ROKU

Dżihad w Rosji. Znowu. Na początku września będziemy świętowali szóstą rocznicę rozpoczęcia tak zwanej „operacji antyterrorystycznej" w Czeczenii. Pokój już dawno wrócił do tamtejszych miast i wsi, jeśli wierzyć propagandzie Kremla, a niemal wszyscy bojownicy, na których polowano, zostali wyeliminowani przez siły popierające federację. Cóż zatem się wydarzyło? Święta wojna? Przeciw komu? Nie jest to także pierwszy dżihad ogłoszony w Czeczenii na przestrzeni ostatnich 11 lat, czyli od chwili rozpoczęcia pierwszej wojny czeczeńskiej. Ogłaszano je już wcześniej, a potem odwoływano.

Tym razem mamy do czynienia z dżihadem wymierzonym w wahabitów i terrorystów, a oficjalna wersja brzmi tak, że ogłosił go promoskiewski przywódca religijny Czeczenii, wielki mufti Sułtan Mirzajew. Wezwał do siebie wszystkich mułłów niby na zwykłą pogawędkę, a potem w obecności dowódców wszystkich sił bezpieczeństwa republiki (czyli ludzi Jamadajewa, Kadyrowa, Rusłana Ałchanowa itd.) ogłosił dżihad. Oznacza to, że od tej pory jamadajewcy, kadyrowcy, kokijewcy i inni wspólnie z czeczeńską milicją będą mogli mordować z czystym sumieniem innych Czeczenów oraz jak można się domyślać, także ludzi innych narodowości, jeśli tylko padnie na nich cień podejrzenia o przynależność do wahabitów albo terrorystów. Nie będzie potrzeby stawiania takiego kogoś przed sądem ani prowadzenia żmudnych dochodzeń. Oprawcy zyskają także niezachwianą pewność, że jako muzułmanie postępują jak najbardziej właściwie. Zapalczywy Mirzajew posunął się nawet do stwierdzenia, że sam jest gotów chwycić za broń.

Biorąc pod uwagę to, że wszystkie czeczeńskie organizacje paramilitarne, podobnie jak ich dowódcy, należą obecnie – przynajmniej z formalnego punktu widzenia – do sił federalnych podlegających nie czeczeńskiemu, a rosyjskiemu prawodawstwu, które nie uznaje dżihadu, możemy domniemywać, że staliśmy się świadkami narodzin kolejnego etapu „czeczenizacji" tej wojny.

Dlaczego ogłoszono dżihad właśnie dzisiaj? Po wydarzeniach we wsi Borozdinowskaja na pograniczu Czeczenii i Dagestanu (brutalne czystki z 4 czerwca, podczas których jamadajewcy uprowadzili 11 osób, dopuszczając się przy tym masowych rabunków, morderstw i podpaleń) setki ludzi uciekły do sąsiedniego Dagestanu. Wśród wspieranych przez państwo oprychów zapanowała jednak wielka konsternacja. Narzucony jakiś czas temu przez Rosję system samosądów wydał im się bowiem mocno zagrożony.

Przez długi czas układ był następujący: my zabijamy tych, których nam wskażecie, a wy w zamian nas ochraniacie. „My" odnosi się w tym kontekście do zbirów w mundurach. „Wy" z kolei to wszyscy Jamadajewowie, Kadyrowowie i inni sczeczenizowani dowódcy polowi, bohaterowie wojny, w której Czeczeni walczą z Czeczenami, za co są nagradzani federalnymi nominacjami, bronią i immunitetami.

Po incydencie w Borozdinowskiej szeregowi żołnierze czeczenizacji zażądali dodatkowych odpustów za wykonywanie zawodu oprawców. Ramzan Kadyrow załatwił więc sprawę z wielkim muftim, który przystał na pomysł, by ogłosić dżihad. Było to bardzo ważne z punktu widzenia niektórych czeczeńskich zabójców. Dzięki wsparciu dżihadu poczuli się znacznie lepiej, co oznacza, że od tej pory będą mieli znacznie mniej zahamowań.

Na potwierdzenie tych domysłów nie trzeba było długo czekać. Jeszcze tego samego wieczoru bandyci uczcili ogłoszenie dżihadu, dokonując morderstwa w górskiej wiosce Szełkowskaja, na terytorium kontrolowanym przez jamadajewców. Był to naprawdę bezczelny mord popełniony ze szczególnym okrucieństwem.

Około godziny 22.00 kilka srebrzystych terenowych ład zajechało przed dom Wachambiego Satichanowa, nauczyciela języka arabskiego oraz podstaw islamu w miejscowej szkole, a zarazem czterdziestoletniego ojca pokaźnej rodziny. Uzbrojeni Czeczeni w mundurach polowych zawlekli go w miejsce oddalone około 100 metrów od domu, gdzie ustawili swoje samochody w krąg, tworząc coś w rodzaju niewielkiej areny. Sąsiedzi ofiary próbowali interweniować, ale odstąpili, gdy bojówkarze zagrozili, że ich wystrzelają. Ludzie obserwowali przez całą noc, jak jedne samochody odjeżdżały, a ich miejsce zajmowały następne, wyłaniające się z mroku. Słyszeli także odgłosy wystrzałów i wrzaski, a rzeźnicy zniknęli na dobre dopiero o pierwszym brzasku. W samym środku kręgu tworzonego wcześniej przez ich terenówki znaleziono ciało Wachambiego, na którym znajdowały się ślady po dziesiątkach dźgnięć nożem. Połamano mu każdy palec, powyrywano mu także wszystkie paznokcie.

Sąsiedzi byli pewni, że został zamordowany przez żołnierzy tak zwanego batalionu Wschód podlegającego Głównemu Zarządowi Wywiadowczemu. Jego dowódca, Sulim Jamadajew, po okrutnej akcji w Borozdinowskiej otrzymał od Putina tytuł Bohatera Federacji Rosyjskiej, co było wyrazem najwyższego uznania dla czynu popełnionego przez bojówki bandyty.

Ogłoszenie dżihadu jest kolejnym dowodem, że w republice nadal będzie obowiązywało prawo zwyczajowe, które w odróżnieniu od rosyjskiego zezwala na odbieranie życie drugiej osobie. Czym to się różni od bezprawnych egzekucji z czasów Maschadowa?

Milczenie Moskwy i brak chęci do podjęcia jakichkolwiek działań naprawczych są widomym znakiem, że obecny dżihad otrzymał błogosławieństwo samego Putina. To po prostu kolejny krok, który nasz prezydent zrobił, brnąc w głąb ślepego zaułka czeczenizacji. Teraz już cały czeczeński muftiat jest zamieszany w tę aferę, tak jak kiedyś Cerkiew był współwinna zbrodniom epok Stalina i Chruszczowa.

Życie jest dzisiaj okrutne, okrutniejsze nawet niż za czasów sowieckich, ale Rosjanom to nie przeszkadza. Nikt z nas nie wzywał, by prokurator generalny ogłosił nieważność dżihadu.

9 SIERPNIA 2005 ROKU

Wciąż dochodzi do tajemniczych zgonów ludzi powiązanych z najwyższymi władzami. W Soczi Piotr Siemienienko wypadł z okna na 15. piętrze hotelu Biełyje Noczi. Na przestrzeni ostatnich 18 lat człowiek ten piastował stanowisko dyrektora naczelnego Fabryki Kirowa, największego rosyjskiego zakładu, w którym produkowane jest wszystko, od urządzeń sanitarnych po turbiny dla atomowych okrętów podwodnych.

Siemienieko był jednym z naszych głównych rekinów przemysłu, i to nie tylko w skali Petersburga, ale całego kraju. Większość ludzi uważa, że głównym powodem jego eliminacji były nieporozumienia, do których dochodziło w sferze podziału głównych aktywów przemysłowych – to cecha charakterystyczna państwowego kapitalizmu epoki Putina. Nikt nie wątpi także, że ktoś musiał mu pomóc w wypadnięciu z 15. piętra.

Tymczasem w więzieniu Matrosskaja Tiszyna Michaił Chodorkowski został przeniesiony z celi numer 4, w której przebywało czterech osadzonych, do celi numer 1, w której siedzi aż jedenastu więźniów. Odmówiono mu także prawa do otrzymywania gazet i oglądania telewizji. Powodem tych szykan jest niewątpliwie artykuł zatytułowany *Zwrot w lewo*, napisany w więzieniu i opublikowany na łamach „Wiedomosti". Kryją się w nim następujące idee:

Pomimo ogromnej przebiegłości władz państwowych lewica w końcu zwycięży. Co więcej, wygra z obecnie rządzącymi w demokratyczny sposób, przy pełnej zgodzie i aprobacie większości elektoratu. Nastąpi nieunikniony zwrot w lewo, a ci, którzy będą kontynuować politykę dzisiejszych władz, utracą legitymację...

Nie możemy przeoczyć faktu, że nasi rodacy są dzisiaj bardziej przebiegli niż jeszcze 10 lat temu. Ludzie, których oszukano więcej niż jeden raz, nie dadzą się nabrać na kolejny blef bez względu na to, jak pomysłowy będzie i jak elokwentnie zapowiedziany. Droga do realizacji programu Następca 2008 nie będzie jednak łatwa. Zasoby poradzieckiego autorytarnego projektu w Rosji zostały już wyczerpane.

Obawiam się, że nie do końca.

„Nowaja gazieta" zachęcała czytelników, by za jej pośrednictwem zadawali Chodorkowskiemu pytania, po czym drukowała odpowiedzi nadchodzące z więzienia.

Siergiej Pantielejew, student z Moskwy: Biurokraci uznali, że mogą przejąć państwo, zamiast być jego płatnymi sługami. Nie mylę się chyba, uważając, że był to prawdziwy powód zniszczenia Jukosu?

Chodorkowski: Drogi Siergieju, oni nie chcą posiąść państwa na własność, tylko zagrabić jego majątek, a w szczególności odnoszącej największe sukcesy firmy, jaką był Jukos. Dokładniej mówiąc, zależało im na przejęciu jej dochodów. Ma pan absolutną rację, przejęcie i rozgrabienie Jukosu odbywało się za zasłoną dymną rozmaitych tekstów o działaniu w interesie państwa. To oczywista nieprawda. Zniszczenie Jukosu spowoduje ogromne i nieodwracalne szkody w interesach Rosji.

Goblin (to najprawdopodobniej czyjś pseudonim): Czy nie boli pana, że pańscy przyjaciele uciekli i pozostali za granicą, zamiast zignorować ryzyko, wrócić i dołączyć do pana i Płatona Lebiediewa?

Chodorkowski: Drogi Goblinie, wtrącenie do więzienia jest czymś, czego nie życzyłbym najgorszemu wrogowi, nie mówiąc już o przyjaciołach. W związku z tym cieszę się niemożebnie, że większość moich przyjaciół zdołała uniknąć aresztowania.

Najbardziej żałuję tego, że kilka innych osób trafiło do aresztu w związku ze sprawą Jukosu, chodzi mi zwłaszcza o Swietłanę Bachminę, która jest matką dwojga małych dzieci.

Wiera z Tomska: Zmuszono pana do rozpoczęcia życia od nowa. Czy odnajdzie pan w sobie jeszcze jakieś siły do walki, czy też główne dzieło pańskiego życia to już przeszłość?

Chodorkowski: Droga Wiero, w więzieniu dotarła do mnie jedna prosta, ale za to bardzo istotna prawda: najważniejsze jest nie mieć, tylko być. Liczy się tylko człowiek, nie okoliczności, w jakich się znajduje. Dla mnie biznes to już przeszłość, ale nie zaczynam nowego życia od zera, ponieważ pozostał mi bagaż ogromnego doświadczenia. Jestem nawet wdzięczny losowi, że pozwolił mi doświadczyć dwóch rodzajów życia, choć zapłaciłem za ten przywilej niezwykle wysoką cenę.

Tego samego dnia, 9 sierpnia, adwokaci Chodorkowskiego otrzymali decyzję sądu dotyczącą daty zakończenia zapoznawania się z protokołami rozpraw. Zgody na wgląd udzielono im 27 lipca, ale po tej dacie zaczęto piętrzyć przed nimi problemy i przeszkody. W dniu 28 lipca mecenas Krasnow nie otrzymał akt do wglądu ze względu na problemy techniczne. Tego samego dnia odmówiono też wydania dokumentów mecenasowi Lipcerowi, ponieważ część z nich została „chwilę wcześniej przekazana prokuratorowi".

Pomiędzy 29 lipca a 8 sierpnia prawnicy zdołali zapoznać się wyłącznie z protokołami rozpraw z 2004 roku, ponieważ te z 2005 znajdowały się w posiadaniu prokuratury. W dniu 5 sierpnia dostarczono im powtórne wezwanie do sądu (chociaż pierwszego nie otrzymali), aby odebrali czekające na nich dokumenty, co mieli uczynić jeszcze tego samego dnia. Czytając je, odkryli, że różnią się od oryginalnych nagrań robionych podczas rozpraw. Co więcej, te niby oficjalne kopie nie zostały urzędowo potwierdzone, poza tym wiele tomów akt nie miało nadanych numerów porządkowych, brakowało w nich także numeracji stron i spisów treści. Oburzeni adwokaci złożyli oficjalną skargę i odmówili przyjęcia kopii, które różnią się od oryginałów. Sąd w odpowiedzi przesłał im te podróbki pocztą do kancelarii.

W dniu 9 sierpnia odmówiono im kategorycznie wglądu w oryginalne akta. Aby uniemożliwić adwokatom wniesienie skargi do Strasburga, pełniący obowiązki prezesa sądu Kurdiukow odmówił potwierdzenia na piśmie, że nie otrzymali możliwości wglądu do oficjalnych protokołów z rozpraw i zostali zmuszeni do pracy wyłącznie na kopiach akt. Na ich skomentowanie dano im czas do 25 sierpnia.

Dlaczego do więzienia trafiła Swietłana Bachmina, kobieta, o której w jednej z odpowiedzi wspominał Chodorkowski?

Pracownicy Jukosu odebrali aresztowanie koleżanki jako czytelne ostrzeżenie. Stało się oczywiste, że w ramach kampanii wymierzonej w koncern prokuratura bierze na cel także szeregowych pracowników firmy. Jeśli Chodorkowskiego oskarżono o rzeczy, które równie dobrze można by zarzucać niemal każdemu innemu rosyjskiemu biznesmenowi, to oskarżenia wobec Bachminy pasują jak ulał do niemal każdego obywatela naszego kraju.

Swietłana Bachmina otrzymywała pensję w Jukosie przez niemal siedem lat, ponieważ tak długo tam pracowała. Zgodnie z aktem oskarżenia, wysmażonym przez prokuratora generalnego, przez większą część tego czasu popełniała przestępstwo ścigane z artykułu 198 paragraf 2 (uchylanie się osoby prywatnej od płacenia podatku z tytułu bardzo wysokich dochodów). Bachminie grożą z tego powodu trzy lata więzienia, mimo że nie złamała nigdy prawa, podobnie jak nie zrobił tego Jukos, który wypłacał jej te pieniądze w ramach tak zwanego „oszustwa ubezpieczeniowego".

Podobne formy rozliczeń były bardzo powszechne w Rosji w czasach, gdy podatek dochodowy osiągał niedopuszczalny poziom 35 procent, do czego należało doliczyć jeszcze bardziej represyjne składki na opiekę społeczną. Oszustwo miało polegać na tym, że pracownik ubezpieczał się na życie za pieniądze firmy, po czym otrzymywał z tytułu ubezpieczenia umowne wypłaty, które w rzeczywistości były należnym mu wynagrodzeniem. Ponieważ świadczenia z tytułu ubezpieczenia nie podlegały opodatkowaniu i były zgodne z ówczesnymi przepisami podatkowymi, z systemu korzystało wiele instytucji państwowych, w tym część ministerstw, nie wyłączając Ministerstwa Podatków i Opłat. Teraz się okazuje, że można za to trafić do więzienia. A skoro tak, to za kratki mogłaby trafić zdecydowana większość dorosłej populacji naszego kraju, ponieważ proceder ten był swego czasu bardzo powszechny. Jeśli sąd uzna Bachminę za winną, w poważnym niebezpieczeństwie znajdzie się zdecydowana większość pracowników etatowych. Władze będą mogły postawić zarzuty karne dowolnej liczbie obywateli. Możesz przestrzegać prawa co do joty, ale i tak trafisz do więzienia za politykę podatkową swojego pracodawcy, nawet jeśli nic o niej nie wiedziałeś.

Putin miał dzisiaj nominować 42 obywateli na liderów wymyślonej przez siebie Izby Społecznej. Nie zdołał tego dokonać, ponieważ ci, których chciałby pozyskać, zwłaszcza ludzie cieszący się zasłużoną sławą niezależnych myślicieli, nie chcieli angażować się w to przedsięwzięcie; ci, którzy palą się do tych stanowisk, okazali się zbyt mali, by można było udawać, że Putin ma zapędy demokratyczne, albo tak wobec niego służalczy, że Izba Społeczna natychmiast stałaby się pośmiewiskiem.

11 SIERPNIA 2005 ROKU

W Urus-Martanie sześciu zamaskowanych mężczyzn w mundurach polowych uprowadziło Nataszę Chumadową, lat 45, siostrę czeczeńskiego dowódcy polowego Doku Umarowa. Umarow jest drugim co do starszeństwa przywódcą ruchu oporu, zaraz po Basajewie. Nie wiemy, co się z nią stało. Ludzie z Urus-Martanu uważają, że to robota kadyrowców.

Branie kontrzakładników staje się coraz powszechniejsze, a to uprowadzenie pasuje jak ulał do takiego właśnie schematu. Ruch ten powinien zachęcić Umarowa do oddania się w ręce sił federalnych. Część Czeczenów uważa, że to sprawiedliwe rozwiązanie i że sprawdza się lepiej niż legalne metody działania. Inni czekają po prostu na odpowiedni moment, by dokonać zemsty na Rosji.

12 SIERPNIA 2005 ROKU

W Krasnojarsku na Syberii 45 członków Związku Młodzieży Komunistycznej zorganizowało marsz na rzecz wolności i demokracji. Jego uczestnicy przemaszerowali przez centrum miasta, wznosząc antyputinowskie okrzyki. Ludzie wołali za nimi: „Dobra robota! Do diabła z Putinem!", ale nie przyłączali się do protestu. Nikt tam nie szanuje młodzieży komunistycznej. Ludzie raczej boją się jej działaczy noszących koszulki z portretem Che Guevary albo innych krwawych rewolucjonistów. Ja na przykład nie poszłabym nigdzie pod ich sztandarami. Ci młodzi ludzie nie mają bladego pojęcia, jak wyglądają konsekwencje rewolucji, ponieważ urodzili się pod sam koniec „okresu stagnacji" albo już w epoce Gorbaczowa i Jelcyna. Może dlatego przemawiają do nich idee komunizmu.

Zjednoczony Front Obywatelski, który został niedawno założony przez Kasparowa, mierzy wysoko – jego celem jest zjednoczenie wszystkich: młodych komunistów, zwolenników Rodiny z prowincji, tego, co zostało po demokratach z prawicy, członków Jabłoka, którzy dali sobie spokój z Jawlinskim, narodowych bolszewików i anarchistów. Wszyscy w jednym froncie przeciw reżimowi! O tym, co robić dalej, zdecydujemy, gdy już wygramy. To chyba najlepszy program, jaki mogli wymyślić demokraci.

Dzisiaj w Zamoskworieckim Sądzie Rejonowym pod przewodnictwem sędzi Jeleny Potapowej odbyła się rozprawa apelacyjna w sprawie pozwania przez milicję zastępcy prokuratora Judina, który 22 lipca odmówił wydania nakazu aresztowania „prostego rosyjskiego przedsiębiorcy" Siergieja Mielnikowa.

Do tej pory uważałam, że próby kwestionowania działań prokuratury są bardzo nietypowe dla naszego ustroju, jeśli nie niemożliwe. Rosjanie równie rzadko zgadzają się świadczyć przeciw mafiosom, ponieważ zemsta może być straszliwa, a państwo nie gwarantuje nikomu ochrony. Korupcja, szerząca się dzisiaj bardziej niż kiedykolwiek wcześniej, sprawia, że ten, kogo nie stać na zapłatę, nie może liczyć na żadną ochronę. Gdy zastępca prokuratora Judin odmówił wydania nakazu aresztowania Siergieja Mielnikowa, te z jego ofiar, które zgodziły się zeznawać, zaczęły mieć poważne obawy, ponieważ stało się jasne, że prokuratura wzięła w tym wypadku stronę oprawcy.

Sędzia Potapowa była wyraźnie zdenerwowana i rozdrażniona, gdy mecenas Aleksiej Zawgorodny apelował do niej, by postawiła się w sytuacji ofiar, od których Mielnikow wyłudzał pieniądze za rzekomą ochronę. On sam nie stawił się na rozprawie, ale reprezentowała go godnie Natalja Dawydowa, prawniczka i powierniczka w jednej osobie.

Pani Dawydowa to bardzo głośna, sarkastycznie nastawiona do świata kobieta, która od wielu lat doradza blisko czterdziestu „togliattijskim" mafiosom. Moskiewska prokuratura nie powinna mieć nic wspólnego z prawniczką obsługującą taką akurat klientelę, ale reprezentująca ją dzisiaj Jelena Lewszyna powtarza sędzi słowo w słowo to, co wcześniej powiedziała Dawydowa. Wydawać się może, że słuchamy potwornego w gruncie rzeczy, ale doskonale zgranego duetu, ponieważ obie panie upierają się przed wysokim sądem, że nie można stworzyć precedensu, który by wskazywał, że ktoś taki jak prokurator może się mylić: nie, on zawsze musi mieć rację! Tak sprowadza się do absurdu zasadę niezależności prokuratur od sądów.

Dawydowa podkręca poziom patosu, malując wzruszający obraz porządnych, praworządnych gangsterów. Mielnikow dobrowolnie zgłosił się na milicję, która wysłuchała, co miał do powiedzenia, okazując przy okazji wiele zrozumienia, po czym pozwoliła mu odejść wolno. Jej zdaniem ten ciąg zdarzeń unieważnia zasadność wydania federalnego listu gończego, a co za tym idzie, aresztowanie jej klienta w dniu 22 lipca było nielegalne. Zastępca prokuratora Judin po prostu przywrócił właściwy stan prawny tej sprawie. To oczywiste brednie. Nie ma żadnych dowodów, by Mielnikow kiedykolwiek zgłosił się dobrowolnie na milicję.

Sędzia Potapowa oddaliła się, by rozważyć werdykt, ale już po chwili wróciła na salę rozpraw i oświadczyła zdecydowanym tonem, że prokuratura zawsze ma rację, również zatem w przypadku odmowy wystawienia nakazu aresztowania Mielnikowa, choć poszukiwano go w całym kraju listem gończym. Sędzia odrzuciła tym samym skargę milicji i uznała, że działania zastępcy prokuratora nie naruszyły konstytucyjnych praw ofiar Mielnikowa. Poza prawem do życia, rzecz jasna.

– Obecne społeczne i polityczne układy w Rosji są rażąco niesprawiedliwe – oświadczył Władimir Ryżkow.

Jest on jedną z naszych największych nadziei na odrodzenie demokracji, to młody polityk z prowincji, który podoba się, i to bardzo, opinii publicznej.

Właśnie te „niesprawiedliwe układy" wzmacniają i tak już wielką apatię społeczeństwa, sprawiając, że ludzie bardzo niechętnie nadstawiają dzisiaj karku. Nawyk uważania siebie za nic nieznaczący trybik jest niczym czerwony guzik w nuklearnej walizce prezydenta – wystarczy, że go naciśnie, i cały kraj wpada mu w ręce. Mam przekonanie graniczące z pewnością, że Putin i jego świta walczą z korupcją jedynie w celach wizerunkowych. W rzeczywistości korupcja jest im na rękę, dzięki niej bowiem władza może zmuszać ludzi do milczenia, a dopóki sądy będą działały pod jej dyktando, nie musi się niczego obawiać.

Dzisiaj po raz trzeci doszło do pobicia Polaków w Moskwie i to na pewno nie jest przypadek. W ciągu zaledwie kilku dni zaatakowano pracowników polskiej ambasady i polskiego dziennikarza.

To jest odpowiedź naszystów na fakt, że 31 lipca doszło do pobicia dzieci rosyjskich dyplomatów na dyskotece w Warszawie: ten wybuch ksenofobii pomiędzy bratnimi słowiańskimi narodami ma więc podteksty polityczne, bardzo charakterystyczne dla Rosji Putina. Polacy przechodzą ostatnio samych siebie, tak zaczynają mówić nawet ludzie, których do tej pory miałam za porządnych i wykształconych. Przy okazji widać, że to, co Lenin nazywał „wulgarnym szowinizmem wielkomocarstwowym", czyli choroba, na którą zapadł Putin, wraca właśnie do łask. A wygląda to tak: jeśli wy pobijecie troje naszych, my spierzemy troje waszych. Nader formalna i opieszała reakcja naszego rządu wskazuje dobitnie, że władzom bardzo się to podoba.

Jabłoko zażądało, aby Putin zainterweniował osobiście i zapewnił polskiej ambasadzie lepszą ochronę. Problem polega na tym, że obecni liberałowie i demokraci mogą wyłącznie apelować do Putina, a apelowanie do niego z jednoczesnym żądaniem ustąpienia ze stanowiska jest po prostu głupie.

Nikita Biełych, nowy lider Sojuszu Sił Prawicowych, oświadczył właśnie, że „w sercach większości Rosjan tkwi nadal pragnienie, aby być lepszymi ludźmi. Naszym zadaniem jest więc uświadomienie im tego".

Obawiam się, że w sercach większości Rosjan tkwi wyłącznie pragnienie, by nie rzucać się w oczy, co widać ostatnio na każdym kroku. Nie chcemy ściągać na siebie uwagi represyjnego aparatu władzy. Pragniemy pozostać w cieniu. A co tam będziemy robić, zależy wyłącznie od nas samych. Większość z nas nie chciałaby zostać dostrzeżona w żadnych okolicznościach; mamy oczywiście chęć samodoskonalenia, ale pragnienie ukrycia się w cieniu jest znacznie głębiej zakorzenione w sercu przeciętnego Rosjanina. Po tym wszystkim, co wydarzyło się tutaj na przestrzeni XX wieku, nie widzę w takim zachowaniu niczego zdrożnego ani zaskakującego.

W oficjalnych badaniach wykorzystania potencjału ludzkiego Rosja zajmuje 70. miejsce na świecie.

13 SIERPNIA 2005 ROKU

Najnowsza, oczywiście oddolna inicjatywa, by dać Putinowi trzecią kadencję, wyszła od Adama Imadajewa, deputowanego z Kraju Nadmorskiego i zarazem jednego z największych politycznych lizusów. Oświadczył on, że znalazł lukę w naszym prawie, która pozwala na wybranie Putina po raz trzeci. Komisja legislacyjna tamtejszej Dumy będzie obradować nad tym problemem w trybie natychmiastowym, już we wrześniu.

16 SIERPNIA 2005 ROKU

Sąd Najwyższy wywołał sensację, uchylając zakaz działania Partii Narodowo-Bolszewickiej wydany wcześniej przez Moskiewski Sąd Obwodowy. Stary Limonow był tym faktem tak wzruszony, że w trakcie wywiadu robionego przed gmachem sądu powiedział, iż niewiele już brakuje, by odzyskał wiarę w Rosję. Prokurator generalny jest oczywiście bardzo wzburzony takim wyrokiem i zapowiedział już odwołanie się od decyzji Sądu Najwyższego.

Narodowi bolszewicy świętowali sukces, przenikając na uroczystości inauguracyjne moskiewskiego AirShow 2005, niewątpliwie dumy i radości Putina. Na pokazy lotnicze przybyli wszyscy ważni szejkowie, podobnie jak przedstawiciele indyjskiego kompleksu wojskowo-przemysłowego, a nawet król Jordanii Abdullah II, potomek samego Proroka. Pomimo zastosowania niewiarygodnych środków bezpieczeństwa narodowi bolszewicy, stojąc zaledwie 30 metrów od przemawiającego prezydenta (Bóg jeden wie, jak tam się dostali), przerwali jego wystąpienie okrzykami: „Precz z Putinem!", dodając także kilka słów o osobistej odpowiedzialności za wydarzenia w Biesłanie. Wszyscy zostali natychmiast wyłapani i przewiezieni na komendę milicji w pobliskim Żukowskoje.

Trzy godziny później zwolniono ich z aresztu, nie wymierzono im nawet zwyczajowej w takich przypadkach kary grzywny. Zdziwiło ich to niepomiernie, ponieważ byli pewni, że wylądują w więzieniu. Może milicjanci z Żukowskoje nie mają czasu na zajmowanie się Putinem? Czasem dzieje się coś dziwnego.

Na lotnisku znajdującym się opodal terenów wystawowych Putin wsiadł na pokład bombowca i z wielką pompą odleciał do Murmańska. Ludzie z jego ochrony zgrzytali w milczeniu zębami: może to i dobra promocja dla niego, ale dla nich istne utrapienie związane z zabezpieczeniem tak nietypowej podróży. Nasi generałowie są jednak doskonale wyszkoleni i wiedzą, kiedy się nie odzywać. Rozkazali posadzić Putina w kokpicie, choć jest to absolutnie niezgodne z regulaminem. Przez chwilę pozwolono mu nawet pilotować maszynę. Państwowe media piały nad tym z zachwytu: Putin osobiście dokonał inspekcji naszego lotnictwa wojskowego! Po kiego diabła, można by zapytać? Pewnie chodziło mu o zwiększenie własnej popularności.

Tego wieczora naszyści znów pobili narodowych bolszewików. Nie ma sensu rozmawiać z tymi draniami – żaden z nich nie umie w miarę sensownie wytłumaczyć, dlaczego wstąpił do tej, a nie innej organizacji. Narodowi bolszewicy i reszta młodzieży z lewicy stanowią ogromny kontrast w porównaniu z nacjonalistycznymi głąbami, nie wspominając już o głębokiej motywacji. Biedota o lewicowych poglądach ma największy potencjał rewolucyjny w tym kraju. Klasa średnia jest na to zbyt zapracowana, ponieważ nieustannie aspiruje do burżuazyjnego stylu życia i żałuje jedynie, że zaczyna jej brakować środków na utrzymanie dotychczasowego wysokiego poziomu konsumpcji.

Do najbardziej aktywnych lewicowych organizacji należy młodzieżówka Jabłoka, która stała się ostatnio trzonem Obrony, czyli rosyjskiego odpowiednika Pory stojącej za sukcesem ukraińskiej pomarańczowej rewolucji. Do Obrony należą także młodzieżówki Sojuszu Sił Demokratycznych, Maszerujemy bez Putina, Akcja Zbiorcza i Nasz Wybór. Koordynatorem został Ilja Jaszyn, lider młodzieżówki Jabłoka, a należy do niej około dwóch tysięcy członków. Obrona dryfuje jednak niebezpiecznie w lewo, a organizowane przez nią protesty coraz bardziej przypominają działania narodowych bolszewików. Narodowi bolszewicy dryfują tymczasem w stronę głównego nurtu demokracji.

Najbardziej sprofilowaną organizacją na tej części sceny politycznej pozostają jednak nadal narodowi bolszewicy, choć ich najbardziej znani działacze zostali ostatnio mocno przetrzebieni falą aresztowań. Tuż za nimi plasuje się Awangarda Czerwonej Młodzieży i Związek Młodzieży Komunistycznej, którego członkowie przykuli się niedawno do poręczy przed budynkiem Prokuratury Generalnej, żądając umożliwienia im spotkania z Ustinowem. Nie otrzymali jednak prawa do audiencji.

Nad ideologią naszystów pracują usilnie najlepsi spin doktorzy, tacy jak Siergiej Markow, który oświadczył ostatnio:

– Młodzieżowe organizacje popierające ideologię rosyjskiej suwerenności są jedynym lekiem na pomarańczową zarazę.

Ciekawe, że żaden z antypomarańczowych ruchów nie powstał spontanicznie. Wielu z nas obawia się naszystów, ale moim skromnym zdaniem szybko przejdą do historii.

18 SIERPNIA 2005 ROKU

Nadal nie możemy ustalić, jakie będą przyczyny upadku tego reżimu. Jak upadnie władza? Obecna opozycja jest zbyt słaba, poza tym nie zależy jej na obaleniu rządu. Spontaniczne protesty społeczne wydają się jeszcze mniej prawdopodobne.

Jedną z możliwości jest więc stworzenie przez Putina systemu neosowieckiego, który zapadnie się pod własnym ciężarem, jak jego poprzednik, głównie z powodu nieefektywności gospodarki. Znakiem rozpoznawczym administracji Putina jest budowa tak zwanego kapitalizmu państwowego, czyli tworzenie lojalnej zbiurokratyzowanej kasty oligarchów poprzez przejmowanie kontroli nad dochodami z każdej dziedziny gospodarki (trafiającymi później do któregoś z wyższych urzędników Kancelarii Prezydenta). W tym celu zachodzi pilna potrzeba renacjonalizacji prywatnych przedsiębiorstw, które przekształca się w finansowo-produkcyjne korporacje albo holdingi.

Przemiany te postępują w zastraszającym tempie. Konglomeraty takie, jak Wnieszekonobank czy Mieżprombank (tak zwane duże rosyjskie holdingi finansowe mające stanowić swoistą przeciwwagę dla bardziej zachodnio wyglądających banków Grupy Alfa), połykają coraz więcej działających z sukcesem zakładów, które dopiero co podniosły się z kolan po upadku Związku Radzieckiego.

Nie muszę dodawać, że administracja ułatwia te procesy, jak może. Takie kąski można przełknąć, ale tak naprawdę nie da się ich przetrawić, ponieważ brakuje wystarczającej liczby wysokiej klasy menadżerów. Konglomeraty nie radzą sobie nawet z tym, co mają już w rękach, zatem przejmowane obecnie przedsiębiorstwa po prostu im padają. Między innymi dlatego wzrost gospodarczy w minionym półroczu spadł do poziomu 5,3 procent, a tempo wzrostu dochodów państwa zmniejszyło się o połowę, ponieważ wypompowano z tych inwestycji około 900 miliardów rubli [90 miliardów zł]. Dane te przedstawił „rząd ludowy", utworzony jako alternatywa dla obecnych władz przez niezależnego deputowanego do Dumy Giennadija Siemigina.

Oleg Szulakowski rezygnuje. Od 1991 roku człowiek ten zarządzał najważniejszą stocznią w północno-zachodniej Rosji. Szulakowski był tak dobrym fachowcem, że przetrwał wszystkich nowych właścicieli, jakich ten zakład miał w okresie burzliwej prywatyzacji na początku lat 90. Teraz odchodzi na dobre ze względu na narzucony jego zakładom w roku 2005 model renacjonalizacyjny, po tym jak zostały wykupione przez należącą do Mieżprombanku Zjednoczoną Korporację Przemysłową. W trakcie tych przekształceń połączono ją na siłę z trzema biurami projektowymi i kilkoma innymi przedsiębiorstwami, co spowodowało natychmiast utratę płynności. Czas pokaże, co administracja prezydenta zrobi teraz, gdy na czele stoczni zabrakło Szulakowskiego (Mieżprombank mógł połknąć tę firmę działającą od półtora wieku tylko dlatego, że miał kontakty z ludźmi Putina).

Szulakowski był jednym z filarów naszego przemysłu stoczniowego, ale nawet on musiał się poddać, ponieważ Mieżprombank otrzymał zadanie stworzenia państwowego holdingu przemysłu stoczniowego mającego służyć rozwojowi naszej marynarki wojennej. Niedawno w podobny sposób „reprywatyzowano" firmy zbrojeniowe Ałmaz-Antiej i Moskiewską Fabrykę Śmigłowców im. Michaiła Mila. Mieżprombank jest kontrolowany przez Siergieja Pugaczowa, który zasiadając w fotelu senatora, nie ma prawa prowadzić banku, ale de facto nadal to robi. To jeden z tak zwanych ortodoksyjnych oligarchów, towarzysz broni Putina w tworzeniu państwowej oligarchii.

Z systemem Putina jest tak, że muszą minąć całe dekady, zanim to wszystko runie w wyniku pełzającej stagnacji. Nie mamy cienia wątpliwości, że taki los czeka także bałtycką stocznię, nawet jeśli Putinowi uda się powstrzymać cudzoziemców i wrogów wewnętrznych od przejęcia choćby piędzi naszej ziemi. Aby utrzymać się na stołkach, jego kamaryla zostanie zmuszona do przekazywania władzy kolejnym równie bezużytecznym następcom. Ich najważniejszą cechą będzie całkowita utrata twarzy, bo tylko tak mogą się skończyć kolejne wybory urządzane na sowiecką modłę.

Główny problem z tym systemem wygląda więc tak, że choć jest on skazany na porażkę i upadek, to nie ujrzymy ich za naszego życia. Szkoda, ponieważ bardzo bym chciała to zobaczyć.

19 SIERPNIA 2005 ROKU

Dzisiejsza rozprawa w procesie narodowych bolszewików zamieniła się w czystą farsę.

– W dniu 14 grudnia usłyszałem jakieś hałasy. Wyszedłem więc za drzwi pokoju numer 14. Widziałem dokładnie, co się działo. Stałem tam cały czas. Stalowa rama wykrywacza metalu runęła z hukiem na podłogę i leżała tam całkiem płasko... – relacjonował z determinacją i precyzją wsiowego detektywa niejaki Jewgienij Posadniew, człowiek, którego zadaniem jest obciążenie oskarżonych z mównicy dla świadków.

Wcześniej, za czasów Związku Radzieckiego, był dyrektorem jednego z hufców pracy przymusowej, a teraz pracuje w Kancelarii Prezydenta jako konsultant w recepcji, czyli ktoś, kto pełni rolę pośrednika pomiędzy Putinem i jego cierpiącym narodem. Dzisiaj Posadniew ma bardzo poważną minę i nic dziwnego, denuncjuje przecież wrogów ludu.

– W jakim stanie był wykrywacz metalu, po tym jak został przewrócony przez tych młodych ludzi? – spytał prokurator.

– Leżał na ziemi jak wielka litera L – wyjaśnił Posadniew – a powinien stać jak litera H.

Nawet sędzia Szychanow nie umiał powstrzymać śmiechu.

– Chłopcy z oddziału naszej ochrony – kontynuował tymczasem świadek takim tonem, jakby donosił nauczycielowi, że Wasia znów kradnie jabłka – chcieli zablokować wejście tym właśnie wykrywaczem, aby ci ludzie nie rozbiegli się po całym budynku. No więc chłopcy z ochrony wykorzystali tę literę L, żeby przekierować atakujących do pokoju numer 14!

Prokurator aż przewrócił oczami z przerażenia. Co, u licha, wygaduje ten świadek?

– Zatem tłum protestujących został skierowany do pokoju numer 14? – Obrońca natychmiast wykorzystał moment wahania. – Nie wpadł tam samowolnie?

W akcie oskarżenia stoi jak byk, że przestępstwo narodowych bolszewików polegało na samowolnym wtargnięciu 39 demonstrantów do pokoju numer 14, który przejęli, a naoczny świadek miał potwierdzić tę wersję zdarzeń. To bezczelne kłamstwo było głównym powodem przetrzymywania oskarżonych w areszcie przez niemal 9 miesięcy.

– Nie, sami tam nie weszli – upierał się świadek Posadniew, próbując udowodnić wszystkim, jak odważnie postąpili funkcjonariusze FSB, ponieważ jego zdaniem jest to okoliczność obciążająca demonstrujących. – Chcieli rozbiec się po całym budynku Kancelarii, ale zostali wepchnięci do pomieszczenia z wykrywaczem metalu w kształcie litery L.

– Czy drzwi tego pokoju były zamknięte? – zapytał obrońca.

– Nie, były otwarte.

– Ale potem je zamknięto?

– Nie, te pierwsze drzwi, zewnętrzne, pozostały otwarte.

– Dlaczego więc zostały wyłamane?

Wyłamanie i w efekcie całkowite zniszczenie drzwi jest drugą najpoważniejszą szkodą materialną, o którą oskarżono narodowych bolszewików.

– Widziałem to, wszystko widziałem jak na dłoni. Oni te drugie drzwi zablokowali szafą pancerną. Zabarykadowali się tam.

– Ale zewnętrzne drzwi nie były wtedy zamknięte? Dlaczego je więc wyłamywali? I gdzie one teraz są?

– Wszystko zostało naprawione. Bo wiecie, były odrapane.

W tym momencie można by zapytać: kto je odrapał? Prokuratorzy doskonale zdawali sobie z tego sprawę. Mierzyli więc „swojego" świadka, łypiąc groźnie spode łbów i zaciskając mocno usta. Oj, przeklinaliby w tej chwili, gdyby to było dozwolone. Poziom zeznań ich świadków jest tak żenujący, że aż śmieszny.

– Dobrze. Czy był pan naocznym świadkiem zamieszek, które wywołał ktoś z oskarżonych? – zapytali ostro obrońcy.

To sedno oskarżenia.

– Nie – wymamrotał załamany świadek. – Nie było żadnych zamieszek.

Zwiesił w tym momencie głowę. Ile w końcu człowiek może nazmyślać przed sądem?

Ten proces nie ma żadnych podstaw prawnych prócz imperatywu, by oddzielić tych, którzy są „po naszej stronie", od tych, którzy nie są. To część zakrojonego na znacznie szerszą skalę procesu wprowadzania podziałów. Narodowi bolszewicy mają iść w cholerę – wybaczcie sparafrazowanie wypowiedzi naszego prezydenta – i nieważne, czy jest do tego podstawa prawna, czy jej nie ma. Metody stosowane przez Nikuliński Sąd Rejonowy są prześmieszne, lecz kto to zobaczy albo usłyszy? Tylko garstka obecnych na sali. Reszta kraju otrzyma wyraźny przekaz, że władze nie żartują. Jeśli nie jesteś po naszej stronie, szykuj się na odsiadkę. Takich odszczepieńców należy lać gdzie popadnie. Nie okazuj im cienia litości, a zrobisz karierę.

Płaton Lebiediew, przyjaciel Chodorkowskiego i współoskarżony z nim w procesie, trafił tymczasem do karceru za odmowę wyjścia na gimnastykę. Tydzień temu cierpiącego na marskość wątroby Lebiediewa przeniesiono ze szpitala więziennego do zwykłej wspólnej celi, a tam stan jego zdrowia uległ gwałtownemu pogorszeniu. Lebiediew odmówił wyjścia na codzienne ćwiczenia, ponieważ nie czuł się dobrze. Tym samym dał oprawcom punkt zaczepienia: karcer to naprawdę nieprzyjemne miejsce, nie ma w nim pościeli, nie ma ogrzewania, a do jedzenia dostajesz tylko chleb i wodę. Drugim i może znacznie poważniejszym powodem ukarania go w ten sposób może być to, że Mieszczański Sąd Rejonowy wyznaczył na 25 sierpnia termin zapoznania się z protokołami rozpraw dotyczących sprawy Jukosu. Lebiediew ma przebywać w karcerze do 26 sierpnia, a tam nie wolno mieć przecież żadnego kontaktu z dokumentami i książkami, zatem uniemożliwiono mu, i to bardzo skutecznie, odwołanie się od wyroku.

Tyle że Lebiediew może wciąż liczyć na Chodorkowskiego, który już zasiadł do wysmażenia odpowiedzi. Wyrok dotyczy ich obu solidarnie, a stać ich było na wynajęcie naprawdę dobrych prawników. Mimo wszystko mamy do czynienia z niewyobrażalną podłością, jaką jest mszczenie się na człowieku, który zawinił tylko tym, że nie przyznaje się do winy. Mamy bardzo dobry powód do zamartwiania się o nasz kraj. Dzisiejsi światowi przywódcy podkulili pod siebie potulnie ogony i miziają się z Putinem, zamiast trzymać go na krótkiej smyczy.

21 SIERPNIA 2005 ROKU

Kolejna rocznica puczu wymierzonego w Gorbaczowa z 1991 roku i naszego wyzwolenia od jego skutków. Około 800 osób uczestniczyło w uroczystościach zorganizowanych z tej okazji przez partię Wolna Rosja. Przejeżdżając obok tego zgromadzenia, nie miałam jednak ochoty się zatrzymać. Co tu celebrować, skoro nadal nie ma u nas wolności? Zmarnotrawiliśmy czas, który upłynął od tego puczu, robiąc wszystko, by przywrócić stary system, tylko że w jeszcze bardziej pokręconej formie.

Aż 58 procent badanych popiera otwarcie hasło „Rosja dla Rosjan". Ten sam odsetek badanych stwierdził, że gdyby zarobili spore pieniądze, to natychmiast kupiliby dom za granicą i wyemigrowali na stałe. To wyrok śmierci dla Wolnej Rosji i zarazem wytłumaczenie, dlaczego nie mieliśmy ostatnio żadnej rewolucji. Czekamy, aż ktoś zrobi ją za nas.

23 SIERPNIA 2005 ROKU

Część matek dzieci, które zginęły w Biesłanie, zabarykadowała się właśnie w gmachu sądu we Władykaukazie w Osetii Północnej, gdzie toczy się proces Nurpaszy Kułajewa. To jedyny żyjący jeszcze terrorysta spośród tych, którzy zajęli szkołę.

Zaraz po tragedii matki oświadczyły, że ufają tylko Putinowi, ponieważ mają niezachwianą pewność, że jako prezydent zapewni pełen obiektywizm dochodzenia. Putin obiecał im, że tak właśnie będzie. Minął rok. W trakcie śledztwa wykluczono winę wszystkich biurokratów i agentów służb bezpieczeństwa odpowiedzialnych za plan, a potem za feralny szturm, w wyniku którego śmierć poniosło tak wielu zakładników, zarówno dzieci, jak i dorosłych. Dzisiaj te same kobiety domagają się aresztowania osób wykluczonych na tym etapie śledztwa. Uważają się także za współwinne śmierci własnych dzieci, ponieważ głosowały kiedyś na Putina. Ta okupacja to ostateczny akt ich desperacji.

Przebywający w więzieniu Matrosskaja Tiszyna Chodorkowski ogłosił rozpoczęcie ścisłej głodówki na znak solidarności z ciężko chorym przyjacielem Płatonem Lebiediewem. Odmawia nawet przyjmowania wody. Za pośrednictwem swojego adwokata oświadczył, że umieszczenie Lebiediewa w karcerze było ewidentnym odwetem za opublikowanie przez niego artykułów, które pojawiały się w prasie już po wydaniu wyroku.

Brawo, Chodorkowski! Nie przypuszczałam, że ktoś taki jak on może być zdolny do aż takich poświęceń. Cieszę się, że nie miałam racji. Teraz stał się jednym z nas. Oligarchowie nie ogłaszają przecież strajków głodowych: robią to wyłącznie ludzie tacy jak wy i ja.

W ciągu minionego pół roku głodówki były jedynym sposobem na wyegzekwowanie prawa do wolności słowa, które rzekomo gwarantuje nam Konstytucja. Wielu spraw nie wolno ci dzisiaj poruszyć w rozmowie, ale nadal możesz odmówić przyjmowania jedzenia, aby pokazać, że zostałeś brutalnie uciszony. Przemawianie na wiecach jest obecnie praktycznie bezużyteczne, zostało bowiem sprowadzone do wygłaszania co najwyżej kazań przed tłumem już nawróconych, tych, którzy i tak podzielają twoje poglądy, a do tego mają pełne rozeznanie w sytuacji, nie potrzebują więc, by im powtarzano po raz setny, co jest nie tak. Stanie w pikietach także nie ma większego sensu, chyba że chcesz uspokoić własne sumienie. Dzięki temu będziesz mógł kiedyś powiedzieć wnukom, że zrobiłeś w tych czasach coś więcej prócz zalewania robaka w zaciszu własnej kuchni. Nawet pisanie książek nie ma większego znaczenia, zwłaszcza tych, które nigdy nie zostaną wydane w Rosji. Przeczytają je przecież tylko ludzie mieszkający za granicą.

Podsumowując: w roku 2005 strajki głodowe były jednym z nielicznych sposobów na to, by twój protest został przez kogoś dostrzeżony. Co więcej, jest to forma protestu dostępna dla każdego. Wszyscy przecież jemy i wszyscy możemy się od tego powstrzymać. Co więcej, nie musimy ubiegać się w urzędach o pozwolenie, aby to zrobić.

Kolejny ważny plus: w Rosji wszyscy podejrzewają siebie nawzajem o hipokryzję i robienie czegoś pod publiczkę, ale w głodowaniu nie ma przecież cienia medialności. Widzimy jak na dłoni, że w ten sposób strajkuje tylko człowiek skrajnie zdesperowany.

Co zatem udało się osiągnąć, stosując tę taktykę, gdy reszta z nas cieszyła się urokami słonecznego lata? Bohaterowie Związku Radzieckiego i Federacji Rosyjskiej prowadzili strajk głodowy przez bite trzy tygodnie. W tym samym czasie Putin wspierał medialnie skrajne neofaszystowskie organizacje, zajadając wspólnie z ich reprezentantami szaszłyki gdzieś tam w Twerze, a co za tym idzie, ostentacyjnie plując bohaterom w twarz. Mimo to ich strajk głodowy okazał się skuteczny.

Więźniowie kolonii karnej w Łgowie również ogłosili głodówkę – zrobili to, aby zwrócić uwagę na nieludzkie traktowanie, jakie muszą tam znosić. Chociaż konsekwencje tego aktu nieposłuszeństwa były bardzo poważne, to jednak tortur jest dzisiaj jakby mniej. W każdym razie narobili tyle zamieszania,

że dotarło ono aż do Europejskiego Trybunału Praw Człowieka.
Rząd musiał więc zareagować i kto wie, może brutale panoszą-
cy się w pozostałych więzieniach Rosji będą w przyszłości nieco
uważniejsi i ostrożniejsi.

Ofiary represji milicyjnych w miasteczku Rasskazowo także
głodowały, wysyłając swoim oprawcom ostrzeżenie: „Nie zamierzamy znosić dłużej upokorzeń, zniewag i przemocy fizycznej
ze strony organów ścigania". Agresorzy odpuścili. Jeszcze jeden
strajk głodowy, a kto wie, może rzeźnicy zaczną trafiać za kratki.

I na koniec narodowi bolszewicy siedzący w moskiewskich
aresztach w związku z wydarzeniami z 14 grudnia także rozpoczęli strajk głodowy, z tym że żądają uwolnienia wszystkich więźniów politycznych. Jeśli ktoś jeszcze nie zauważył, że
mieszczą się w tej właśnie kategorii osadzonych.

Władze odnotowały fakt szerzenia się strajków głodowych,
nawet jeśli nie przyznają tego na głos i odnoszą się do nich
pośrednio, jak choćby podczas wystąpienia w Soczi, gdzie za-
sugerowano, że urzędnicy państwowi nie powinni bratać się
z resztą narodu. Państwo zaczyna powoli zdawać sobie sprawę,
że obywatele nie żartują, że są osobami, które pod żadnym pozorem nie ustąpią. Strajki głodowe nie są bowiem metodą dialogu z władzą, tylko komunikatem wysłanym do współobywateli.

Łapię się coraz cześciej na myśli, że nigdy nie umiałam
wyobrazić sobie, by ktoś taki jak Fradkow, Surkow czy Putin
prowadzili strajk głodowy. To nie w ich stylu. Przelecieć się
bombowcem albo przejechać zdezelowaną wołgą, rzekomo bez
ochroniarzy, jest jak najbardziej OK, ale już prowadzenie protestu, z jakim mamy do czynienia w przypadku Chodorkowskiego,
nigdy nie wchodziło w rachubę.

24 SIERPNIA 2005 ROKU

Matki wróciły do Biesłanu.

– My, Matki Biesłanu – mówi Marina Park – jesteśmy winne tego, że dałyśmy życie dzieciom skazanym na egzystowanie w kraju, który uznał, że nie są mu potrzebne. Jesteśmy winne głosowaniu na prezydenta, który zdecydował, że są zbędne. Jesteśmy winne milczeniu przez dziesięć lat na temat wojny toczonej w Czeczenii, tej samej, która zrodziła później buntowników pokroju Kułajewa.

Ełła Kiesajewa, kolejna osierocona matka, wtrąca w tym momencie:

– Głównym winowajcą tej tragedii jest Putin, który ukrywa się za swoją prezydenturą i który zdecydował, że nie spotka się z nami i nie przeprosi. To prawdziwa tragedia, że przyszło nam żyć pod rządami prezydenta, który nie chce wziąć za nic odpowiedzialności.

Niedługo później okazało się, że Putin zaprosił przedstawicielki Komitetu Matek Biesłanu do siebie, do Moskwy, a termin ich wizyty wyznaczył na 2 września. Z początku budziło to wzburzenie wszystkich kobiet – to przecież dzień pamięci o ofiarach zamachu. Nie mogą w tak uroczystej chwili pojechać do stolicy. Kancelaria Prezydenta wydała więc oficjalny komunikat, w którym poinformowała, że spotkanie Putina z mieszkańcami Biesłanu odbędzie się tak czy owak, z nimi albo bez ich udziału. Znaleziono już bowiem kogoś, kto zapewni prezydenta przed obiektywami kamer telewizyjnych, że w Biesłanie wszyscy go kochają. W Rosji zawsze znajdziesz kogoś takiego.

Jaka będzie zatem decyzja Matek Biesłanu? Tuż po szturmie Putin obiecał, że cała prawda zostanie upubliczniona. Wielu mu uwierzyło, w tym także „matki w czerni", które straciły w tym zamachu swoje pociechy. Na osobiste polecenie prezydenta utworzono Komisję Parlamentarną dla Zbadania Przyczyn i Okoliczności Wydarzeń w Biesłanie, której przewodniczył Aleksandr Torszyn. On także obiecał, że szczegółowy i rzetelny raport komisji ukaże się nie później niż w marcu 2004 roku. Nic takiego nie miało miejsca. Do dzisiaj nie ma żadnego raportu, a dochodzenie w tej sprawie jest powszechnie wykpiwane. Większość byłych zakładników ze szkoły jest tym tak rozwścieczona, że odmawia składania zeznań w pokazowym i równie absurdalnym procesie Kułajewa, którego jedynym zadaniem jest umożliwienie rządowi wyjścia z tej sprawy z twarzą.

– Żaden z nich nie mógł być winny – rzuca kpiącym tonem Marina Park. – W przeciwnym razie nie dostaliby tylu medali. Mieszkańcy Biesłanu pozostają nadal osamotnieni w żalu. Ludzie przyjeżdżają, fotografują ich jak jakieś egzotyczne zwierzęta w zoo, po czym znikają. Gdy ktoś pyta, czy chcą pieniędzy, odpowiadają niezmiennie, że jedynym, czego pragną, jest poznanie całej prawdy.

27 SIERPNIA 2005 ROKU

Przewodniczący Komisji Parlamentarnej do sprawy Biesłanu, pan Aleksandr Torszyn piastujący jednocześnie stanowisko wiceprzewodniczącego Rady Federacji Rosyjskiej, przyznał, że raport, na który od tak dawna czekają mieszkańcy miasta, po prostu nie istnieje.

– Mamy zaledwie kilka stron tekstu – powiedział.

Rosja zbyła to oświadczenie najzwyklejszym wzruszeniem ramion.

29 SIERPNIA 2005 ROKU

W Nikulińskim Sądzie Rejonowym przez całe lato zdążono przesłuchać tylko 13 z 26 świadków oskarżenia. Za to nie wezwano jeszcze ani jednego świadka obrony.

Władze celowo przeciągają proces narodowych bolszewików, przedłużając tym samym areszt oskarżonym. Posuwają się do takich metod, ponieważ mają nadzieję, że skłonią innych buntowników do chwili zadumy. W rzeczywistości podobne szykany wzmacniają w ludziach pragnienie buntu. Tacy na przykład rodzice 39 oskarżonych w czasie, gdy ich dzieci siedziały za kratkami na podstawie ewidentnie sfabrykowanych dowodów, poszli w ślady swoich pociech. To oni organizują dzisiaj wiece protestacyjne, pikietują, wstępują do ruchów opozycyjnych.

Komuniści udostępnili swoją siedzibę na organizowanie cotygodniowych spotkań narodowych bolszewików, a co za tym idzie, sojusz na lewicy staje się powoli faktem. Dzisiejszego wieczora jednak narodowi bolszewicy zostali ponownie zaatakowani przez mężczyzn w mundurach polowych, którzy byli uzbrojeni w kije bejsbolowe.

Po ataku napastnicy spokojnie wsiedli do czekającego na nich opodal autobusu i odjechali. Wezwana na miejsce milicja dogoniła i zatrzymała autokar. Kontrola trwała krótko, zaraz potem milicjanci oświadczyli, że są w nim tylko „nasi". O co chodzi? Wytłumaczenie jest proste. Ci, którzy są po „naszej stronie", otrzymali licencję na bicie tych, którzy nie są po „naszej stronie". Z tego właśnie powodu naszyści od początku stycznia okładają narodowych bolszewików kijami besjbolowymi. W dniach 29 stycznia i 5 marca doszło do zakrojonych na szeroką skalę ataków działaczy tej organizacji, w wyniku których splądrowano bunkier będący dotychczas kwaterą główną narodowych bolszewików. Zarówno wtedy, jak i dzisiaj inspirowani politycznie chuligani przyjechali na miejsce akcji niewielkim autobusem, w którym znajdował się cały arsenał kijów bejsbolowych. Przywieźli z sobą nawet przenośny generator, by mieć czym przeciąć metalowe drzwi. Napastnicy zostali rzecz jasna spisani przez milicjantów, po czym puszczono ich wolno. W dniu 12 lutego na linii Kolcewaja moskiewskiego metra ci sami bandyci napadli i pobili nie tylko narodowych bolszewików, ale także ojca jednego z 39 oskarżonych w procesie. Milicja ponownie ich spisała i puściła wolno. Służby porządkowe za każdym razem ich spisywały, czasem nawet usiłowały doprowadzić do postawienia zarzutów, ale potem albo je szybko wycofywały, albo po czasie umarzały sprawę.

– Musicie nas zrozumieć. – Milicjanci wzruszali ramionami. – To polityka...

– Śledczy nie czują najmniejszej presji – wyjaśnia mi Dmitrij Agranowski, prawnik reprezentujący napadniętego ojca jednego z osadzonych narodowych bolszewików. – Akta sprawy nie zostały nawet przesłane do sądu, choć mamy w tym przypadku do czynienia ze znacznie poważniejszymi czynami niż zarzucane narodowym bolszewikom, którzy wtargnęli do filii Kancelarii Prezydenta. W naszym przypadku doszło do znacznej eskalacji przemocy. Wiele osób odniosło poważne obrażenia. Robimy, co możemy, aby nie zamknięto tego dochodzenia, ale to przysłowiowe wołanie na puszczy.

Właśnie dlatego doszło dzisiaj do kolejnego ataku. Gladiatorzy ze Spartaka potrzebowali ochrony przed wymiarem sprawiedliwości. Otrzymali ją, a teraz spłacają pięściami dług wdzięczności zaciągnięty w Kancelarii Prezydenta.

To wygląda dokładnie tak jak w Czeczenii. Reżim bierze pod swoje skrzydła ludzi, którzy mają po kilka spraw karnych na karku, najlepiej, jeśli ciągle w toku. Umarza się je i mówi: „Dopóki będziesz trzymał z nami, włos ci z głowy nie spadnie".

A ty bijesz tych, których ci wskażą. (Jedyna różnica jest taka, że w Czeczenii zabija się tych, których władza wskaże).

Ciekawe, czy doczekamy chwili, w której nasz prezydent uhonoruje Kolczastego Romę, nadając mu państwowe odznaczenia, jak zrobił w przypadku Ramzana Szalonego.

Jest dla mnie oczywiste, że reżim pragnie nastawić jedną grupę młodzieży przeciwko drugiej, aby gdy zajdzie taka potrzeba, zapanowała pomiędzy nimi równowaga sił, dzięki której nienawiść do władz nie będzie mogła wylać się z ludzi. Dążenie do harmonijnej jedności na pewno nie jest celem obecnego rządu. Jego zdaniem lepsze są konfrontacja i strach.

Putin żywi nadzieję, że zderzenie tak różnych ugrupowań okaże się magiczną różdżką, dzięki której władza dociągnie do wyborów za cztery lata, przy okazji dojąc bez przeszkód finanse państwa, ponieważ wszyscy inni będą się bez ustanku bić. Taki właśnie cel przyświeca doskonale zorganizowanym atakom naszych rodzimych bejsbolistów, między innymi na narodowych bolszewików.

30 SIERPNIA 2005 ROKU

Izba Wojskowa Sądu Najwyższego zajmuje się odwołaniem od wyroku uniewinniającego jednostki do zadań specjalnych, który został wydany przez Sąd Wojskowy Kaukazu Północnego. Jednostka podlegająca Głównemu Zarządowi Wywiadowczemu, czyli GRU, zastrzeliła w styczniu 2002 roku sześciu cywilów, po czym spaliła ich ciała. Działo się to w okolicach czeczeńskiego miasta Szatoj. Wyrok został uznany za niezgodny z prawem i odesłany do ponownego rozpatrzenia.

To naprawdę niespotykane. Podstawowe zarzuty wobec wcześniejszego wyroku dotyczyły rażących naruszeń procedury wyboru ławników oraz postępowania sędziego, który zrobił wszystkim obecnym na sali wykład polityczny, po czym odesłał przysięgłych, by ustalili ostateczne brzmienie wyroku.

Oddział Eduarda Ulmana został uniewinniony na tej podstawie, że chociaż udowodniono żołnierzom zabicie i spalenie ciał sześciu cywilów, to nie można ich przecież pociągnąć do odpowiedzialności za wykonywanie rozkazów przełożonych, których nie mają prawa kwestionować. Sąd całkowicie zignorował to, że nie było żadnych rozkazów na piśmie, tylko zawoalowane dyspozycje kierującego tą operacją nieustalonego oficera, którego głos oskarżeni słyszeli przez krótkofalówkę. Ten bardzo istotny szczegół umknął także Sądowi Najwyższemu.

Jak to się dalej potoczy? Sprawa zostanie rozpatrzona po raz trzeci, ale niestety nadal w Rostowie nad Donem. Gdyby Izba Wojskowa rzeczywiście chciała wyroku skazującego, to Ulman i jego oddział wróciliby do aresztu, a sprawy nie zwrócono by do Rostowa, gdzie nie ma najmniejszych szans na dobranie sensowniejszych ławników. Sędziowie z Rostowa przyjęli bowiem ferowany przez Ulmana krwawy pogląd, że w tym wypadku cel uświęcał środki; oddział wykonywał misję ważną z punktu widzenia Ojczyzny, a poza tym wszyscy Czeczeni mają coś przecież na sumieniu.

Dlaczego zatem wyrok został tym razem uchylony? Nasz Sąd Najwyższy ma przecież całkiem długą historię przymykania oka na niewygodne szczegóły. Poza tym robi wszystko, by zadowolić Putina. Na początku roku, podczas spotkania z przedstawicielami ruchów obrony praw człowieka, prezydent przyznał, że był wstrząśnięty, gdy usłyszał o uniewinnieniu Ulmana i jego ludzi. Wygląda więc na to, że Sąd Najwyższy, pragnąc ulżyć zszokowanemu przywódcy, pospieszył mu z pomocą i odesłał sprawę do niższej instancji. I tak znów oddala się moment, w którym trzeba będzie zająć się tym problemem na poważnie.

Główny Zarząd Wywiadowczy, czyli GRU, może jednak przyhamować choć na krótki moment. Oddziały specjalne tej zbrodniczej organizacji nadal bowiem prowadzą operację „oczyszczania" Czeczenii – Ulman i jego ludzie brali udział w takich właśnie działaniach, a to, że opinia publiczna nie wie o wielu innych równie strasznych masakrach, wynika tylko stąd, że nikt ich po prostu nie zgłasza. Okrucieństwa popełnione 4 czerwca w górskiej wiosce Borozdinowskaja były także dziełem oddziału GRU. Kolejny taki przypadek to zamordowanie 4 lipca Abduła-Azima Jangulbajewa, starszego wioski Zumsoj.

Tło sprawy Jangulbajewa wygląda tak, że w styczniu wojsko uprowadziło ze wsi cztery osoby. Spadochroniarze dokonali desantu z helikoptera. Nie muszę dodawać, że po całej czwórce nie został nawet ślad. Inna sprawa, że żołnierze wpadli w szał podczas tej akcji, pobili mieszkańców wioski i zrabowali prawie ćwierć miliona rubli [25 tysięcy zł], które jedna z rodzin otrzymała w formie rekompensaty za zniszczony dom. Abduł-Azim Jangulbajew, starszy tej miejscowości, próbował odnaleźć zaginionych sąsiadów. Apelował do organizacji broniących praw człowieka, opowiadając im ze szczegółami o wyczynach żołnierzy, co ostatnimi czasy jest dość rzadkie w Czeczenii. I nie tylko tam zresztą.

Wiosną przekazał do Stowarzyszenia „Memoriał" i prokuratury ręcznie spisany raport jednego z żołnierzy, którzy brali udział w styczniowej operacji. Pada w nim nazwisko oficera dowodzącego oddziałem, który uprowadził wieśniaków. Są tam także informacje o ostrzale wioski i zamordowaniu jednego z jej mieszkańców.

W dniu 4 lipca UAZ Jangulbajewa został zatrzymany na górskiej drodze przez trzech zamaskowanych mężczyzn, którzy okazali mu legitymacje GRU i kazali wysiąść z wozu, by się wylegitymował. Gdy wykonywał kolejne polecenie, otwierając bagażnik do kontroli, strzelono do niego trzykrotnie z bardzo bliskiej odległości. Sprawca użył pistoletu z tłumikiem.

31 SIERPNIA 2005 ROKU

W Biesłanie doszło do rozłamu. Czy matki powinny jechać 2 września do Moskwy na spotkanie z Putinem, czy raczej zostać w domach? Putin, jak się zdaje, bardzo chciałby je widzieć u siebie: jest nawet gotów przysłać po nie specjalny samolot. To fakt bez precedensu, podobnie zresztą jak same wydarzenia w Biesłanie. Wiele matek odmawia jednak wyjazdu. Dlatego wyruszająca dzisiaj na Kreml delegacja nie składa się wyłącznie z osób, które straciły dzieci i już od dawna pragną wygarnąć naszemu prezydentowi wszystko, co im leży na sercu. Wśród nich będzie także Tejmuraz Mamsurow, ojciec dwójki dzieci, które przeżyły atak na szkołę, człowiek piastujący w chwili zamachu funkcję przewodniczącego parlamentu republiki.

Teraz jest „przewodniczącym" całej Osetii Północnej. Republika nie ma już bowiem prezydenta, ale jedno jest pewne: taki przewodniczący musi cieszyć się pełnym zaufaniem Putina. Mamsurow nie ma więc zamiaru robić zamieszania w obecności prezydenta ani odkrywać za jego pośrednictwem całej prawdy o zamachu terrorystycznym. To byłoby dla niego polityczne samobójstwo.

Kolejnym członkiem delegacji z Biesłanu jest Majrbiek Tuajew, przewodniczący Komisji do spraw Dystrybucji Pomocy Humanitarnej. Córka Majrbieka, uczennica jednej ze starszych klas, zginęła podczas szturmu, a jemu przypadła później w udziale funkcja osoby nadzorującej dystrybucję pomocy, która napływała do Biesłanu z całego świata. Jest jeszcze Azamat Sabanow, syn Tatarkana Sabanowa, byłego dyrektora szkoły numer 1, który jak co roku poszedł 1 września na apel i zginął w zamachu. Azamat jest obecnie zastępcą Majrbieka Tuajewa i także zajmuje się dystrybucją pomocy humanitarnej, która w tym mieście, gdzie ludzie spędzają większość czasu na cmentarzach, jest czymś na kształt narkotyków.

Dzwonię do Mariny Park, a ona mówi mi:

– Jestem na cmentarzu.

W tle słyszę wiele innych głosów. Marina jest bardzo aktywną członkinią Komitetu Matek Biesłanu. Była także jedną z pierwszych sygnatariuszek listów, które komitet wysyłał do instytucji zaangażowanych w śledztwo w sprawie tragedii w szkole, ale nie zdecydowała się polecieć na spotkanie z Putinem.

– Jaki jest sens jechać tysiące kilometrów, by usłyszeć kondolencje? – mówi hardo, stojąc pośrodku cmentarza. – Putin przyjmie nas nie po to, by popchnąć dalej dochodzenie, tylko by zrobić sobie z nami zdjęcie.

Aleksandr Gumiecow, którego dwunastoletnia córka Aza została zabita, także nie chce już widzieć naszego prezydenta.

Aleksandra znam niemal od roku. Był i nadal jest w głębokiej depresji po utracie jedynego dziecka. Swego czasu pragnął gorąco, abym opowiedziała, przez jakie piekło przeszli wraz z żoną, zanim udało się odnaleźć szczątki ich córki, którą zidentyfikowano dopiero dzięki analizie DNA. Teraz jednak Aleksandr poczuł się oszukany, podobnie jak zdecydowana większość mieszkańców Biesłanu. Oszukiwano go tak wiele razy, że nic nie przywróci mu wiary we władze naszego państwa. Gdyby nawet Putin poświęcił cały dzień na spotkanie z biesłańską delegacją, gdyby nie obiecywał pieniędzy, tylko rzeczowo rozmawiał o potrzebie przeprowadzenia prawdziwego dochodzenia, gdyby zmusił do ujawnienia całej prawdy prokuratora generalnego, dyrektora FSB, ministra spraw wewnętrznych i wszystkich odznaczonych medalem Bohater Biesłanu, gdyby zrobił to wszystko na jego oczach i w obecności matek, gdyby naprawdę poczuł żal i ucałował dłonie tych umęczonych kobiet, w oczach których ponosi całą winę, gdyby złożył przysięgę, że wydusi całą prawdę z podległych mu służb – Aleksandr i tak by mu nie uwierzył. W miejsce 20 matek zaproszonych na Kreml pojadą dwie, może trzy. Posłużą tam za tło dla bardziej spolegliwych mężczyzn, których doproszono do spotkania Putina z przedstawicielkami komitetu.

Wśród nich będzie też matka Azy, Rimma Torczinowa. Chce patrzeć Putinowi w oczy, gdy zada mu kilka ważnych pytań, na które do tej pory nie otrzymała choćby zdawkowej odpowiedzi. Rimma nie ma złudzeń, ale uważa, że to jej psi obowiązek wobec zabitej córki. Pojedzie do Moskwy, niech się dzieje, co chce. Będzie szukać odpowiedzi w miejscu, gdzie wydawano wtedy wszystkie rozkazy dotyczące przebiegu szturmu, użycia granatników, roli, jaką miały odegrać helikoptery federacji, które krążyły nad szkolą.

Możemy sobie tylko wyobrażać, jakie to będzie dla niej trudne, podobnie jak dla pozostałych kobiet, które 2 września zobaczą się z prezydentem. Jaki gest solidarności może im zaoferować reszta społeczeństwa? Moglibyśmy wyciągnąć do nich dłoń, aby poczuły choć przez moment nie tylko własny ból, ale także wsparcie reszty kraju w czekającej je niechybnie konfrontacji z chłodem murów Kremla. Może w takiej sytuacji naszemu prezydentowi byłoby trudniej cynicznie „zarządzać" wszystkim, a kto wie, czy nie zmusiłoby go to także do udzielenia kilku szczerych odpowiedzi na pytania matek.

Nie dostrzegam jednak zbyt wielu gestów solidarności. My, Rosjanie, oglądamy dramat matek Biesłanu głównie w telewizji. Widzimy, jak łkają na sali sądowej we Władykaukazie, jak zamykają się tam w proteście, jak zwołują zebrania, blokują szosy, domagają się spotkania z zastępcą prokuratora generalnego Szepelem, człowiekiem, który jak widzimy, ma już dość łgania im prosto w oczy. Kraj został skutecznie spacyfikowany tą operą mydlaną, zaczynamy nawet szeptać po kątach, że ci ludzie „oszaleli z żalu", że czas uleczy ich rany, że nic nie można na to poradzić.

Będziemy oglądali kolejne wieczorne wydania dziennika *Wriemia*, potem położymy się spać, zapominając o kobietach w czarnych chustach aż do kolejnego odcinka dramy noszącej tytuł *Matki Biesłanu*. Mężczyźni z tego miasta nadal będą odchodzić od zmysłów, obwiniając się o wszystko, co tylko przyjdzie im do głowy, w czasie gdy ich żony przesiadują całymi dniami na cmentarzach.

Jutro 1 września. Minął rok, lecz żaden z biurokratów ani partaczy w generalskich mundurach, dyrektorów służb wywiadu, urzędników ze sztabu operacyjnego czy choćby szefów milicji nie został pociągnięty do odpowiedzialności. Prawdę powiedziawszy, dlaczego miano by ich szykanować, skoro społeczeństwo niczego takiego nie wymaga? Co się stało z tak zwaną opinią publiczną?

Stało się jasne 1 września 2005 roku, że ruch demokratyczny upada na naszych oczach. Jednolitego frontu nie będzie ani w rzeczywistości, ani tym bardziej w listopadowych wyborach do czeczeńskiego parlamentu czy w grudniowych wyborach do rosyjskiej Dumy, nie wspominając już o wyborach parlamentarnych w 2007 roku. Komitet 2008 wyzionął ostatecznie ducha. Narodowy Kongres Obywatelski popadł w komę. Rosyjskiej inteligencji nie zostało już żadne forum, poprzez które mogłaby mieć realny wpływ na rządzenie państwem.

Tak, Garri Kasparow stworzył Zjednoczony Front Obywatelski, ale zdaje się, że nie zdołał przyciągnąć do niego zbyt wielu członków. Za to zdążył sformułować misję, która wygląda tak:

W najbliższej przyszłości stagnację powodowaną nieudolnymi rządami Putina zastąpi poważny kryzys polityczny, wywołany jednak nie przez demokratów, tylko przez władze państwowe. Głównym zadaniem, które przed nami stoi, jest więc stworzenie organizacji zdolnej do zrzeszenia tych wszystkich odpowiedzialnych obywateli, którzy są przeciwni obecnemu reżimowi. Musimy tego dokonać, zanim nadejdzie wspomniany kryzys, albo dzisiejsze władze postradają do reszty rozum. Musimy się nauczyć, jak organizować prawdziwą opozycję.

W tych słowach kryje się naprawdę wiele prawdy, ale tłumikiem, przez który nie mogą one się odbić dostatecznie głośnym echem, jest to, że większość członków Zjednoczonego Frontu Obywatelskiego, nie wyłączając samego Kasparowa, ma na swoim koncie same porażki wyborcze. Wśród ludzi, którzy współtworzyli ruch demokratyczny jeszcze przed nastaniem epoki Jelcyna, jest wielu takich, którzy po jej zakończeniu zachowywali się naprawdę skandalicznie, umożliwiając tym samym nadejście epoki Putina.

Mówiąc wprost, nie wierzę, że są to demokraci do szpiku kości. Poza Kasparowem nie ufam żadnemu z nich, a on w pojedynkę nie będzie w stanie przenosić gór. Miliony Rosjan także im nie ufają.

Władimir Ryżkow nadal pozostaje u steru Republikańskiej Partii Rosji, ale ludzie przyglądają mu się z rosnącym wciąż sceptycyzmem. Jego ugrupowanie istnieje już 15 lat. Wyrosło z innej, nieprawdopodobnie wyglądającej formacji z epoki Jelcyna, którą była Platforma Demokratyczna Komunistycznej Partii Związku Radzieckiego. Taki twór istniał naprawdę i wydawał się nawet bardzo postępowy w swoim czasie. Pod nim także nikt się dzisiaj nie podpisze.

Jawlinski pokłócił się publicznie z Sojuszem Sił Prawico-wych. Są zwaśnieni do tego stopnia, że Grigorij odmawia ja-kichkolwiek kontaktów z Nikitą Biełychem, nowym liderem tego drugiego ugrupowania. To przekreśla wszelkie nadzieje na rychłe zjednoczenie SSP i Jabłoka. Jedyną aktywną częścią Jabło-ka jest obecnie jego młodzieżówka kierowana przez Ilję Jaszyna. Organizowane przez nią protesty przypominają jednak bardziej wystąpienia narodowych bolszewików Limonowa. Młodzi z Ja-błoka także nie mają zbyt dobrego mniemania o Jawlinskim, może dlatego, że sami są od niego czystsi i uczciwsi, i co chyba najważniejsze, są także bardziej ideowi od demokratów starej daty, których reprezentuje Jawlinski. Pogląd, że dawni działa-cze demokratyczni należą do przeszłości, jest obecnie bardzo rozpowszechniony.

Sojusz Sił Prawicowych jest natomiast tak zajęty zabiega-niem o przychylność administracji prezydenta, że na każdym kroku podkreśla, „iż nie ma nic przeciwko Putinowi". Latem Biełych przemierzył 45 regionów naszego kraju, próbując zmo-bilizować ludzi prawicy. Nie podołał temu zadaniu.

Każdy, kto chce zrobić coś dobrego dla naszej ojczyzny, zmie-rza dzisiaj ku lewicy. Chodorkowski miał rację, choć niemal wszyscy demokraci wykpili jego tekst napisany już zza więzien-nych krat. Marsz lewicy w Rosji jest faktem dokonanym, a to wy-klucza możliwość zaistnienia u nas wydarzeń przypominających choćby z grubsza pomarańczową rewolucję. W Rosji nie dojdzie do rewolucyjnych zmian w asyście pomarańczy, tulipanów i róż.

Nasz rewolucja, jeśli w ogóle nastąpi, będzie miała czerwoną barwę, ponieważ komuniści są dzisiaj najbardziej demokratycz-ną siłą w tym kraju, ale to oznacza także, że czeka nas kolejna krwawa łaźnia. Pomarańczowa rewolucja w Ukrainie pozwoliła naszym demokratom na zwarcie szeregów, lecz nie trwało ono zbyt długo, chwilę później byli jeszcze bardziej podzieleni. Na ich miejscu, niczym karbunkuł, rozkwitł prezydencki, „demokratyczny" ruch naszystów.

Zagrożenie krwawą rewolucją może nadejść także ze strony władz państwowych albo opozycjonistów, którzy po kolejnej konfrontacji z naszystami stracą w końcu zimną krew. Jakkolwiek będzie, dominującą barwą możliwej rewolucji stanie się czerwień, nikt też nie da nam stuprocentowej pewności, że bojówkarze Surkowa nie zwrócą się koniec końców przeciw swoim obecnym politycznym zwierzchnikom.

CZY ODCZUWAM STRACH?

Ludzie mówią mi często, że jestem pesymistką; że nie wierzę w siłę naszego narodu; że mam obsesję na punkcie przeciwstawiania się Putinowi i poza swoją walką świata nie widzę. Problem w tym, że dostrzegam naprawdę wiele, jeśli nawet nie wszystko. Widzę zarówno to, co jest dobre, jak i to, co jest złe. Widzę, że ludzie chcieliby, żeby życie zmieniło się na lepsze, ale nie umieją tego osiągnąć, toteż próbują ukryć tę prawdę i skupiają się wyłącznie na pozytywach, udając, że nie ma żadnych negatywów.

Mój tok myślenia jest taki, że grzyb rosnący pod dużym liściem nie może mieć nadziei, że przeczeka spokojnie do końca grzybobrania. Jest prawie pewne, że ktoś go tam wypatrzy, zetnie i pożre. Jeśli urodziłeś się człowiekiem, nie możesz zachowywać się jak grzyb.

Nie godzę się z oficjalnymi prognozami Federalnej Służby Statystyki Państwowej przedstawiającymi sytuację do roku 2016. Do tego czasu wymrze zdecydowana większości przedstawicieli mojego pokolenia, będą za to nasze dzieci i wnuki. Czy nam naprawdę nie zależy na tym, jakie będą miały życie albo czy w ogóle będą miały jak żyć?

Z tego, co widzę, większość z nas ma to gdzieś. Jeśli będziemy kontynuowali marsz w obecnie obranym kierunku, tak w sferze gospodarczej, jak i politycznej, populacja Rosji zmniej-szy się do tego czasu o 6,4 miliona ludzi. To bardzo optymistycz-na prognoza, mówiąca, że w roku 2016 Rosja będzie miała 138,8 miliona obywateli.

Do pesymistycznej prognozy niełatwo dotrzeć, ale dokopiesz się do niej, jeśli jesteś wystarczająco wytrwały i już dzisiaj prag-niesz zmienić sytuację Rosji. Pesymistyczna prognoza mówi, że nasze społeczeństwo skurczy się do zaledwie 128,7 miliona obywateli. Miliony biedoty, której nie będzie stać na sprywaty-zowaną opiekę medyczną, po prostu wymrą. Młodzi ludzie na-dal będą ginąć masowo w naszej armii. Podczas kolejnych wojen i w krótkich okresach pomiędzy nimi pozbędziemy się wszyst-kich tych, którzy „nie są z nami", wystrzelamy ich albo poślemy na resztę życia do więzień, aby tam zgnili.

Tak będzie, jeśli wszystko zostanie po staremu. Jeśli w ja-kiś fundamentalny sposób nie ograniczymy stref ubóstwa. Jeśli nadal będziemy zaniedbywać w haniebny sposób opiekę zdro-wotną. Jeśli nie przeprowadzimy zdecydowanych ogólnona-rodowych kampanii przeciw alkoholizmowi i uzależnieniu od narkotyków. Jeśli wojna na Kaukazie Północnym nie dobiegnie końca. Jeśli nie zmienimy upokarzającego systemu opieki spo-łecznej, która umożliwia ludziom zaledwie egzystowanie, nie dając żadnych szans na godziwe życie z dobrym jedzeniem, po-rządnym wypoczynkiem i czasem wolnym potrzebnym choćby na uprawianie sportów.

Na razie nie widać śladu takich zmian. Władze państwowe pozostają ślepe i głuche na ostrzeżenia płynące z dołu. Ci lu-dzie żyją własnym życiem, ich twarze wykrzywia bez przerwy grymas chciwości i irytacji, że ktoś śmie przeszkadzać im w dal-szym bogaceniu. Gotowi są okaleczyć społeczeństwo obywatel-skie, byle tylko zapobiec wszelkiej krytyce. Na co dzień próbują nas przekonywać, że społeczeństwo obywatelskie i opozycja są finansowane przez CIA, Wielką Brytanię, Izrael i o ile mi wiadomo, przez wywiad marsjański, nie wspominając o globalnej sieci Al-Kaidy.

Władze naszego państwa są dzisiaj zainteresowane wyłącznie pomnażaniem własnego majątku. To jest dosłownie ich jedyny cel.

Jeśli ktoś uważa, że woli cieszyć się optymistyczną prognozą, to jego sprawa. Tak wygląda z pewnością łatwiejsza droga, ale zarazem jest to pewny wyrok śmierci dla naszych wnuków.

GLOSARIUSZ

Gwiazdka w tekście oznacza pierwszą wzmiankę o danej osobie bądź organizacji:

OSOBY:

Basajew, Szamil: czołowy dowódca partyzantów z roku 1994, gdy Rosja najechała Czeczenię. W czasie jednego z bombardowań zginęło 11 członków jego najbliższej rodziny, co spowodowało, że został naszym zaprzysięgłym wrogiem. Oskarżany o przygotowanie ataków na teatr na Dubrowce i Szkołę Podstawową numer 1 w Biesłanie, które zakończyły się krwawymi szturmami sił specjalnych. Zginął w eksplozji w roku 2006.

Bieriezowski, Borys: został oligarchą w czasach Jelcyna, stworzył m.in. imperium medialne, które pomogło Jelcynowi w reelekcji, po czym poróżnił się z Putinem, ponieważ był przeciwny wojnie w Czeczenii. Wspierał też liberalne i demokratyczne ruchy w Rosji. Obecnie mieszka w Londynie. Oskarża Putina o zamordowanie w 2006 roku swojego bliskiego współpracownika, Aleksandra Litwinienki.

Bonner, Jelena: niestrudzona orędowniczka praw człowieka, której ojciec, urodzony w Armenii sekretarz Kominternu, został zamordowany przez sowiecki reżim w roku 1937.

Wdowa po Andrieju Sacharowie, zdobywcy Pokojowej Nagrody Nobla, fizyku i działaczu na rzecz praw człowieka.

Chakamada, Irina: bizneswoman i kandydatka w wyborach prezydenckich z marca 2004 roku. Przewodnicząca Rosyjskiej Partii Demokratycznej „Nasz Wybór".

Chodorkowski, Michaił: były najbogatszy oligarcha rosyjski, założyciel banku Menatep i koncernu paliwowego Jukos. Wspierał opozycyjne partie demokratyczne, zaproponował także wprowadzenie w Rosji zachodnich transparentnych metod zarządzania firmami. Znienawidzony przez reżim Putina został aresztowany w roku 2003 za rzekome uchylanie się od płacenia podatków i skazany na 9 lat pozbawienia wolności.

Czubajs, Anatolij: Wicepremier w latach 1994–1996, kojarzony z programem „terapii szokowej", reformami tak zwanego wolnego rynku, prywatyzacją i stworzeniem kasty oligarchów w epoce Jelcyna. Został jednym z głównych liderów Sojuszu Sił Prawicowych.

Fradkow, Michaił: były dyrektor federalnej policji podatkowej, przedstawiciel Rosji przy Unii Europejskiej, w roku 2004 wyznaczony przez Putina na premiera Rosji, zastąpił na tym stanowisku bardziej krewkiego Michaiła Kasjanowa.

Fridman, Michaił: w roku 1998 współzałożyciel Grupy Alfa, do której należy obecnie największy prywatny bank w Rosji. W sferze zainteresowań tego holdingu znajdują się także branże naftowa i telekomunikacyjna.

Gorbaczow, Michaił: ostatni pierwszy sekretarz Komunistycznej Partii Związku Radzieckiego (1984–1990) i pierwszy prezydent ZSRR (1990–1991). Jego próby demokratyzacji reżimu komunistycznego doprowadziły do upadku państwa.

Jawlinski, Grigorij: autor dwuletniego programu przekształcenia reżimu komunistycznego w demokratyczne wolnorynkowe państwo z roku 1990. W roku 1995 współzałożyciel partii Jabłoko, która później próbowała doprowadzić do impeachmentu prezydenta Jelcyna. Odmówił udziału w wyborach prezydenckich w roku 2004, ponieważ jego zdaniem Putin rok wcześniej sfałszował wybory do Dumy, w związku z czym Jabłoko nie przekroczyło progu wyborczego.

Jelcyn, Borys: prezydent Federacji Rosyjskiej (1991–1999). Zdelegalizował w Rosji partię komunistyczną i doprowadził do rozwiązania Związku Radzieckiego, zastępując go Wspólnotą Niepodległych Państw. Podejrzewany o to, że doprowadził do wybuchu pierwszej wojny czeczeńskiej, aby zapewnić sobie wsparcie ze strony armii, po czym scedował władzę na Władimira Putina, aby uniknąć startu w wyborach prezydenckich z roku 2000.

Kadyrow, Achmat: promoskiewski czeczeński mufti, później „prezydent" Czeczenii, zamordowany w zamachu bombowym na stadionie w Groznym dzień po inauguracji drugiej kadencji prezydenta Putina.

Kadyrow, Ramzan: walczył przeciw Rosji w pierwszej wojnie czeczeńskiej (1994–1996). W czasie drugiej wojny (od 1999 roku) opowiedział się po stronie federacji. Po zamordowaniu ojca, Achamata Kadyrowa, mianowany premierem republiki. Dowodzi oddziałami paramilitarnymi.

Kasparow, Garri: jako 22-latek został najmłodszym zdobywcą tytułu szachowego mistrza świata (1985). W roku 2005 porzucił szachy na rzecz polityki.

Kuczma, Leonid: drugi prezydent Ukrainy (1994–2005). W roku 2005 oficjalnie oskarżony o współudział w zamordowaniu dziennikarza Heorhija Gongadze (2000).

Limonow, Eduard: rosyjski pisarz, założyciel nacjonalistycznej, ale do tej pory niezarejestrowanej Partii Narodowo-Bolszewickiej. W roku 2002 skazany na dwa lata pozbawienia wolności za nielegalny handel bronią.

Łukaszenka, Aleksandr: autorytarny prezydent Białorusi od 1994 roku.

Maschadow, Asłan: najwyższy dowódca wojskowy z okresu pierwszej wojny czeczeńskiej, wybrany na prezydenta w roku 1997, podpisał z Borysem Jelcynem traktat pokojowy, ale nie zdołał zapobiec rozłamowi pomiędzy świeckimi nacjonalistami a islamskimi fundamentalistami. Zamordowany przez agentów FSB w roku 2005 w trakcie prób rozwiązania kolejnego konfliktu na drodze negocjacji. Jego ciała nie zwrócono rodzinie, nie został więc oficjalnie pochowany.

Mironow, Siergiej: od 2001 roku przewodniczący Rady Federacji, wyższej izby rosyjskiego parlamentu. Od roku 2003 przewodniczący Rosyjskiej Partii Życia, która połączyła się w roku 2006 z Rodiną i Partią Rosyjskich Emerytów, tworząc Rosyjską Partię Sprawiedliwości, której obecnie przewodzi. Polityk proputinowski.

Pamfiłowa, Ełła: deputowana do Dumy w latach 90. i kandydatka na prezydenta w wyborach w roku 2000. Przewodnicząca Prezydenckiej Komisji Rozwoju Społeczeństwa Obywatelskiego i Praw Człowieka.

Putin, Władimir: odszedł z KGB w roku 1991 w stopniu podpułkownika. Dyrektor FSB (1998–1999) i następca Borysa Jelcyna na stanowisku prezydenta Federacji Rosyjskiej w roku 2000. Wybierany na przemian jako premier i prezydent, rządzi Rosją do tej pory.

Rachimow, Murtaza: wybrany na prezydenta Baszkirii w roku 1993 i ponownie wybierany w latach 1998 i 2003. Organizacja

Bezpieczeństwa i Współpracy w Europie uznała te ostatnie wybory za sfałszowane.

Rogozin, Dmitrij: przewodniczący nacjonalistycznej partii Rodina (Ojczyzna), głośno bronił praw etnicznych mieszkańców Rosji do początku 2006 roku, kiedy to na skutek nacisków Kremla ustąpił z zajmowanego stanowiska. Jego partia stanowiła zbyt duże zagrożenie dla nowej formacji Kremla, jaką była Jedna Rosja.

Ryżkow, Władimir: deputowany do Dumy od roku 1993 i współprzewodniczący Republikańskiej Partii Rosji.

Saakaszwili, Micheil: przywódca bezkrwawej gruzińskiej rewolucji róż z roku 2003, w wyniku której zmuszono Eduarda Szewardnadze do rezygnacji ze stanowiska prezydenta. Wiązało się to ze sfałszowaniem wyniku wcześniejszych wyborów. W 2004 roku został prezydentem Gruzji. Wyszedł zwycięsko z konfrontacji z separatystami w Adżarze i Abchazji, ale nadal ma spore problemy z Osetią Południową.

Sacharow, Andriej: postrzegany jako ojciec rosyjskiego programu atomowego i twórca bomby wodorowej, stał się z czasem jednym z najzacieklejszych i najodważniejszych krytyków reżimu. W roku 1975 otrzymał Pokojową Nagrodę Nobla, ale nie mógł odebrać jej osobiście. Był jednym z najbardziej wpływowych sowieckich dysydentów. Zmarł w roku 1989.

Surkow, Władysław: czołowy ideolog i spin doktor Kremla, w latach 90. piastujący najwyższe stanowiska w bankach Menatep i Alfa. Dyrektor działu public relactions w stacji telewizyjnej ORT (1998–1999). Zastępca dyrektora Putinowskiej Kancelarii Prezydenta. Jako półkrwi Czeczen, jak sam mówi, był na Kremlu jednym z głównych orędowników wyniesienia Ramzana Kadyrowa i twórcą programu tak zwanej czeczenizacji konfliktu w tej republice.

Zakajew, Achmed: były minister spraw zagranicznych separatystycznej Czeczeńskiej Republiki Iczkerii, bohater ruchu oporu z okresu pierwszej wojny czeczeńskiej, w roku 1996 przedstawiciel Czeczenii w rozmowach pokojowych, w wyniku których doprowadzono do wycofania wojsk Federacji Rosyjskiej. Później piastował stanowiska wicepremiera i ministra spraw zagranicznych. Po odniesieniu ran na początku drugiej wojny czeczeńskiej (1999) wyjechał z Czeczenii, stając się od roku 2000 najbardziej prominentnym przedstawicielem rządu prezydenta Maschadowa w Europie Zachodniej. W roku 2003 otrzymał azyl polityczny w Wielkiej Brytanii i osiadł w Londynie.

Ziazikow, Murat: prezydent Inguszetii, republiki graniczącej i posiadającej wspólne korzenie etniczne z Czeczenią. Funkcjonariusz KGB w latach 80. XX wieku, wybrany na prezydenta w roku 2004 (przy silnym zaangażowaniu FSB).

Żyrinowski, Władimir: zagorzały populista i ultranacjonalista, przewodniczący Liberalno-Demokratycznej Partii Rosji. Komentując otrucie byłego agenta KGB Aleksandra Litwinienki, do którego doszło w Londynie, powiedział: „Zdrajców należy eliminować każdymi dostępnymi środkami".

ORGANIZACJE I INSTYTUCJE:

Duma Państwowa: rosyjski parlament, który na mocy Konstytucji Jelcyna z 1993 roku zastąpił Radę Najwyższą ZSRR. Składa się z 450 deputowanych.

Federacja Rosyjska: państwo powstałe w roku 1991 po rozpadzie Związku Socjalistycznych Republik Radzieckich, ale w jego skład nie weszła żadna z republik autonomicznych.

FSB (Federalna Służba Bezpieczeństwa): agencja bezpieczeństwa wewnętrznego, następczyni Federalnej Służby Kontrwywiadowczej.

Jabłoko: liberalna partia założona w roku 1995 w reakcji na wewnętrzne konflikty rozbijające obóz demokratyczny. Zdecydowanie się sprzeciwia ograniczaniu wolności prasy i demokracji oraz wojnie w Czeczenii, wspiera ideę integracji Rosji z Unią Europejską i opowiada się za usunięciem Putina ze stanowiska „środkami konstytucyjnymi".

Jedna Rosja: partia stworzona w roku 2001 przez Kreml. Jej celem jest wspieranie Władimira Putina, obecnie ma większość konstytucyjną w Dumie Państwowej.

KGB: tajna policja radziecka, którą w roku 1991, po udziale w antygorbaczowowskim puczu, zastąpiła Federalna Służba Kontrywiadowcza.

Liberalno-demokratyczna Partia Rosji: pierwsza partia opozycyjna zarejestrowana w roku 1989, po złamaniu monopolu KPZR. Partię o tej bardzo mylącej nazwie stworzył ultranacjonalista Żyrinowski (zdaniem wielu komentatorów był finansowany przez Jelcyna), aby przejąć część zwolenników komunistów.

OMON (jednostki specjalne milicji): oddziały powołane w roku 1979 celem ochrony odbywających się w 1980 roku w Moskwie igrzysk olimpijskich przed zagrożeniem ze strony terrorystów. W późniejszym czasie używane często do rozpędzania demonstracji. Oddziały stacjonują na terenie całego kraju.

Rodina: nacjonalistyczna i w zasadzie socjalistyczna partia założona w roku 2003, przewodzi jej Dmitrij Rogozin. Część komentatorów uważa, że utworzył ją Kreml, by zmniejszyć poparcie dla komunistów. W wyborach w 2003 roku zdobyła

37 miejsc w Dumie, a obecnie deklaruje, że „jest za Putinem, ale przeciw rządowi".

Sojusz Sił Prawicowych: liberalna partia powstała w roku 1999 w wyniku połączenia kilku mniejszych ugrupowań wspierających reformy wolnorynkowe i ostro krytykujących ograniczanie przez Putina swobód demokratycznych. Jej oficjalne poparcie w wyborach parlamentarnych wyniosło około 4 procent, w związku z czym przedstawiciele tej partii nie dostali się do Dumy, ponieważ ich ugrupowanie nie przekroczyło pięcioprocentowego progu wyborczego. Podejrzewa się, że był to skutek oszustw wyborczych Kremla.

Wspólnota Niepodległych Państw (WNP): założony w roku 1991 luźny związek byłych republik Związku Radzieckiego z wyjątkiem Gruzji i państw nadbałtyckich (Litwy, Łotwy i Estonii).

INNE:

Baszkortostan albo Baszkiria: częściowo górzysta republika na południu Uralu, zamieszkana przez około 4 miliony ludzi, z czego 36 procent to etniczni Rosjanie, 29 procent Baszkirowie i 24 procent Tatarzy.

Czeczenia: położona na wschodzie Kaukazu Północnego republika zamieszkana głównie przez sunnickich muzułmanów. Większość jej potencjału gospodarczego została zniszczona w trakcie obu wojen czeczeńskich, w których śmierć poniosła ogromna liczba bojowników i ludności cywilnej. Z danych udostępnianych przez rząd Federacji Rosyjskiej wynika, że od roku 2000 na odbudowę republiki wydano ponad 2 miliardy dolarów, choć rząd federacji, zdaniem agencji monitorujących ten proces, przekazał fundusze w wysokości 350 milionów dolarów.

Dagestan: republika leżąca w południowej części Rosji, w górach Kaukazu Północnego. Etnicznie bardzo zróżnicowana.

Gruzja: pierwsza była republika ZSRR, która niedługo po jego rozpadzie ogłosiła pełną niepodległość od Rosji. Późniejsze ruchy separatystyczne w Abchazji i Osetii Południowej były i są podsycane przez stronę rosyjską. Bogata w surowce naturalne, atrakcyjna turystycznie i słynna na cały świat z win Gruzja walczy wciąż z korupcją, która dławi jej gospodarkę.

Inguszetia: zamieszkana głównie przez sunnitów oraz różne odłamy sufitów. Przebywa w niej wielu uchodźców wojennych z Czeczenii. Jej populacja liczy około pół miliona mieszkańców, z czego 77 procent to Ingusze, 20 procent Czeczeni i 1,2 procent etniczni Rosjanie.

Kirgistan lub Kirgizja: górzysta republika nazywana czasem Szwajcarią Azji Środkowej. W roku 2005 miała własną odmianę rewolucji, tulipanową, w proteście przeciw fałszowaniu wyborów i zamykaniu działaczy opozycji, ale nowy rząd ma nadal problemy ze zwalczeniem korupcji i decentralizacją władzy.

Pomarańczowa rewolucja: spowodowana na przełomie lat 2004 i 2005 masowymi fałszerstwami podczas wyboru promoskiewskiego kandydata na prezydenta. W powtórzonej w grudniu 2004 roku drugiej turze wyborów zwyciężył Wiktor Juszczenko, którego usiłowano otruć tuż przed pierwszą turą. Tym razem otrzymał 52-procentowe poparcie. Na Wiktora Janukowycza oddano 44 procent głosów.

Rewolucja róż: seria protestów w Gruzji na przełomie roku 2003 i 2004 w odpowiedzi na masowe fałszerstwa popełniane w trakcie wyborów parlamentarnych w listopadzie 2003 roku. Indolencja prezydenta Szewardnadze i nieradzenie sobie z problemami separatyzmu oraz panosząca się korupcja doprowadziły do jego przegranej w wyborach z Micheilem

Saakaszwilim. Szewardnadze ogłosił wprawdzie zwycięstwo, ale został zmuszony do uznania własnej porażki, gdy zwolennicy Saakaszwilego zajęli budynek parlamentu, przynosząc na protest róże jako symbol pokojowego podejścia do sprawy. Elitarne jednostki milicji przeszły na stronę protestujących. Wybory powtórzono w styczniu 2004 roku, wygrał je Saakaszwili ogromną przewagą głosów.

Ukraina: ogłosiła niepodległość od Moskwy w roku 1991, ale miała problemy z wdrażaniem reform wolnorynkowych i nadal była w ogromnym stopniu zależna od dostaw energii i surowców z Rosji, co Kreml wykorzystywał przy każdej okazji dla osiągnięcia korzyści politycznych. Jej ludność składa się w 78 procentach z Ukraińców i w 17 procentach z etnicznych Rosjan.

Wahabizm: dominująca forma islamu w krajach takich, jak Arabia Saudyjska, Katar i zachodni Irak, opowiadająca się za purytańskim i legalistycznym stanowiskiem w kwestiach wiary oraz praktyk religijnych. Mówiący po rosyjsku Arabowie tego wyznania zalali Czeczenię w trakcie pierwszej wojny czeczeńskiej, dając rządowi w Moskwie pretekst do walki z islamskim fundamentalizmem.